当企业史
遇见管理学

全球视野与中国经验

林立强　武亚军　郭毅 主编

图书在版编目（CIP）数据

当企业史遇见管理学：全球视野与中国经验 / 林立强，武亚军，郭毅主编. —北京：北京大学出版社，2024.1

ISBN 978-7-301-34615-0

Ⅰ.①当… Ⅱ.①林… ②武… ③郭… Ⅲ.①企业史—研究—中国 Ⅳ.①F279.29

中国国家版本馆 CIP 数据核字(2023)第 213705 号

书　　　　名	当企业史遇见管理学：全球视野与中国经验 DANG QIYESHI YUJIAN GUANLIXUE: QUANQIU SHIYE YU ZHONGGUO JINGYAN
著作责任者	林立强　武亚军　郭毅　主编
责 任 编 辑	余秋亦　任京雪
标 准 书 号	ISBN 978-7-301-34615-0
出 版 发 行	北京大学出版社
地　　　　址	北京市海淀区成府路 205 号　100871
网　　　　址	http://www.pup.cn
微信公众号	北京大学经管书苑(pupembook)
电 子 邮 箱	编辑部 em@pup.cn　　总编室 zpup@pup.cn
电　　　　话	邮购部 010-62752015　发行部 010-62750672　编辑部 010-62752926
印 　刷 　者	北京市科星印刷有限责任公司
经 　销 　者	新华书店
	720 毫米×1020 毫米　16 开本　24 印张　438 千字 2024 年 1 月第 1 版　2024 年 1 月第 1 次印刷
定　　　　价	88.00 元

未经许可，不得以任何方式复制或抄袭本书之部分或全部内容。
版权所有，侵权必究
举报电话：010-62752024　电子邮箱：fd@pup.cn
图书如有印装质量问题，请与出版部联系，电话：010-62756370

丛书序言一
PREFACE

很高兴看到"光华思想力书系"的出版问世,这将成为外界更加全面了解北京大学光华管理学院的一个重要窗口。北京大学光华管理学院从1985年北京大学经济管理系成立,以"创造管理知识,培养商界领袖,推动社会进步"为使命,到现在已经有三十余年了。这三十余年来,光华文化、光华精神一直体现在学院的方方面面,而这套"光华思想力书系"则是学院各方面工作的集中展示,同时也是北京大学光华管理学院的智库平台,旨在立足新时代,贡献中国方案。

作为经济管理学科的研究机构,北京大学光华管理学院的科研实力一直在国内处于领先位置。光华管理学院有一支优秀的教师队伍,这支队伍的学术影响在国内首屈一指,在国际上也发挥着越来越重要的作用,它推动着中国经济管理学科在国际前沿的研究和探索。与此同时,学院一直都在积极努力地将科研力量转变为推动社会进步的动力。从当年股份制的探索、证券市场的设计、《证券法》的起草,到现在贵州毕节试验区的扶贫开发和生态建设、教育经费在国民收入中的合理比例、自然资源定价体系、国家高新技术开发区的规划,等等,都体现着光华管理学院的教师团队对中国经济改革与发展的贡献。

多年来,北京大学光华管理学院始终处于中国经济改革研究与企业管理研究的前沿,致力于促进中国乃至全球管理研究的发展,培养与国际接轨的优秀学生和研究人员,帮助国有企业实现管理国际化,帮助民营企业实现管理现代化,同时,为跨国公司管理本地化提供咨询服务,从而做到"创造管理知识,培养商界领袖,推动社会进步"。北京大学光华管理学院的几届领导人都把这看作自己的使命。

作为人才培养的重地,多年来,北京大学光华管理学院培养了相当多的优秀学生,他们在各自的岗位上作出贡献,是光华管理学院最宝贵的财富。光华管理学院这个平台的最大优势,也正是能够吸引一届又一届优秀的人才的到来。世界一流商学院的发展很重要的一点就是靠它们强大的校友资源,这一点,也与北京大学光华管理学院的努力目标完全一致。

今天,"光华思想力书系"的出版正是北京大学光华管理学院全体师生和全体校友共同努力的成果。希望这套丛书能够向社会展示光华文化和精神的全貌,并为中国管理学教育的发展提供宝贵的经验。

厉以宁

北京大学光华管理学院名誉院长

丛书序言二

"因思想而光华。"正如改革开放走过的40年,得益于思想解放所释放出的动人心魄的力量,我们经历了波澜壮阔的伟大变迁。中国经济的崛起深刻地影响着世界经济重心与产业格局的改变;作为重要的新兴经济体之一,中国也越来越多地承担起国际责任,在重塑开放型世界经济、推动全球治理改革等方面发挥着重要作用。作为北京大学商学教育的主体,光华管理学院过去三十余年的发展几乎与中国改革开放同步,积极为国家政策制定与社会经济研究源源不断地贡献着思想与智慧,并以此反哺商学教育,培养出一大批在各自领域取得卓越成就的杰出人才,引领时代不断向上前行。

以打造中国的世界级商学院为目标,光华管理学院历来倡导以科学的理性精神治学,锐意创新,去解构时代赋予我们的新问题;我们胸怀使命,顽强地去拓展知识的边界,探索推动人类进化的原动力。2017年,学院推出"光华思想力"研究平台,旨在立足新时代的中国,遵循规范的学术标准与前沿的科学方法,做世界水平的中国学问。"光华思想力"扎根中国大地,紧紧围绕中国经济和商业实践开展研究;凭借学科与人才优势,提供具有指导性、战略性、针对性和可操作性的战略思路、政策建议,服务经济社会发展;研究市场规律和趋势,服务企业前沿实践;讲好中国故事,提升商学教育,支撑中国实践,贡献中国方案。

为了有效传播这些高质量的学术成果,使更多人因阅读而受益,2018年年初,在和北京大学出版社的同志讨论后,我们决定推出"光华思想力书系"。通过整合原有"光华书系"所涵盖的理论研究、教学实践、学术交流等内容,融合光华未来的研究与教学成果,以类别多样的出版物形式,打造更具品质与更为多元的学术传播平台。我们希望通过此平台将"光华学派"所创造的一系列具有国际水准的立足中国、辐射世界的学术成果分享到更广的范围,以理性、科学的研究去开启智慧,启迪读者对事物本质更为深刻的理解,从而构建对世界的认知。正如光华管理学院所倡导的"因学术而思想,因思想而光华",在中国经济迈向高质量发展的新阶段,在中华民族实现伟大复兴的道路上,"光华思想力"将充分发挥其智库作用,利用独创的思想与知识产品在人才培养、学术传播与政策建言等方面作出贡献,并以此致敬这个不凡的时代与时代中的每一份变革力量。

刘俏

北京大学光华管理学院院长

序
PREFACE

企业史与管理学建立起密切的关系对这两个学科(discipline)都大有裨益。近年来,管理研究"历史学转向"(historical turn)的势头相当强劲,一些国际顶级管理期刊都陆续发表了有关这一主题的特刊,如《战略管理杂志》(*Strategic Management Journal*)在 2020 年 3 月就刊出过此类文章。

不过,在管理学研究中使用企业史也并非新鲜事。众所周知,1962 年,艾尔弗雷德·D. 钱德勒(Alfred D. Chandler)的《战略与结构:美国工商企业成长的若干篇章》(*Strategy and Structure: Chapters in the History of the American Industrial Enterprise*)研究了美国多部门组织形式的发展,对新兴的管理学科具有极其重要的意义,并产生了持续性的影响。此后,1986 年彼得·赫特纳(Peter Hertner)与杰弗里·琼斯(Geoffrey Jones)编著了《跨国公司:理论与历史》(*Multinationals: Theory and History*)一书。2006 年 7 月,琼斯又与塔伦·卡纳(Tarun Khanna)在《国际商务研究杂志》(*Journal of International Business Studies*)发表了《将历史带(回)到国际商务中》(*Bringing History (Back) into International Business*)一文。这两项研究与其他研究均强调了将历史研究方法纳入国际商务研究的好处,它们表明,在阐明概念问题方面,历史变迁是对当今横截面变化的一种有益补充。此外,在管理学研究中提倡"找回历史",不但可以避免出现某些研究者把原本毫无新意的东西杜撰成"新"东西的现象,而且可以质疑他们据此所得出的结论。

反之,在企业史研究中引入管理概念的理由也很充分。早在 20 世纪 50 年代和 60 年代,哈佛商学院的弗里茨·雷德利希(Fritz Redlich)就提出了这一观点。虽然传统企业史与丰富经验证据的接触是一笔巨大的财富,但有时会产生一些主观性比较强的轶事类研究,难以将其置于更广阔的"大局"(big picture)中。而引入管理概念既可以为历史研究提供管理学学科方面的支持,也可以为其带来新的研究议题。

目前,企业史与管理学之间开展更密切对话所面临的挑战存在于方法论与制度方面。主流管理学采用社会科学方法来研究因果关系,通常采用多重回归的方法,这使得确定历史证据的价值具有挑战性。与此同时,一些企业史学家显然更习惯于采用传统历史学的研究方法,并将他们的研究定位在历史学科而非管理学科中。因此,要在企业史和管理学之间建立和谐的关系,仍有许多工作要做。据我所知,早在2017年10月在福建师范大学召开第一届中国企业史研究WORKSHOP时,就已有中国学者关注到这个问题,希望本书的出版能够成为中国企业史与管理学之间互动的新的、重要的契机。

杰弗里·琼斯

哈佛商学院伊斯德尔·斯特劳斯企业史教席教授

2023年10月

目录

导 论
  林立强 ··· 001

上 篇

当企业史遇见管理学：一个美国企业史学史的视角
  林立强 刘文瑞 陈守明 ··· 027

中国企业史研究评述
  高超群 陈 凌 林立强 ··· 047

德国家族企业的传承与治理
  陈 凌 李新春 高超群 ··· 066

日本长寿家族企业的永续发展和家业传承
  窦少杰 朱 炎 李 卓 ··· 092

政治与经济之间：清末汉阳铁厂的厂址决策研究
  袁为鹏 刘文瑞 李 玉 ··· 112

中国近代企业家的社会责任与义利观念：以上海著名企业家刘鸿生为中心
  赵 晋 郑琴琴 贾利军 周孜正 ··· 131

下 篇

全球企业史研究综论
　　〔美〕杰弗里·琼斯　黄 蕾　著　徐淑云　译 …………… 155

美国企业史方法论研究：缘起、现状与趋势
　　林立强 ………………………………………………………… 176

面向21世纪的日本经营史学
　　〔日〕橘川武郎　著　胡文海　译 …………………………… 192

日本"产业经营史"研究的源流
　　林彦樱　井泽龙 ……………………………………………… 206

企业史与管理学的互动：以日本经营史研究为中心的考察
　　林彦樱　林立强 ……………………………………………… 224

钱德勒范式在法国：当代法国企业史研究回顾与展望
　　周小兰 ………………………………………………………… 238

关于德国企业史研究的思考
　　巫云仙 ………………………………………………………… 261

从结构到组织能力：钱德勒的历史性贡献
　　路 风 ………………………………………………………… 271

超越钱德勒命题：重新评价《看得见的手：美国企业的管理革命》
　　陈 凌 ………………………………………………………… 297

以史为镜,吾道不孤："入世式学术"生产本土管理知识的简要回顾与前瞻
　　武亚军　葛明磊 ……………………………………………… 312

管理学范式：中国企业史研究的新视野
　　林立强 ………………………………………………………… 339

西方企业史研究"管理学范式"的一部力作:以琼斯的《盈利与可持续发展:一
　　部关于全球绿色企业家精神的历史》为例
　　　林立强　吴凤妹 …………………………………………………… **358**
中国故事与中国模式的第二种讲法:以路风《光变:一个企业及其工业史》为例
　　　宋　磊 ……………………………………………………………… **366**

致　谢 ………………………………………………………………………… **375**

导　论

林立强

　　本书虽名曰"企业史遇见管理学",[①]但实际上二者从未曾分开。西方学界公认企业史源自哈佛商学院(Harvard Business School)。1927年,哈佛商学院第二任院长华莱士·B.多纳姆(Wallace B. Donham)在倡导案例研究时第一次使用"Business History"一词,因此该词从诞生起便具有强烈的商学院色彩。此后,"Business History"的影响力开始向北美以外地区延展,其中受影响最大的地区是欧洲与日本。例如,日本自20世纪60年代从哈佛商学院引进"Business History"以来,结合本土的经济史研究,吸收了管理学、经济学、社会学等多个学科的概念和方法,形成了具有日本特色的"经营史学"。近年来,随着国际学术交流的日益频繁与中国企业史研究的日益活跃,从全球视野与本土经验的角度来审视与研究"Business History",对建立具有新时代中国特色的企业史研究话语体系、探讨企业史与管理学的关系乃至在管理学领域"找回历史",都具有十分重要的学术价值与现实意义。

一、关于"企业史"的几个基本问题

(一)译名

　　"Business"一词在英文语境中的含义比较宽泛,不仅仅只包含企业活动的内容。在中文语境下,商业史与企业史二词的使用则相对随意,一般认为商业史的范围要更大些,企业史是商业史的一个部分,如著名商业史学家吴慧认为,企

[①]　本书研究对象是人类社会的三大基本组织(政府、企业与非政府组织)中的企业,故下文中出现的"管理学"皆为"企业管理学"的简称。

业史只是商业史研究的十大部分之一,且"主要是在近代和当代进行这样的研究"(吴慧,2004)。因此,"Business History"究竟是翻译为"企业史"还是"商业史",在学界历来看法不一,一些学者认为"Business History"在中文语境下很难找到一个十分准确的对应词。

我认为"Business History"应该翻译为"企业史",理由如下:第一,在中文里,"商业"与"贸易"二词含义几乎重叠,属商品流通领域,而企业是从事生产、流通或服务性经营活动,实行独立核算的经济组织。虽然商业也可以是包括企业活动在内的个人或组织进行商品买卖经营活动的统称,但如单纯将该词用于企业范畴,显然含义过于宽泛了。第二,"Business History"诞生于商学院系统,而商学院显然是"以企业为本"的,其培养的人才绝大多数都是未来的企业管理人员。第三,从目前国内学界的情况看,该领域绝大多数学者亦支持将其翻译为企业史,如我国著名经济史学家陈振汉认为企业史研究应属于微观研究范畴,翻译成"企业史"为妥(陈振汉,2005)。因此,如果在企业组织范畴内非要找一个与"Business History"表达意思相近且无明显歧义的中文词汇,显然"企业史"比"商业史"更加适合。故而,对主题为企业史与管理学关系的本书而言,该译名亦更为贴切。

(二)定义

企业史"首先还是史"(吴承明,2014;刘维维,2010),[①]研究的主题是"企业的过去"(Hannah,2017)。[②] 但由于企业史研究对象本身的复杂性,"企业"本身的定义与边界的问题还没解决,[③]导致中外企业史学界至今对企业史的概念与起源仍存在分歧。部分中国学者认为,研究企业史"应该上溯到中国企业的萌芽时期,中国企业史研究应从有史料可查的中国古代写起"(郑学檬,2002);而另一部分学者认为,中国企业史应始于近代中国的早期工业化时期。从管理学的视野出发,西方学界讨论的焦点放在企业史的概念是广义还是狭义上。狭义的定义以企业史学科的创始人、哈佛商学院诺曼·S. B. 格拉斯(Norman S. B. Gras)为代表,认为企业史就是企业运营管理历史的研究,可分为政策制

[①] 此处借用了著名经济史学家吴承明的观点,他认为"经济史首先还是史,是历史学的一个分支"。同时,他强调"经济史应当成为经济学的源,而不是经济学的流"。

[②] 由于中外学界对企业的起源问题有多种看法,这个"过去"究竟是从何时开始现在还无法确定。

[③] 例如新古典经济学家马歇尔、新制度经济学家科斯,以及管理学家德鲁克、波特、蒂斯等,都曾从不同角度对企业的定义进行过论述,但学术界至今并未对此达成共识。

定的历史与内部管理的历史两部分(Gras，1938)。广义的定义是哈佛商学院杰弗里·琼斯(Geoffrey Jones)于2008年提出的,认为企业史学家研究企业制度、企业家以及公司的历史演变以及它们与政治、经济及社会环境之间的互动。后来,他又提出"企业史是对企业家、公司和商业系统的历史研究"这一更宽泛的定义(Jones and Zeitlin，2008；Jones，2015)。

企业史既然是"史",其研究最大的特点之一就是强调历史学方法的运用以及对企业原始档案的研究,带有非常浓烈的史学色彩。对关注当代问题的管理学者而言,这种"皓首穷经"式的长时段研究几乎是不可想象的,于是,企业史研究本身就具备了可以弥补管理学研究中存在"时间"短板的特点,这就为本书"企业史遇见管理学"的主题提供了讨论的空间。

(三)"旧"企业史

在如何处理企业史与管理学二者关系问题方面,著名企业史学家艾尔弗雷德·D. 钱德勒(Alfred D. Chandler)贡献最大。西方学者认为钱德勒1962年出版的《战略与结构：美国工商企业成长的若干篇章》(*Strategy and Structure：Chapters in the History of the American Industrial Enterprise*)一书是新企业史学派产生的标志。对此,我国历史学者王锦瑭指出,旧企业史学派过于注重少数企业的发展史和为少数大企业家树碑立传,而大致形成于50年代中期到60年代初的新企业史学派则转向考察企业内部组织结构和管理方式的演变过程,特别是注重研究科技进步与美国现代企业制度的建立和发展,大公司经理阶层的出现及其在组织、协调公司内部生产经营与财富分配方面的作用(王锦瑭,1996)。西方学界显然是以研究内容的变化作为划分标准的,而目前我国企业史学界尚未以此标准来界定企业史的新旧,当然更无所谓新旧企业史学派之分,但西方学界企业史研究的新旧划分对我们有一定的启示。

中国企业史研究历史悠久,但也存在不可忽视的局限:一方面中国的企业史研究属于经济史研究的范畴,采用历史学与经济学的方法,与管理学、社会学、人类学等其他学科缺乏深度互动；另一方面,其研究时段绝大多数集中在1949年以前,部分研究有"为历史而历史""回到乾嘉去"之嫌。上述问题导致目前中国的企业史研究囿于传统经济史研究内,企业史研究与企业管理实践存在脱节的情况,更导致企业家群体漠视纯学术性的企业史研究。本书把具有上述两种特点的企业史研究称为传统企业史或旧企业史研究。特别值得一提的是,这里的"旧"并不含有"过时"等贬低之意,而只是针对以往在中国经济史学界占主流的历史学范式与经济学范式而言。实际上,中国企业史研究的深入,还需要这两种传统范式与管理学、社会学、人类学等其他研究范式相互借鉴,取长补短,共存发展。在这个意义上,"新"与"旧"将长期共存,求同存异。

(四)新企业史①

本书所指的新企业史,有广义与狭义两种理解。从广义上看,只要是历史学、经济学这两种范式以外其他范式的企业史研究,包括管理学范式、社会学范式、人类学范式等,均属于新企业史的范围。而关于狭义的新企业史,我是这样理解的:

第一,它特指管理学范式的企业史研究。虽然历史学范式与经济学范式也可以研究企业内部经营管理,但与管理学范式下企业微观组织的研究还是有很大差别的。历史学是人文学科,强调史料与考据,使用叙事的方法,重特殊与个案。经济学是基础科学,它强调趋势,注重均衡,为稀缺资源有效配置提供逻辑思考和理论抽象,主流经济学的着眼点在总量和产业层面。而管理学是应用科学,强调过程,注重不均衡,为组织和机构有效决策提供操作工具和实效方法,关注微观组织本身(罗仲伟,2005)。② 从企业史研究现状看,加强企业微观层面的管理学范式研究能够弥补以往研究的严重不足。

第二,狭义的新企业史研究时段侧重于1949年以后的中华人民共和国企业史研究,尤其可以把重心放在1978年改革开放以来的企业史研究上,成为"四史"(党史、新中国史、改革开放史、社会主义发展史)之一改革开放史的主要内容。如此而来,狭义的新企业史与管理学二者研究的时间段趋于吻合,为企业史与管理学的互动提供了更大的空间。

第三,狭义的新企业史同时关注国内与国际的面向重大现实问题的话题,国内如"加快建设世界一流企业"等,国外如"危机与企业的应对"等。③ 当然,如上

---

① 国外有学者尝试从方法论角度提出"新企业史"这一名称,如 de Jong, et al.(2015)认为,在企业史研究中要应用更多的社会科学方法,"这些方法的具体目标是发展理论和检验假设",但他们并未对研究的时间段进行界定,也没有涉及公共史学的问题。

② 科斯打开"黑箱"之后,微观经济学企业理论飞速发展的同时也不断蚕食管理学的领地,未来管理学范式与经济学范式将出现既借鉴又融合发展的态势。

③ 笔者对2022—2023年国际重大企业史学术会议(如美国企业史学会年会、日本经营史学会全国大会、英国企业史学家协会年会、欧洲企业史学会年会等)的会议主题进行了梳理,发现有如下特点:一是会议主题非常贴近企业的现实,关注当代企业史研究,与国内企业史研究多注重"过去"的选题有很大不同;二是受全球经济不景气大环境的影响,这两年的企业史研究主题为"灰色"与"阴郁"的,离不开"危机""新冠""压力"等关键词。以上各个会议的研究主题对国内企业史研究颇具参考价值。

所述,企业史与管理学时间段与研究主题的高度吻合也带来一个新的问题,即虽然"史"可以成为区分二者研究内容的最基本标准,但二者如何细化分工还有待进一步探讨。

现以"加快建设世界一流企业"为例,该话题明显不属于传统企业史的研究范围,却可纳入新企业史的研究范围。通过分析,我们可以发现该话题具有如下特点:第一,面向重大现实问题。2022年2月28日,中央全面深化改革委员会第二十四次会议审议通过了《关于加快建设世界一流企业的指导意见》,明确提出"加快建设一批产品卓越、品牌卓著、创新领先、治理现代的世界一流企业"。第二,具有企业史研究特有的历史纵贯性。因为"加快建设世界一流企业"关键目标的提出不是一蹴而就的,而是经历了长期的演变与发展过程,具有深厚的历史渊源。第三,适用管理学的分析框架。此次提出的"产品卓越、品牌卓著、创新领先、治理现代"这十六字方针是建设世界一流企业的具体标准,分别对应具体企业的产品管理、品牌管理、创新管理与公司治理,包含着丰富的管理学元素。第四,该研究对应的时间段集中在改革开放以后,特别是党的十八大以来。因此,对该话题的研究可形成"一个中心,二个视野,三个层次、四大方法"的新企业史体系:①"一个中心",即要紧紧围绕"加快建设世界一流企业"这个主题。②"二个视野",即全球视野与中国经验,前者强调要向国外世界一流企业学习,如以制造业"隐形冠军"著称的德国企业、崇尚"工匠精神"的日本企业、创新与技术管理领先的美国企业等,都是我们对标的目标。后者则强调中国经验,不能脱离我们特有的社会历史文化背景。③"三个层面",即处理好企业史研究中点、线、面之间的关系——夯实"专精特新""小巨人"、单项冠军等企业个案研究的"点",然后上升到具有各产业史研究的"线",最后汇总为以"建设世界一流企业"为主题的企业通史的"面"。④"四大方法",即"随时间演变"的历时性研究方法(Diachronic Study)、以企业管理为导向的管理学分析框架、比较研究方法、从特殊到一般的研究路径。

第四,狭义的新企业史应该把企业史的大众史学化纳入麾下。目前,加大企业史在非学术人群的推广已经成为各国企业史学界的共识,[①]未来企业史研究的公共史学化应是中国企业史研究实用性的重要体现。因此,在财经作家的企业史与学术型企业史学家的企业史之间,选择一种既具有学术严谨性,又有可读

---

① 如琼斯指出,"从拉森到钱德勒再到莱尔德,将企业史带入非学术性读者中的渴望从未停止过,我认为实现这一目标是当前的首要任务"(Jones,2017)。

性与趣味性的企业史著作写作类型(类似管理学者写的管理畅销书),是新企业史研究者未来努力的方向。

二、本书之背景

(一)企业史与管理学的历史渊源

企业史之所以与管理学有关,与哈佛商学院有直接的关系。对企业史研究厥功至伟的哈佛商学院前两任院长,均十分看重历史学科对管理学的作用。首任院长埃德温·弗朗西斯·盖伊(Edwin Francis Gay)本身就是一名经济史学家,他与第二任院长、对历史学情有独钟的多纳姆联手策划了如何将历史学方法应用到管理学院案例教学的一系列活动。为此,哈佛商学院于20世纪20年代成立了哈佛企业史学会,设立了伊斯德尔·斯特劳斯(Isidor Straus,简称为斯特劳斯)企业史教席教授职位,主办了企业史刊物《哈佛企业史学会公报》(后改名为《哈佛企业史评论》),出版了哈佛企业史系列丛书等。1927年至今,该院一直聘请历史学家担任该院斯特劳斯企业史教席教授职位,其中第三任该教席教授即为企业史大师钱德勒。

此外,美国企业史学会(Business History Conference,BHC)、日本经营史学会(Business History Society of Japan,BHSJ)、英国企业史学家协会(Association of Business History,ABH)、欧洲企业史学会(European Business History Association,EBHA)等专业学会均有管理学者参与其中,并形成了企业史研究中一个独特的学术共同体。近年来,在西方商学院工作的历史学者也逐渐增加,不断为该学术共同体增添新的力量,如美国企业史学会年会期间,都会举办名曰"在管理学院任职的企业史学家午餐会"(Business Historians at Business Schools Lunch)的交流活动。

(二)管理与组织研究的"历史学转向"

随着北美管理学界的科学化占据主流地位,关注现实问题的管理学与关注"过去"问题的历史学渐行渐远。而实际上,管理学研究与历史学研究并无冲突,恰恰相反,我们可以通过探究"过去"与"现代"之间的内在关联,从历史视角提供关于当代问题的解释,拓展人们对于当下问题的理解。于是,20世纪90年代以来,由欧美管理学者率先发声,从历史视角来研究组织和市场的"历史学转向"(Historic Turn)的呼声越来越高。

例如,管理学者迈耶·扎尔德(Mayer Zald)于1990年、1993年两次提出要将企业史和组织管理理论结合起来,1994年艾尔弗雷德·基泽(Alfred Kieser)也呼应了这一观点(Zald,1990,1993;Kieser,1994)。2004年,彼得·克拉克(Peter Clark)和迈克尔·罗林森(Michael Rowlinson)指出,越来越多的人要求从历史的角度来研究组织,说明"我们"正处于管理、组织和市场研究的"历史学转向"之中(Clark and Rowlinson,2004)。2014年,马塞洛·布切利(Marcelo Bucheli)和丹尼尔·瓦德瓦尼(Daniel Wadhwani)集中探讨了为什么历史研究应该用于管理、组织和行业领域问题,指出由于企业史学家和管理学者属于不同的学术协会以及存在学术背景差异,这一"历史性转向"仍面临挑战,因为它不仅需要新的思维方式,也需要新的行动方式(Bucheli and Wadhwani,2014)。与此同时,一些国际管理学顶刊陆续设立讨论此类话题的特刊,如2012年的 *Journal of Management Studies*,2014年的 *Organization*,2016年的 *Academy of Management Review*,2018年的 *Organization Studies*,以及2020年的 *Strategic Management Journal* 等。此外,2022年 *Journal of International Business Studies* 也以"将历史方法融入国际商务"为题开始征集特刊稿件。

(三)企业史学者之间的国际交流

进入21世纪,国内企业史学界一方面开始重视企业史与管理学学科之间的交流,如始于2017年,两年一度的"中国企业史研究学术研讨会"截至2023年已成功举办四届,每届均有"管理学与企业史"相关问题的研讨;另一方面,也逐渐加强了与国际企业史学界,尤其是与商学院的学术交流。2017年3月,哈佛商学院第五任斯特劳斯企业史教席教授、当今世界企业史研究的领军人物琼斯应邀访问了福建师范大学,发表了题为"论企业史研究的重要性"(*Why Business History Matters*)的演讲并参加了"企业史研究与经济全球化"研讨会。当年10月,日本经营史学会前会长橘川武郎应邀访问福建师范大学,发表了"日本经营史学的发展与今后的课题"的演讲,并参加了由福建师范大学社会历史学院、《东南学术》杂志社、《中国经济史研究》编辑部联合主办的首届中国企业史研究学术研讨会。此后,泽井实(日本经营史学会会长)、特蕾莎·洛佩兹(Teresa Lopes,美国企业史学会前会长、欧洲企业史学会会长)、黑泽隆文(日本经营史学会富士会议国际交流委员会委员长)等学者陆续访问了中国。

同时,更多的中国学者也应邀参加了包括美国企业史年会、日本经营史年会、世界企业史大会、欧洲企业史年会等国际企业史学界重要的学术会议。在这些国际交流活动中,企业史与管理学的关系问题一直是一个必不可少的话题。

(四)"企业史遇见管理学"系列讲座简况

近年来,企业史研究成为中国经济史研究最活跃的领域之一,而国内外呼吁管理学应该重视历史学方法的呼声也越来越高。在此背景之下,2020—2021年,本书三位主编联合发起"企业史遇见管理学"系列讲座,迄今共举办六次。讲座以"本土研究沪江论坛"为平台,由华东理工大学商学院郭毅与福建师范大学社会历史学院林立强联合策划,北京大学光华管理学院武亚军担任主持人,力邀国内企业史学界的代表性学者以及管理学界具有史学思维的代表性学者共同参与。讲座得到了诸多企业史学者与管理学者的支持与响应,尤其在经济学、管理学、历史学等学科的青年学者与硕博研究生中反响热烈,一些企业家与社会人士亦积极参与。

我们认为,如以此为契机把讲座的相关内容结集成册,不仅可以扩大讲座的社会影响,而且可以对历史学与管理学科长期以来的隔绝现象起到一定程度的破冰作用。由此,我们编辑与修订了目前国内外知名企业史学家的部分代表性研究成果,向经济史学界与管理学界介绍国内外企业史研究的情况,特别是企业史研究的方法论问题,以期构建一个历史学、经济学与管理学等几大学科互动、交融的新格局,为管理学科的情境化研究与案例研究提供新的研究视角。

三、本书之基本论点

熊彼特曾经指出:"如果一个人不掌握历史事实,不具备适当的历史感或所谓历史经验,他就不可能指望理解任何时代(包括当前)的经济现象(熊彼特,1996)。"管理学者也不例外。本书所涉及企业史研究与管理学关系问题,本质上是历史学(企业史之母学科)与管理学之间关系问题在企业史研究中的具体体现。因此,解决了历史学方法如何在管理学领域的运用问题,实际上就打开了企业史与管理学互动的大门。所以,企业史与管理学互动的话题实际上是与历史学与管理学互动的话题"混合"在一起讨论的。

我认为,要达成二者的融合,可以分为以下三个阶段来实现:第一阶段,在管理学界提倡所谓"对历史友好的研究"(History Friendly Research),以及在企业史学界提倡管理学视野的研究,并推动双方的初步接触与了解。引入历史视角有助于我们开拓管理学研究的新思路,从而使我们跳出西方管理学理论的既有模式,更加关心当下中国本土企业发展进程中的现实问题。第二阶段,强化企业史与管理学之间的互动,即一方面用管理学方法研究中国企业史以及用企业史的方法研究管理学,另一方面强调企业史管理学范式的实用性,开拓一个"以企业实践为导向"的企业史研究新领域,实现双方均可以获益的近期目标。第三阶段是长期目标,待时机成熟,从倡导"历史维度(或导向)的企业管理研究"阶段,上升至以"历史管理学"命名的新的研究方法与视角层面。

(一)双方交流现状:已有积极互动但尚存障碍

由哈佛商学院倡导的案例方法是以经验为导向的,不涉及理论的内容,与历史学的学科取向相吻合,所以最初二者的交流是从案例这一点取得突破的。近年来,让更多历史学方法参与组织研究的呼吁越来越多,西方学者开始讨论历史学方法介入管理学领域的问题,并取得了一些积极的进展。代表性的成果主要有以下两项:

按照历史学科参与组织理论研究的程度由弱到强,贝鲁尔·乌斯迪肯(Behlül Üsdiken)和艾尔弗雷德·基泽(Alfred Kieser)确定了补充主义(Supplementarist)、整合主义(Integrationism)与重新定位主义(Reorientationist)三种范式。"'补充主义'范式赞同组织理论作为社会科学学科的观点,只是在民族文化等变量的基础上增加了历史作为另一个语境变量。基泽本人所推崇的'整合主义'范式,是在不完全放弃组织理论的社会科学取向的前提下,通过发展与包括历史、文学理论和哲学在内的人文学科的联系来丰富组织理论。而'重新定位主义'在很大程度上是我们自己的议程,涉及对现有组织理论的非历史取向的彻底颠覆"(Booth and Rowlinson,2006)。

而 Kipping and Üsdiken(2014)则提出了三种历史在组织与管理理论中的用途:第一种被称为"用历史来验证理论"(History to Theory),适用领域包括组织生态学、制度理论、制度生态等,在这里"历史作为证据来发展、修改或测试理论"。第二种被称作"理论中的历史因素"(History in Theory),它"将历史或过去作为理论模型本身的一部分,视作驱动因素或调节因素,并以印记为主要例子来确定研究项目"。第三种是所谓的"历史认知"(Historical Cognition),作者希望"将周期效应或历史突发事件纳入其理论化的努力之中,以提高历史在组织和管理理论中的知名度和影响力"。

目前,管理学中国际商务、战略管理等领域的学者对历史方法的运用最感兴趣且成果最多。有学者统计,作为战略管理研究出现"历史学转向"的例证,*Strategic Management Journal*(SMJ)在标题、摘要或关键词列表中使用"历史"(History)或"历史的"(Historical)这两个词语的文章数量从 2010—2014 年的 10 篇增长到 2015—2019 年的 26 篇(Argyres et al.,2020)。

相对国外管理学界的热度不减,国内管理学界对所谓"历史学转向"的反应相对比较滞后,对历史因素的探讨也集中在为数不多的"路径依赖"(Path Dependence)研究上。2000 年以来,《管理世界》刊登的具有明显的历史学视角的管理研究文章很少。① 2014 年,组织印记、组织生态学等历史维度的研究才开始受到学界的关注(黄勇和彭纪生,2014;王砚羽和谢伟,2016)。《管理学季刊》2018 年第 3 期刊登了印记理论研究的著名学者孟睿思(Christopher Marquis)的文章《理论化历史进程:对中国管理的启示》以及对该文章的三篇评论。孟睿思对比了印记(Imprinting)、路径依赖和同期群体效应(Cohort Effect)三种组织和管理的历史理论,然后运用这些不同的历史导向的组织理论来理解当代中国的管理议题(Marquis 和钟惠琳,2018)。几乎同时,《管理学报》也刊登了围绕历史研究与管理研究的一组文章。其中,刘文瑞认为,所谓史学思维就是在时空维度中关于情境的思辨以及由此达成的某种共识,管理研究领域再度重视人文因素,对管理学的发展具有积极作用。② 2020 年,武亚军倡导新时代的中国本土管理知识生产要以史为镜,充分学习和吸收"入世式学术"的方法论精髓,植根本土企业管理实践,在中国学术主体性哲学精神指导下走出一条中西融合、理论与

---

① 代表性的文章有:蔡洪滨,周黎安,吴意云.宗族制度、商人信仰与商帮治理:关于明清时期徽商与晋商的比较研究[J].管理世界,2008,179(08):87-99;刘志成,吴能全.中国企业家行为过程研究:来自近代中国企业家的考察[J].管理世界,2012,225(06):109-123;邢楠,袁礼,国胜铁.后发国家的适宜性技术进步路径:基于近代中国丝业发展史的分析[J].管理世界,2017,(06):180-181;张萍,杨雄胜.中国本土文化情境下的内部控制模式探索:基于明代龙江船厂的案例研究[J].管理世界,2018,34(02):161-175;高超,黄玖立,李坤望.方言、移民史与区域间贸易[J].管理世界,2019,35(02):43-57;路风.冲破迷雾:揭开中国高铁技术进步之源[J].管理世界,2019,35(09):164-194;路风,何鹏宇.举国体制与重大突破:以特殊机构执行和完成重大任务的历史经验及启示[J].管理世界,2021,37(07):1-18;刘蓝予,周黎安,吴琦.传统商业文化的长期经济影响:基于明清商帮的实证研究[J].管理世界,2021,37(11):106-120。

② 参见:刘文瑞.史学思维和管理研究[J].管理学报,2018,15(7):962-967;曾宪349.史学思维进入管理研究:经验、意义建构与历史想象力[J].管理学报,2018,15(7):967-970;龚会莲.论历史感对管理研究的矫正[J].管理学报,2018,15(8):1132-1135;曹祖毅.保持管理理论与管理实践的必要张力[J].管理学报,2018,15(8):1128-1130;孙新波.企业实践与管理研究的思维观[J].管理学报,2018,15(8):1130-1132。

实践融合的创新发展之路(武亚军和葛明磊,2020)。同年,曾荣光(Eric W. K. Tsang)在《历史编纂学:一种被忽略的研究方法》一文中,探讨了历史在管理研究中的重要性,以及历史编纂学作为一个研究方法如何发挥作用的问题(曾荣光,2020)。

至于本书所涉及企业史与管理学关系方面的研究成果,国外最具代表性的文章是2008年发表的《企业史与管理研究》(Kipping and Üsdiken,2008)、2010年发表的《回顾与展望:企业史与管理研究》(O'Sullivan and Graham,2010),以及2016年发表的《企业史与管理研究》(Álvaro-Moya and Donzé,2016),它们讨论了企业史与管理学科的相互关系问题。2017年《企业史方法论之讨论》一文对企业史研究方法论包括管理学范式进行了系统的论述(Jones and Friedman,2017)。长期以来,国内企业史学者与管理学科几乎没有互动,①只是近年才开始注意到管理学视角,如林立强从2017年首届中国企业史研究 WORKSHOP 开始,对企业史研究与管理学关系的问题进行了一系列的探讨,认为一方面管理学可以作为中国企业史研究的新视角,另一方面企业史亦可以成为管理学研究的"新"方法,甚至可以为之做出新的理论贡献。②

综上,我们发现,管理学家和历史学家分属不同的学术共同体,双方对话有限,互动较少,这主要是与双方的"成见"有关。长期以来,管理学对历史学的看法是客观性不强、忽视方法论,以及理论性不强、缺乏科学性,而历史学对管理学日益"科学化"的趋势也很不认同,这种情况导致双方的活动基本限于各自领域。但实际上,双方的交流是很有必要的。如以管理学所面临的挑战为例,在它用各种学术视野或关系维度试图来"解构"现实中的组织运作及其绩效表现时,现实中组织运作及其绩效表现实际上可能是由各种不确定性或者"黑洞"引发

---

① 一些历史学者宣称,他们在研究中使用了管理学方法,但实际上只是对企业经营管理进行了"叙事"性的描述,且理论性不强、不系统,严格意义上还属于史学范式。详见:吴承明.序[M]//刘兰兮.中国现代化过程中的企业发展.福州:福建人民出版社,2006:1;李玉.中国近代企业史研究概述[J].史学月刊,2004,(4):110-117。

② 参见:林立强.严谨性(rigor)和实用性(relevance):管理学视域下的企业史研究[C].范式与方法:首届中国企业史研究 WORKSHOP,2017;林立强、陈守明.中西比较视域下的中国企业史管理学范式研究[J].东南学术,2020,(1):184-200;林立强.美国企业史方法论研究:缘起、现状与趋势[J].福州大学学报,2019,33(5);林立强.关于企业史研究与管理学关系的思考[J].中国经济史评论,2021,(1):149-152;林立强.商学院屋檐下的 Clio:美国早期企业史学的产生与发展(1927—1962)[C].中国美国史研究会第十八届年会,2021;林立强.中国企业史管理学范式再思考[J].东南学术,2022,(01):96-108;林立强、赖江坤.从企业管理学视野反思中国企业史研究[N].中国社会科学报,2022-1-19(10);林彦樱、林立强.企业史与管理学的互动:以日本经营史研究为中心的考察[J].福州大学学报,2023,(4):51-59。

的。而历史学可以从社会实践及其组织运作的纵贯维度,比现有的管理学研究成果更加有效地解释和论证,给实践者和学者以洞察性的启迪。反之,传统企业史研究的历史学范式与经济学范式都缺乏一种对"真实企业"的现实关怀,从而导致企业史研究囿于"象牙塔"的传统经济史研究中,很难与企业实践发生有机联系,亟须导入管理学这一新的研究视野。因此,企业史所具有的跨学科性质的特点犹如在历史学与管理学之间成功打入的一个楔子,必将为双方关系的缓和带来新的转折点。

(二)双方交流的近期目标:强化企业史与管理学的互动

1. 用管理学方法研究中国企业史

管理学方法在企业史研究中的运用是一种从管理学的视角观察、解释中国企业史的模式。管理学方法运用于企业史研究不但要求研究者对管理学理论有牢固的掌握,而且具备一定的企业实地调研与实践经验,这对于当前中国企业史学界中以历史学与经济学背景为主的学者无疑是一大挑战。目前,最有可能运用管理学理论进行企业史研究的学者可分为两类,一类为"具有管理学思维的历史学者",另一类则是"具有史学思维的管理学者"。前者可以利用历史学科的特点,在管理学一些适合质性研究方法的"情境"与"个案"等领域开展研究。在具有中国特色的企业史选题,如历史因素对区域性企业集群产生与演变的影响、中华传统文化对企业特质的影响、中国共产党与企业治理的关系、新兴领域与数字经济中企业的创新性、国有企业的历史传承、改革开放后民营企业的发展等中国经验问题将发挥重要作用。后者则可以在20世纪90年代以来国际管理学界部分学者提出的所谓"历史学转向"的背景之下,从国际商务、战略管理、企业家精神等领域着手研究。

目前,国内学界运用新制度经济学视角进行企业史研究已经取得较大的成效,未来企业史研究可以考虑从"企业制度史"转向"企业组织史"的研究。因为管理学作为一门艺术、经验和理论相交织的学科,与历史学有某些相似之处,对于理论基础偏弱的历史学者来说更易掌握。如果未来研究者可以尝试研究方法的创新,从管理学的组织理论突破企业史研究的桎梏不是没有可能。基于目前国内企业史研究仍隶属于理论经济学类的经济史以及历史类的专门史,如果管理学科未来能将企业史纳入麾下,无疑将为企业史与管理学的互动提供一个更广阔的发展空间。

2. 用企业史的方法研究中国特色的管理学

钱德勒无疑是企业史学家中对管理学与管理实践做出最大贡献的学者，"很少有企业史学家能像钱德勒那样，在管理实践者和管理学者身上都留下如此重要的印记"(Kipping and Üsdiken, 2008)。钱德勒为后来的企业史学家如何介入管理学领域树立了典范。由于传统历史学家形成了特殊、个性与非理论的研究特色，钱德勒提出企业史学者面临两个挑战：第一个挑战是将具体的人类事件和行动与不断变化的更广泛的经济、社会、政治和文化环境联系起来。第二个挑战是发展概括性的概念，虽然这些概念来自特定时间和地点发生的事件和行动，但却适用于其他时间和地点(Chandler, 1984)。前者督促研究者关注研究对象的情境化，后者提出研究者不但要做个案研究，更要从个案中概括出一般性理论。这两个"顶天立地"（兼有理论高度和实践性）的要求为企业史学者介入管理学研究指明了方向。

具体来看，企业史学者目前要从事管理学范式研究，除了在自身领域中寻找新的研究主题（例如开展当代企业史的研究），还应该在管理学科寻找适合企业史学者研究的话题。目前，中国正在加快构建中国特色的企业管理学，管理学界一方面出现了大量对中国企业管理的案例研究，另一方面，开始重视对中国情境进行具体分析，提出中国管理理论创新的方向和领域(黄群慧，2018)。"情境"与"个案"是将质性方法纳入管理学研究的两个重要落脚点，相对于管理学者在研究对象时间跨度的"短时段"，企业史学者研究企业的时间跨度一般都很长，具有"中时段""长时段"的特点，且对企业所处的政治、经济、法律、文化等背景有比较深入的了解。可以说，目前管理学界提倡的中国情境下的中国特色管理学话语体系研究，给了双方合作对话的空间。由此，企业史实际上就是"长案例"，应该纳入商学院案例教学的内容之中，并且成为管理案例研究的一种重要方法。

3. 扩大企业史研究在企业实践中的影响力

诞生于商学院的企业史实用性的色彩十分浓烈，企业史学家从来不甘心其研究的影响力仅仅局限于学术界，他们认为企业史对管理实践有一定的指导意义。早在1948年，曾担任美国企业史学会首任主席的理查德·欧文顿(Richard Overton)在编撰大型企业史的五个步骤中就专门提到了功利主义成果的运用(Use of Utilitarian Findings)(Overton, 1948)。此后，企业史学家专门针对企业史与企业与企业管理人员的实用性问题展开了讨论，主要有以下几种：第一，关于企业史是否对高管有用。如钱德勒等人论述了历史对公司经理人重要性的问题(Chandler,1986);迪特尔·林登拉布(Dieter Lindenlaub)认为商人可以从历史,特别是商业历史的研究中获益,有助于制定商业政策(Lindenlaub,1984);德鲁·基林(Drew Keeling)认为学习过去的商业知识对培养未来的商业领袖仍然很重要(Keeling,2014)。第二,关于编制学术性企业史,如商人如何与专业企业史学家合作编写合格的公司史(Soltow,1955;Barker,1958),如何研究和撰写企业和行业史(Raff,2013)。第三,一些企业史学家把重点放在企业家最关心的企业史能否解决企业实际问题上,如巴里·苏普莱(Barry Supple)认为严肃的企业学术史著作对许多公司重大问题的解决提供了有趣的答案(Supple,1962);威廉·普雷苏蒂(William Presutti)认为企业史对公司决策是有益的(Presutti,1987);玛格丽特·穆勒(Margrit Müller)提出"应用历史学"的方法论,企业史的案例研究方法可以对"公司价值如何最大化"这一主题作出重大贡献(Müller,2014)。

2006年《竞争与改变》(Competition and Change)杂志刊发了四篇关于"企业史及其对经理人的价值"系列文章:约翰·威尔逊(John Wilson)和安德鲁·汤姆森(Andrew Thomson)认为历史知识的重要性是将有关管理历史纳入商学院课程的理论依据;特里·古尔维什(Terry Gourvish)揭示了企业史学家在商业绩效方面的研究可以为当代企业管理者提供战略决策方面的信息;彼得·克拉克(Peter Clark)将历史研究方法与社会科学领域的一系列学科的分析工具结合起来,探讨罗孚汽车生产转型问题;朱利亚诺·马耶利(Giuliano Maielli)认为企业史有助于开发用于决策的分析与启发式工具(Wilson and Thomson,2006;Gourvish,2006;Clark,2006;Maielli,2006)。一些相关学术会议也以"企业史及其对经理人的价值""企业史:为公司还是为学术"等为主题展开讨论。日本对企业史的实用性亦很关注,如橘川武郎提出设立应用经营史学,"通过对企业史的研究来识别行业和企业增长的活力因素,并根据研究结果,探索解决相关行业和企业所遇到的当代问题的方法"(Kikkawa,2018)。

此外,企业史研究对"真实企业"中的企业文化、战略管理、品牌管理、企业大学、企业档案与知识管理等都有直接效用,改变了人们普遍认为的历史知识仅仅是对企业家人文素质的提高起到间接作用的印象。未来,如何处理好学术研究与服务现实的关系是摆在每个企业史学家面前的重要课题。宋史专家虞云国认为史学功能可分为学术功能和社会功能,史家在学术功能基础上通过创造性的再劳动,完成学术功能向社会功能的转移,便是应用史学的职责任务(虞云国,2005)。

（三）双方交流的长期目标："历史管理学"

上述企业史与管理学的互动，严格意义上来说就是在各自研究领域中研究方法的创新，涉及的范围比较小。而企业史既是历史学庞大体系中的一个小小分支，也仅仅是部分商学院案例教育与研究的一种方法。所以，提倡企业史与管理学的互动，其最终的目的，还是希望历史学对管理学施加更大的影响力。

社会科学一直以来与历史研究联系十分紧密。以美国人文社会科学领域为例，目前哲学、文学、法学、经济学、政治学、社会学、人类学等都出现了"历史学转向"。这些"历史学转向"的研究是将时间性纳入分析框架，使时间性成为一种重要的研究路径与研究视角。以社会学为例，其"历史学转向"采取了以下两种典型的方式：第一种是运用社会学的理论、模式和程序分析有关过去的材料。第二种是通过对历史题材的处理，全面反省社会学的理论、模式和方法。这些发生在社会学、政治学、人类学等领域的"历史学转向"，进而延伸成为历史社会学、历史政治学、历史人类学等全新的研究路径，传入我国学界后得到广泛的认可与应用，为如何在管理学领域引入历史视角提供了宝贵的先例。

我认为，"历史管理学"就是这样的一种新的研究方法与视角。① 参照以上思路，历史管理学是要将历史维度带回管理学，从而克服现代管理学理论中愈演愈烈的非历史化趋向。当然，"历史管理学"有管理学本位与历史学本位之分。管理学本位的"历史管理学"，强调管理学研究中的"历史学转向"，在管理学中"找回时间""找回历史"，立足点是管理学研究领域，遵守的是管理学科的学术规范。历史学本位的"历史管理学"则强调使用管理学的方法来研究人类社会的组织问题，尤其是企业组织问题，重视历史性研究和史料证据的搜集甄别，致力于还原历史现象的本来面貌，立足点是历史学研究领域（主要集中于企业史与经济史），遵守的是传统史学的学术规范。根据目前我的判断，管理学本位的

---

① "历史管理学"概念的首次提出参见：林立强.中国企业史管理学范式再思考[J].东南学术，2022，(1)：108；林立强，赖江坤.从企业管理学视野反思中国企业史研究[N].中国社会科学报，2022-01-19(10)。关于"历史管理学"是一个新的交叉学科还是一个新的研究视野，或者二者兼具，学术界可以进一步讨论。2021年12月6日，教育部发布国务院学位委员会关于印发《交叉学科设置与管理办法（试行）》的通知，国务院学位委员会办公室负责人就有关问题回答了记者提问。通知与讲话中明确了交叉学科的内涵，指出交叉学科是在学科交叉的基础上，通过深入交融，创造一系列新的概念、理论、方法，展示出一种新的认识论，构架出新的知识结构，形成一个新的更丰富的知识范畴，已经具备成熟学科的各种特征。由于"历史管理学"概念系初次提出，目前还处于论证阶段，远未具备"成熟学科"的各种特征，故本书认为它目前仅仅是一种新的研究方法与视野，未来是否发展为一个新的交叉学科还有待观察。

"历史管理学"显然比历史学本位的"历史管理学"在实际运用中要常见的多。很显然,历史管理学所涉及两门学科中,历史学对管理学的单向渗透大大强于管理学对历史学的渗透,因为管理学一方面还不具备如社会学、经济学、人类学等"侵入"历史学领地的动机,另一方面除了企业史,历史学的其他分支还没有产生对管理学的强烈需求。

当然,上述历史管理学的提法有待进一步论证,在目前阶段可以采用"两步走"的方式:第一步是在管理学界倡导在历史学转向背景下的"历史维度(或导向)的企业管理研究",待时机成熟之后,第二步再上升至"历史管理学"层面。鉴于经济学、社会学、政治学、教育学、人类学等学科引入历史学视野的成功先例,"历史管理学"在理论与实践层面显然具有切实的可行性,是未来管理学与中国企业史研究深入互动与交融的重要研究视角。这里我参考了历史社会学(Historical Sociology)、历史政治学(Historical Politics)等的译法,把"历史管理学"这个新词对应的英文译作 Historical Management。可喜的是,在上述"历史管理学"概念于 2022 年 1 月提出之后,亦有管理学者开始关注历史在国家治理中的重要性,提出"在当代行政学、扩展了的公共管理学研究中,有必要纳入历史研究路径,发展系统的历史行政学、历史公共管理学子学科①"。

值得注意的是,本书倡导的"历史管理学"的概念与以往有学者提出的同名概念仅仅是名称巧合而已,内涵完全不同。② 它既不同于以往人们认为的企业家如何从中国历史文化中汲取营养之类的认知,也不是一门以中国古代管理思想为研究对象的介于史学与管理学之间的边缘学科。确切地说,它是属于方法论层面意义上的概念,是一种新的研究路径与研究视野。目前,管理学界正在提倡"把论文写在祖国的大地上"。我们有理由相信,纳入中国经验的历史管理学,有望成为未来管理学本土化研究与中国企业史研究走向国际化的新取向。

---

① 参见:杨立华.历史行政学或历史公共管理学及其他:国家治理研究的历史之镜[J].中国行政管理,2022,(06):109-115。

② 参见:刘铢.历史与企业家对话:关于历史管理学的思考[M].西安:西北大学出版社,1992;黄留珠.历史管理学发凡[J].西北大学学报(哲学社会科学版),1994-08-20(03)。此外,曾宪聚等在提出"情境人格"概念时,认为这是为中国本土管理研究提供一个"史学管理学"视角,但究竟何为"史学管理学",并未进一步说明。可参见曾宪聚,林楷斌,韩巍.情境人格:历史视角下中国情境的人格基础与本土管理启示[J].管理学报,2020,17(11):1611-1621。

四、本书之体系与结构

基于上述近期与长期目标,本书内容的编排以企业史与管理学的互动为主线。导论部分对企业史的缘起、新旧企业史的定义、本书的背景、本书的基本论点以及本书倡导的学术发展趋势与方法论进行系统而明确的提示。正文分为上下两篇。

上篇收录了"企业史遇见管理学"系列讲座的六讲内容,按演讲时间顺序排列。每讲的主要内容由"主讲"与"评论与讨论"构成,分别对应一名主讲人和两名评论人的发言。讲座的策划者采取的是管理学者与企业史学者"混搭"的方式,即如果主讲人为企业史学者,主要评论人则为管理学者,反之亦然。为了相对完整地还原现场感,"评论与讨论"部分除了两位评论人以外,一些参会者的精彩言论也收录在内。同时为了让读者感受企业史学者与管理学者两种不同风格的碰撞,本书保留了一些口语化的表达方式。需要特别说明的是,还有一小部分评论者的发言虽然十分精彩,但由于内容没有涉及企业史与管理学的关系,我们只好忍痛割爱。这六讲内容分别是:

《当企业史遇见管理学:一个美国企业史学史的视角》。主讲人:林立强(福建师范大学社会历史学院);评论人:刘文瑞(西北大学公共管理学院)、陈守明(同济大学经济与管理学院)。

《中国企业史研究评述》。主讲人:高超群(中国社会科学院经济研究所);评论人:陈凌(浙江大学管理学院)、林立强(福建师范大学社会历史学院)。

《德国家族企业的传承与治理》。主讲人:陈凌(浙江大学管理学院);评论人:李新春(中山大学管理学院)、高超群(中国社会科学院经济研究所)。

《日本长寿家族企业的永续发展和家业传承》。主讲人:窦少杰(日本立命馆大学经营学部);评论人:朱炎(日本拓殖大学政经学部)、李卓(南开大学日本研究院)。

《政治与经济之间:清末汉阳铁厂的厂址决策研究》。主讲人:袁为鹏(上海交通大学历史系);评论人:刘文瑞(西北大学公共管理学院)、李玉(南京大学新中国研究院)。

《中国近代企业家的社会责任与义利观念:以上海著名企业家刘鸿生为中心》。主讲人:赵晋(华东师范大学历史学系)、郑琴琴(复旦大学管理学院);评论人:贾利军(华东师范大学经济与管理学部)、周孜正(华南师范大学历史学院）。

下篇选取了近年来国内外企业史领域代表性学者所写的综述性、方法论方面的十三篇文章，分为"全球视野"与"中国经验"两种类型。同样，作者既有企业史学者，也有管理学者。

第一种类型属于"全球视野"。西方国家企业史研究不但有历史学、经济学、管理学等诸多学术研究范式，而且其公共史学化亦蔚然成风。因此，对各国企业史研究的状况（其中包括管理学与企业史的关系）进行了解，是研究企业史与管理学之间关系的基础。

该类型文章又可分为以下三小类：（1）全球视野的企业史研究综述。琼斯、黄蕾《全球企业史研究综论》从全球史的视角审视和回顾了企业史学科自20世纪初在美国诞生以来的发展历程，并比较了以欧、美、日为代表的发达国家和以拉美、中国、印度等为代表的新兴国家之间企业史研究的差异。（2）国别史视野的企业史研究综述。共有6篇，涉及目前世界企业史研究水平较高的美国、日本、法国、德国等，如林立强《美国企业史方法论研究：缘起、现状与趋势》、橘川武郎《面向21世纪的日本经营史学》、林彦樱与井泽龙《日本"产业经营史"研究的源流》、林彦樱与林立强《企业史与管理学的互动：以日本经营史研究为中心的考察》、周小兰《钱德勒范式在法国：当代法国企业史研究回顾与展望》、巫云仙《关于德国企业史研究的思考》。（3）国外著名企业史学家的研究。世界各国著名企业史学家与著作甚多，限于篇幅，本书仅收录研究企业史大师钱德勒的文章，因其与管理学关系最为密切。路风的《从结构到组织能力：钱德勒的历史性贡献》与陈凌的《超越钱德勒命题：重新评价〈看得见的手〉》这两篇文章虽成文于21世纪初，但对我们学习钱德勒理论依然具有重要的参考价值。值得一提的是，20世纪80年代以后，钱德勒范式受到了一些质疑与批评，本书限于篇幅无法一一收录此类"后钱德勒时代"的方法论文章。

第二种类型是"中国经验"。对目前国内管理学与企业史（包括历史学方法）关系的思考，属于中国经验方面的内容。本书收录了管理学者武亚军、葛明磊撰写的《以史为镜，吾道不孤："入世式学术"生产本土管理知识的简要回顾与前瞻》以及由企业史学者林立强撰写的《管理学范式：中国企业史研究的新视野》两篇文章。前者倡导新时代的中国本土管理知识生产要以史为镜，充分学习和吸收"入世式学术"的方法论精髓，植根本土企业管理实践，在中国学术主体性哲学精神指导下走出一条中西融合、理论与实践融合的创新发展之路。后者是作者近年来研究中国企业史管理学范式系列文章的浓缩版，认为中国企业史研究应在原有企业史两个传统研究范式基础上,引入管理学范式这一新视野。该文在梳理西方企业史管理学范式的形成与演变过程基础之上,从 WHAT、WHY 与 HOW 三个层次进行讨论,并对如何建设以马克思主义理论为指导思想、多学科研究范式并存、兼具中国特色与国际化视野的新时代中国企业史学提出若干思考。

下篇的最后选取了"全球视野"与"中国经验"各一部代表性专著的两篇书评,分别是林立强、吴风妹的《西方企业史研究"管理学范式"的一部力作:以琼斯的〈盈利与可持续发展:一部关于全球绿色企业家精神的历史〉为例》与宋磊的《中国故事与中国模式的第二种讲法:以路风〈光变:一个企业及其工业史〉为例》。琼斯的《盈利与可持续发展:一部关于全球绿色企业家精神的历史》一书基于全球视野,回顾了自 19 世纪中叶以来全球绿色企业家精神从无到有的四个发展阶段,以企业史为视域探讨了各国绿色企业家的动机,为我们提供了全球绿色企业方面的历史演化过程以及借鉴。该书由黄蕾与林立强翻译,已由商务印书馆于 2023 年 10 月出版。路风的《光变:一个企业及其工业史》则属于中国经验,作者通过讲述京东方的真实故事,记录了京东方在一个全球高技术工业中的史诗般崛起过程,诠释了中国经济发展的动力。

五、 结语:对企业史与管理学合作的展望

第一,目前管理学领域并不缺少历史研究。进入 21 世纪以来,主流管理学期刊中关于"过去"(Past)的研究越来越多,但大多数作者都习惯性地不将其研究成果明确定性为"历史的"(Historical)视角。他们常用纵向调查(Longitudinal Investigation)或案例研究(Case Study)等术语替代之,[①]这也是传统数据库检索系统无法检测到所有具有历史维度的论文原因之一。因此,推进企业史与管理学的合作并不是无源之水、无本之木。

---

① 如全球战略与创新管理大师、斯坦福大学罗伯特·伯格曼(Robert Burgelman)称自己从事的研究是"纵向研究"。在对英特尔公司进行了长达 12 年的跟踪研究后,他撰写了《战略就是命运:战略制定如何塑造企业未来》。英特尔公司前 CEO 安迪·葛洛夫(Andy Grove)在为本书所做的推荐序中称:"并非任何一家企业都这么幸运,能有一位著名的管理战略学教授跟踪研究它 10 年以上。"参见伯格曼.战略就是命运[M].彭文新,高梓萍,邹立尧,等译,北京:机械工业出版社,2004。在此书发表之后,伯格曼如法炮制,又用了 15 年左右的时间对惠普公司进行了研究,研究成果跨越了惠普公司 77 年的发展史及 7 任 CEO。参见伯格曼.七次转型:硅谷巨人惠普的战略领导力[M].郑刚,郭艳婷,译,北京:机械工业出版社,2018。

第二,经济学、社会学、政治学、人类学等领域均已经实现了"历史学转向"。这些领域所取得的成果,给我们在管理学研究中倡导"历史维度(或导向)的企业管理研究",并在时机成熟之后上升至"历史管理学"这一新的研究视野层面提供了经验与教训,为我们推进企业史与管理学的深入融合带来了信心。事实将证明,历史学与管理学的跨界融合不仅仅是一种良好的学术风尚,更是一次"双赢"的研究转向。

第三,企业史研究已经对企业家精神、国际商务、战略管理等管理学领域产生了重要的影响。企业家精神是企业史学家最早研究的领域(Jones, Von Leeuwen and Broadberry, 2012)。琼斯指出,正是科尔领导的一批企业史学家,在"20世纪40年代,在很大程度上受到熊彼特的企业家精神概念的启发,将企业家精神作为经济变革的代理人,开始将经验主义的企业史推向超越早期企业家传记研究的更高水平"。在国际商务领域,企业史不仅仅可以用来检验理论,并且"在与国际商务理论和方法的配合下,企业史学家有可能发展和扩展现有理论,并产生新的或改进的理论"(Buckley, 2009)。在战略管理领域,钱德勒与其说是企业史大师,还不如说是一位战略管理学家。

第四,企业史对管理实务界也有很大的影响。企业家普遍认为,长时段的企业史研究比案例分析更有价值。早在20世纪60年代,钱德勒的《战略与结构》就成为许多集团公司设计组织架构时的重要指南,并获得战略管理咨询界的广泛好评。2021年2月26日,美国最著名的投资人查理·芒格(Charlie Munger)在《每日新闻》(Daily Journal)股东会上的访谈中提及哈佛商学院的企业史研究:"在企业史中,我们可以感受到行业的起起伏伏,体会到经济变化带来的创造性破坏,这种背景知识非常有益。"(林立强和陈人,2022)

第五,企业史在目前的中国管理学理论构建中大有可为。改革开放以来,中国企业的各种组织形式特别是互联网企业层出不穷,互联网等相关领域涌现出一批世界级企业,它们的崛起为中国管理学在信息文明时代赶上世界前沿并且能自成一家提供了百年未有的历史性机遇。而企业史研究在管理学传承中国传统文化、发展中国本土管理理论方面将起到积极作用。例如,在创建中国本土特色的战略管理理论方面,企业史因其长时段、情境化的特点有望做出特别贡献,催生新的知识成果。

第六,企业史研究特别是新企业史研究在我国有很大的发展空间。在西方企业史研究体系中,管理学范式在其他几种范式研究中的影响力后来居上,而该范式恰恰是我国目前企业史研究的薄弱环节。2023年度《财富》"世界500强"

发布,我国共有142家公司上榜,数量名列第一;美国上榜企业135家,名列第二。但中国企业史研究的规模与水平,则与之极不相称,与世界企业史研究先进水平的差距还较大。新企业史研究亟待管理学界的参与,尚有很多领域有待开发。

法国著名历史学家费尔南·布罗代尔(Fernand Braudel)曾说过,社会学和历史学之间的交流就像"聋子之间的对话",企业史与管理学之间的交流何尝不是这种情况?目前,中国企业史研究"叙事"有余但理论化不足,而中国本土管理学理论体系的构建亟须历史的长时段视野,双方均有融合、对话的愿望。本书出版的目的,一方面是希望历史学界与管理学界对企业史(历史学)与管理学关系的探究可以朝着更深的层面发展,另一方面是殷切期待此次企业史与管理学在中国的相遇不是擦肩而过,而是互通有无、携手共进。若能如愿,何其幸哉!

参考文献

ÁLVARO-MOYA A, DONZÉ P-Y. Business history and management studies[J]. Journal of Evolutionary Studies in Business, 2016, 1(1): 122-51.

ARGYRES N, DE MASSIS A, FOSS N J, et al. History-informed strategy research: the promise of history and historical research methods in advancing strategy scholarship[J]. Southern Medical Journal, 2020, 41: 343-368.

BARKER T C. Business history and the business-man[J]. Business History, 1958, 1: 16-20.

BOOTH C, ROWLINSON M. Management and organizational history: prospects[J]. Management & Organizational History, 2006, 1(1): 5-30.

BUCHELI M, WADHWANI R D. Organizations in time: history, theory, methods[M]. London: Oxford University Press, 2014.

Buckley P J. Business history and international business[J]. Business History, 2009, 51: 307-333.

CHANDLER A D. Enterprise and history: essays in honour of Charles Wilson[M]. London: Cambridge University Press, 2010.

CLARK P, ROWLINSON M. The treatment of history in organization studies: towards an "historic turn"?[J]. Business History, 2004, 46: 331-352.

CLARK P. Superfactuals, structural repertoires and productive units: explaining the evolution of the British auto industry[J]. Competition & Change, 2006, 10: 393-410.

DE JONG A, HIGGINS D, VAN DRIEL H. Towards a new business history?[J]. Business History, 2015, 57(1): 5-29.

GOURVISH T. What can business history tell us about business performance?[J] Competition &

Change, 2006, 10: 375-392.

GRAS N S B. Why study business history? [J]. The Canadian Journal of Economics And Political Science, 1938, 4: 320-340.

HANNAH L. The business history discipline[M]//ALISON T. The international business archives handbook. London: Routledge, 2017: 18.

JONES G, FRIEDMAN W. Debating methodology in business history[J]. Business History Review, 2017, 91(3): 443-455.

JONES G, VAN LEEUWEN M H, BROADBERRY S. The future of economic, business, and social history. Scandinavian Economic History Review, 2012, 60: 225-253.

JONES G, WADHWANI R D. Entrepreneurship and business history: renewing the research agenda[C]//Working papers.Boston: Harvard Business School, 2006,(1):6.

JONES G, ZEITLIN J. The Oxford handbook of business history[M]. Oxford: Oxford University Press, 2008.

JONES G. What is Business History? Why it is important? [J]. Contribuciones Científicas y Tecnológicas, 2015, 140: 7-11.

JONES G. Why business history matters[R]. Fuzhou: Fujian Normal University, 2017.

KEELING D. How business executives use business history[EB/OL]. (2014-9-27)[2023-2-20]. https://magazine.wharton.upenn.edu/digital/how-business-executives-use-business-history/.

KIESER A. Why organization theory needs historical analyses-and how this should be performed[J]. Organization Science, 1994, 5(4): 608-620.

KIKKAWA T. Status qua and prospect of Japan's business history research[C]. Kyoto: International Session of the 54th Congress of the Business History Society of Japan, 2018.

KIPPING M, ÜSDIKEN B. Business history and management studies[M]// JONES G, ZEITLIN J. The Oxford handbook of business history. London: Oxford University Press, 2008: 96-119.

KIPPING M, ÜSDIKEN B. History in organization and management theory[J]. Academy of Management Annals, 2014, 8(1): 535-588.

MAIELLI G. History under cover: the problematic relationship between business management and the past[J]. Competition & Change, 2006, 10: 341-356.

MÜLLER M. What do firms maximise? The contribution of business history to a controversial topic[J]. Business History, 2014, 56: 22-36.

OVERTON R C. Problems of writing the history of large business units with special reference to railroads[J]. Bulletin of the Business Historical Society, 1948, 22: 22-35.

O'SULLIVAN M, GRAHAM M B W. Moving forward by looking backward: business history and management studies[J]. Journal of Management Studies, 2010, 47(5): 775-790.

PRESUTTI W D. Using history in business decision making[J]. Historical Methods: A Journal of Quantitative and Interdisciplinary History, 1987, 20: 155-160.

RAFF D M. How to do things with time[J]. Enterprise & Society, 2013, 14: 435-466.

SOLTOW J H. The business use of business history[J]. Business History Review, 1955, 29: 227-237.

SUPPLE B E. The uses of business history[J]. Business History, 1962, 4: 81-90.

WILSON J F, THOMSON A R. Management in historical perspective: stages and paradigms[J]. Competition & Change, 2006, 10: 357-374.

ZALD M N. History, sociology and theories of organization[M]// JACKSON J E. Institutions in American society: essays in market, political, and social organizations. Ann Arbor: University of Michigan Press, 1990: 81-108.

ZALD M N. Organization studies as a scientific and humanistic enterprise: toward a reconceptualization of the foundations of the field[J]. Organization Science, 1993, 4(4): 513-528.

ÜSDIKEN B, KIESER A. Introduction: history in organization studies[J]. Business History, 2004, 46(3): 321-330.

陈振汉.步履集:陈振汉文集[M].北京:北京大学出版社,2005.

黄群慧.改革开放四十年中国企业管理学的发展:情境、历程、经验与使命[J].管理世界, 2018,34(10):86-94.

黄勇,彭纪生.组织印记研究回顾与展望[J].南大商学评论,2014,11(3):119-139.

林立强,陈人.企业史研究对现实的功用:一个企业家的视角[EB/OL].(2022-04-11)[2023-02-03].https://baijiahao.baidu.com/s? id=1729692131839686651&wfr=spider&for=pc.

刘维维.经济史应当成为经济学之源:访中国经济史学专家吴承明[N].中国社会科学报, 2010-11-11.

罗仲伟.管理学方法与经济学方法的借鉴、融合[J].中国工业经济,2005,9:117.

王锦瑭.美国企业史研究[J].历史研究,1996,4:171-180.

王砚羽,谢伟.历史的延续:组织印记研究述评与展望[J].外国经济与管理,2016,38(12): 91-102.

吴承明.经济史:历史观与方法论[M].北京:商务印书馆,2014.

吴慧.中国商业通史:第一卷[M].北京:中国财政经济出版社,2004.

武亚军,葛明磊.以史为镜,吾道不孤:"入世式学术"生产本土管理知识的回顾与前瞻[J].外国经济与管理,2020,42(08):17-35.

熊彼特.经济分析史:第一卷[M].朱泱,孙鸿敞,李宏,等,译.北京:商务印书馆,1996.

虞云国."应用史学"应有其边界:当《资治通鉴》纳入"应用史学"的视域[N].中华读书报, 2015-11-04(10).

MARQUIS C,钟惠琳.理论化历史进程:对中国管理的启示[J].管理学季刊,2018,3(03): 1-24.

郑学檬.中国企业史:古代卷[M].北京:企业管理出版社,2002.

曾荣光.历史编纂学:一种被忽略的研究方法[M]//曾荣光.管理研究哲学.任兵,袁庆宏,译.北京:北京大学出版社,2020:201-233.

上 篇

当企业史遇见管理学:一个美国企业史学史的视角

林立强

(福建师范大学社会历史学院)

在美国,企业史最初属于传统经济史学范畴。随着1927年哈佛商学院把企业史作为一个独立的学术研究领域,企业史研究的走向发生了很大的变化,变化之一就是企业史与管理学的联系加强了:一批历史学家进入了管理学研究领域,甚至在商学院任职,并用传统的历史学方法来发展新的管理学理论,美国企业史大师钱德勒就是其中的集大成者,以至于学界许多人忘记了他原来历史学家的身份,而把他归于战略管理学家之列。本讲的内容主要从美国企业史学史的视角出发,对近百年企业史与管理学之间的关系进行梳理,为中国企业史的研究提供借鉴。

本讲作者为福建师范大学社会历史学院林立强教授,一位有着丰富企业管理实践经验的历史学者,目前研究领域为中外企业史学理论、中国近现代企业史等。两位评论人分别为西北大学公共管理学院刘文瑞教授与同济大学经济与管理学院陈守明教授。刘文瑞教授是具有历史学背景的管理学者,以西方管理思想史和中国管理思想史方面的研究见长,而陈守明教授则是专注于战略管理研究的管理学者。

我的学术背景是历史学与宗教学,后一度涉入商海,从事大型企业的管理工作,曾就读于中欧国际工商学院(China Europe International Business School, CEIBS),获得高级管理人员工商管理硕士(EMBA)学位。基于二十余年与企业管理结下的不解之缘,我对此次分享的企业史研究以及历史学与管理学融合的主题有着特别的情愫。

在正式开始之前,我对今天的主题有三点说明:其一,该主题实际上不是讨论历史学与企业管理学(以下简称管理学)之间的关系,或者说不完全是讨论历史学与管理学的关系。因为历史学是一门极其博大精深的学科,今天所探讨的只是它的一个分支——企业史(Business History),本次涉及的话题特指该分支与管理学的关系。其二,我的分享主要以美国为个案,因为哈佛商学院是企业史研究管理学范式的发源地,亦是目前国际企业史研究的重镇。英国著名企业史学家巴里·E. 苏普莱(Barry E. Supple)曾一语道破天机:企业史研究重视管理完全源自美国的学术传统。其三,由于我近期主要从事美国企业史学史的研究,故今天的讨论是基于学术史的视角。篇幅有限,本讲会略过以往学术史研究本应该谈及的一些企业史学家作品、史观等内容。

导语:历史学与管理学的相遇

美国企业史研究源自 20 世纪初期,与该时期特殊的政治经济环境紧密相关。当时,美国社会对于企业家形象的看法有了很大的改变,从早期企业家被视为"美国梦"的象征、全民的英雄,到垄断现象出现后被视为社会"公敌"。这种"情绪"后来也影响到新闻界乃至学术界,出现了揭露丑闻式的企业史著作。一些学者认为应全面与客观地反映美国企业的真实情况,提倡不带鲜明政治特征和意图的历史书写方式。于是,在哈佛商学院第一任院长、著名的经济史学家埃德温·弗朗西斯·盖伊(Edwin Francis Gay)的大力推动下,1927 年企业史作为一个独立的研究领域出现在了哈佛商学院。从此以后,哈佛学派成为企业史管理学范式的主要代表,迄今已有近百年的历史。

美国企业史的研究流派繁杂,企业史研究的创始人诺曼·S. B. 格拉斯(Norman S. B. Gras)曾将企业史细分为十几种类型,但大体都可以归类到企业委托与学者独立研究两种类型。其中"Corporate History"或"Company History"为企业出资委托他人撰写,而非"Business History"。如果把企业史和管理学比喻为一对"欢喜冤家",我认为其关系经历了以下几个不同的阶段:在 20 世纪三四十年代,"相识相知""相处愉快"。50年代,由于管理学的科学化,双方"渐行渐远"。60年代,由于1962年钱德勒《战略与结构》的问世,两者的关系稳定了一段时间,但不久又"若即若离"。90年代之后,双方的关系变得极其微妙,时而"破镜重圆",时而"另觅新欢"。为什么这样说呢?从历史学角度看,因为哈佛大学历史系出现了一个被称为"资本主义史"的史学研究分支,这意味着企业史有可能重新回到传统历史学的怀抱。从经济学角度看,早期德国经济学历史主义学派对企业史的产生具有重要的影响,为此新制度经济学对企业史的回归也充满期待。而从管理学角度看,企业史毕竟诞生于商学院,因此对管理学还是情有独钟的,尤其是基于哈佛商学院的影响力。从以上分析看,企业史至少有三种去处:历史学、经济学与管理学。其未来何去何从,前途未卜。据我观察,美国企业史学家似乎更青睐历史学与管理学范式的结合。有兴趣的读者可参见我的文章《美国企业史方法论研究:缘起、现状与趋势》,里面对这个问题有较为详细的解读,此处不表。本讲主要包括以下四个方面的内容。

何为企业史?何为企业史学家?

历史研究是一切社会科学的基础。黄群慧教授在《管理科学化与管理学方法论》一书中亦提出:历史学是管理学的七大范式之一。以下是我总结的目前在管理学中涉及历史学的几种类型:①从历史中提取管理智慧,如许倬云的《从历史看管理》《从历史看组织》等作品,以及北京大学光华管理学院的"从历史看管理"的高层管理培训(EDP)项目等;②管理史、管理思想史;③管理学研究中的人文素养包括历史思维能力的养成;④在管理学研究中使用历史学方法;⑤其他(如企业史等)。本讲所介绍的就是最后一种类型。

首先我们必须给企业史下个定义。这里首先必须解决"Business History"的中文翻译问题,在中文词语中很难找到一个与"Business History"完全对应的词语。但如果在企业组织范畴内非要找一个与"Business History"所表达意思相近且无明显歧义的中文词语,显然"企业史"比"商业史"更为贴切些。从目前国内学界的情况看,绝大多数中国企业史学者亦循此例。此外,哈佛商学院的两位教授分别提出了企业史的两种概念定义:狭义的定义以企业史学科的创始人格拉斯为代表,而广义的定义则由杰弗里·琼斯(Geoffrey Jones)提出。我赞同"Business History"译为"企业史",以及给企业史一个较为宽泛的定义的思路。① 实际上,在管理学当中已经有一些所谓的历史学方法融入,比如说产业集群、路径依赖、组织印记、常规、形成性事件、制度性过程、制度化过程等,从广义上这些都是历史学方法在管理学中的应用。但是我们认为企业史研究方法与上述方法有显著的差异,这就牵涉到所谓企业史学家的身份认定。

何为企业史学家呢？据我观察,国内外绝大多数的企业史学家是特别"传统"的学者。这个"传统"体现在以下方面：第一,他们可能具备了经济学、社会学、人类学、管理学等某一方面的知识,但主要的学术背景一定是历史学；第二,他们采用传统历史学研究的各种方法,即以定性研究为主；第三,企业的原始档案是他们最主要的史料来源,他们对口述资料的使用与管理学者不太一样,管理学者可能会将口述资料和现场观察作为很重要的一个数据来源,而历史学家普遍对此不以为然,研究仍以原始史料为重；第四,研究时间段上偏爱"过去"。比如国内学界中国企业史研究的时间段主要集中于近代,当代亦有,但相对少些。

企业史研究在中国学界属于经济史研究范畴,被视作经济史研究的一个分支,这种以历史学与经济学方法为重的"学统"存在一定的局限性。如历史学方法仰赖史料的描述与建构,缺乏理论的支撑。经济学方法则倾向于忽略研究对象的个性,利用各类理论框架论证某些假设与观点,采取抽象、演绎的方式寻求研究对象的共性。即便是打开企业"黑箱"的制度经济学,以及宣称深度嵌入企业管理内部的企业理论,总体来说还是研究企业具有普遍意义的共性内容。因此在企业史研究中,不论是历史学还是经济学方法,都缺乏一种对"真实企业"的现实关怀,从而导致企业史研究囿于"象牙塔"的传统经济史研究中,很难与企业实践发生有机联系。管理学方法是一种从管理学的视角观察、解释中国企业史的模式,但由于历史学与管理学之间存在一定的学科壁垒,其研究合作之路困难重重。

企业史学家根据其工作的单位不同(如历史学院、经济学院、管理学院等),所采用的研究范式也不一样。目前企业史多种范式并存,其中主要有三种范式：第一种是纯粹史学范式；第二种是经济学范式；第三种是本讲涉及较多的管理学范式。相对于传统的企业史学家,我们呼吁和期待企业史学家"新群体"的出现。

---

① 本书导论部分对企业史的翻译与定义问题已有详细论述,此不赘述。

国内外企业史研究现况

美国企业史学史与管理学范式密不可分。盖伊在德国留学期间,受到了德国经济学历史学派的深刻影响。后来他回到哈佛大学经济系担任经济学教授,并在1980年哈佛商学院成立时被邀请担任第一任院长。他上任以后非常重视历史学的教育,把两个最得意的经济史博士生——格拉斯与阿瑟·科尔(Arthur Cole)安排到了哈佛商学院从事企业史研究。1927年,格拉斯担任哈佛商学院伊斯德尔·斯特劳斯企业史教席教授,为企业史学科打上鲜明的管理学烙印。格拉斯明确指出,企业史是对企业管理发展的研究,决定了其未来必然与管理学的合作越来越密切。格拉斯的转向引起了经济史学家的不满,科尔在著名经济学家约瑟夫·A. 熊彼特(Joseph A. Schumpeter)的支持下,于1948年成立了"哈佛大学企业家史研究中心"。该中心提倡多学科研究法,但并不排斥管理学的方法。其后,深受熊彼特、科尔、弗里茨·雷德利希(Fritz Redlich)与社会学家塔尔科特·帕森斯(Talcott Parsons)影响的钱德勒,结合跨学科研究方法中社会学、经济学、管理学等方法,开启了大企业研究模式,这种研究法影响了美国、日本、欧洲等国家与地区的许多企业史学家。1962年,钱德勒提出了"结构跟随战略"(Structure Follows Strategy)的理论,这令他在管理学领域的影响力甚至比他在历史学界的影响力更大。

1989年,钱德勒卸任斯特劳斯企业史教席教授职务,随后由托马斯·K. 麦克劳(Thomas K. McCraw)于1989年,以及琼斯于2002年相继担任,企业史研究进入"后钱德勒"时代。由于哈佛商学院企业史研究在全球企业史研究中的引领作用,其为企业管理服务的传统得以延续。本阶段企业史研究的突出特点是关注当代企业史研究,即关注企业管理的核心问题与情境。如哈佛学派认为历史应作为一种理解当代管理问题的更好方式,企业史在增进我们对当代管理和企业管理关键问题的理解方面发挥着核心作用。据我所知,目前哈佛商学院有1 400多份企业档案,一个商学院的图书馆收藏如此之多的历史资料是罕见的。哈佛商学院的企业史研究如今仍在引领全球企业史的研究方向,并出版了以《哈佛企业史丛书》(Harvard Studies in Business History)、《哈佛企业史评论》(Business History Review)为代表的许多研究成果。在哈佛学派的推动下,欧洲、日本等地纷纷成立企业史研究机构以及学会组织,并开展了广泛的国际学术交流活动。

刚才讲的是美国学界的企业史研究,现在我将简要介绍一下中国学界的研究情况,详细的内容大家可以参见下一讲。李玉在《中国近代企业史研究概况》中指出,1937年的《山西票庄考略》是国内最早的企业史研究成果,此后企业史研究一直采用历史学范式。改革开放后,中国经济史学界开始倡导新理论、新方法的运用,我们才有了企业史研究的经济学范式。在2002年年初,由袁宝华牵头,中国企业联合会和中国企业家协会编撰了一套《中国企业史》(2004年出版),这在某种意义上显示出官方对中国企业史研究的重视。此外,还有很多国外学者积极参与了中国近代企业史的研究。我认为,管理学要做中国本土研究,中国近代企业是不可逾越的一项研究内容,因为中国企业的发展史是一个传承与创新的过程,特别是文化方面。

但我也注意到,国内管理学界对中国近代企业几乎没有关注,讲座前我特意用"近代"作为关键词,查阅了《管理世界》《南开管理评论》《管理学报》等管理学权威刊物,涉及近代企业的研究寥寥无几。即使用更广泛的关键词"历史"查找,符合这么宽泛检索条件的文章也极少。我觉得管理学研究不应当局限于现代企业,可以上溯至晚清、民国时期的中国企业,如政商关系等外部环境的考察就很有研究价值。再如企业文化方面,我原来是研究基督教在华传播史的,曾经注意到民国时期天津有一家企业叫东亚毛呢纺织股份有限公司,其企业主宋棐卿是一名基督徒。他在管理企业中采用了各种各样包括宗教在内的、能够促进其公司发展的手段,故其公司的企业文化颇有特点,可将其视为民国时期三大类型企业文化的典型代表之一。因此管理学界如能多关注近代企业与著名企业家,或许能够为当代的企业管理实践提供一些借鉴。

实际上,历史学与管理学之间存在根深蒂固的学科成见,两者之间具有错综复杂的矛盾关系。一方面,管理学界对史学方法有抵触,认为凡是历史学方法都是无理论且不客观的,其中最为致命的是管理学者质疑历史学者将档案作为数据来源的研究方法。另一方面则是历史学者对管理学方法的轻视。中国在2020年前并无"企业史管理学范式"一说。我认为,解决以上问题的根本之道在于双方的求同存异。两个学术群体之间要充分进行交流与沟通,消除偏见,才能实现二者的真正合作。纵观当今的中国管理学界,开始提倡管理学的本土化,逐渐关注定性研究与案例研究,这就为管理学与历史学的深入合作,尤其是企业史学科的发展崛起提供了前提条件。

企业史和管理学的互动

企业史和管理学之间能不能实现积极的互动呢？目前热衷于推动企业史与管理学融合的主要有以下几类学者：第一，倾向于使用历史学方法的管理学者，他的学术背景是管理学，但对历史学很感兴趣，可称其为"具有史学思维的管理学者"。第二，在管理学院就职的历史学者。这类学者在国外比较多，在中国则很少。第三，致力于研究企业微观史的历史学者或者对以企业为研究对象很感兴趣的历史学者。后两者可被称为"具有管理学思维的历史学者"，与第一类学者构成了上面我所说的"新"企业史学者群体。

历史学方法能否为管理学者所用，是企业史能否被管理学认可的重要前提。其实，有些论著中已经开始涉及历史学方法，比如由徐淑英、任兵、吕力等老师主编的《管理理论构建论文集》一书中谈及，归纳法或成为未来理论构建的重要方法。历史学研究的基本方法就是归纳法，但归纳法的最大缺点是它的所有命题是单称命题。我们发现，如果加限定条件，历史学当中大量的归纳法是可以成立的。当然，对我们历史学家而言，构建理论是一项艰难的挑战，因为这里面涉及从特殊性到一般性的问题，这是我们的弱项。对此，钱德勒说过，历史学家至少面临着两个严峻而又令人振奋的挑战：第一个挑战是将具体的人类事件和行动与不断变化的更广泛的经济、社会、政治和文化环境联系起来；第二个挑战是发展概括性的概念。

钱德勒写于1962年的《战略与结构》这本书，就是擅长叙事风格的历史学家尝试运用"发展概括性的概念"的典型例子。我先通过简单回顾该书的结构，来说明一下企业史研究是如何构建新的管理学理论的。在该书导论部分，钱德勒对战略和结构的概念进行了界定，并提炼了一些概括性的观点。第一章是历史背景，这是历史学的常用写法，类似最近本土管理学常常提及的"情境化"。从第二章到第五章则以四家公司为个案，讲述了其结构的演变。在第六章，钱德勒运用了熊彼特关于适应性反应和创造性革新的相关理论，以描述性的语言结合美国公司的个案进行说明。在第七章，钱德勒扩大了样本的公司数量并进行分类，最后推导出结构是随着战略变化而变化的结论，完成了从个案到一般直至新理论的飞跃。该书最后的结束语部分为美国大型工商企业成长的四个阶段，该部分与伊迪丝·彭罗斯（Edith Penrose）的《企业成长理论》（*The Theory of the Growth of the Firm*）的写法与思维模式比较相近。

日本学者伊丹敬之以管理学者的身份写了一篇文章《经营史与经营学》,提出了从现实观察到历史分析,再到理论性命题的三阶段说,这三个阶段的反复循环就能诞生新的理论。这里值得注意的是,在现实观察和理论之间有一个环节是历史分析,他用了很多案例来说明他是如何用历史学研究方法推断出理论的具体过程。最后他坚定地认为,经过日本经营史学会 50 年的历史积淀,相信日本经营史学界能够在理论性命题这一领域做出更多的努力和贡献。

此外,企业史在检验理论方面也可以发挥一定作用,如琼斯与彼得·米斯克尔(Peter Miskell)的《收购与公司发展:创建联合利华的冰淇淋和茶叶业务》(Acquisitions and Firm Growth: Creating Unilever's Ice Cream and Tea Business)一文,试图通过对联合利华利用收购建立世界上最大的冰淇淋和茶叶企业的纵向案例研究,验证与支持"资源基础理论"。再如玛丽·特里普萨斯(Mary Tripsas)的《通过动态能力在激烈的技术变革中获得生存:来自排字机行业的证据》(Surviving Radical Technological Change through Dynamic Capability: Evidence from the Typesetter Industry),该文通过回顾成立于 1886 年的 Mergentbaler Linotype 公司所经历的三次历史性变革并将其与同时代其他公司进行比较研究,验证与支持了美国经济学家、战略管理学家大卫·蒂斯(David Teece)开创的"动态能力"理论。

特别值得一提的是,管理学亦对企业史研究有益,如管理学理论对提高企业史学者解读史料的能力、提供分析框架等方面有很大的帮助。举个例子,我曾经试图从晚清时期商务印书馆四位创始人(均为基督教加尔文派信徒)的角度,为马克斯·韦伯(Max Weber)的《新教伦理与资本主义精神》(The Protestant Ethic and the Spirit of Capitalism)寻找中国的例证。但是受限于创始人史料的缺乏,我们后期转换了思路,运用了组织理论的分析框架,开始探索企业内的非正式组织,有了一些意想不到的收获。

企业史和管理学合作的几点设想

首先,我们觉得企业史和管理学有很大的合作空间。目前管理学界适合使用历史学研究方法产出企业史成果较为集中的领域为战略管理、组织理论、国际商务、企业家精神和战略创业等。其中,战略与组织是管理学研究的核心内容,企业史在这两个领域是否有所突破,将决定企业史与管理学合作的成败。

其次,企业史也将对管理学教育、管理实践(企业与企业家)等产生深远的影响。以企业史与管理实践的关系为例,我曾在企业工作过很长的时间,从一名最基层职员做到高管,抛开学者的身份,我的体会是:企业家不会看理论性很强的东西,他们更喜欢一些经验主义的东西,譬如喜欢阅读德鲁克、戴尔、斯隆的书籍。

再次,企业史和公共史学的关系也很值得关注。我们希望企业史学界能够写出一些通俗性、大众化的读物,而不是囿于象牙塔中。目前,许多人只知财经作家的企业史,而不知有学术型企业史,这是否能给中国企业史学界一个警醒呢?加大企业史在非学术人群的推广已经成为各国企业史学界的共识,琼斯就曾指出,从亨丽埃塔·拉森(Henrietta Larson)到钱德勒再到帕梅拉·W.莱尔德(Pamela W. Laird),将企业史带入非学术读者中的渴望从未停止过,他认为实现这一目标是当前的首要任务。因此,未来企业史研究的公共史学化应是中国企业史研究实用性的重要体现,要积极探索一种为企业与企业家、为大众接受的形式。

最后,管理学者和历史学者可以尝试多种合作方式,譬如历史学者研究的时间可多集中在近代,管理学者研究的时间则可多集中在现代;历史学者做描述、档案分析,管理学者做量化、规范;历史学者做个案、特殊,管理学者做概括、一般。总之,管理学者和历史学者之间应取长补短,协同并进。目前,我极力倡导"以企业实践为导向"的企业史研究,希望能与大家一起探索出一条企业史和管理学合作研究的新路子。

结语:企业史,不仅仅是工具

我在企业从事具体管理工作的过程中常常会遇到许多问题,因此对解决问题的工具情有独钟。所以,我其实是一位"工具主义者",本讲所谈的也大多是这方面的内容。但学术研究光谈工具理性是不够的,还要涉及价值理性层面的内容。刘文瑞老师提出的管理学者要有人文精神和史学思维,我非常赞同。但我觉得目前想"一步登天"很难,或许可以分为两步走:第一步,先让管理学者觉得历史学研究方法是有用的,培养管理学者对历史学的兴趣(或者称为史学意识)。第二步,我想到了"历史管理学"这个词。现在社会学中的"历史社会学"与政治学中的"历史政治学"很火,它是用历史学的方法来研究社会学、政治学,那是不是有可能用历史的方法来研究管理学?例如,目前国内社会学界的历史社会学已经成为热点,这种将历史感引入社会学思维当中的"历史转向",丰富和深化了社会学的自我理解和社会实践。"历史转向"的目的不是简单地回归传统,或者依附西方,而是重构一个完整的中西古今的坐标系,来理解当今的中国社会。参照这个视角,我们似乎有建立所谓"历史管理学"的必要。当然,这只是我的初步设想,还需进一步论证与研讨。

此外,历史研究是需要想象力的。我在研究企业史的时候,经常可以在档案馆中发现很多泛黄的企业原始卷宗,如日记、账本、会议文件等。在看这些久远的商业记录时,我常常会产生一种幻觉,仿佛穿越时空,回到已经逝去的那个时代,与晚清、民国的那些企业家们面对面交流企业经营、企业文化的真谛,这种类似"移情"的想象力也许是企业史研究带给我们的另外一种人文价值吧。

【评论与讨论】

企业史研究相当重要且大有可为

刘文瑞(西北大学公共管理学院)

每次听林老师的演讲都有新的收获,他的报告给我们勾勒出企业史研究的学术背景、发展状况以及现实态势,为我们提供了一些好的思路。我想从以下三个方面谈谈我的感想。

首先,听了林老师的报告,我们更加明确了企业史的研究相当重要且大有可为的认识。企业是一个整体,涉及方方面面,而科学则分科治学,总是聚焦于某一个方面,为了把某个方面研究深、研究透,我们建构了不同的学科。自然科学是这样,社会科学也是这样。但是历史学不一样,历史学从来都是包罗万象的,历史的研究对象从来是人类活动整体,所以企业史的重要性首先表现在它能够使我们还原企业的整体。各个学科从不同领域研究企业、研究社会、研究自然的时候,为了研究清楚,要按照学界的分科把它做深做透。但是分科具有天生的局限,单科研究做得再深再透,若失去整体性眼光的话,都有可能会陷入阴霾。

此外,企业史是一个纵贯过程。我们(管理学者)研究企业的时候,关注点肯定在当下,或者说稍微往前赶一点,但是往往侧重于横切面而缺乏深入观照。企业史却必须研究企业的纵切面,这样方能了解企业的全貌。案例研究如果失去历史的纵深感,就很难看透本质,你可能看得很细致,数据很详细,但是"It's hard to follow"。而企业史是给我们提供一个企业的纵切面,从纵向观测,增加我们的洞察力。

从这两个角度看,一个是整体感,一个是洞察力,企业史确实非常重要,而且对企业运作肯定能有所帮助。档案收集是企业史研究的铺垫,企业史研究在资料的基础上能够出现很多丰富的成果,我觉得大有可为之处在此。正是因为我们对过往资料的梳理,对档案的掌握,对各种非专门领域资料的重视,才可以为后来的研究打好基础。

其次,企业史的定位和方向。这一点,我与林老师有不同的看法。我觉得企业家的个人传记,企业自己编写的厂史,甚至企业为自己编的宣传材料,都可以归入企业史的范围来考虑。但是,我们可以在此基础上进行分类,譬如说第一类是史料类,包括原始记录、账表汇总等。第二类可以看作宣传物,主要是公司自己编的厂史、宣传材料等,它们主要服务于公司的经营,目的不一样,编写的方式和侧重内容也不一样。第三类是研究类,是真正的学术性成果。企业史研究必须具有学术性,而我们对企业史研究往往存在一个误解,就是觉得学术不通俗、通俗不学术,尤其是社会上容易形成这种看法。真正的研究不见得不通俗,好的研究往往讲故事讲得非常吸引人。但我们要清楚的是,资料整理、广告宣传等与学术研究不一样,研究真正的贡献在于揭示当事人无意识中反映出来的假设、前提和行为准则,从而能够根据对企业的研究,探索其中规律性的或者趋势性的东西。这种趋势性的东西是有助于本土理论形成的,至于能不能做得到,就是对我们学术界的一种考验了。怎样讲好企业故事?讲好企业故事不光是给大家展示企业的形象,还要获取企业内外部对企业的不同理解。所谓内部理解,是指企业中存在的、员工都知其然而不知其所以然的无意识假设,包括优秀的企业家自己都没意识到的东西。所谓外部理解,是指企业内部直接观察不到,影响企业发展的内在和外在因素,包括它的作用机制。这样我们才能真正认识企业,提升自己的理性水平,产生教育的效果。这其实是强调,企业史研究的定位和方向应该定位在理论贡献上。

最后,谈谈我们作为学者的责任担当以及对企业史学科的展望。林老师已经向学界提出了一些很好的思路,这里我补充一下。我认为企业史研究需要经济学、管理学、社会学这三个学科的鼎力支撑。历史学是一个整体,这三者则各自偏重一个学术领域,合力依靠着张力形成,不同学科的差别能对整体研究形成视角和侧重的不同张力。经济史和管理史,我们多少都应该知道一些。经济学和管理学不同,导致经济学和管理学研究的侧重点不同。由于经济学更偏向于科学化，把人看成要素，所以经济学里实际上没有具体的有血有肉的人，经济学里面的人是用数字表现的。而管理学面对的是活生生的人，所以管理学特别注意不同的人性、不同案例的不同表现。这就导致了经济史研究更多地追求数据化和科学化，而管理史研究更多地与人文文化相关，社会史研究则更多偏重于群体关系。学科不同，侧重点不同，我觉得我们从事企业史研究的学界责任担当，在于寻求不同学科之间的指向重合，通过共同研究形成合力。合力不是要求大家都一样，只有张力才能形成合力，恰恰是各具特色的不同，最后形成合力。当然，张力有可能存在冲突，但是也有可能是互相适应，不一定是完全对立的。这种合力最后所要形成的企业史研究，不是某一种理论的"单打"，而是不同理论的参照交错。以企业史研究的张力结构形成良好的学术共同体为前提。在社会科学的基本概念上，当今由天下大同到人类命运共同体的提法，本身是一个重大的变化，实际上就是从一元到多元。企业史研究，通过学界不同领域的多元互动，在一定程度上能够推进企业研究、社会研究的深化和展开，也包括管理研究共同体的健康发展。

从企业史研究与一般历史研究的关系来讲，我认为，企业史研究可以开辟历史学的新天地。过去企业史这一块，普通历史学是不大重视的，可能被忽略。从企业史研究与一般管理学研究的关系来讲，历史学的注入、企业史的研究，可能帮助管理学者突破旧的框架，最后形成一个更好的"讲中国故事"的发展态势。用费孝通的话来说就是"各美其美，美人之美"。通过企业史研究首先"成己之美"，把企业中有价值的东西充分展现出来，企业产品、机制、文化都可以走向世界，在"成己之美"的基础上"成人之美"。我们走向世界不是为了一统天下，不是追求万国来朝，而是和其他国家和平共处，形成人类命运共同体，那么企业史研究可以说在这个方面有着无可替代的作用。

我觉得某种意义上，管理学已经被某种"熟练的无能""有知识的无能"给套住了。当前数据化、模型化的道路，管理研究的套路，实际上已经造成管理学的困惑。历史学现在也有它的困惑，它的困惑是结构性困惑，在微观的具体研究与宏观的整体理论之间一直存在问题，不是陷于具体的钉铛之学，就是流于空泛的宏观义理。所以，企业史的研究可以在一定程度上促进管理学打破旧的套路，也可以促进历史学在结构化的理论贡献方面产生出新的火花。这样可以使得社会和企业本身，历史学和管理学本身，做到互相促进，这对学科的发展至关重要。让历史学者来研究企业管理，不是把他们收编过来，而是要借用历史学的方法，以他山之石攻玉。让管理学者去搞历史，不是说让管理学者完全接受历史学的那种范式,而是希望管理学者可以用这种方法来突破自己,而不是局限于数据模型。历史学向管理学进军,管理学向历史学渗透,在一定程度上能够给我们带来既新又好的研究思路。

从企业史的视角来研究管理学前景广阔

陈守明(同济大学经济与管理学院)

林老师的演讲给我很多新的感悟。我与在场的许多老师一样是管理学的背景,今天就围绕着"如何从企业史的视角来研究管理学"的话题谈谈我的体会。

管理学是一门致用的学科,也是具有广泛包容性的开放学科,可以用不同学科的方法来研究现实的管理问题、指导实践,历史学便是潜在的一个非常好的研究视角。我和林老师认识的时间很早,当时他在上海一家大型公司担任高管。初次见面,林老师就问我为什么商学院没有企业史课程,为什么没有企业史的教授,为什么不讲企业史的案例。我当时就觉得这个问题非常有意思。后来,林老师在推介与研究企业史的道路上越走越远,一方面走出去,赴美、日等企业史研究领先的国家开展国际交流活动;另一方面请进来,邀请了哈佛商学院现任斯特劳斯企业史教席教授琼斯、日本经营史学会会长橘川武郎等到中国讲学;还于2017年开始与中国社科院经济所、《东南学术》杂志社等单位合作举办了两年一次的中国企业史的国际学术研讨会。受林老师的启发,我也觉得我们从事管理学研究的学者也可以从企业史中获取一些好思路、好方法、好素材进行研究。我认为做管理学研究的学者有否定历史学研究的倾向。因为大多数与管理相关的历史研究往往只讲一个故事,都是个案研究,我们就会想这些个案是不是还会发生,是不是特殊历史条件下的一个事件,对我们当今的管理实践有什么意义,等等。所以,我们往往对历史研究持否定的态度。我非常欣赏黑格尔说过的一句话——人类从历史中获得的唯一教训就是人类从来没有从历史中吸取教训。由于历史事件经常是重复出现的,既然历史可以重演,那研究历史就一定有价值。我个人觉得我们并没有搞清楚导致历史重复犯错误或者重复发生的机理。这对我们研究企业史的学者来说,是个挑战更是个机遇。从企业史视角来研究管理学、研究管理理论是有价值的,即使是个案研究也有价值。研究历史可以知兴替,有可能找到管理理论中的大智慧。

接着我谈谈企业史如何发挥作用的问题,这点林老师实际上已经讲得非常全面了。我是从企业管理的研究者和教师角度来考虑我们怎么从合作当中受益的,重点讲两个方面的应用:一个是案例教学,我们现在给企业家们上课,为了把管理学课程上得更生动,通常会借助于案例教学。案例教学往往采用当下发生的案例,但如果引入历史的长周期案例,譬如清朝时期企业的案例呢,应该会非常引人入胜,我们可以跟历史人物进行"对话"。学员也可以有这样一个机会去理解老一辈企业家的实践思想,我觉得这是非常有意义的。另外一个方面就是如何用企业史的方法研究管理学。我认为,我们不必去学历史学的方法来研究管理学,我们要的是历史学的思维。例如我们研究中除了常用的横截面数据,也需要关注一个现象长期的纵向演化数据,运用历史学思维,你可能会悟出新东西或者新理论,这个可能就是我们在质性研究方法中强调的顿悟。当你看多了企业史以后,你可能会有一些自己的总结归纳,这叫 Theory Building,就是创立自己的理论。通过大量企业史的研究,我们可以看得更全面、更深刻,更有可能找出规律性的东西,也就是管理学理论。

企业史研究不仅可以用来建构新理论,还可以用来验证理论假设,也就是 Theory Testing。我们写管理学论文强调贡献,当你的论文里发现一个新的证据(New Evidence),也是可以发表的。而如果你所谓的新的证据,不是现在的证据,而是历史长河中的一个新的证据,那就更有说服力和吸引力了。企业史在验证管理理论方面的作用,我们关注得不够。我这边有个案例,2009 年《美国管理学会学报》(AMJ)发表了一篇论文,研究的主题是合法性的溢出问题,作者用来验证研究假设的就是上海外资银行 1847 年到 1935 年的历史数据资料。2017 年我参加林立强教授组织的第一届中国企业史研究 WORKSHOP,从上海社科院经济所的老师口中得知这些数据来自 2003 年上海社会科学院出版社出版的《上海金融志》。因此,用企业史资料和数据来验证我们已有的管理理论或提出新的管理理论大有可为。

最后,我也谈谈本土研究。为什么要做本土研究?归结到底还是因为西方的理论在本地水土不服。那我们如何去建构本土的理论呢?我认为还是要从中国特有的文化背景着手,而中国的文化特征可能就隐藏在历史事件当中,我们从企业史中可以领悟中国的特色、中国人的特征。通过企业史的研究,我们可以发展出更好的适合中国国情的一系列理论,发展自己的理论是本土化研究的价值所在,理论最终用来指导实践,这是我们本土研究的主要目的。所以说,企业史研究可以作为本土研究的主要方法。我认为企业史研究在管理学中的应用是一个非常好的尝试。

本土管理学研究和历史学方法结合的必然性与可能性

武亚军（北京大学光华管理学院）

首先，从本土管理研究的角度来看，历史学方法是一种非常有用的方法。2004 年我对中国的大学战略管理问题进行研究时，发现需要去寻找世界一流大学战略管理的规律。因此，我有针对性地选择了美国的卡内基梅隆大学、斯坦福大学和中国香港科技大学作为研究对象，从它们的快速跨越式发展历史中寻找战略管理的规律，特别是战略领导、战略规划和人力资源管理方面的作用机制。后来就写了两篇学术论文，发表在《北京大学教育评论》上。现在回顾，其实在研究中就搜集并使用了大量的斯坦福大学发展史的资料，以及卡内基梅隆大学校长和香港科技大学校长所写的一些回忆性文章和类似自传的一些书籍，这些都是用了历史学的一些惯用资料和方法来发展相关的研究。最近这 10 年，我对华为有比较多的研究，其中使用了它们大量的历史文档和相关素材，包括华为请中国人民大学黄卫伟教授等编写的《华为基本法》以及 2002 年编著的系统解读著作《走出混沌》。我一直认为《走出混沌》是中国企业战略管理研究的一个"活化石"，从中你可以精准地看到当年在制定《华为基本法》时任正非的基本思想和核心思想方式，因为在书中我发现特别有趣的一点——任正非当时的主要讲话内容被吴春波整理成一章汇编。当我后来从里面找到很多有价值的东西的时候，我有一种"知识考古学"的快感。所以，我觉得本土管理研究，如果是从问题出发，一定离不开历史学的方法，一定要与历史学结合。

其次，本土管理研究要上档次、上层次，必须有意识地、自觉地结合与运用历史学方法，这也是我们最近看到的一种国际管理学研究的新趋势。过去，我们中国的管理学研究大量引进了经济学、心理学、社会学、政治学这样一些领域的知识和方法，下一步该怎么发展，我认为需要大力引进文、史、哲、美学的思想方式。结合国际管理学界最近出现的关于"历史学转向"的讨论，我发现他们基本上强调的是运用两种基本方法来发展理论：第一种方法是把历史资料作为我们研究中构建理论或检验理论的一个数据库或者资料库，这就是所谓的 History to Theory（历史作为理论素材）；第二种就是把历史作为理论本身的一个变量，或者说某一历史因素变成它的解释变量，又或一个重要的历史因素直接进入到理论里面，这叫 History in Theory（历史作为理论要素）。举个简单例子，比如说我们现在要研究哈佛商学院在世界商学知识生产与教育中的优势地位和商业模式缘由,我们可能要追溯到 100 多年前,哈佛商学院的第一任院长和第二任院长及其给哈佛商学院带来的基因和特色。其中,第一任院长盖伊给哈佛商学院带来的是经济史(包括企业家和企业史)研究这样一个综合的视角。第二任院长多纳姆是法学院的毕业生,他把案例方法系统引入商学研究与教育中。从这两个视角或要素来看哈佛商学院现在的地位与商业模式的演变,会更加清晰和全面客观。所以,我觉得从方法上来讲,History to Theory 和 History in Theory 是目前国际战略管理学界和管理学界对历史学方法在管理学中的应用的一种总体判断和区分,我觉得非常有价值。

再次,西方管理学研究在叙事性历史学和实证性管理研究方法之间存在广泛的方法论创新空间,值得本土管理研究者进一步学习、探索与发展。关于本土研究中管理学如何与历史学有效地结合,林老师讲了他的一些具体设想,刘文瑞老师非常敏锐地指出了要以张力来促成合力,我非常赞同。从我的感受来讲,我觉得除了这种良性的合作,即保持方法间的张力、保持各自特色的合作之外,我们要注意学习、借鉴西方管理学领域的一些新的研究方法论,有可能更有效地促进这种结合。我注意到在国际商务研究里面有些新的方法论值得我们关注,比如说斯坦福大学的罗伯特·A. 伯格曼(Robert A. Burgelman),他在对美国硅谷企业如 Intel 的长期的追踪研究中,把历史学和演绎分析方法有效结合,或者更准确地说是在其中找到了一条中间道路,我把它叫"桥接型历史纵贯式案例研究"。我觉得这些好的方法论或者特定方法都是我们可以学习与借鉴的好方法,我在这里提出来,希望能引起大家的注意,同时期待以后在本土管理研究中被借鉴。

企业史研究的时段或可追溯到更早期

康荣平(中国社会科学院世界经济与政治研究所)

这是我第三次与林教授进行交流,每次都有新的收获。这一次我最感兴趣的是有关企业史方法论方面的论述,尤其是归纳法的论述,让我听后意犹未尽。最近受到与林教授交流的启发,我也反思了下自己的学术研究经历。我的第一个学术成果是 1996 年经济科学出版社出版的《中国企业的跨国经营》。在这本书里面,我们写了七个企业案例,其中六个是中国的,一个是韩国浦项钢铁公司,并将其与首钢国际化经营实践进行了比较。该书我用的就是归纳法。我们在第六章提出了一个新概念——后发展型跨国公司。这是因为我们在研究中国企跨国经营的过程中,发现其与先行者们(包括战后的日本和韩国)有很大差异,所以我们就提出了这么一个概念,并进行了一些理论上的探讨。当时我写这本书是受到了企业史大师钱德勒的影响,钱德勒这种多案例的历史研究方法是企业史研究当中主要的研究方法之一。

另外我推荐《历史上的企业家精神:从古代美索不达米亚到现代》(*The Invention of Enterprise: Entrepreneurship from Ancient Mesopotamia to Modern Times*)这本书,书中提及欧美已经把企业和企业家精神的研究追溯到公元前七世纪,所以如果我们只把企业史研究的时间界定在近代以来的话,我觉得是有问题的。此外,我同意刚才武亚军老师的提法,你只要认真地做本土研究,就避免不了使用历史学的研究方法。

问题导向下的企业史研究有益于理解企业实践

郭毅(华东理工大学商学院)

我非常赞同在本土研究中将历史演变和企业发展联系起来进行考察,并从中找到影响本土企业的治理机制和管理方式的因素,由此我更赞同和偏向于以问题导向来把握。这里,我想举两个例子加以说明。

第一个是在当前中国产业升级换代过程中,所遇到的来自西方国家的"卡脖子"问题。具体来说,就是西方国家的政府通过立法或规定,在一些具有重大科技和产业突破的方向和路径上,禁止本国或有关联的他国企业向中国企业提供原材料、零部件等方面的供应,还有就是禁止相关技术转让和其他有关的服务贸易等。如果从历史发展的视角来看,所谓"卡脖子"并不是平地风波的突发经济现象,而是持续数十年之久的历史现象,它涉及国际政治和经济格局的变动。我想说的是,此类选题在经济学、社会学和管理学等学科领域,尤其是在本土研究方面,具有较高的理论意义。

这里,我想提醒大家予以重视的是,20世纪90年代初期,当时我国在一些行业的重大科技和产业突破的基础设施和基础原材料上,已经具有了相当稳妥和扎实的技术储备和工艺能力。北京大学路风教授在他的研究中将此归结为赶超世界先进制造水平的"开发平台"。据我所知,我国在20世纪70年代初,已开始做有关赶超世界制造业先进水平的准备工作。当时是有几个重点突破领域的,其中就包括了汽车制造业、大飞机及军用飞机工业等。但90年代中叶到21

世纪初,我们将重点转向西方,谋求西方的技术和资金,为此我们主动放弃了开发较为成功的一些技术和工艺平台,包括军用发动机和军用飞机的开发。当时的争论转换到了一个新的空间进行,主张以直接购买大飞机或者以合资方式生产汽车的一派人认为,这是"以市场换技术"。但事实却是,市场并没有换来技术,或者说并没有换来关键技术。时隔三四十年,在我们要把它们捡起来的时候,别人就要"卡"你了。所以这是一个历史变化的过程。对此,我们能不能简单地说西方国家的做法是"背信弃义"?我们不妨这样去思考下:当年轻言放弃的时候,我们丢掉的是自主性,而今天我们要承受的便是丧失自主性的代价。

为什么我赞同路风老师的"平台说"?这与我个人有过在工厂从事精密机械的生产经历直接相关。当年在行业的亲身体验告诉我,所谓先进的制造技术,与其所需要的材质、模具、工艺和科学管理等直接相关。这些不是靠热血加蛮劲、大资金支持或者现在的软件技术等就能解决的,毕竟"罗马城不是一天建成的"。我们在关键的基础和技术上的落后,需要我们下功夫去努力打造"开发平台",而当年对"开发平台"的轻易放弃和如今所遇到的"卡脖子",存在着必然的内在联系。这是值得我们深刻反思的"历史教训"。

由此,从历史的角度来看,这几年我们在研究未来产业的创新理论和政策时,用了各种"新名词"和"新途径"来分析论证,在缺失一个具有自主掌控意义的基础设施和基础技术开发平台的条件下,来实现所谓的"弯道超车"。但结果还是要回到这样一个基本的判断:怎样去搭建一个新的"开发平台"?

第二个需要我们去总结和提升的历史现象和理论问题则是产权问题。在中国企业的发展过程当中,存在着无法磨灭的历史痕迹。我们现在分析论证本土企业时,会发现它的治理结构非常复杂。现在多数学者已经明白,用西方的委托代理理论解释清楚这件事情,其实并不容易,因为很难找到真正的所有者是谁。可以认为,这种特有治理结构与近现代中国国情直接关联。它反映了在未来风险不可预期的前提下,财产的所有者对自身利益和未来预期的"避险意识"。可以说,企业主们是不得不处心积虑,"设置"了颇有隐秘色彩的"制度性弹性安排"。显然,这在西方的产权理论的视域下,几乎是无法解释和论证的。由此,能否提出一种推论,即由于这种极具中国特色的"产权制度",在当代的本土企业治理实践中,是通过"利益的让渡"来维系产权的存在呢?我认为,这是一个很有学术价值的话题。

总的来说,我们可以用历史考证和分析的方式,从资料整理中发现中国企业经营环境和制度环境的特殊性。我主张问题意识导向,这与林老师所讲的实践导向有相似的地方。所以,从问题导向角度来看,中国本土企业治理是复杂的,不从历史的角度去研究它,很难解释得清楚。

企业史学科边界等基本理论问题的探讨至关重要

林立强(福建师范大学社会历史学院)

由于时间关系,我对现场提问者的问题无法一一作答,只对下列两个主要问题做一个简要的回应。

第一个问题是研究管理学时如何运用历史学方法,或运用一些企业史的分析框架。基于国内目前两个群体还未开启真正意义上的直接对话,我的看法仅供参考:首先,要做到"over time",研究时多考虑时间的因素,需要研究者多做些目前大多数研究者不愿意做、费时费力的历史性、情境化、长时段的纵向研究。其次,要提倡比较研究。宗教学大师弗里德里希·马克斯·穆勒(Friedrich Max Muller)说过只知其一,则一无所知;美国著名政治学家和社会学家西摩·马丁·李普塞特(Seymour Martin Lipset)也说过只懂得一个国家的人,实际上什么国家都不懂,都表达了同样的意思。再次,原始档案与口述档案一定要很好地结合起来。最后,实证分析要和历史分析相结合。我们历史学更接近定性研究,但历史学研究也有计量研究,称计量史学,所以我觉得企业史的定量研究也是非常重要的,未来要加强。

第二个问题是企业史的范围是什么。这个问题很难回答,因为目前对企业这个概念也是有多个不同定义的。企业史的定义涉及学科的边界问题,我们不能无限地扩展它的边界,就像我看到2010年美国企业史年会的主题叫"无所不在(或万物)的企业史"。乍看觉得这个关键词提炼得挺好,但不久以后,许多企业史学者提出,"无所不在"就等于说这个企业史学科马上要消亡了,因为企业史如没有边界,就没有专注的研究领域。因此,我觉得未来我们对企业的概念、对企业史的概念、对企业的边界,甚至再细化些,对纵向研究与历史研究的区别等,都可以进一步深入探讨。只有通过对这些企业史学科最基本理论问题的探讨,才能奠定未来企业史学科发展的基础。

目前我仍在继续梳理美国企业史学史,比如我收集了大量哈佛商学院贝克图书馆收藏的企业史学家的通信档案、财务账目以及他们公开的私人资料,尤其是获得了钱德勒的一些私人档案资料。我希望在梳理美国企业史学史特别是哈佛企业史管理学范式的过程中,能够发现管理学与企业史更多的合作线索,从学术史与方法论视野为未来国内历史学与管理学的合作提供更多的借鉴。至于本讲提出的关于"历史管理学"这一新的研究视野,其方法论部分除了可以借鉴我在讲座中提到的历史社会学与历史政治学,历史人类学也是一个不错的参照对象。

中国企业史研究评述

高超群

（中国社会科学院经济研究所）

本讲的主要内容是向管理学界介绍目前中国经济史学界传统企业史研究的情况。1949年之前，中国已经有了一些零星的企业史研究。1949年以后，企业史的研究有很大进展，特别是在近代企业资料的整理、出版方面。不过，学界真正对企业史较为深入、系统的研究，则开始于改革开放，大致可以分为三个阶段，即改革开放之初、20世纪90年代之后以及最近几年。此外，本讲还着重介绍了近年来中国企业史研究的一些新成果，如产权制度的研究、企业组织制度的研究、企业经营管理制度研究等，并对未来学界如何加强企业史与管理学的结合，提出了一些建设性的意见。

本讲的主讲人为中国社会科学院经济研究所高超群研究员，他同时兼任《中国经济史研究》编辑部主任，长期从事中国近代企业史的研究。两位评论人分别为浙江大学管理学院陈凌教授与福建师范大学社会历史学院林立强教授，陈凌教授长期致力于家族企业史研究，而林立强教授目前专注于企业史学理论研究。

中国企业史研究概况

关于中国企业史研究的概况大家可以参考下面这两篇文章：李玉的《中国近代企业史研究概述》（发表在《史学月刊》2004年第4期），以及高超群的《中国近代企业史的研究范式及其转型》（发表在《清华大学学报（哲学社会科学版）》2015年第6期）。这里我们不再就具体企业史研究状况进行介绍，而是围绕企业史研究的长期趋势和近年来一些新的特点、动向做一点探讨。

1949年之前，学界对于中国企业史已经有了一些研究，民国时期很多经济学家、社会学家对当时的企业也有很深入的研究。但总体来说，企业史的研究还处于萌芽状态。1949年以后，企业史的研究有了很大进步，特别是在近代企业资料的整理、出版方面。不过，真正对企业史较为深入、系统的研究，则始于改革开放，大致可以分为三个阶段：

第一个阶段是改革开放之初，研究的核心主题是对中国资本主义失败原因的探讨，讨论的焦点议题有民族资本、国家资本（官僚资本）、买办资本的概念，三者之间的关系及其对中国工业化（或资本主义发展）的影响。吴承明主编的名著《中国资本主义发展史》（人民出版社1990年版第2卷）的基本框架就是按照官僚资本、民族资本和外国资本的分类框架展开的。除此之外，严中平的《试论中国买办资产阶级的发生》、吴承明的《中国资产阶级的产生问题：从影片〈不夜城〉谈起》、张国辉的《洋务运动与中国近代企业》、汪敬虞的《唐廷枢研究》、张仲礼、陈曾年的《沙逊集团在旧中国》、胡滨、李时岳的《从闭关到开放：晚清"洋务热"透视》、张后铨主编的《招商局史（近代部分）》、夏东元的《洋务运动史》等诸多相关文献亦有重要的参考价值。这一时期企业史的研究者大都是经济史领域中最重要的学者，这说明企业史在当时的经济史研究中具有重要地位。

第二个阶段是20世纪90年代以后，研究主题是现代企业制度与公司治理机制。研究者关心的焦点是有限责任公司在中国产生、发展的历史过程以及遇到的挫折。此外，对传统和现代的关系、家族企业等也有一定的研究，主要代表有沈祖炜主编的《近代中国企业：制度和发展》、王处辉的《中国近代企业组织形态的变迁》、李玉的《晚清公司制度建设研究》、张忠民的《艰难的变迁：近代中国公司制度研究》、朱荫贵的《中国近代股份制企业研究》、潘必胜的《中国的家族企业：所有权和控制权（1895—1956）》、杨在军的《论家族制度与家族企业的互动关系》、杜恂诚的《民族资本主义与旧中国政府（1840—1937）》和《中国的民族资本主义（1927—1937）》等多部论著。

　　第三个阶段是 2000 年后，出现了一些新的研究动向，与前两个阶段相比，这些动向还只是初见端倪，缺乏有影响力的、代表性的成果，也没有形成明确的、系统的特点。我个人认为，截至目前它具有三个比较突出的特点：其一，是对现代化思路的反思，对于一些传统的、受到现代化研究思路和理论较大影响的传统研究结论的反思。比如在龙登高的《江南市场史：十一至十九世纪的变迁》、周飞舟的《制度变迁和农村工业化：包买制在清末民初手工业发展中的历史角色》等著作中有突出体现，相关研究的价值将在下文详细阐述。其二，是主动地借鉴和寻求其他社会科学研究方法，以及与国际上的企业史研究的联系和互动。如林立强、陈守明的《中西比较视域下的中国企业史管理学范式研究》、司文晶、宣朝庆的《文化营造与宿舍共同体的生产：以恒源纱厂〈人事科女工管理处记事〉为核心的分析》、杨可的《劳工宿舍的另一种可能：作为现代文明教化空间的民国模范劳工宿舍》等多篇论文有所体现。此外，2020 年 9 月 26 日，《中国经济史研究》编辑部等机构发起了以"中国企业史研究的未来"为专题的学术对话会，会议邀请了 15 位来自经济学、历史学、社会学、管理学、政治学等领域从事企业史研究的学者，就企业史的未来发展趋势展开讨论，发言的内容发表在中国经济史学会会刊《中国经济史评论》2021 年第一辑上，有兴趣的师友可以查阅。其三，如果说此前企业史研究更多地回答经济史问题的话，那么现在开始尝试以企业为中心的研究，特别是对一些长时段的、始终困扰中国企业发展问题的探索。

　　另外一个值得一提的尝试是打破历史阶段对企业史研究的约束。过去对企业史的研究基本上分成三段——古代、近代和现代，分别以 1840 年和 1949 年为界。但实际上，企业作为一种组织，它的发展并不完全受到大的历史阶段限制，我们应当深入探究企业内在的演化逻辑和阶段，而不是从外部环境的变化来"肢解"企业的历史。目前，这三段的企业史研究之间很少有学术交流。我发表在《文化纵横》2019 第 2 期的《现代工人与企业关系的历史演变：从大生看中国工业化进程中的社会重建》，就是尝试从劳动管理的角度，以大生等企业为例，研究从 20 世纪初期到当下中国企业内部劳动管理的一些特征和它的历史连续性、演变的逻辑。

　　下面我们着重介绍一下，近年来企业史研究的一些新成果。

产权制度的研究

关于产权制度的研究,值得关注的是传统中国产权制度及其近代转变。这一领域近年来取得了较大进步。彭凯翔在《清代司法实践中的产权制度:若干评议》一文中比较深入、全面地梳理了清代产权制度,涉及产权观念、产权的获得方式、产权对于资源配置的影响,以及产权保护的效率问题等方面。当然,他主要关注土地制度,但对于我们理解企业产权也很有帮助。清代工商企业的成立,产权的交易、转让、继承等通常也依赖民间契约,这些行为受到基于商业习惯的行会行规的严格管理。当产权受到侵害,比如字号被盗用,商人诉至官府,官府才会介入。正如邢铁在《我国历史上商铺字号的继承问题》一文中强调的,官府在审理、执行判决结果的时候也非常倚重行规和行业组织。总体来说,清代的产权保护主要依靠民间契约,国家的介入比较被动。

近年来,中国经济史和企业史有很多具体的实证研究来揭示成文法与商业习惯之间的冲突,相比较而言,其中最为成熟的是关于土地产权的研究(可参见杜正贞的《近代山区的习惯、契约和权利:龙泉司法档案的社会史研究》和《从"契照"到土地所有权状:以龙泉司法档案为中心的研究》、杨士泰的《清末民国地权制度变迁研究》等书籍文章)。在对近代工商业的研究中,也有类似的主题。在晚清民国时期,法律与商业习惯的紧张关系始终持续。比如闫天灵在《马莲沟煤矿权之争与民初〈矿例〉的艰难落地》一文中提到了,在1914年《中华民国矿业条例》公布后,矿权的领照注册问题;有关城市码头权、商业店铺的铺底权的兴废,可参见刘诗古的《近代中国城市商业活动中的"码头权":以江西南昌市为中心》和《从租客到铺东:清至民国城市店铺产权形态的演变》、卢忠民的《近代北京商铺的铺底与铺底权》、郭志东的《新中国初期北京市铺底权纠纷的处理》等文章;虞和平在《商会与中国早期现代化》和朱英在《近代中国商人与社会》等著作中都认为,晚清以来中国商人的组织化程度大大提高,同时,他们对政治和社会的影响力达到了前所未有的高度。当商业习惯与国家立法发生冲突的时候,商会往往会站在习惯的一方,阻挠国家的干预。这类例子非常多,比如在关于字号注册的问题上,张二刚、高红霞发表于2021年第4期《中国经济史研究》的《商业习惯与现代经济立法:民国上海传统行业同名字号现象研究》一文即有体现。

就企业的产权组织形态而言,近代中国最重大的变化或许是有限责任公司的出现,张忠民、朱荫贵等人对其进行了较为详尽的研究,张忠民认为,如果说近代中国的企业制度有什么划时代的进步或者说制度创新的话,最主要且最重要的内容就是近代公司制度的传入和建立,弄清楚了近代中国公司制度的变迁和演进,近代中国企业制度变化的重要线索也就基本廓清了。

其他与企业产权相关的研究还有:

● 关于合伙制的研究。传统中国的合伙制非常发达,按现在的研究来看,刘秋根在《中国古代合伙制初探》一书中认为春秋或者是秦汉时期就已出现合伙制,其中有资合、人合、人资结合等多种形式,在金融、农业、手工业等领域都曾经出现过。对中国合伙制的研究还存在很多争论,比如关于合伙中股份的性质究竟是什么,它和现代的股份有何异同等。对此,张忠民、彭久松、陈然曾经围绕自贡井盐业中的股份、曹树基围绕清代台湾民营垦号的性质展开了争论,感兴趣的读者可参见彭久松、陈然的《中国契约股份制概论》、陈然的《自贡盐业地脉股份性质简论》、彭久松的《中国契约股份制》、曹树基的《清代台湾拓垦过程中的股份制经营:兼论中国农业资本主义萌芽理论的不成立》和张忠民的《艰难的变迁:近代中国公司制度研究》等论著。

● 关于中国企业中官利制度的研究。"官利"是中国一种特殊的股权制度,在明清的商业企业中就曾经出现。官利是指投资于企业的一些资本(可能来自政府,也可能来自民间),从投资之日起,无论企业是否开工,就开始计息。在企业的利润分配中,股东可以先获得官息,如果企业在扣除官息和成本之后还有利润,股东还可以和管理层等一起分配余利。朱荫贵在《引进与变革:近代中国企业官利制度分析》和《中国近代股份制企业的特点:以资金运行为中心的考察》等文中较为深入系统地探索了这一问题。邹进文、姚会元的《近代股份制的"中国特色"之一:试论清末股份企业的"官利制"》、王裕明的《明代商业经营中的官利制》、张忠民的《试论近代中国早期企业产权制度演进中"股权"与"债权"的共存》、胡政、陈争平、朱荫贵主编的《招商局与中国企业史研究》等论著中亦有涉及。

● 关于中国传统的手工业,特别是官营手工业,研究成果非常丰硕,较新也较为权威的研究是魏明孔主编的《中国手工业经济通史》,共分为先秦秦汉、魏晋南北朝隋唐五代、宋元、明清四卷。

企业组织制度的研究

首先是企业的经营权与所有权的分离。一般认为中国的企业,至少在山西票号时期就出现了经营权和所有权的分离。较早注意到这一点的是黄鉴晖,日本的寺田隆信也得出类似的结论。可参见黄鉴晖的《山西票号史料》、寺田隆信的《山西商人研究》等著作。杜恂诚在《近代中国企业家多元投资效果分析》一文中对于近代企业经营权和所有权的分离,尤其是职业经理人是否在近代普遍出现,有过一个深入的讨论。这个问题在相关研究的综述中已有不少介绍,这里我们不再赘述。

其次是企业组织中工头制和层级制的关系。工头制是近代企业中重要的劳动管理制度,简单而言,就是企业和工人并不直接发生关系,而是由工头负责招募和管理,由工头来决定招哪些工人,在生产中对工人执行奖惩纪律,甚至一部分薪酬的发放也由工头来决定。在某些工厂实际的生产过程中,基层和车间的生产秩序也是由工头维护的。在层级制下,企业将工人的招募和管理纳入企业的边界之内,直接由企业来招募和管理工人,对工人实行层级化管理。在近代企业中,这两种管理制度都非常普遍,较早的研究认为,工头制是一种落后的管理方式,在 20 世纪 30 年代,科学管理运动兴起之后,工头制逐渐地被层级化管理替代。不过,近年来一些研究提出了新的看法。

王处辉在《中国近代企业劳动组织中之包工制度新论》一文中通过对开滦劳动雇佣制度的研究,认为在当时的社会经济条件下,工头制"是最具有现实合理性的劳动组织制度之一"。王小嘉在《近代中国企业包工制度新探》一文中认为工头制向上可以追溯到明清时期,向下看则可以发现它至今仍然活跃在经济生活中。只不过随着经济环境的变化,不同时期有各自的特点而已。高超群则在《中国近代企业的组织形态初探:以包工制为中心》一文中认为:如果从激励强度、行政控制和合同法制度三者来衡量,工头制的激励强度更大,但企业对工头制下的工人控制力要更弱一些,在出现争端时,两者一般都要依靠企业内部的规则来解决。在适应性方面,当劳动力价格出现变动时,工头制要比层级制更为灵活。总体来说,工头制是一种介于市场与层级制之间的混合制度。在近代,其与层级制有相互依存的一面,但更多的是相互竞争。

最后是企业生产中的包工生产和一体化的问题。我们都知道即使在当前,中国企业中也有非常发达的包工生产。近代中国的包工生产可以分为三类:

第一类是包买商制。以纺织业为例,学者们较为充分地研究了明清时期江南丝织业、近代南通土布业以及高阳的织布业中包买商的运作机制。在吴承明的《论工场手工业》,林举百的《近代南通土布史》,〔日〕顾琳著、王玉茹等译的《中国的经济革命:二十世纪的乡村工业》等诸多论著中有所体现。

第二类是内包制。内包制与20世纪80年代中国企业改革中的承包制有些类似。在近代缫丝业、机器工业和外资企业中较为常见。可参见王处辉的《中国近代企业劳动组织中之包工制度新论》、王小嘉的《近代企业包工制度新探》、刘兰兮主编的《中国现代化过程中的企业发展》等相关论著。在近代规模颇大、体系严整的大型国有企业当中,包工制也颇为活跃,比如福州船政局、轮船招商局、萍乡煤矿等,这些在张国辉的《洋务运动与中国近代企业》、朱荫贵的《朱荫贵论招商局》、李海涛的《清末民初萍乡煤矿的市场角色转换及其历史启示》等相关研究中均有涉及。

第三类是外包制。从刘消寒、吕有晨的《日本企业分包制变迁及其功能分析》、林季红的《日本分包制的经济学分析》等文章可知,外包制可以被视为包买商制的一种发展,主要发生于企业之间,有些类似日本的下请制。常见于近代的一些小规模企业,比如棉纺、制烟等,轮船制造业也会把一些工序发包出去。侨批业也是如此,由一系列企业通过市场来完成整个业务流程。以上可参见高超群的《中国近代企业的组织形态初探:以包工制为中心》,胡少东、孙越、张娜的《近代潮汕侨批网络的构建与特征的量化分析:以1936年侨批局登记详情表为证据》等文章。

企业经营管理制度研究

企业的经营管理制度,一直是企业史研究的重要命题,前人已经做了很多基础性的工作。近年来,也有一些新方法、新视角的尝试,下面我们略作介绍。

首先是关于激励问题的研究。近年来,林盼、林超超对计划经济时期企业中的动员与激励有很多研究,如林超超的《动员与效率:计划体制下的上海工业》及林盼的《既要效率,也求均等:20世纪60年代半计件工资制的实施》《计件工资制度的工具取向与价值取向:一项比较研究》《工人分化与激励异化:20世纪50年代国营工厂的计件工资制度》《经济政策的政治理念:二十世纪五十年代计件工资制的存废》等多篇文章。计划经济时期,社会动员能力非常强大,企业内部在进行精神和荣誉激励方面有非常丰富的实践经验。同时,国有企业的生产积极性问题,也是一个具有极强现实意义和学术价值的问题。因为较少有深入的历史学研究,来剖析精神激励和物质刺激在企业中是如何具体运作的,它们是不是有效率,二者在实际运行中是怎样的关系。

另外,燕红忠、唐汝在《新式教育、人力资本与工资溢价:基于上海商业储蓄银行职员档案的实证研究》一文中用企业的人事档案和财务数据,对教育和工资溢价之间的关系做了一个实证研究。通过历史数据,他们探讨了人力资本的作用机制,教育究竟是发挥了一个信号效应,还是提高了人的能力,然后人的能力造成了工资溢价。

其次,近年来对于文化、企业家的作用等也有一些值得重视的研究。例如,蔡洪滨、周黎安在《宗族制度、商人信仰与商帮治理:关于明清时期徽商与晋商的比较研究》一文中对于晋商和徽商进行了比较研究。晋商和徽商是中国历史上非常重要的商帮,但他们的经营风格却有着很大不同:徽商更多借助宗族的力量来治理企业,而晋商就较少运用宗族关系。这是历史学家们都注意到的现象,但如何从经济学上对其加以解释?他们的研究提供了非常有意思的思路。对企业家的研究也是企业史研究的重点,过去对重要的洋务企业家,还有重要的民营企业家,比如张謇、卢作孚、荣德生、荣宗敬、宋棐卿、刘鸿生、穆藕初等,都有专门的研究,出版了他们的传记、文集等。其中,林立强在《试论民国时期基督教对企业精神的影响:以"东亚精神"为个案》一文中对基督教对近代企业家影响的研究较有特色。近年来路风在《光变:一个企业及其工业史》一书中对京东方展开研究,也非常强调企业家王东升等人的贡献。

最后,值得一提的是,近年来关于传统中国商号账簿的研究,有比较大的进展。中国的企业留下了大量的账簿,但这些账簿从识读、整理到研究都比较困难,需要投入大量精力,但这也是深入研究企业的不二法门。韦伯曾经有一个经典的论述,认为中国没有发展出资本主义的一个重要原因,是中国没有复式簿记,只有单式簿记。这个结论被广泛引用。但曹树基等人在《同一账,记两簿:清代丰盛泰账本的复式簿记》一文中通过对丰盛泰商号账簿内部结构的剖析,特别是各类账目之间数据关系的还原,认为中国传统的"龙门账"实际上是一种复式簿记,我觉得还是很有说服力的。相关研究还可以参考袁为鹏、马德斌的《商业账簿与经济史研究:以统泰升号商业账簿为中心(1798—1850)》及李锦彰的《重新认识"龙门账"》等。

企业史与管理学的结合

企业史与管理学的结合,首先是在企业史研究中更多地借鉴和使用管理学的分析方法,林立强在《中西比较视域下的中国企业史管理学范式研究》《中国企业史管理学范式再思考》《从企业管理学视野反思中国企业史研究》等文章中从方法论的角度对这个问题有深入讨论,他总结了国内外管理学方法在企业史研究中运用的经验,并指出存在的问题,非常具有参考价值。

在未来的研究中,如何加强企业史与管理学的结合,我想可以从以下三个方面尝试探索。

首先,可以尝试利用企业档案做一些量化研究。前面说过,历史上的企业留存有时间延续较长、数量非常丰富的文书、档案资料,特别是财务和人事数据,但囿于研究方法的限制,对这些档案资料的利用、研究还有较大空间。前面提到的曹树基、燕红忠的研究都是很好的尝试。在这个过程中,历史学者和管理学者可以各自发挥自己的特长,在原有研究的基础上取得突破。

然后,可以尝试在案例研究中展开合作。与当代企业相比,历史上的企业能够呈现其更完整的生命历程,这显然有利于案例研究。张萍、杨雄胜在《中国本土文化情境下的内部控制模式探索:基于明代龙江船厂的案例研究》一文中对明代龙江造船厂的研究就是很好的例证。他们从文化情境的角度强调了中国文化的作用,文章分析了精神和道德的熏陶,在企业内部控制中的独特作用并将其与西方的物化控制进行对比。陈凌等人在《非家族经理进入家族企业研究:以山西票号为例》一文中,用集体传记的方法对非家族经理(也就是职业经理人)如何进入家族企业,以及企业如何实现对经理人的激励,做了一个非常深入的研究。

最后,可以对中国式的管理经验进行理论总结。随着中国经济的成长,与早期的工业化国家,如英国、美国、德国、日本相比,中国企业成功的原因还没有很好地揭示出来,相关的理论总结尚未真正展开。这是中国企业史学者和管理学学者的共同使命,要完成这一使命,需要两个学科更深入地相互借鉴。

【评论与讨论】

陈凌(浙江大学管理学院)

一个管理学教授的历史视野

我一直对历史非常感兴趣,在国内读研究生的时候就接触了不少经济史的内容,后来到德国留学,发现德国的经济学是非常强调历史的。我们博士生有三门课,分别是经济学理论、经济政策、社会科学方法论,其中社会科学方法论是讨论如何做社会科学研究,如何将理论与历史结合起来。我很喜欢"当企业史遇到管理学"这个系列讲座的名字,因为两个不一样的学科相遇,肯定能擦出不一样的火花来。

我虽然在管理学院研究企业,但与其他管理学院教授不同的是,我一直有一个历史的视角,认为长期观察一个民营企业的发展是一件非常有意思的事情。这几年我主要从事浙商研究,也属于企业史的范畴。我总结了整个研究的框架,是一个从"企业家能力(个人和群体)"到"企业组织能力(制度和能力)"再到"绩效(兴衰)"的流程。企业家能力,包括个人的企业家能力和群体的企业家能力,然后它会转化为一种企业的组织能力。从长时段来看,最后体现的就是企业的绩效问题,有兴有衰。

在研究过程中,我发现很多的民营企业基本上都是 1987 年成立的,于是我在 2007 年撰写了《制度与能力:中国民营企业 20 年成长的解析》一书,阐述了相关问题。书中的制度有两层含义:一个是制度的环境问题,也就是我们的民营企业事实上有很大的潜能,在制度环境越来越改善的情况下,它们的能力就可以发挥出来。当然这个制度也包含企业内部的制度,它在不断地变化。我在浙江研究民营企业,同时也有机会接触很多民营企业家。我发现如果一两年不去某一家企业,你再回去时,它就会有很多的变化,甚至面目全非。另外一个就是能力问题。为庆祝改革开放 40 周年,浙江大学管理学院的部分老师给一些著名的浙商撰写个人传记,我研究的是方太的茅理翔,研究成果是 2018 年出版的《茅理翔:创业式传承》。我的思考是,我们应该了解企业家们的历史,要从关注制度环境,到关注企业成长,这就需要长时段地观察企业家个人成长和企业成长。

此外,我最近的研究有两个突破,第一个方面叫突破文化决定论,因为我们研究历史也好,研究其他社会科学也好,大家如果对历史过于强调,有些时候会有一种宿命论的观点。也就是说,一般的社会科学研究都常常假定制度、文化不变,但是改革开放几十年,我们的文化和制度恰恰发生了很大的变化,所以我赞同奥利弗·威廉姆森(Oliver Williamson)2000 年在关于新制度经济学综述的论文里的一些观点,他认为新古典的经济学一般都是研究价格机制。那么变化是什么呢?是人们的行为根据市场的价值在变化。制度经济学观察的是"Government",是"Institution"和"Environment",甚至是"Culture"。它的时间维度(Frequency),基本上是 1—4 年,这期间政府的治理会发生很大的变化,而制度的变化需要几十年,文化的变化时间可能要更长。目前我们正好处在一个快速成长的时期,因此在这个大环境下要研究中国的企业,我建议时间维度要发生一些变化,要把文化和制度考虑在我们的研究范围之内。

第二个方面,我研究的是家族企业。我一直思考的核心问题是如何从一个创业的家庭或者创业的家族到现代家族企业的转型。在这个研究过程当中,我发现一个非常有趣的现象。我们大家研究企业史都绕不过钱德勒,钱德勒对欧美大型企业的一个总结叫"适度多元化",以及适度多元化下的组织结构。我们在全球范围既可以看到欧美(尤其美国)大型企业集团,也可以看到很多的中小企业。那么我就在想:我们中国的企业组织到底是怎样的呢?在改革开放之初,绝大多数民营企业都是中小企业。但随着民营企业的发展,我们的企业形态发生了很大的变化。刚才高老师讲的"农场制还是租佃制"的企业制度,其实就是企业组织形态(变化)的历史。为了撰写《制度与能力:中国民营企业20年成长的解析》一书,我曾去缝纫机企业飞跃集团调研,发现我们的民营企业广泛使用外包制,而且不光有外包制,还有内包制。这就像高老师刚才讲到的,企业组织形态非常多元化,我们不能简单地说,工厂制就一定更好,或者说一体化就一定比外包制好。

为什么我们需要企业史的研究?

第一,企业史可以帮助我们描画历史原貌,打破标签式或脸谱化的形象或印象。有了企业史,有了历史的视野,我们就不能够用简单的标签化或脸谱化的观点来看待真实的、现实的、复杂的企业现象。现在,我们很多的管理学研究就是贴标签,比如国外说期权制这个制度非常好,我们国内就尝试要么寻找期权制,要么贴上期权制的标签。事实上,国外的期权是在上市公司,它的股权激励发展了很长时间才慢慢地发展出这种形式。尤其是如果企业业绩能够比较好地反映高管的贡献程度,那么期权制是有其合理性的。而我们国内的一些分红股、干股不是真正的股份,激励不够。因此我觉得研究民营企业制度,一定要读企业史。它会给我们一种启发,让我们发现企业不是简单地用几种好的制度就能发展起来的,企业的发展实际上受到很多因素的影响。刚才高老师也讲到要打通企业史研究在1949年、1978年无形之间的"墙"(Wall),也就是说现在管理学如果只研究改革开放之后,或者只研究最近这十年,而不研究企业更长时间的历史,肯定是有缺憾的。

第二,我们不仅要了解企业成功的要素,更要从企业发展过程中汲取经验教训。为什么需要企业实践呢？就是不仅要了解企业成功的要素，更要从企业发展的过程当中汲取经验教训。我比较了一下管理学的研究和企业史的研究，觉得企业史研究如果做得好对管理学研究很有帮助，因为企业史本身就是对企业长时段历史的研究。我们学者之间经常开玩笑说，经济学如果有了好的数据的话，就可以发很多的文章，但是做历史研究很可能要读100本书，做很多的数据的整理、收集与分析，然后才能写出一篇好文章，所以历史研究花费的精力和周期会非常长。因此，管理学与企业史双方应该互相学习。

第三，企业史研究为管理学研究提供更为真实、生动的中国情境，同时成功过滤了基于发达国家企业实践提炼的所谓经验中不符合中国国情的成分。我从20世纪90年代末开始研究家族企业，当时很多人不理解我为什么要研究它。当时许多人认为家族企业是不可能成功的，家族企业只是企业创始过程当中的一个阶段。我在德国留学时接触过的很多的德国优秀企业都是家族企业。它的家族企业与我们印象中的那种夫妻店，或者说那种管理非常糟糕的家族企业，有着非常大的区别。家族企业通过现代转型之后，它完全可以是一个现代的企业。就像我们经常讲的那样，"不要把婴儿和洗澡水一起倒掉"。

第四，研究成果能够更好地指导现实中的企业管理实践。不同的学者研究历史都会有不同的倾向，有些人为学术而学术，自得其乐；而我很喜欢《资治通鉴》式的历史，这种历史可以服务于我们的社会实践。所以我觉得企业史研究的成果应该向管理学靠拢，因为管理学做严格的学术研究，同时更好地与现实中的企业管理相联系。我始终觉得，企业史的研究不仅非常有学术价值，而且有非常强的实践价值。

历史学如何和管理学"牵手"？

第一，历史学和经济学、管理学是否可以相会于基于中国国情的社会科学理论呢？当然这个理论不是纯粹的理论，而是在中国国情、中国情境下的一些规律性的理论。我是坚信有中间理论的，对于产业的研究可以形成一些中间的理论，对于具体的形态的企业形式研究也有中间理论。所以中间理论可能非常像韦伯所谓的类型，不同的类型它会有不同的规定。

第二，共同合作研究，互通有无，优势互补，追求历史逻辑与理论逻辑的统一。这当然是一个非常高的要求。歌德说过，我们在这里严肃地工作，并不是为了我们自己,而是为了一桩值得尊敬的事业。因此,当我们承认了他人的努力时,我们也需要得到他人的承认。我们渴望帮助、共情与支持。所以,我觉得历史学和管理学的牵手需要互相尊重、共同努力。

林立强(福建师范大学社会历史学院)

管理学者了解中国经济史学界企业史研究的渠道

一般来说,要研究两个学科之间的关系,就必然涉及哲学层面的问题,可以从本体论、认识论、方法论三个方面来讲。由于时间关系,我今天只能从方法论的视角切入。我的评论分成两个方面,一个是对高老师讲座的评论,另外一个是我最近的一些思考。

我先对高老师讲座做一个总的评价。如果说我的第一讲是从美国企业史学史的角度,围绕着企业史遇见管理学这个中心展开的话,那么高老师今天就是从一个纯粹的中国经济史研究的角度,对目前国内企业史研究的情况做了一个概述,是对我上一讲很好的补充。高老师在刚才的一讲当中,较全面系统地为我们介绍了中国经济史学界的企业史研究。他所引用的文章主要有两种范式,即历史学范式与经济学范式,这是因为经济史有历史学的经济史与经济学的经济史之分,而企业史目前尚属经济史的范畴,自然亦循此例。就像高老师刚才提到的,目前企业史研究使用计量的文章还比较少,但我相信未来应该会逐渐多起来。如果大家感兴趣的话,可以看一下南开大学关永强教授的《从历史主义到计量方法:美国经济史学的形成与转变(1870—1960)》以及中国人民大学孙圣明教授的《历史计量学五十年:经济学和史学范式的冲突、融合与发展》等文章,了解一下计量史学的方法。至于我第一讲主要介绍的管理学范式,以及社会学、人类学范式的企业史研究,高老师的讲座中似乎没有提及。所以希望大家在了解目前中国企业史研究状况的时候,注意到这个方面的特点。

管理学者与企业史学者应求同存异

我重点谈谈听了高老师讲座带来的一些思考,主要还是在范式创新这方面。我在上一讲说过,管理学者经常认为传统的史学家没有理论且不客观;而传统的历史学者认为管理学已经科学化,理论性很强。那么,似乎有点水火不容的双方如何完成互动呢?我在第一讲已经说了不少,这里我仅做些补充。

我看到很多社会研究,包括管理学研究的方法论著作中,把历史学方法只是作为定性研究方法的一个组成部分,我认为这是低估了历史学方法对管理学研究的重要性。传统历史学也是有自己的学术规范的,即大家熟悉的叙事方法,那么这种叙事的方法会不会对管理学科有所启发?列奥·施特劳斯(Leo Strauss)在《政治哲学史》(History of Political Philosophy)一书中提到,传统的历史学家从来不用一个普通的方法来推理出一个普适性的方法,他是用这种叙述的方法,用叙述方法的秩序,以及语言的表达和重点的选择,来唤起他所要描述对象的政治或者道德的问题。比如修昔底德(Thcydides)的《伯罗奔尼撒战争史》(History of the Peloponnesian War),作者自始至终在书中没有得出一个对战争而言的普遍意义,但你却不能否认该书的价值。管理学则完全不一样,它可以通过某一案例推出一个普适性的东西、构建一个新的理论。所以我这里有一个小小的呼吁,就是我们在采用历史学方法的时候,如果只是把历史学方法变成管理学当中一个研究设计的某个数据来源,那历史学方法就变成一个完完全全的工具了,就有可能失去它的魅力,也失去它最核心的一个价值。后现代主义出现了大量的叙事转向,而叙事转向不仅仅出现在历史学,还出现在大量的其他社会科学上,这说明叙事法有一定的魅力,也会起到一定的作用。

当然,企业史学者如果要与管理学者交流甚至合作的话,我个人认为要事先了解一下管理学论文的学术规范。国际学界有三部关于企业史的权威期刊:美国的《哈佛企业史评论》(Business History Review)和《企业与社会》(Enterprise & Spcoetu),以及英国的《企业史》(Business History)。在这些期刊上发表文章的作者很多都是商学院的,会按照管理学的规范来书写论文。对我们历史学者来说,如果我们想与管理学者进行交流,特别是一些企业史学者要向这类刊物去投稿,应该认认真真学习一下他们的研究方法和学术规范。当然,交流是双向的,一些管理学的文章也开始用到历史档案。我最近发现某国外顶刊登载的一篇管理学论文,是关于一个板球俱乐部组织的文章。文章末尾的参考文献中除了常见的管理学文献之外,还专门有一个历史档案的附录,别有一番风景。

管理学者使用历史方法可能会遇到的最大的障碍就是刚才陈凌老师提到的时间维度问题。管理学者一直在做纵向研究,但对于时间跨度特别长的纵向研究的兴趣不是那么大,因为这得花费很多时间,而从效率来看,花这么多时间才能出一篇文章,"性价比"不高。这应该是在目前国内高校现行的考核制度下,有考核压力、晋级需求的年轻学者一般不会选择历史学办法的原因之一吧。

要多关注历史学的人文性和人性

英国著名历史学家杰弗里·巴勒克拉夫(Geoffrey Barraclough)的《当代史学主要趋势》(*Main Trends in History*)提出历史学有两个趋势:一个是从研究个别和具体,转向研究普遍规律;另一个是历史学视野在时间和空间上必须不断扩展。他在某种程度上指明了历史学如何与社会科学结合的一条道路。历史学跟社会科学结合的这种观点,实际上美国历史学家在20世纪50年代中就出现了社会科学化的呼唤,如曾经担任过美国历史学会主席的著名企业史学家托马斯·C. 科克伦(Thomas C. Cochran)就是其中的一员。

至今关于历史学是否是科学的问题,已经争论了有一百多年了,这也从侧面反映出历史学对科学的渴望。历史学自近代以来也努力朝着科学化的方向努力,但结果似乎都不尽如人意。最近的计量史学应该算是一个科学化比较成功的案例,它于20世纪60年代中期兴起于美国,用所谓数学方法对历史资料进行定量分析,研究事物之间的数量关系,传入中国后得到一些学者特别是青年学者的青睐,但在国内传统史学界的影响力还是有限,主要原因还在于失去了对历史事实的温情和敬意,把活生生的历史转为冷冰冰的数据,历史中最主要的人性不见了。1962年,美国历史学会主席卡尔·布里登博(Carl Bridenbo)曾抨击当时的量化史学缺乏人文性,是要把学者培养成"历史技师"(Historical Technician),历史学家不应该拜倒在量化这个"猥琐女神"(Bitch-Goddess)的神龛之下。其实我本人并不反对历史学的科学化,因为"史无定法",这里我只是想说,历史学在科学化的同时,是否也要回归一些关于人性和人文性的东西呢?人性和人文性的东西才是未来能够得出更多新理论、涌现更多灵感的关键。我认为历史学叙事的一些方法,看起来很无序的,或者是没有理论的,但实际上它就像一段优美的音乐,或者一次很有趣的旅行,甚至可以是一次难忘的邂逅,仿佛某个海边传来的涛声一样,它在某种程度上会激发出我们心灵深处的某一个灵感。也许一种新的理论就这样诞生了,我想这应该是历史学的另一种魅力。在前一讲当中,我讲历史学的工具性比较多,今天我希望大家能够更多地注意到历史学的温度、人文性和人性。

武亚军(北京大学光华管理学院)

我接着提出三个问题,给我们的读者提供进一步的思考方向,这三个问题是从管理学研究的角度提出来的。

企业史研究要问"大问题"

第一个问题就是在企业史研究中如何问出大问题(Big Question),我觉得这可能是我们企业史研究和管理学研究结合过程里面的一个非常重要的话题。那么,我们要在企业史里面寻找(或者说我们要研究)一个什么样的 Big Question?

前一段时间,我看到哈佛商学院琼斯教授写他对钱德勒的一些观察,他提及钱德勒经常要问大问题。我认为,在企业史研究中如果你不问一些重要的问题,那你花了很大的工夫论证出来一些史实或者说一些结论,可能对管理的实践或者说企业史研究本身,没有那么大的贡献度。

所以,我觉得问大问题是一个非常重要的方面。刚才陈凌教授也谈了他的几个问题,尤其是他从企业家的成长,到企业组织能力的成长,再到企业的长期绩效的这样一个变化,这在我看来实际上就是属于战略管理里面的一些重要问题。所以我觉得陈凌教授不光是企业家研究和家族企业研究的专家,在某种意义上来讲,也属于我们战略管理研究方面的专家。

高附加值研究需要历史学和管理学方法的分工与协作

第二个问题就是在企业史与管理学相结合的研究里面,我们如何进行高附加价值的研究。

在企业史和管理学结合的过程里面,我看到的一些文献资料,它们把主要的研究活动归结为三种,可以简称 CDC:第一个 C 是 Collection(收集)。第二个 D 是 Description(描绘)。收集完了以后把相关的事实弄到一块,就是描绘。第三个 C 是 Critical Analyze(审慎分析)。我戏称 CDC 为"疾病控制中心"(Center for Disease Control)。这个"疾病控制中心"所从事的实际上就是资料的收集、描绘,然后审慎分析。我觉得这三个方面的活动构成了一个价值活动体系,即重要的价值增值活动。

前两个活动在某种意义上说,更像是一个记者和考古学家所做的工作。目的是要把情况都了解清楚,甚至用一些考古发掘的方法来做。后面的审慎分析,我觉得更像是我们管理学案例研究里面强调的做一个"侦探",要做一个好侦探,把这些线索更有效地辨识出来从而串联证据。所以,我觉得高附加值是这样一组活动体系,CDC这三个活动怎么有效地结合或者说是研究里面形成一种合理分工和协作变得十分重要。当然,很多企业史学家可能更偏重或擅长前两个,管理学界的学者可能更擅长第三个,如果能在结合中更好地分工和协作,我觉得会是一个非常重要的价值增值过程。

历史学与管理学研究结合中要有方法论自觉

第三个问题就是说在企业史和管理学的结合过程之中,我们如何更好地具有一种方法论自觉。其实刚才林立强教授和陈凌教授都提到了这个问题,我自己最近看到一些资料,包括在2016年《美国管理学会评论》上,有两个学者提出了"历史性组织研究"的概念,实际上就是要将历史学的方法和组织研究结合,而且是创造性的综合(Creative Synthesis)。我觉得这是一个非常好的词语,它不是一种简单的组合或者折中,而是创造性的综合。

在这篇文章里,他们提到了四种具体的结合方式,包括历史作为一种叙事、历史作为一种概念化过程、历史作为一种评价体系、历史作为一种阐释过程,等等。我觉得他们已提出了一个很好的综合性方法框架,即创造性的综合。我认为大家可以在后面的研究中进一步探讨,来发挥创造性综合在方法上的优势。当然,由于我自己最近在研究矛盾管理,所以比较注意方法论的问题。事实上,矛盾管理研究涉及很多方法论、本体论和认识论方面的一些讨论。

我这里特别强调在历史学和管理学的结合中,还要注意一种已有的组织研究方法,即辩证法组织观。辩证方法在本体论上,将组织历史或者组织的实质看成一种嵌套分层的实有存在,而且它坚持这样一种关系且持续变化过程的导向。这可能对我们企业史的研究,或者说我们注重变化发展过程的一些管理现象研究,有非常强的方法论启示。在目前的大变革时代,我希望大家注意这种辩证方法在组织研究、组织变化和组织系统发展过程研究中的重要价值。

兰日旭(中央财经大学经济学院)

企业史研究范式应该重视官方的视角

高老师对中国企业史的研究现状进行了系统梳理和分析,为企业史研究做了非常好的铺垫,特别是提供了很多研究视角。从管理学的角度,在企业史研究中我们不但可以借鉴它的方法、理论,充实和拓展企业史研究领域,而且还能在企业史研究上形成新的合力,做出更好、更贴近中国实际的企业史研究成果。当然,从企业史研究方法上,我认为不管是国内还是国外,它都应有一个企业史研究的范式。比如英国有工厂制度;美国有垂直组织管理制度;日本有年功序列制;然而,谈到中国的时候,我们有没有自己的企业史研究范式呢?这是亟须我们去总结和提炼的。

在近现代的企业史研究中,我发现要真正理解中国企业史,没有办法离开官方的视角,由此我觉得研究中国企业史,一定要把官方因素考虑到里面去,只有充分理解官商关系才能真正领会中国企业史的真谛。我曾经还专门写过一篇文章叫作《企业史视角下的中西分流探析》,是从企业史的角度专门对中国与欧洲企业发展进行了长期比较,发现中国跟欧洲企业的早期发展起点是一样的,但是在发展过程中,中国跟欧洲之间的差异逐步放大,具体体现在制度或者企业发展路径上。差异推动了中西之间的产业分化,最终成为中西分流的重要驱动因素。

秦汉以来,大分流之前,中国官方曾推行了一个民间去大工商化的措施,让市场中有盈利的行业向官营企业经营集中,把含有一定技术能力的工匠们集中起来进行生产。规模化生产引致了技术溢出,促成了"李约瑟之谜"前半段中国技术发明领先于世界的成就,而所生产的产品,受专卖制度等影响,难以形成市场导向的生产需求机制。宋以来,虽然允许民间参与官营行业产业链中的某个环节,但至晚清期间,民间能够参与的环节基本集中在销售领域,自然带来了商帮(如晋商、徽商等)的崛起,借助商业活动民间积累大量财富,而受高利行业向官营集中、牙行制度等的限制,民间积累的资本长期只能投向购买土地、建造大院、向官方捐纳、流向金融等非生产性经营领域,无法实现较大规模地转化为实体产业投资。

欧洲则在古罗马帝国崩溃之后,长期处于争霸战争的分裂、竞争状态下,企业为谋求安全环境日益向城市集中。在资源禀赋差异下,城市之间联系日益紧密,区域性市场在欧洲地区发展起来,集中于城市的企业就日益呈现创新和向市场导向的转化,从而为欧洲地区的企业向近代企业的转型奠定了物质、技术与制度基础。显然,中西之间企业发展的路径差异,导致了在制度约束下中国企业更偏好官营,民间难以按照市场化规则去追逐利润最大化;而西方则在积累资金之后,没有受到像中国那样的制度约束("布罗代尔钟罩"),可以按照利润最大化的方向去发展。从研究范式而言,中国企业史研究应该重视官方的视角。

当然,以上是我个人的想法,之前我也与高超群老师、林立强老师交流过这个问题,同时我这个想法也跟历史学、经济学的研究者交流碰撞过,但是与管理学界没有交流,权当一个初步的接触和探讨。对于企业史与管理学如何协调,我赞同高老师讲的有效借鉴管理学的方法,在企业资料利用、案例研究中合作,提炼出中国式企业管理的经验,真正反映出中国企业史研究的范式。

高超群(中国社会科学院经济研究所)

陈凌老师讲的这几点,我都特别的赞同。面向实践,是我内心中一个很强烈的追求。尤其让我感慨的是陈凌老师说我们历史学研究产量很低,读很多书、很多材料才能写出一篇文章,事实确实如此。我觉得陈凌老师期望的合作里头有两个重点,一个是中国情境,一个是中间理论,我觉得很有指向性,我们可以找时间再深入讨论。林立强教授更多地讲到历史学和管理学方法的一些归纳和可能面临的问题,确实是我们在历史学和经济学合作中,在经济史研究当中很值得汲取的经验教训。对林立强教授的归纳,我们也可以进行专门的讨论。他的疑虑,他对历史学和管理学方法的归纳,我觉得都非常的精彩。尤其是后面提示到科学与人文的关系,其实是一个很深刻的问题,这个是我们历史学现在面临的一个很大的挑战。

德国家族企业的传承与治理

陈凌

(浙江大学管理学院)

　　中国民营企业正面临从第一代到第二代的传承与转型的双重挑战,需要这些企业和家族提前布局,未雨绸缪,学习借鉴境外经验和教训不失为一种明智选择。本讲将通过德国西门子、博世和科德宝三个成功传承多代、基业长青的著名制造业企业的发展历史,探索现代家族企业经营管理模式,重点关注其接班人选择和治理结构调整。同时,梳理和总结德国企业史的材料和加工方法,从方法论角度解读比较企业史分析,期待企业史遇见管理学以后的知识交流与丰富。

　　本讲的主讲人为浙江大学管理学院陈凌教授,主要研究领域包括家族企业管理、创业管理、比较企业史和制度经济学。评论人为中山大学管理学院李新春教授与中国社会科学院经济研究所高超群研究员,李新春教授主要研究领域为企业战略联盟、家族企业和创业管理,而高超群研究员的研究领域为中国近代企业史。

导语：选题的缘由

我对这个选题的关注来源于对中国民营企业成长发展的研究。关于企业传承，事实上不仅民营企业面临这一问题，在改革开放后许多不同类型的企业都面临传承的挑战，当然国有企业面临的挑战有所不同。民营企业通常面临着由第一代创始人向第二代传承的挑战，这也可以说是由企业家的企业转向后企业家时代的挑战。由于中国改革开放的特殊性，没有以往的经验可以参考，大家都是摸着石头过河，所以在这种情况下，借鉴国外比较成熟的多世代家族企业的传承经验尤为重要。

首先，谈谈我对多世代家族企业的理解。在发达国家多世代家族企业中，最初往往由创始人家族进行直接管理。但是随着时代的发展，经历很多代传承发展之后，这些多世代家族企业的今天与我们所理解的家族企业存在一定的差异。比如，在管理方面，多世代家族企业中存在非常职业化的管理模式，而在今天我所选择的三个案例中，创始人家族都已不再参与经营。所以这些多世代家族企业与我们所理解的家族企业，以及我们现实接触到的中国民营企业，都存在着非常大的区别。

其次，因为国内外的民营企业有着很大的不同，所以这个选题一定要从历史的角度来加以审视。我们需要研究这些德国的民营企业是如何从企业家的企业，也就是说从创始人传承到第二代、第三代……这就需要通过足够长的时间维度，来研究这三家或者说这一批德国的家族企业是如何成功完成这样的传承和发展，以及这些企业的成功会给我们带来怎样的启发。

我今天的报告主要围绕以下三个方面的内容：第一，为什么企业传承与治理的德国模式值得学习？第二，科德宝、西门子与博世传承与治理的历史进程与特点。第三，比较企业史的分析视角是否有学术价值？

为什么企业传承与治理的德国模式值得学习？

在研究很多现实的民营企业的过程中，我发现了一些问题。两年前，浙江大学管理学院曾组织专家来研究一批明星浙商的成长经历，而我研究的家族企业的创始人也非常关注这些浙商的传承。在这些明星浙商企业中，除了一部分还处在传承的过程中，其他大部分已经完成了传承。但是这些企业传承的过程到底是怎么样的？其中有什么经验教训值得我们汲取？出于种种原因，即使我们略知一二，但还是不方便写下来，或者又因为身处传承过程之中，而看不清其中的奥妙。

所以从这个角度来说，我认为研究国外的家族企业成功的大量细节，能够帮助我们来理解中国的同类企业所面临的挑战，以及其中包含的经验或者教训。所以我做比较企业史研究的初心，就是从中国企业发展需求出发，寻找世界各国成功企业的历史经验和智慧。

改革开放之后，大量的民营企业进入传承阶段。而在传承过程中面临着一个问题——民营企业未来向何处去？有一些企业可能会比较清楚，因为在其创办的过程中，就有非常强烈的家族意愿或者家族梦想，创始人就会很自然地想要把企业交给自己的子女，而在接班人的能力很强的情况下，传承可能会无缝对接，就会成功地向前发展。而我们发现国内成功的民营企业，它的传承往往表现为1.5代传承，即不是单纯由第二代传承，而是由和父亲一起创业的下一代进行传承，这样的民营企业它的传承过程往往比较顺利和成功。但现实中存在种种问题导致这种理想化的模式难以出现：继承人的意愿，又或是由于企业变得很大，出现了小家庭大企业这样的情况。在这种情况下，传承就不再是想当然的事情，而怎样来解决民营企业传承以及社会可持续发展的问题，这是一个非常有意思的问题。

传承本身既是传承，同时也是选择，是选择家族企业还是非家族企业，公众公司还是合伙企业，等等。在世界范围内，家族企业存在许多不同的形态，我国中小规模家族企业比较多，而在美国500强企业中约有40%的企业是受家族控制或家族影响的企业。

德国在欧洲是个大国，人口达8 000万，国土面积为30多万平方公里，在世界范围内是一个非常重要的国家。由于位于日耳曼人国家与斯拉夫人国家的交界处，所以它处在一个竞争非常激烈的环境中。当然德国还存在地理位置上的优势：由于北部靠海，存在悠久的海洋贸易传统；其南部与奥地利接壤并和意大利非常接近（意大利是欧洲贸易文化起源非常早并且非常重要的国家），它南北都与商业有很多的联系，因此德国的商业一直是非常发达的。

当然，德意志模式值得关注还有其他原因，德国既是一个发达国家，在现代化进程中又是一个后来者、学习者和赶超者，它在19世纪末到20世纪上半叶曾经是世界科学技术与很多产业的领导者，所以德国经验对于中国非常有价值。德国崇尚理性的民族精神以及其人才培养体系在两次世界大战中并没有遭到完全破坏,所以在战后德国能够重新崛起。德国进而吸取教训走向了民主、法制和全球化的发展道路,重新获得了世人的承认与尊重,这一点也值得我们学习。总之,德意志模式是经受时间和历史考验的独特政治、经济和社会发展模式。

德意志模式的基本特征很值得关注,比如以多党民主为基础的联邦制政体与社会市场经济模式的良性互动。德国教育体系注重孩子全面发展,注重基础教育、职业教育和高等教育的平衡发展,实行双元制的教育模式,德国独特的国家和区域的创新体系,在企业与行业协会主导的创新体系下企业、大学和政府的紧密合作等,都是我们在学习和讨论德国经验时需要关注的内容。

我们现在更多关注德国的企业现象和企业制度,艾尔弗雷德·D. 钱德勒（Alfred D. Chandler, Jr.）在《规模与范围:工业资本主义的原动力》(*Scale and Scope: the Dynamics of Industrial Capitalism*)一书中对德国的企业类型进行了总结,将其称为"合作的资本主义",即大型企业之间以及与周围中小企业形成较为稳定的合作关系,注重劳资合作,是一种较为和谐的劳资关系。与英美单层治理模式有很大区别,德国大型企业的控股股东一般是商业银行或家族。德国企业广泛运用监事会—董事会双层治理模式。而制造业的德国"隐形冠军"大多数是家族企业,这些企业专注专精,服务全球市场。

我们发现全球超过200年的长寿企业中,德国企业的数量仅次于日本。当然日本的长寿企业同样非常值得关注,但我们今天仅讨论德国企业。德国企业能够延续百年的真正原因非常值得我国那些想要走向百年的民营企业探讨。

对于我们进行的相关研究而言,目前存在一个非常好的条件。那就是自21世纪以来,我发现在德国企业中出现了一个有趣现象:大型的企业开始邀请企业史学家撰写企业的历史。虽然这些企业主观目的是要澄清一些历史事实,但是客观上也让我们拥有了非常多可供参考的文献。以下我选取了三个已经取得较为详细资料的案例来做说明。

科德宝、西门子与博世传承与治理的历史进程与特点

对于很多生存时间已经超过100年的德国企业来说,他们撰写企业史的直接目的在于澄清历史事实,尤其是与第二次世界大战有关的问题,他们需要解释清楚企业与纳粹政府之间的关系,企业在特殊历史时期如何对待犹太人资金和各类劳工等问题。所以,我们需要从这个角度来理解书的内容以及创作的目的。同时,由于这种家族企业往往有着非常丰富的企业史和家庭史资料,因此我们能

够得到足够的材料来了解这个企业是怎样发展的。我对这三家企业的历史的介绍,先从这三家企业的创始人身份和经历开始谈起。

第一个案例是科德宝公司,科德宝的创始人卡尔·约翰·科德宝(Carl Johann Freudenberg)是一位皮革匠。他于1819年出生,并且在30岁的时候创办了这家企业。到现在为止,科德宝的股权100%由科德宝家族的300多位继承人均匀持有,这也是德国家族企业一大特点。对于这种企业而言,股份往往非常集中于家族手中,当然家族成员可能已经不参与企业经营,或者只有成员中最优秀的一两位参与经营。目前的科德宝已经完全职业化。

从科德宝最高领导权的转让过程中,我们可以看到创始人自1849年创办企业以来就一直在领导企业,管理了将近半个世纪。随后由长子接任,而在长子接任几年之后,领导权就交给了他的弟弟。而后面第三代的最高领导理查德是创始人的孙子,在他之后,领导权又传给了他的侄儿。最终在传承两代后,领导权才交给了职业经理人。

科德宝在成立了160年后才出现了第一位严格意义上非家族成员的CEO,所以这也是德国家族企业的一个特点,在西门子的案例中我们也看到相似的特点。当然在企业成长的过程当中,是存在很多的矛盾的。而有些矛盾从另外一个角度看我觉得可能是一个机会,可以让企业学到很多东西。

比如科德宝重视研发,这便与其创办之初的矛盾有关。在卡尔创办企业时,企业的技术掌握在英国的伙计手中,所以创始人和合伙人技术骨干之间的矛盾非常深,深受技术问题的困扰。后来他让长子跟着技术骨干学习技术,同时让小儿子到美国学习化工,最终将技术牢牢掌握在手里。

有些时候冲突是个好事情,它会让家族吃一堑长一智。当然后面第二代、第三代家庭矛盾,集中在由谁来接班等问题,即便是家庭,也会有一些矛盾,这些矛盾不一定会很清晰地被记录下来,但是我们从字里行间应该也能看出一些端倪。不过我们知道结果是完美的,过程是痛苦的。很多家族企业的情况都是这样,德国人有一句谚语叫"Endes gut,alles gut",意思是如果结果好的话,那就皆大欢喜。兄弟姐妹的矛盾只是发展过程中的插曲,后人们应该一笑泯恩仇。

为什么科德宝家族在拥有100%股份的同时,依然能够发展好这家企业?除了职业经理人的经营以外,监事会和董事会也发挥了巨大的作用。与大家的普遍认知不同,德国企业监事会并不仅是象征意义,不会由工会主席出任监事会主席,或者由任意一位家族成员来管理。在德国,双层治理模式是非常重要的,监事会的作用是非常重要的。在科德宝的监事会成员中,58%的成员是家族成员,其中有些是科德宝家族直系,而有些是女婿之类的旁系成员;同时还有42%的非家族成员,其中有一位成员是默克公司的主席,有着非常丰富的家族、监事会和董事会互动的经验,所以被请来担任顾问,并在其中发挥作用。我们可以看到监事会事实上由家族成员掌控,但监事会不参与企业的经营。虽然监事会不经常开会,但其实它主要负责企业大的决策,每一条权力都是非常大的,因此对监事会权力的规定十分详细。此外,德国的家族企业还有一个重要的特点:监事会负责主要的风险管理。

德国家族企业的产品非常多元化,且他们的企业都有核心技术。他们将核心技术运用于不同的产品,所以产生了多元化的产品。但它是纵向多元化,在核心技术上进行不懈努力的研究,从而取得一系列成果。科德宝最核心的技术就是密封件技术,比如工业用的清洁布需要这种技术,虽然是很小的产品,但其产值却非常高,在2005年的时候产值接近5亿欧元,约合50亿元人民币。即使它做的是很小的产品,但它在这个领域内是隐形冠军。同时密封件技术还可以用于汽车、航天飞机等其他产品。因此,德国企业的多元化是纵向的产品多元化,都需要利用核心技术来实现。

另外科德宝家族的300多人拥有企业股份,所以就需要家族治理。我当时与一个家族成员交谈,他展示了一本有关科德宝家族现状的资料。就科德宝家族而言,它在家族治理方面是非常优秀的,尤其是创始人在去世之前就写了他的回忆录,同时也订立了一些戒律,树立了家族的价值观、世界观等。

第二个案例是西门子公司,这是大家都非常熟悉的一家企业,而且西门子公司与科德宝的情况十分相近。首先两家企业创始人是同时代的人,维尔纳·冯·西门子(Werner Von Siemens)生于1816年,而卡尔·约翰·科德宝生于1819年。维尔纳来自一个中产阶级传统家庭,并且家庭中的孩子特别多。

维尔纳是一位发明家,在当时对电报进行了改进,所以主要经营电报行业(电报行业事实上是电气工程的先驱)。在为沙俄建电报线时,因为电报技术的特殊性,需要派两个人在电报线的两端互相联络,所以需要他们有好的团队精神。维尔纳最终选择依靠自己的兄弟来进行这份事业。维尔纳发明家的身份使得西门子公司的业务十分多样化,他利用他电气工程的知识,不断地扩张企业版图,不断地向前发展。

从获得的一份西门子家族的家谱我们可以看到这是个庞大的家族。创始人维尔纳的父亲有12位兄弟姐妹,而他的爷爷是家族的英雄,因为他白手起家挣了一份家产,虽然这份家产没有后来那么多,但他是家族里公认的家长。西门子非常希望能够像他爷爷一样成为一位企业家。虽然在维尔纳出生时,家庭的生活已经不是特别好了,但人丁仍然兴旺。在维尔纳创业过程中,他的两位弟弟——C. 威廉·西门子(C. Wihelm Siemens)和 C. 海因里希·冯·西门子(C. Heinrich Von Siemens)——是得力助手。在维尔纳去世之后,海因里希接班成为企业的领袖。

后来维尔纳的三个儿子相继担任西门子公司的掌门人,而其中一位 C. 弗雷德利希·冯·西门子(C. Friedrich Von Simens)一直活到1941年,所以事实上西门子公司的两代共计5位掌门人,经营了公司将近100年。一直到1941年,这时还有两位第三代西门子家族成员担任最高领导。1971年,第四代家族成员开始担任西门子公司的主席,当然这位成员比较幸运,因为这一阶段,西门子公司基本上处于过渡阶段,他只是负责监管,企业的经营管理已经职业化,也就是说西门子家族成员担任公司最高领导的时间严格意义上应该是从1847年到1971年。2005年的时候,由公司认同的企业史专家,撰写了一部名叫《西门子的领袖们》(Leaders of Siemens)的书,在这本书中,西门子公司官方承认的掌门人一共10位。虽然我们刚才讲到西门子家族中有 8 位成员曾经担任过最高领导,但是书中根据各自的贡献只介绍了其中的 6 位,书中后面4位是已经退休的非家族的最高领导。而现任的 CEO 还不能够将自己写入此书,因为他还没有做出真正的贡献。德国人认为,只有当事人退休之后,才能知道他对于公司的贡献有多大。而我们从书中可以看到,西门子的家族成员在公司发展中起到过巨大的作用。

德国著名企业史专家于尔根·科卡(Jürgen Kocka)认为,西门子公司早在通用和杜邦之前就已经建成了分权制的多事业部的组织架构。我们可以看到西门子公司的多事业部架构,有时候是 8 个部门,有时则是 4 个部门或者 7 个部门,但事实上它一直是一个公司,所以西门子公司与一般的企业是非常不一样的。

第三个案例是博世公司。最近几年市场上出了很多关于博世的书,其中一些还与希特勒有关,也就是讨论罗伯特·博世(Robert Bosch)当年与希特勒的私人关系,讲他如何与希特勒斗智斗勇。在德国,这样的书是需要的。

罗伯特于 1886 年创立博世,与前面两位企业家相比晚了一些。罗伯特本人是一个完美主义者,信奉自由主义,反对威权乃至独裁,所以在第二次世界大战中勇于与希特勒斗争。罗伯特相继遭遇了第一次世界大战和第二次世界大战。在两次世界大战中,他的左膀右臂牺牲了,不得不在家族以外寻找接班人团队,所以说他命运多舛,而其中最大的挑战就是他原来培养的儿子小罗伯特在 1921 年去世了,因此原来设想以小罗伯特和一批得力助手继承集团的计划就泡汤了。

后来他下定决心再婚,并在 7 年之后重新生了一个儿子,而且这个儿子的名字还是小罗伯特。罗伯特在公司的治理结构改革时曾考虑将 49% 的股权分给自己的团队,因为他是个喜欢民主的人,但是后来他反悔了。既与前面所说他的左膀右臂遭遇很多不幸有关,也与他活的时间很长有关,他活了 81 岁,所以他的重要助手多先于他离世。而在他们死后,他们所掌握的股份出现了失控,可能被直接卖掉从而落到一个与公司无关的人手中,这一点罗伯特本人是无法接受的。

于是后来罗伯特又将股份全部买回来,同时在公司管理方面采取了其他方式。他把原来六个人的团队变成三个人,形成一个执行委员会。博世公司的管理结构最上层是监事会,罗伯特在这里面发挥作用,下属董事会他并不参与,但他会委派自己的左膀右臂(三个人)来经营企业。当然这样做还有一个非常重要的原因,当时希特勒非常欣赏罗伯特的个性,认为罗伯特不用管理企业的话,可以出任经济部长,想在政治上委以重任。所以罗伯特为了躲避希特勒,采取了深居简出的办法。同时这也使得他较早开始尝试,在他不在的情况下企业经营管理的一种模式。在 1942 年罗伯特去世时,他还有一个梦想——他的儿子能进董事会,他希望公司管理人员给予小罗伯特一个机会。不过,与此同时他也认为如果硬要将企业交给自己的孩子,孩子能力不行的话也是不可以的。因为小罗伯特当时还只有 15 岁,所以他遗嘱当中提及一条重要原则:"任何情况下都不得让公司落入不合适的人手里。"但是小罗伯特是否合适是由公司管理人员决定的,哪怕罗伯特的首选是小罗伯特。因此,小罗伯特在公司老臣面前是战战兢兢、如履薄冰的,因为小罗伯特知道自己的未来是掌握在这些老人手里。

后来因为在第二次世界大战之后遗产要征税,那么如果股份转移到小罗伯特个人的名下,他就要交巨额的遗产税。所以几经周折后,1964 年就形成了到现在为止被称为"三权分立"(博世基金、博世信托公司和博世家族)的组织结构,而"三权分立"的核心含义还是两权分离,即所有权与投票权分离。

我们可以看到博世基金拥有公司 92% 的所有权,也就是说博世公司是基金会拥有以及领导的企业,但是基金会没有投票权。93% 的投票权在罗伯特·博世信托公司,罗伯特·博世信托公司起到了监事会的作用即作为公司高层的作用。而博世家族拥有 8% 的所有权、7% 的投票权,家族成员依然可以参与企业大方向的决策。所以现在基金会的主席是创始人罗伯特·博世的孙子,他也做过监事会的主席。

另外，博世监事会主席与董事长之间也形成了比较有意思的轮换制。什么叫轮换制？它是一种任期制，最高领导董事会主席工作两届共 10 年，而在之后一般就自动升为监事会主席，再工作 10 年就退休。大家可以想象对一般人来说，担任董事会主席时多为 50 多岁，再工作 10 年，在 60 多岁时担任监事会的主席，直到 70 多岁退休。罗伯特委托的三个遗嘱执行人从一开始就采取了这样的方式。同时这三个遗嘱执行人的年龄也存在一定的差序，各差十几岁，如此确保了管理的延续。可以说，罗伯特·博世既然活了这么长时间，同时也知道自己儿子不一定胜任接班人，所以就设计了这么一套东西，而博世公司最后基本上是按照这个计划执行的。

比较企业史的分析视角是否有学术价值？

提及企业史研究，我们必然会想到钱德勒，而德国的案例也给我们提供了一个非常有意思的启发，那就是钱德勒有关美国企业增长的理论在德国不一定适用，钱德勒命题事实上并不一定适合德国。钱德勒书中提及，在 19 世纪到 20 世纪二三十年代，美国企业最早形成了多事业部组织架构，而事实上西门子公司建成得更早。另外，钱德勒非常强调两权分立，即所有权和经营权完全分立，也就是分散的所有制。在德国我们可以看到，双层治理模式成功非常重要的原因在于，企业的大股东要么是商业银行，要么是家族。这与美国的情况是不一样的。美国银行可以拥有企业的股票，但是不能超过 5%（有些公司规定不能超过 1%），所以在这种情况下，美国企业由一些基金会持有股份，银行对企业没有那么大的影响。

但是在德国，如果企业监事会的成员有银行的代表，例如奔驰最大的股东是德意志银行，那么在这种情况下，银行的代表就会发挥非常大的作用。

更多的情况则是家族在发挥作用，正如科德宝的例子。家族成员事实上起到了一个什么作用呢？我认为它非常像英国的君主立宪。也就是说，这些家族发挥了一种类似于英国王室的作用，家族作为企业象征，需要把握大的方向，当出现明显不合适的领导的时候，可以发挥作用在监事会中适当地影响决策，所以家族就有这样的影响力。同时，对于家族控制或是家族所有的企业未来的治理，我认为双层治理模式非常值得认真探讨和借鉴。

为什么德国的企业史研究资料非常丰富呢？很重要的一个原因就是德国人是非常理性的。西门子研究所非常幸运地拥有德国最古老的企业档案，同时维尔纳本人在去世前也出版了他的科学论文集与回忆录。原本维尔纳撰写回忆录就是给他的子孙看的,但没想到后来回忆录也出版了。另外还有一个非常有意思的点,可能在座的很多历史学家会感兴趣,这些企业都会有专门的公司"史官"。比如,西门子档案馆以及西门子论坛的负责人撰写公司史,以及相关传记。而就最近二十几年来说,比较常见的是公司档案馆的主任与历史学家合作,一起来撰写关于企业的历史。

所以也就出现了一些关注西门子公司企业史的专家,1906年的经济学家理查德·埃伦伯格(Richard Ehrenberg),对西门子的历史就非常感兴趣。而我之前提到的科卡,很多的基础资料就来源于他了解的1840年到1914年企业发展的经历。而2016年约翰尼斯·贝尔(Johannes Bähr)教授的《西门子传》(*Werner Von Siemens*),是根据维尔纳的书信往来创作的,这是研究西门子公司的一份重要资料。其中维尔纳与兄弟姐妹的通信就有6 500多封。欧洲人,尤其德国人都特别会写信,书信集都很长,因此这些书信集的史料价值很高。

这些材料使得对许多企业的研究变得十分方便,我们可以从中得到非常丰富的资料。在这里我举两个例子,一个是维尔纳在思考回忆录开头怎么写时,讲了他的故事,这是一个在西门子家族口口相传,非常有意思的故事。

维尔纳在《西门子回忆录》(*Werner Von Siemens*)的开头写道:"维尔纳5岁时,姐姐玛蒂尔德在家里学习针织,一只凶猛的雄鹅挡在大门口。玛蒂尔德被啄了,却不懂得反抗。父亲派维尔纳拿一根棍子去驱赶雄鹅。他鼓起全部勇气,帮姐姐打通了道路。"近七十年后,他写道:"在后来艰难的生活困境中,战胜雄鹅的故事无数次在潜意识中鞭策我,让我不回避面临的危险,勇敢面对,为之斗争。"

还有一个是在维尔纳71岁时写给弟弟海因里希的一封信,信中说:"从我创办企业那一天起,我的野心就是建立像富格尔(Fugger)那样的商业帝国,它可以给我和我的继承人在这个世界上的权力和权威,也给我的兄弟姐妹和其他亲戚更好的生活。和建立这个我和我的后代可以全身心做的事业相比,挣钱只是次要的目的。"大家也可以从这6 500多封信中得知,维尔纳当时和他的兄弟姐妹有着密集的交流。所以我是觉得这既与他的电报业务有关系,也与他和兄弟姐妹的良好关系有关。

另外像钱德勒谈及的杜邦之类的家族企业,我们可以发现杜邦家族实际上是来自欧洲的贵族,所以对于这种欧洲贵族而言,除了贵族称号以外,在其家族内部财产传承规则以及价值关系都有所不同,这方面是非常值得我们研究和探讨的。

对企业史研究来说,我觉得要超越钱德勒命题,还有很重要一点就是钱德勒命题该如何适配亚洲的国家,比如日本、韩国及中国的大型企业的组织和战略。这些都是非常有意思的研究方向,值得认真探讨。

在学习了德国的治理体系之后,所谓的传承与治理的关键,我把它归纳为四点:第一是人才的培养,从家族的职业化起步;第二是双层治理模式;第三是风险管理;第四是家族凝聚力,可以说是一种传承的特色,也可以是一种传承之道。所以如果我们扎到企业史的材料堆里面去,确实让人觉得目不暇接,非常有意思,非常丰富。我最初认为德国的企业和中国的企业差别太大,但是我越关注这些细节,就越发现德国人在思考很多的问题,同时他们要做的事情其实和中国人的差别并没有我想象中的那么大。

所以从这个角度来说,我认为的传承之道就是刚才总结的这四点,亚洲或者中国的家族企业在传承时也要考虑这四点因素。这也让我想起道德经的一句话:"为学日益,为道日损。"实际上传承之道没有那么复杂,在思考清楚之后,便会觉得负担越来越少,问题也会变得简单。我与一位我非常敬佩的企业家交流很多,我曾问他:"你做企业做了三十多年,到底有什么样的感悟?能不能用一句话说出来?"他告诉了我两句话,第一句话叫"大道至简",第二句话叫"正道沧桑"。我认为为学和做企业有些方面可能是相通的,就用"为学日益,为道日损"来与大家共勉吧。

【评论与讨论】

李新春(中山大学管理学院)

刚才陈凌教授做了一个非常好的报告,我很荣幸能一起讨论。我与陈凌教授在德国一起留学了多年,回国后又都从事家族企业管理的研究。

近年来,陈凌教授和团队对德国家族企业进行了多次调研和较系统的研究,今天报告的关于德国多世代家族企业研究就是一个非常有趣的主题。其中显然不仅涉及家族企业传承与治理的核心问题,同时又因为其多世代的历史时序性,又与企业史紧密关联,与今天的论坛题目"企业史遇见管理学"高度契合。在我看来,也是我们非常感兴趣和关心的研究问题。

首先,我还是想强调一下陈凌教授关于研究多世代家族企业治理和传承的学术价值。实际上,做这样一个题目的研究是很有难度的,它在理论和方法上面临较大的挑战,目前关于多世代家族企业的研究还不多,而更大的困难在于获取企业的历史史料和涉及政治、社会、文化以及经济的多维度研究。

德国企业对档案资料工作很重视,刚才陈凌教授也有介绍,但能让外人进入企业内进行研究的企业,其实还是不多的。所以我认为陈凌教授选择的这几家企业能给我们展示它的历史和内部状况,是非常不容易和有价值的。我为什么强调这一点?因为最近几年我也做了日本的一些企业案例调研,我发现研究的难度非常大。其中一个重要的问题就是,我们很容易带着东方或者中国的视角去看待西方乃至于我们近邻的日本企业。在这种情况下,我们面对的问题就远不止企业本身的管理问题以及制度文化问题,更多的是它的历史问题,甚至是国家的制度文化,以及宗教伦理和人文精神等问题。

从陈凌教授的报告中可以看到,他更多是从比较制度的视角出发,来考察德国不同历史时期特定制度环境下家族企业的治理与传承发展问题,这就跳出了线性的、单一管理视角的分析框架,而给出了一个基于制度文化和传统的企业史分析和组织管理制度变迁的分析,这无疑是非常有价值的。

其次,我想谈下关于多世代家族企业研究的认识。目前研究较多的是家族企业代际传承与治理问题,这主要关注的是两代人之间的衔接,如在中国目前就主要是一代家族企业创始人和二代传承人之间的关系。但是在欧洲以及日本,有很多多世代家族企业(在我看来至少要超过三代人),比如刚才陈凌教授所谈到的科德宝家族,是六代人的传承。实际上有不少延续了几百年甚至上千年的家族企业,已经传承几十代人了。这个过程便和我们研究的跨代家族企业有不小的差异。显然,多世代家族企业有着其独有的特征和组织管理问题,如传承和治理的复杂性,尤其是家族后代数量日益增加,如科德宝家族就有三百多人。此外,再加上其历史的演进中家族产业规模和范围的扩张,以及全球化运作,这都会给家族治理带来很大的复杂性和不确定性。

受到案例企业的启发,陈凌教授对于多世代治理模式的研究提出了一些非常值得重视和有趣的问题,这又和特定的制度环境结合起来。如在德国,多世代家族企业中的监事权是家族企业治理结构中非常重要的一环,家族后代不一定直接担任企业的CEO,而是主要通过监事会来行使对企业的控制权。这是一个很值得我们重视的治理结构制度安排,值得深入研究。

最后,陈教授特别提到德国家族企业研究的独特性及其对于中国家族企业研究的学习价值,这是比较制度研究非常重要的一个方面。德国有着较多百年老店的家族企业,其在传承与治理、传统与创新、产业精神、对社会的责任等方面都是很值得我们研究和借鉴的。受到陈凌教授报告启发,我有几点思考,下面提出来一起讨论。陈凌教授已经给出了一个历史性的线索,由此我想再往下延伸一点,尤其是对于德国家族企业,在治理和传承方面怎么去看待它的研究意义。

首先是多世代家族企业的治理模式问题。基于庞大数量的后代和复杂的资本以及产业结构、组织结构,如何治理家族以及家族如何对企业实施控制都是非常重要的课题。要保持持续稳定的发展,德国多世代家族企业的治理结构会呈现出不同的模式:一种是家族不断"修剪枝叶"的模式。这是指在大家族后代中会有不少的小家庭,甚至存在不同"派系""门房",这就如同一棵大树主干上生出的枝枝叶叶。但是,杂乱的枝叶需要不时修剪,大树才能更好地吸收阳光、水分而健康成长。相应地,家族可能出现股权重构、分家、裂变等情况。家族股权调整尽管会带来震动,但在一些情况下,调整后则可能进入新的发展阶段。另一种模式是家族共同体模式。在这种模式下,家族治理结构越来越正式化和制度化,家族成员团体成为一个控股或持股委员会,在家族使命愿景和制度文化政策背景下实施对家族企业的控制和影响。共同体模式是多世代家族后代保持家族事业和家族和谐发展的重要制度安排,是很值得我们深入研究的问题。

其次,我认为德国的制度文化因素也很重要。刚才陈凌教授提到的比如说理性精神,尤其文艺复兴以来,马克斯·韦伯提出来新教伦理精神,以及科层制,这些无疑都在不同的历史时期深刻地影响多世代家族企业的组织和治理结构,如德国的银行主导、员工参与和监事会制度等。另外,德国的职业培训制度也很重要。这一点在家族企业中可能表现得更为重要。德国有很强的职业培训传统,职业工人上岗前必须经过严格的职业学校培养并获得一定的资格证明,这可能是德国制造成为全球一流的最重要的制度基础之一。

最后,陈凌教授提到的产业精神。我认为这是德国家族企业最重要的特征之一。德国有着世界上最多的隐形冠军,而这主要是由多世代家族企业构成的。德国大约只有8 000万人口,但是它却有2 300多个世界名牌(这个数字在不同时期存在一定的出入),其中相当多的企业都是百年老店,所以,可以认为多世代家族企业是德国商业精神和文化传统的守护者。所以西门子前总裁曾说过,德国制造靠的是工匠精神,是对每个生产细节精益求精,这样才有奔驰、宝马、奥迪、阿迪达斯这些世界名牌。德国企业与经济学中所谓的追逐利润的资本家是不完全等同的。他们更注重追求质量、生产过程的和谐与安全。例如西门子、博世以及科德宝,都是典型的工程师类型的企业,高度重视产品的实用性和品质,而这正是企业的灵魂。当然利润也很重要,但利润是自然而然得来的一种社会、消费者给予的奖励。事实上,遵守企业道德、精益求精地制造产品,是德国企业与生俱来的基因。

高超群(中国社会科学院经济研究所)

陈教授的讲座与李教授的评论都非常精彩,令我受益很多。我对陈凌教授的报告有三点回应,同时还想请教五个问题。

第一点,因为对家族企业的研究比较陌生,为了更好地理解陈凌教授的报告,我事先对国内家族企业研究状况做了一点功课。我了解到陈凌教授和李新春教授在20世纪90年代就开始呼吁加强对家族企业的研究,他们认为当时对家族企业的研究是很不充分的。我看到的企业史研究学者杨在军教授在著作中提到的几个统计数据让我非常吃惊,他说现在世界上的企业中至少有65%～80%是家族企业,在美国家族企业占其全部企业数的90%～98%。他引用的是美国学者的统计,我不知道这个是以什么口径来统计的,数据是不是真实的。但无论如何,家族企业的数量应该是非常庞大的。所以相对而言,我们对家族企业的研究确实很不够,看来企业史研究也要高度重视对家族企业的研究。

第二点,我觉得陈教授提倡的比较企业史研究非常有前途。因为和教会、政府,甚至与家族来比较,不同国家之间的企业共性更多一些,更少受到意识形态或者文化的影响。不是说完全不受到影响,而是说相比较而言,它受到这些影响比较少。因此,当不同企业面临同样挑战的时候,它为什么会有不同的选择?不同选择背后的原因、机制是什么?对这些问题的深入研究会让我们逼近对企业本质的理解,也可能会形成一些比较有实践价值的理性认识。因此我特别赞同陈凌教授的提法或者研究的方向,我也会在以后的研究当中做出更多的尝试。

第三点,陈教授讲到企业史可以为家族企业的管理教学提供更多的案例,我也非常赞同。企业史领域有很丰富的案例,但怎么样让这些案例成为管理教学的案例,并且能够方便地被商学院的老师们使用,在这方面我们企业史研究者有很大的困惑,不知道该如何着手。这方面特别希望得到各位管理学专家的指点。

以上我的三点回应,以下是五个问题:

第一个问题,因为陈教授报告的主题是家族企业的传承问题,那我们对于家族企业的家族内部传承的正当性和合理性,是不是应该先讨论一下?不管是从整个社会资源配置的有效性上,还是从企业的长远发展上看,甚至对于家族本身来说,在家族内部进行传承,是不是一个好的选择?或者在什么样的条件下才是一个好的选择?作为一个外行,我不知道这个问题是不是值得讨论。因为毕竟有的企业家希望传承,有的企业家不希望传承。究竟传承是好是坏,我们在做实证研究之前,是不是可以先做一个规范的讨论。

第二个问题,陈教授在讲座当中提到了德国独特的企业制度对家族传承的影响。除了双重治理结构,比如同业组织,也就是职业团体(包括劳动委员会等),在德国或者在欧洲大陆对企业的治理也有很大的影响,这甚至可以被视为欧洲企业制度的一个特色。我想请教下,这些制度对家族传承产生了什么样的影响?

我再稍微解释下,因为欧洲企业与我们所理解的中国企业以及英美企业存在很大的差别。欧洲企业很难说是所有者的企业,也很难说是家族企业纯粹控股的企业,职业团体如劳动委员会也对企业的控制发挥作用,它们会对家族的传承造成怎样的影响?

第三个问题,对家族企业传承的研究是不是可以分解讨论。比如说,有的家族企业传承的是所有权,有的是经营权,有的其实只是财富。如果说我们将传承问题分类讨论,会不会有一些帮助?可能对中国的家族企业来说,财富在家族内部的分配会是一个大的问题。它会带来很多困扰,如果分配不妥当会引起企业的动荡。是否可以说相比所有权和经营权,财富传承的问题对中国家族企业而言更为普遍和重要?所以要看家族企业具体传承什么,传承的目标不同,企业家就会有不同的选择。比如传承所有权和传承经营权采取的措施、面临的问题可能就不太一样,财富的分配的安排可能是另外一回事。

第四个问题,家族企业的定义是一个非常困难的事情,尤其是在有限责任公司的概念出现之后。家族企业和公众公司之间,我们应该怎么样去区分?比如博世公司,在1964年之后,在什么意义上还算是一个家族企业呢?

第五个问题,关于财产继承制度和家族企业传承的关系。现在东西方在财产的继承上没有太大的差距,在继承法上可能还有一些不同。但是在传统时代,中国更多的是诸子均分,而欧洲更多是长子继承。当然杨在军教授特别不同意这个看法。那么不同的继承制度或者惯例,是否也会对家族企业产生一定的影响?

陈凌教授回应李新春教授与高超群教授：

非常感谢刚才两位教授的点评，我深受启发。新春教授是我多年的朋友，严格说来他是我的师兄，我们一起在柏林洪堡大学读博士。在那个时候，我们还没有开始研究家族企业。我最开始研究的是改革开放前后国有企业的劳动组织，而新春教授研究的是创新政策。但在回国之后，我们一个在浙江，一个在广东，都在经济和管理学院工作，同时接触了许多的企业家，因此我们不约而同地选择了家族企业进行研究，并在1998年、1999年就开始在国内发表相关论文，所以我们确实有很深的渊源。感谢新春教授刚才的评论，因为他对多世代家族企业的模式提出了一个非常宏观的设想。

我觉得大家的点评非常好，这个题目确实值得探讨，而且需要从比较企业史的角度出发。因为这些企业传承和转型的过程发生在过去，所以这是我们的初衷。而高教授刚才提到的五个问题，我认为都是非常好的问题。但由于时间关系我没来得及讲，这里我想回应高教授提出三个回应中的一个，即目标问题。

我认为德国的社会市场经济模式与美国模式相比更加人性化，更加关注社会的均衡。比如，德国的上市公司就规定，监事会必须要有员工的代表，让员工参与管理、参与决策。并且在德国，社会主义的思想发挥了非常好的作用，对比很多的发达国家，我觉得德国是一个让人心情非常愉快的国家，你很难碰到真正意义上的德国人乞丐。

刚才两位教授都提到，德国模式非常值得关注，而这一模式不仅关注企业，而且关注经济系统的目标，这是非常值得我们学习的。而不管是西门子的传记还是回忆录，又或是其他企业家的言论包括博世的言论，我们都会发现这些言论中存在很多理想主义的东西，同时这些理想主义的东西并不只是停留在口头或是文本上，而是被应用在了实践中。所以我个人觉得德国社会非常令人钦佩的一点就是"诚"。比如，虽然德国曾在战争中犯下罪行，可一旦认识到错误，它就会迅速改正。前总理勃兰特在波兰犹太人遇害纪念碑前下跪的照片，相信大家都有印象。勃兰特作为总理完全没必要这么做，因为就他个人来说，他是反纳粹的英雄。但他还是以如此方式表达德国人的忏悔之情，而且这一举动是突然的或者说下意识的。我觉得这是一个非常小的细节，但却非常伟大，说明他有勇气来承认这个错误。我在德国生活多年，跟德国朋友有很多接触，他们做事情的这种"诚"的特质，特别让人感动。

虽然我在德国生活和学习过一段时间，但那时我并没有做德国企业研究。回国之后，我激动地发现对德国企业的研究好像为我打开了一扇门，因为德国很多的历史经验和教训都非常值得我们总结和学习。

所以我有一个总体设想，有关多世代模式，德国企业走了100年或者150年，中间解决了许多问题。而这些问题很可能也是我们中国的民营企业在第一代到第二代的传承过程当中要解决的。我们要尽量快速解决这些问题，否则后患会很大，为什么？我们不能因为家庭规模很小就认为它不一定需要家庭会议制度或者一些成文规定。

实际上，我们可以发现，哪怕再小的家庭、再普通的家庭，也会有矛盾，这一点在富裕后尤其显著。会为了房子以及遗产争得鸡飞狗跳，所以从这个角度来说，我觉得我们确实需要学习德国对家庭财富和企业资产进行有效隔离的做法。这一点与企业大小和企业历史是没关系的。只要意识到这一点，我们就需要着手找出解决这个问题的办法。

而刚才高老师提到的五个问题非常好。一个问题是传承的不同情况，包括所有权传承、经营权传承、财富传承。这确实是一个非常复杂的传承体系。有些时候确实可以把它适当地分开来看，充分地考虑家族成员以及利益相关者的想法或者诉求。

另外一个问题是家族内部传承的合法性和合理性，这也是非常有意思的一个话题。从合理性角度，在世界范围内有那么多家族企业能够传承，说明依靠家族的纽带传承企业的做法有非常强的合理性。这种合理性在于继承人是被从小培养起来的，从小就认为家族是企业的基础。

合理性比较容易找到解释的理由，但是合法性或者正当性确实是一个非常有意思的问题。从社会的角度，如果大家都进行传承，那肯定就会变成印度的种姓制度。阶级流动性过低不利于社会的发展，所以从合法性来说，它可以正当地传承，但是并不一定能够完成。所以正当性和合法性之间都有紧密联系。

刚才我也谈到家族企业的定义，在讨论家族企业的时候，我们认为家族企业是一个变化的实体。如果你在不同时期去问企业创始人同样的一个问题：有没有把企业交给后代这种强烈的愿望？得到的回答是不一样的。所以，家族企业的定义中很重要的一点是需要一个家族愿望、一种意愿、一个 dream。这也是我为什么提到西门子71岁时给弟弟的那封信，因为此时他已经垂垂老矣，他要把企业交给他的接班人就是他的弟弟，所以他会告诉弟弟，创办公司的目的。也只有在和亲兄弟交流时，他才会把这愿望写出来。他的愿望超越挣钱，挣钱是其次的,同时我认为这是西门子能够成功的非常重要的一个原因,当然还有他作为大哥的责任感。

我们能从他的家庭背景和他的行为中了解到他的成长历程,所以这恰恰是我们做企业研究时一个宏大的研究计划。正如西门子给弟弟的信中表露出了他的初衷一样,很多企业研究是可以给我们提供信息的。

而我们问现在的企业家,他也会告诉你为什么办企业,但这是不是他真实的梦想?就像很多企业家都会说要办什么百年的企业,但他的行为是不是真的向这样的方向努力?只有历史学家通过足够长的时间进行观察,才可以得出结果。

这个例子说明企业史的视角可以帮助我们管理学者去研究很多在现实当中很难研究的东西。有些是知道不能写,而有些是你听了他的回答,也不知道他的回答是真的,还是只是他当时瞬间的想法。

所以今天我非常高兴,能够有这样的一个管理学和历史学互动交流的机会,而我在这段时间准备的过程中,得到几位老师的帮助。我是非常喜欢与历史学打交道的,因为研究历史学会令我更加执着地进行研究。历史学研究是非常难做,要从繁复的企业史材料里挖出一些有意思的证据,而且又必须能够言之凿凿,能够立住脚,所以我非常高兴能跟大家做这样的交流。

武亚军(北京大学光华管理学院)

我也来谈两点感受,同时也是对陈凌教授讲座的主题的补充。我认为刚才陈凌教授主要是从家族企业的传承和治理的角度来进行讨论的。而从我的观察来看,从战略管理的角度,德国企业可能更偏向于股东利益最大化的股东主义治理模式,是一种相对的利益相关者的治理模式。我曾看到中国政法大学巫云仙教授也讨论过类似的题目。

我在研究中国企业的时候,发现有一些比较好的民营企业,如华为,其治理模式就是一种利益相关者的治理模式。企业中有大量的员工持股,形成了员工持股代表会。尽管任正非有一票否决权,还有对控制权方面的一些安排,但是从总体上,他们的治理模式可以归为利益相关者的治理模式。而未来,国有企业是不是可以更多地考虑采用比较有效的利益相关者治理模式?这恐怕是中国国有企业治理改革和战略管理中需要讨论的重大问题。从理论意义上来讲,对德国企业的这种利益相关者治理模式深入的探讨,以及对它的借鉴,我认为对中国未来将会有重大的理论和实践意义。这是我补充的一点。

而另外一点我也要提出来,与陈老师以及在座的几位专家做进一步的讨论。刚才陈凌教授提出了一个很响亮的口号,叫"超越钱德勒命题"。这让我眼前一亮,深受触动。陈凌教授在 2005 年的文章里就已经谈到了这个命题。但在我看来,对这个问题可能还需要进一步地辨析,到底在什么意义上要超越钱德勒命题。

我们对钱德勒命题通常的理解是结构跟随战略,这是战略管理理论中的一个开创性的命题,包括工业资本主义的原动力等这样一些命题,这可能是大部分人理解的钱德勒命题的核心内容。

当然我们说要超越钱德勒命题,首先我们要讨论,应该继承什么,以及在哪些方面去超越。而关于继承方面,陈凌教授提到了一种研究方法,实际上企业史的研究方法就是比较研究的方法,同时提出了战略管理的理论命题。而对于这种方法,我个人认为,我们不应该去抛弃它,而是应该发扬光大。我认为这种方法是十分有效的,现在还有非常大的价值。

而关于超越方面,该怎么样去超越钱德勒命题?我个人的理解是,我们首先要理解钱德勒命题。它产生的时代背景是工业文明时代。而从对中国企业以及整个企业发展历史粗浅的判断中,我认为可能从第二次世界大战战后到 2000 年都可以归为工业文明这个鼎盛时代。

钱德勒命题的提出开拓了工业文明时代企业组织与管理的一种经典范式。解释了从外部环境到战略,再到组织结构以及相关的其他设计,是怎么样跟随着外部工业革命发展而演变的,也说明了企业是如何通过战略的变化、组织结构的调整以及其他因素的调整,来适应工业文明这样一个世界性趋势的。

而到了现在,如果我们要进一步地去"超越"的话,我觉得我们首先需要明白,产生钱德勒命题的外部环境已经发生了变化。而我认为这样的时代变化,从 2000 年甚至从 20 世纪 90 年代中期以后就已经开始了,整个世界进入了信息文明的时代。在信息文明时代开启之后,互联网革命、5G 以及更先进的科技频繁出现,科技的变革带来了企业的战略、组织、结构和其他运营方面的一系列变化。

所以我觉得,不论是互联网企业的崛起也好,还是平台型企业、平台型战略、生态战略、生态型企业等这样一些战略方面的新现象也好,环境的变化导致了战略的变化,包括企业组织架构、组织运行、组织设计方面的变化,而我们可能需要进一步去研究。如果说我们要系统地研究当今互联网时代、信息文明时代的一些企业的战略结构、组织运营,那么就有可能开创一个后钱德勒时代,或者甚至说对工业文明时代的钱德勒范式的一种革新,或者说是革命。这是互联网时代的一种新的发展。我觉得从大的时代背景上,可以进一步去考虑怎么去"超越"这样一个问题。

当然,从企业的动力的角度来讲,过去可能更多的是规模经济和范围经济。而现在我们可能讲的是速度经济、时间经济、粉丝经济,是基于需求和技术的这样一种新的经济模式或者说经济因素,那么这有可能会对钱德勒比较看重的所谓的规模经济和范围经济这些概念形成一种新的发展。

我觉得从这些角度来讲,我们还可以进一步地去探讨它的扬弃,或者说进一步超越的问题。总体而言我的想法就是怎么样去超越,或者说怎么样进行扬弃,恐怕还需要仔细地辨析,仔细地去深入挖掘。

林立强(福建师范大学社会历史学院)

我从历史学者的角度谈谈听了陈凌教授讲座后的一些体会,共分成两个部分。第一部分是我们历史学需要向管理学学习的地方,尤其是在方法论方面。

第一,我对陈凌老师在研究中强调使用比较方法的态度非常赞同。法国年鉴学派的马克·布洛赫(Marc Bloth)提出了比较的方法,而后巴勒克拉夫在《当代史学主要趋势》中再次明确地指出比较史学方法一定是历史学最有前途的方法之一。所以我觉得管理学者很准确地把握了这个趋势。

第二,我觉得要向管理学者学习的是他们都有很强的实践背景。比如说陈凌教授跟企业家打交道,做了大量的调研工作。可是我们发现有一部分的历史学者,他们还是身处"象牙塔"之中,依据书斋的档案资料在做学问,这一点我觉得要向陈凌教授学习,要做"真实企业"的企业史。

第三,我一直很关注德国企业史,因为我曾看到过一个说法,即真正企业史研究的开端是1825年德国萨克森州的哈默铁厂成立100周年时,当然还有一些企业史学家对此有不同看法,认为真正的企业史研究的开端早于1825年。同时,我也注意到一位德国企业史学家叫弗里茨·雷德利希(Fritz Redlich),后来他到了美国,其思想对钱德勒影响很大。所以说我期待陈凌老师的研究能够揭示德国企业史的奥秘。

第二部分,我有一些疑问和不解,借此提出也是希望请教管理学者。第一,关于对待原始档案资料的态度,我觉得管理学者和历史学者正相反。例如,管理学的文本数据有"不在场"与"在场"之分,"在场"文本数据与我们历史学的口述资料有些类似,从如何判断该数据的客观性可以看出历史学与管理学的不同之处。因为传统历史学对现场口述资料有偏见,认为可能包含一些虚假的成分,作为史料来源十分存疑;可是管理学者却告诉我,一定要到现场看才是真的,这或许就是我们学科间认知的不同。再比如,管理学者有个三角测量法,与历史学这边王国维先生曾提出的二重证据的逻辑是相通的。我希望通过双方互相学习,寻求找出客观结论的最佳方法,并消除一些由于学科背景不同而引起的不必要误会。

第二,我看到陈凌教授的报告当中有这么一句话,即德国的企业史是由企业认同的企业史专家撰写的。其实我对德国企业界的这种做法是不认可的,"企业认同的企业史专家"让我仿佛感觉有许多的企业史专家站成一排供企业挑选似的,就如同一些企业喜欢选听话的人来担任独立董事一样。我认为既然企业只选择认同的企业史专家,那这些专家未来研究成果的客观性,甚至资料的取舍,都是要大打折扣的,这直接影响了企业史学家秉承的客观性原则。不知德国学界对这个问题怎么看?

第三,我个人认为管理学者如果对历史学感兴趣,也可以尝试使用一些一手资料,为什么呢?因为我最近关注历史社会学,研究历史社会学的学者分成两种类型,其中一种很喜欢用二手资料,而另一种很喜欢用一手资料。而且很有意思的一点是,二手资料也能写出好文章,这在历史学领域是不可想象的。比如西达·斯考切波(Theda Skocpol)的《国家与社会革命:对法国、俄国和中国的比较分析》(*States and Social Revolutions: A Comparative Analysis of France, Russia and China*),她对法国、俄国和中国的革命进行比较分析,用的二手资料居多。当然,也有一些人一直在使用一手资料,他们被称为社会学家中的历史学家。实际上历史学方法对家族史研究也有一定的优势,我们在研究人物时会通过家谱、族谱等穷尽该家族的脉络,因此我们有一整套非常规范的方法来进行家族研究。

最后,我突然想到一个有趣的问题,也是对前面第二个问题的补充。陈凌教授推荐的《西门子传》我也看了,作者使用了许多的原始资料。但同时我也有一个疑问:假设企业或企业家传记是由企业认可的企业史专家撰写,在写作过程中,作者会不会对企业有利的资料就多引用,不利的资料就少引用或不用?我觉得如果是"御用"的专家肯定这么做。如果此时陈凌教授反问我一句:你们历史学家不是口口声声说自己很客观吗,那你们能做到吗?这个问题我也确实不好作答,因为历史学家也难免具有主观性。当初企业史学科在哈佛商学院成为一个独立的研究领域,强调的就是学者的独立性,摒弃把企业家简单分为"好人"

和"坏人"的道德判断。如今快100年过去了,要把企业与企业家传记写好,不谄媚也不过度抨击,确实是一件非常难的事情。

陈弢(同济大学德国研究所)

　　我也提几点看法:首先,就是关于企业史研究在德国历史学研究中的地位。刚才陈凌教授已经提到了,包括一些非常著名的学者,比如说研究西门子的科卡教授,他的书基本上是所有研究德国19世纪史的人都必读的著作,而作者本人又是著名的国际历史学会主席,也就是说企业史研究在德国史学研究中占据了核心位置。这与中国的情况不一样,在中国,企业史研究、经济史研究,相对于政治史来说,是比较边缘的。

　　然后,每个大企业,像刚才提到的西门子、博世、大众等,他们的企业档案馆馆长都是由职业的历史学家来担任的,而且都是很有名的学者。他们基本上往返于大学和企业档案馆之间,而往往在做了几届企业档案馆长之后,这些学者下一个可能去向就是去大学当教授,这个也是德国非常特殊的现象,是我在中国、在美国很少见到的例子。

　　但是刚才林老师提到了一点,同时我也觉得很有意思,就是材料的客观性如何保持?因为企业档案馆的馆长或者历史学家都是由企业高层挑选的,他们写的很多书确实在今天的德国也是有争议的,包括我们看到的很多关于大众汽车、西门子的书籍。而所谓的企业史学家他们撰写的内容其实使用的是非常官方化的、类似于外交场合中的语言。而林老师刚才说的那个现象确实是存在的,在德国也确实受到了一种批判,并不是说这些学者完全站在客观历史学的立场,他们撰写的历史是有挑选的。

　　关于德国的企业史档案馆,我觉得它是全世界最好的企业史档案馆,它最核心的一点是开放性。基本上全世界所有的人,只要你有合法的护照,通过申请,都可以去看企业档案,而且档案馆的服务非常好,你需要什么材料他都给调阅,这是非常重要的一方面。但是也有一点不足,他们对档案的申请和利用比较严格,因为它毕竟不是政府的档案馆,不需要遵守政府制定的档案法,不一定要公开。如果他觉得没必要的话他可以不公开,所以档案馆也不是完全开放,而是经过一定的筛选,这与政府档案馆是不一样的。

　　1945年之后的德国企业史存在"政治正确"的问题。基本上我们可以看到,在1945年之后,德国企业史著作,包括大众、西门子的那些著作,基本上都是关于对纳粹掌权期间历史的批判,同时这些企业可能还进行了很多赔偿。所以德国企业史研究中存在一个举国构造的政治正确,研究由此得到了国家的重视,也得到了大学的重视和社会的重视,这是一个很有意思的东西。

最后,我想说的是关于陈老师讨论的比较企业史的重要性。我认同这个看法,因为比较企业史在德国历史学领域兴起的时间是20世纪80年代,既出于对第二次世界大战的反思,同时又是出于辨析德国纳粹主义和意大利法西斯作为盟友,它们之间又有什么区别?因此需要进行比较,于是比较企业史就流行起来。但是,大概在2000年之后,德国发生了一个变化,开始转向研究全球范围的企业史。比如说更加强调人员的流动、货物的流动、技术的流动,或者管理经验、管理方式的流动。比如,研究者会关注到西门子和大众汽车在二战期间用了很多来自德国之外或者欧洲之外的劳工,这就是人员流动的视角。

再如在研究东西德时采取了跨阵营的研究,在中国国内能找到一些出版的翻译资料,如伯恩哈德·里格尔(Bernhard Rieger)的《甲壳虫的全球史》(*A Global History of the Volkswagen Beetle*)。总之,相比于比较企业史的研究,我觉得现在企业史的全球史化在德国企业史学界是一个很重要的趋势。这就是我想补充的几点,谢谢各位。

陈凌(浙江大学管理学院)

武老师所讨论的战略问题,我不是特别熟悉。刚才讲到钱德勒命题,我主要是指"看得见的手"的命题、有关两权分离问题。我认为它的两权分离,忽视了像德国和亚洲一些国家的大量家族企业,它们同样是在保持了非常大的影响力的情况下完成了家族职业化,所以这是我2005年的文章《超越钱德勒命题:重新评价〈看得见的手〉》中讨论的问题。

如果联系钱德勒在《规模与范围》中做的研究,包括后来理查德·惠廷顿(Richard Whittington)《欧洲公司:战略结构与管理科学》(*The European Corporation: Strategy, Structure, and Social Science*)一书中的欧洲学者对于钱德勒的反思,可以看出钱德勒的观点由于"时"和"地"的差别不再那么适用了。这个"时"就是刚才亚军老师提到的1990年之后的知识经济的崛起,新的知识经济时代使得规模经济和范围经济不太适用了。比如现在亚马逊公司是属于什么产业?是服务业,还是流通业?已经说不清楚了。所以,随着知识经济时代的到来,原来的很多观点,包括多元化都发生了改变——连产业都无法分析清楚的情况下,该如何定义多元化？这是一个问题。所以我非常认同钱德勒的一些观点过时了，我们确实可以加强这方面的研究。

同时我还想补充一点，在准备讲座的过程中我也看了一些文章，尤其是林立强老师向我推荐的雷德利希的文章。在他的文章中，就提到了他曾到哈佛大学的企业家史研究中心去做研究员，负责德国企业史资料的整理。后来他也发表了很多的文章，其中也有与钱德勒合作的论文。而我从这些文章中非常高兴地发现了一个原来一直不理解的知识点。

我非常关注熊彼特的研究，他花了十多年的时间写了一本书叫 *Business Cycles: A Theoretical, Historical, and Statistical Analysis of the Capitalist Process*。这本书是在 1939 年出版的，但是查一下我们就可以看到，这本书在中国并没有被翻译，这是为什么呢？因为这本书被认为是大师的"败笔"。当时恰逢第二次世界大战，在战后凯恩斯的理论非常红火，熊彼特的这本书就默默无闻了，虽然熊彼特的名声如日中天，但在中国这本书却没有人翻译。在我简要阅读了这本书后，突然理解了它和钱德勒研究范式的关系，我们可以在此书中清楚地看到他对企业的研究范式的理解，因为熊彼特这本书的副标题是——有关产业成长的历史、统计和理论研究。而统计研究在钱德勒的书中表现为什么呢？钱德勒用了大量的企业案例进行了研究。历史学家一般都是做个案，但钱德勒却用以点带面的方式。这个理论的连接点事实上就在熊彼特的这本书里。所以我特别高兴，我突然发现读完这本书之后，一下子就把熊彼特的经济思想串联起来了，而且了解了钱德勒的研究范式传承，所以我觉得这是非常值得讨论的一个点。

"地"的差别，就是指亚洲的崛起。亚洲企业的产业发展和欧洲企业都会有非常大的区别。

刚才林立强和陈弢两位老师做了非常好的补充。因为讲到了"公司史官"这个概念，而这概念也是我自己参考司马迁创造的一个词。

首先，刚才陈弢的补充非常好，这些历史学家到公司担任档案馆主任以后，他的第一身份是什么？我想还是一个职业的历史学家，这也是德国的企业史研究达到高质量的一个重要原因。德国企业史的记录，历史很悠久，早在 19 世纪初的时候，就已经出现了几百份的公司档案。而最开始的记录人是谁？是工程师。由于工程师要记录企业的技术、产品，所以他就来做历史记录。就在这个记录的过程中，他也会顺便把企业的方方面面都记录下来。

在最开始的时间里,记录者都是以工程师为主,他们在主业之余记录企业史,而当企业创办已经超过数十年后,历史学家才登场,所以历史学家在德国企业史里面发挥作用的时间就非常短。而且因为他们是职业的历史学家,所以很多的学者在企业档案馆做一段研究之后,又到高校去做历史学教授。德国历史学派的影响是非常大的,如果历史研究做得好的话,那么去大学做经济学教授、社会学教授都会很容易。因为德国国内对史学的认同非常强,所以大多数优秀的公司史官还是专业的甚至是批判性的,并且他们作为档案馆的主任最主要的工作不是撰写历史,而是收集资料并整理。

所以从这个角度来讲,我倒觉得德国企业史研究应该具有非常强的客观性,这也是雷德利希在整理了企业历史之后,他认为德国企业史资料的质量还是比美国当时的企业史资料要好的原因。因为美国的企业史资料在初期充斥着大量企业家传记,企业家传记所占的比例远超过德国的企业史资料。这就说明记录美国企业史的人,相对比较急功近利,他在完成企业家传记之后又配套撰写了营销计划,起到了宣传的作用。所以从这个角度来说,我是觉得德国企业史的客观性还是靠得住的。但是林老师刚才有一点讲得非常好,我们做管理研究也一定要接触一手的材料,因为只有接触了一手的材料之后,才能对想要讨论的问题理解得更加深刻。也就是说,如果你只了解一个观点,或者只明白一个简单的事实,而没有把这个事实的来龙去脉讲清楚的话,是很难深入理解企业发展的内在逻辑的。所以我认为对于历史的阅读,除了想要做一些管理的案例,还有很重要的一点就是,历史的阅读应该配合我们对理论的理解。我们读社会科学的理论时,要配合欧洲、美国,配合产业历史方面材料的阅读,才能够对这些理论有更好的理解。所以,我始终觉得历史应该成为我们社会科学专业的一个必修的重要课程。比如经济学,我们的专业训练应该包括历史的训练,统计的训练,以及理论的训练。但实际上现在经济学教育中经济史的课程都被砍掉了,我觉得这是非常不应该的。

另外我觉得历史不仅非常重要,而且很有意思。因为我们会发现置身于不同的具体场景、具体的事实中,对理论或者对观点的理解就完全不一样,所以阅读的维度要比研究的维度更"低"一点。为什么要读小说、读历史、读名人的传记?因为读那些严肃的、有历史底蕴的传记,对我们的帮助会非常大,所以我希望历史学者和管理学者的交流,应该是互相学习、互相欣赏。虽然我们方法不一样,出发点也不一样,但通过互相了解、互相学习后,我们1+1绝对会大于2的。

郭毅（华东理工大学商学院）

复旦大学有一位在德国汽车行业工作了十几年的学者曾经说过，在他最早去德国的时候，发现德国一些大的家族企业与我们所想象的家族企业是很接近的；但这几年来，他却发现这些企业越来越像公众企业了。这是他的一个看法。而我认为如果这个说法成立的话，也就是说像陈老师所讲的那样，德国三个家族企业的变化可能也是动态的变化。如果是有20%～30%的董事监事由外部人员来担任的话，就会提高企业的社会程度。这也可能与大家所说的技术进步或是全球化程度，亦或是治理等各方面的因素有关。这些企业的公众形象，使它越来越不太像传统意义上的家族企业。我认为历史学家与管理学家都可以去关注下这一问题。

武亚军（北京大学光华管理学院）

最后我简单总结一下。正如钱穆先生所问——什么是真正的历史精神？我认为应该是从当下发现问题，从历史中寻找答案，汲取经验，启迪智慧，这可能是我们发挥历史精神的真正含义。所以我想不管怎么样，我们去研究、探讨世界其他国家的企业史发展的经验和规律的目的，是为了完善和发展中国企业的管理，当然这个目的带有比较强的实用性。

真正的历史精神应该是见古知今、继往开来的。我们希望企业史学者和管理学者都能够在这样的历史精神的驱动下，做出相应的一些研究，得出一些新的发现，然后在中国企业的管理甚至是中国社会的变革方面，产生一些自己的看法和影响，这正是值得我们追求的一种社会责任，或者说是一种担当。

日本长寿家族企业的永续发展和家业传承

窦少杰

(日本立命馆大学经营学部)

众所周知,日本拥有世界上数量最多的百年老铺,而这些百年老铺中80%以上都是顺利实现了世代传承的家族企业。陈凌教授在上一讲中通过德国著名制造业企业的发展历史,重点分析了其接班人选择和治理结构调整,探索了德国现代家族企业的经营管理模式。那么,日本的百年老铺又有怎样的特点呢?本讲将通过解析日本多家百年老铺案例,从企业经营、家族经营和财富经营三个方面来探讨日本长寿家族企业的特点。

本讲的主讲人为日本立命馆大学经营学部助理教授窦少杰博士。两位评论人分别为日本拓殖大学朱炎教授与南开大学日本研究院李卓教授,朱炎教授是研究日本企业文化和大企业及财团运作方式的经济学者,而李卓教授则是从事日本家族制度研究的历史学者。

导语：日本有世界最多的长寿企业

日本是长寿企业大国，这里有两个数据可以跟大家分享。一是日本帝国数据库的统计显示，日本经营历史超过百年的企业数量超过 3 万家；二是韩国银行在 2008 年发布的一个调研报告显示，全球拥有 200 年以上历史的企业共有 5 000 多家，其中日本企业就有 3 000 多家。虽然在人们的印象中，日本的百年企业都是一些传统企业，但实际上，日本还有很多非传统型的大企业，比如我们都知道的松下电器、东芝等，它们的历史都已经超过百年。

京都是日本一个非常特别的地方。有个数据叫做"长寿企业出现率"（当地长寿企业数量占当地所有企业数量的比率），按照 2019 年 1 月份的统计数据，日本各地的平均比率是 2.27%，而京都则非常令人惊讶，该比率高达 4.73%，超过日本平均水平的两倍。在京都，具有 100 多年历史的企业都不敢自称是老企业，一般敢宣称自己是老企业者，都至少有 200 年，甚至 300 年的历史。

那么，日本的这些百年企业到底是如何实现传承百年的呢？接下来我想跟大家分享一下我的一些研究成果。

研究家族企业永续发展和家业传承的三个维度

研究家族企业的永续发展和家业传承，我认为需要从三个维度出发，它们分别是企业经营、家族经营和财富经营。

第一，企业经营成功是家族企业存在的前提，也就是说经营好企业很重要。如果企业经营者管理不善导致企业倒闭，所谓的家族企业就不存在了，也就无从谈起这个企业如何实现传承和永续发展。

第二，家族经营。可能我们会有疑问：家族以血浓于水的强固血缘关系为基础，真的需要经营吗？实际上，家族是最需要经营的。东方的家族跟西方的家族存在很多方面的差异。浙江大学的陈凌教授在分享德国家族企业的时候讲，西方的家族跟东方的家族还是有显著区别的，尤其是在"情、理、法"和"法、理、情"等方面。对此我觉得只要是一个社会组织，就需要去做好经营。因为家族成员关系不和，兄弟阋墙，以致企业经营陷入困境，甚至破产的案例比比皆是。所以我认为，做好家族经营是家族企业存续的基础。

第三，财富经营。做好财富经营是实现家族企业永续发展的保障。也就是说，企业如果经营得好，它总会积累一些财富，而这些财富正是实现企业永续的保障。

日本的近江商人和塚喜集团简介

创立于1867年的塚喜集团,是日本非常典型的"近江商人"家族企业,其创业时间甚至早于"明治维新"一年之久。塚喜集团员工有300名左右,年平均销售额大概有85亿日元,经营范围涉及和服、珠宝、皮草、房地产等行业。塚喜集团目前已传承六代,现任总裁是第六代、年逾72岁的塚本喜左卫门先生。

"近江商人"指的是日本近江地区的商人。近江也就是现在的滋贺县,它有日本最大的内陆湖——琵琶湖,现在的滋贺县在历史上被称为近江国。与我们中国有"十大商帮"类似,日本亦有"三大商人",它们分别是大阪商人、伊势商人和近江商人。近江商人在"三大商人"之中实力最强,其中又以近江八幡、日野和五个庄这几个地区的商人为主且最为著名。

说起近江商人,一般日本人对他们仍保留一种比较陈旧的刻板印象,基本上是戴着尖尖的斗笠,穿着蓑衣,挑着扁担在日本全国各地到处游历的"行商"。从他们老家近江国采购好各种各样的土特产,然后用扁担挑着货物跑到东京、大阪等地去贩卖,货物卖光了之后再从当地买点货物,带到别的地区去卖,走到哪里生意就做到哪里。这就是行商,也是近江商人最初的商业模式。当然,现在的近江商人已经不再是挑着扁担的行商。当前比较有名的近江商人企业已经一跃成为主要从事国际贸易的著名商社,除了丸红和伊藤忠之外,值得一提的还有大型保险公司日本生命保险公司和著名百货公司高岛屋等。这些企业的经营都非常成功,实力非常雄厚,可见近江商人在日本颇有声誉。

近江商人还有一个非常显著的特点,那就是所有的近江商人都会信守"三方好"的经营理念。"三方好"就是指卖方好(企业好),买方好(顾客好),世间好(社会好)。也就是说做生意,肯定要达成企业自身经营的良好,同时还要服务好顾客,使得顾客满意,进而利好于整个社会,实现企业对社会的贡献。难能可贵的是,所有的近江商人企业都在坚持和践行这个"三方好",这也是他们最大的一个特点。

塚喜集团的企业经营——第一维度

我们可以主要从四个方面予以认识:第一是"三方好"理念,即这个企业是如何计划统筹以及如何落地实施的?第二是这个企业是如何做创新和多元化经营的？第三是大家族主义经营是如何实现的？第四是如何实现稳健的风险管理？

首先，让我们来看一下"三方好"这个理念在塚喜集团是如何被诠释的。塚喜集团的"三方好"涉及短期和长期的经营战略。我认为一些中国企业家往往会比较关注短期是不是有利润、顾客现在的满意度是不是比较高。此外，我们所说的企业社会贡献，可能就是指正常纳税、创造就业。但是塚喜集团不仅要关注短期的企业效益，而且要重视长期的企业发展。

比如说"卖方好"，不仅看企业在短期是否有利润，还要看长期是否能持续。对企业自身好，强调的是企业是可以不依赖于大客户或者银行而实现真正的自立，这个是非常重要的。如果在生意上过度依赖于某一家大客户，那么若大客户倒闭了，企业也将面临倒闭的严峻风险。同样也不能依存于银行，因为企业很清楚，银行一贯乐于"锦上添花"，但却很少"雪中送炭"。为此塚喜集团经营者坚信不但要自立，而且要自律。这里的自律，就是强调要有自己的理念和底线，不轻易地随波逐流。"买方好"就是要对顾客好，让顾客满意。让当下的顾客满意是理所当然的，那20年或者30年之后是不是也能让顾客满意？也就是说他们在制定企业经营战略以及竞争战略之时会考虑得更加长远。再就是"世间好"，对于塚喜集团来说，纳税和创造就业只是应尽的义务，能否通过运营事业实现真正的社会贡献则是另一方面的考虑。这是他们对于"三方好"的解释。

有了理念固然好，但如何落地更加重要。接下来就让我们先来看"卖方好"是如何落地的。我研究了塚喜集团从2014年到2020年的经营绩效，销售额基本上都维持在将近90亿日元的规模。2020年受到疫情影响，销售额有所减少。但我们可以发现它的营业利润还是比较高的，始终保持在10%以上，这说明塚喜集团有着很强的盈利能力。再看一下自有资本率，也就是看有没有依附于金融机构，有没有依附于银行借款，从而确定企业是否真正实现了资本自立。塚喜集团自有资本率占到95%以上，这就足以说明它是能够实现自立的。此外，塚喜集团最大客户占其总销售额10%左右，也就是说，即便大客户停止跟它交易，它也只会损失10%的销售额。从而可知塚喜集团的经营是非常稳健的。

再来看"买方好"。塚喜集团是做贸易的，所以产业链有上游与下游之分，尤其是他们以B2B为主，有供应商也有客户。他们致力于建立长期牢固的信赖关系，致力于帮助和成就上下游。他们认为只有帮助客户和供应商成长，才会保证共同成长。面对各种天灾，如1995年阪神大地震，2011年东日本大地震，以及2020年新冠疫情和熊本特大洪灾，塚喜集团倾尽全力帮助他们的上下游渡过难关,坚持与客户和供应商共同成长,进而实现他们"买方好"的理念。

我们再看这个"世间好"的落地。塚喜集团致力于日本和服文化的推广,和服是他们的主业,公司每年都会举办一次和服设计大赛,吸引不少年轻人和对和服文化感兴趣的人来参加竞赛,优秀作品会获得奖励。这其实是一边做自己的主业,让自己的和服事业不断持续地往前发展,同时也为日本的和服文化的传承和发展做贡献。塚喜集团与日本的皮草协会共同举办世界级的皮衣设计竞赛,将日本的皮衣和时尚向世界推广。此外,他们还致力于日本古代建筑的保存与重建,比如说一些两三百年的古建筑、名家设计的庭院,他们会买下来进行维护和保存。同时,他们还致力于服务社区、服务社会。比如在九州有一个社区,因为严重的人口老龄化和人口数量减少,当地一些公交线路的运营亏损严重,以致部分运营线路被迫砍掉,对当地居民生活造成极大的不便,尤其是当地老年人去购物、去医院都变得非常困难。塚喜集团了解到这种情况之后,主动捐资购买了多辆中巴车,由市政府支付汽油费,当地社区志愿者驾驶。经由三方通力合作,当地公交线路恢复正常运营,保证了当地居民,特别是老年人的出行方便。2019年夏天,塚喜集团在总部大楼里新开了一个美术馆并对外开放,致力于向一般民众展示和服文化,这也是塚喜集团"世间好"的一种体现。

从以上例子可见,塚喜集团通过做这么多额外的、在事业之外的活动来为社会做贡献,这是他们"三方好"经营理念的内容和落地。

其次,我们再看一下它的创新。刚才说过和服是塚喜集团的主业,直到塚本社长的父亲那一代,一直在经营和服生意。到了现在第 6 代,塚喜集团新拓展了皮草、珠宝和房地产等业务。我们都知道日本强调工匠精神,强调专注和聚焦。我曾经问塚本社长:"你怎么不聚焦啊?日本企业不是都要聚焦吗?"他这样回答我:"其实我们的竞争力不在于和服或者某一项产品,而在于经商。"因为他们是商人,世世代代都是,卖什么商品其实无关紧要,重要的是他们的经商思维和方法,所以说塚喜集团这些事业的开展其实并没有脱离他们的核心竞争力。

在分析塚喜集团创新的时候,可以使用安索夫模型来分析。安索夫模型有"市场"和"组织能力"这两个维度,我们在看组织能力的时候,既要看全新市场和既存市场,也要看既存能力和全新能力。

和服主业是既存能力在既存市场的体现,但是珠宝、皮草是全新能力在既存市场上的一个创新。为什么这么说呢?因为他们卖的珠宝和皮草,其实都是非常高端的产品。和服,尤其是那种手工制作的和服,是非常昂贵的,能买得起这种和服的都是有钱人家的太太、小姐。同时能够买他们高端皮衣,能够买他们高端珠宝的人也都是有钱人，其实都是同一批客人。所以是既存市场，但因为在产品开发上要求的能力是不一样的，所以是全新能力。全新能力、全新市场的这个区间，其实就是它的另外几个事业，包括高端内衣以及婚纱礼服租赁，以及房地产，这都是它在全新市场、全新能力进行的创新。既存能力在全新市场的开拓，也就是说在西阵织美术馆里面他们也在销售一些西阵织的艺术品，用西阵织的工艺制作出很多艺术作品，镶在画框里进行销售。因为西阵织本身就是来自和服，所以可以说塚喜集团的事业创新也是在围绕着经商这个核心竞争力来展开的。

再次，来看塚喜集团的大家族主义经营。塚喜集团总部大楼6楼有一个房间，被称为"别家会的房间"。当然，这个房间作为多功能会议室在被使用，公司高管们经常在这个房间召开战略会议，塚本社长、他的几个儿子以及高管们也都会在此开学习会。房间墙上挂满了照片，都是已经离职的高管，有很多都已经去世了，他们都是为公司做出过重大贡献的人。第一次来到这个房间的时候我有过一个疑问：他们为什么会把照片放在这里？塚本社长告诉我，这些人是公司的老臣，为公司做出了重大贡献，所以在他们离职的时候公司会给予他们"别家"的称号。每月的第一天，那些健在的人都会来到公司听社长向他们述职，听取他们的意见。我又问他："这些老臣会不会不好意思表达反对意见或者不同意见？"塚本社长很直接地说："他们不会的。"他们当中有的人比塚本社长在公司里工作的时间还长，塚本社长在他们面前还属于晚辈。所以老臣们会知无不言、言无不尽，而且因为已经离职，说话反而更不客气。他们会非常尖锐地指出问题，并且进行激烈讨论。讨论完，一起吃过午饭后，唠唠家常，还会去公司的公墓去扫墓。正是这种模式的存在，公司不会因为老板一个人的意志而跑偏，始终会有老臣监督或者帮助，并且提供一些经营建议。这种模式让我耳目一新。

最后，在塚喜集团的企业经营里面，还有一个非常重要的内容叫做"三分法"。这是基于"不把所有鸡蛋放到同一个篮子"的思路来实施的，是一种风险管控机制，当然更是塚喜集团的财富管理机制，我在财富经营部分会做具体分析。

塚喜集团的家族经营——第二维度

关于这个维度，我想从下面几个方面来讲述。

首先是三条家训。塚本家族的第一条家训是"积善之家，必有余庆"。这是出自《易传》里面的一句话,意思大家都懂,而且中日之间对这句话的理解也没有差别。这句中国的古典名言被塚喜集团的创始人制定为他们家族的家训,并让他们持续经营了 150 多年。塚本社长曾多次对我说:"非常感谢中国!因为中国博大精深的文化成就了我们的家族。"我听完有些汗颜,但对他们来说这条家训真的是非常受用。

第二条家训以实物形式呈现,是一些用得不能再短的铅笔头。塚本社长说这些铅笔头是在他父亲去世后发现的。因为塚本社长的父亲健在的时候,去父亲的书房都是去汇报工作,汇报完工作他马上就出去了,没事也不能在里面闲待着。他父亲去世之后,他去整理他父亲遗物的时候打开柜子,发现了有 30 多个瓶子,里面都装满了铅笔头,也就是说,他父亲一生中用过的铅笔头可能都装在里边了。塚本社长说当时他就在想:这么多都不能再用的铅笔头,父亲为什么不扔掉呢?下一个瞬间他突然意识到,这些铅笔头正代表了他父亲的精神:第一个是节约,第二个是勤奋努力。所以塚本社长就把这些铅笔头都给保存了下来,并且设定为塚本家族的第二条家训。

第三条家训也是一件物品——一幅名曰《长者三代之鉴》的画作。该画分三个场景:最底下第一个场景画的是第一代夫妻起早贪黑在烧炭,烧剩下的炭渣被太太回收做成煤球;中间第二个场景画的是第二代,就没有再像第一代那么辛苦了,像是在开茶会;最上面的第三个场景画的是第三代,一个人衣衫褴褛,戴着一个破帽子,但是手里拿着一本书,还拿着一把折扇,后边还跟着一条野狗正在朝他吼叫。这幅画寓意非常深刻,我看了之后立刻惊叹地说:"这不就是富不过三代嘛!太形象了!"塚本社长回答我说:"如果说中间这一段是在左搂右抱地喝着花酒,那的确是富不过三代!但问题是第二代可能是在开重要的经营战略会呢?"他这么说也有道理。后来他告诉我,他奶奶从小就给他讲:第一代勤奋努力,起早贪黑,这是非常重要的。第二代,不论他们是在喝茶还是在开战略会,却看不出他们的勤奋努力。也就是说,第二代没有了勤奋努力的精神,就会导致第三代的败落。实际上,塚本家族想通过这幅画来强调勤奋努力的重要性。

其次是接班人教育。我注意到地域社会在其中起到了很关键的作用。我访问过塚本老宅多次,当地有一座寺庙,叫做弘誓寺。我请教过当地的几位长老,他们告诉我,在他们小时候,当时弘誓寺的住持每周六下午都会开"少年会"。少年会是什么呢?寺院的住持会把当地上小学以及没上小学的小朋友都叫到寺庙里去,给这些小朋友们讲佛经、讲如何做人,应该怎样正确做事、怎样正确经商。讲话结束之后,住持还会分点心给小朋友吃。寺庙住持做这种活动对当地的小朋友有深远影响。另外,五个庄地区在夏季会举办地藏盆庙会。在庙会上,家家户户的小朋友会拿着自己的零花钱去买一些东西,但是商人家的孩子却会把自己买来或自己做的东西拿出来卖,以此来赚钱。这是从小培养商人的一条好途径。

在古代的日本有"丁稚奉公"的做法,比如松下幸之助从 9 岁就到外面去打工、做学徒。现在"丁稚奉公"的做法已经发生了改变。塚本社长在回归家业之前曾经到其他公司工作了三年,塚本社长的三个儿子毕业后也都曾到其他公司锻炼,之后再回归家业。他们家族都是佛教徒,所以接班人教育包括佛教思想教育,也包括家训教育和"三方好"理念教育。每年 9 月份,塚本先生都会开放自己家的老宅,让所有跟他认识的朋友去他老宅参访做客,我也去过多次。其中有一次率先出来招待我的竟然是三位小朋友,他们拿着一张自己制作的菜单,上面有啤酒、乌龙茶、苹果汁、橘子汁、冰咖啡等,让我选一款饮料。非常有意思!让他们从小招待客人、服务客人,也是在培养经商的精神。

刚才讲到他们的一条家训是一幅三代画卷,寓意要勤奋努力,那这条家训又是如何落地的呢? 实际上这反映在他们家族成员的生活习惯之中。塚本社长从小到现在坚持每天凌晨 3∶30 起床,晚上 10∶30 睡觉,每天睡 5 个小时。3∶30 起床之后半个小时遛狗,遛狗后回来就开始工作,所以他每天工作时间是一般人的两倍。"将努力工作变成自己的生活习惯",这是他的一条人生格言。有时候我们会认为早起非常辛苦,尤其是冬季,但是如果把早起变成自己的生活习惯,就不觉得辛苦了。

对金钱感觉的养成上,塚本社长说他父亲在三个姐姐和他小的时候曾给他们一个存钱箱和账本,让他们记录零花钱的收入和花销,鼓励他们多存钱,把钱用到真正需要的地方。这实际上是在从小培养接班人的金钱管理能力和感觉。

再次是养子文化与和谐家族关系的维护。塚本家族从第三代到第五代之间并没有血缘关系,但这不影响他们家族的经营和传承。日本对于血缘关系看得并不重,他们看重的是整个企业、整个家业、整个家族的延续,所以养子文化是理所当然的。

另外我对他们家族关系的维护非常感兴趣。因为家族关系处理不好而导致骨肉纷争的案例十分常见。因为日本民法规定法定继承人拥有继承权,即使遗嘱上没有写,法定继承人也可以提出申请分家析产。但是塚本社长的三位姐姐力挺他接班,主动放弃了法定继承份额。三位姐姐的选择其实也是家庭教育的结果。

在他们现在核心家族的关系维系上,也充满了仪式感,很有趣。比如元旦那天,他们会进行五个非常有仪式感的活动。第一个活动是早上 8:30,大家到塚本社长家里集合,一块诵经,差不多半个小时;第二个活动是举办新年抱负发表会,在会上,大家发表新年的抱负和心愿,包括小朋友们也要说说自己的新年目标;第三个活动是新年礼物交换会,塚本社长会给太太和所有孩子们发压岁钱,然后儿子儿媳和孙子孙女也会为他准备新年礼物;第四个活动是新年午宴,一家十几口人围坐在餐桌前,吃丰盛的团圆饭;第五个活动就是全家出动一起去祭祖、去公司公墓扫墓。五个活动结束后就解散,各自回各自的小家。这就是他们元旦的一天,通过这些非常有仪式感的活动来维系整个家族的关系。每个月,三兄弟、大媳妇以及塚本社长会在公司开一个从 7:00 到 8:30 的学习会,每次学习会都会设定一个主题,然后每个人带发言资料并进行交流。

在袭名文化上,塚本家族掌门人的名字代代都是塚本喜左卫门。我曾经问道:"承袭塚本喜左卫门这个名字对您来说有什么意义?"塚本社长说:"这是责任。"他要发扬和延续这个名字,所以这对他来讲是一个非常重大的责任。

最后是重视家族女性的作用。塚本社长告诉我说,他奶奶在他小时候对他的教育是非常严格的,然而他母亲是非常慈爱和善的。他没有见过曾祖母,但听奶奶讲过曾祖母的故事。曾祖母跟第三代塚本喜左卫门共同创业,才有了现在家族的事业。

塚喜集团的财富经营

关于财富经营这个维度,我讲两个方面。

首先是财产的稳健性,即通过一定的布局,让家族财富的风险实现分散。它的实现就是靠前文中已经提到过的塚喜集团的"三分法"。塚喜集团把其所有的事业、公司资产分成三部分,目前公司的状况是事业资产占35%,财务资产占25%,还有不动产也就是房地产占40%。财务资产里面又包括日本国债、美国国债、股票等。在房地产方面,比如塚喜集团现在在日本全国大概有67栋房产,包括写字楼、购物中心、公寓楼等。由于日本是地震多发国,所以这些房产不是集中在同一个地区。在京都、大阪等关西地区有一部分,在东京有一部分,在福冈有一部分,这三个地方都是日本经济比较发达的地区。最近几年他们公司又开始调整房地产的布局,如2018年在美国纽约新购了一栋楼。

其次是遗产税。日本现行遗产税制度中最高税率为55%,意味着传承一代就要交一半以上的资产给国家。那怎么办呢？1991年塚本社长购入了他父亲持有的公司股份。那时，正值日本泡沫经济破裂，塚喜集团没有上市，但整个日本经济往下走，公司估值也在下降。买入父亲的股份不是继承遗产，从而不需要缴纳遗产税。刚才也说过2018年他在纽约购入了房产。这是为什么呢？实际上纽约房产投资巨大，但是每年也可以计提巨额折旧，从而会让整个公司的价值变小，每股股份的价值也会变小。与此同时，他也在将公司股份转让给他的接班人。经过这些操作之后，在未来进行传承的时候，遗产税处理会变得更加容易。

总结：塚喜集团的启示

日本社会好似具有企业长寿的 DNA。一是整个社会都认为持续是一种美德。对于百年企业，日本人非常喜欢，认为这非常了不起。二是工匠文化，例如坚守本业。和服是塚喜集团的主业，他们始终也没有离开过本业。三是养子文化和婿养子文化。在日本社会里，比起血缘，他们更加重视命运共同体的延续。四是财务健全，注重自立和自律。五是用长期的视野来制定发展战略。六是地域社会对接班人教育的作用和贡献。不仅是近江地区，还包括京都等日本其他地区，地域社会对家族企业的接班人教育都起着重要的作用。

我再来讲一下"不易流行"这个词。"不易"的意思是对于本业的坚守和传承，对家训、家族精神、家族理念的坚守和传承。而"流行"是强调创新。一个是强调坚守传统，一个是强调创新。日本人把这两个词放在一起作为一个词来用，体现出复杂的平衡关系，类似于我们经常说的"无所为而无所不为"，这其实体现了变与不变的辩证法。

在企业经营上，日本长寿企业有下面几个特点：一是重视坚守本业。所有创新都围绕企业核心竞争力展开。二是重视经营理念和家训的继承与落地。"所谓传统就是创新的连续"，这是我听过最多的话。每遇到一个老铺，我都会询问他们对传统与创新关系的理解，其中很多人都跟我说过这句话。三是保持企业的适当规模。他们不会盲目追求企业规模的扩大。自己想要什么自己非常清楚。有时候反而是故意不去扩大，因为他们的目的是实现永续。四是实施大家族主义经营。五是善于用人。能力大小固然要看，但他们认为思维方式更加重要。用人也包括接班人如何选择。六是正确认识危机。"危机"等于"危险"加"机会"，遇到危机的时候，他们会积极寻找机会。在新冠疫情期间，很多日本老铺不但没有遭受损失，反而有了发展，这很令人惊讶。

在家族经营上，日本长寿企业的特点首先是尽早考虑和设计创新计划，并付诸实际行动。有一个经营了三百四十多年的清酒企业叫做增田德兵卫商店，现任第十四代增田德兵卫社长说："我接班上任的第一天就开始考虑如何将家业传给下一代。"其次是重视家族文化的传承，进行真正的接班人教育。他们还非常重视两代人之间的交流和沟通，重视女性在这个家庭中的作用。上一代敢于放权，让接班人在实战和失败中成长。再次就是对一些日本家族企业的传承具有重大意义的袭名文化。最后，在家族人员比较多、关系比较复杂的情况下，他们会在家族内建立起健全的问题处理规则和机制。

在财富经营方面，日本长寿企业会对企业资产和家庭资产做好风险管理，包括三分法、稳健经营、现金为王等，也包括实施接班人100%家业继承制、有条件地实施"长子继承制"。日本家族企业基本上都会把长子确定为接班人，但是如果他们认为长子不适合的话，也坚决不会让长子接班，这种案例我也遇到过很多。还有就是他们会有计划、有战略地看待和处理遗产税问题。

【评论与讨论】

朱炎（日本拓殖大学政经学部）

长寿企业传承的文化及创业者家族参与经营的事例

窦老师走访了日本的很多长寿企业，与这些长寿企业的经营者交朋友，收集了很多轻易不示人的家训、祖训，并了解到了这些企业经营上的特殊情况，如此做田野调查实属不易。而且他把这些长寿企业的经营方法或者说企业文化归纳得很好，甚至提高到了理论上的高度。

为帮助大家加深对日本长寿企业和家族经营的理解，在此我给大家介绍一些日本社会和企业的情况供参考。

首先想说一下，日本的文化其实有一些特殊的内容，对企业传承是有利的。

第一，在日本，长子继承的传统观念很强，长子继承家业就是理所当然的。尽管现代社会的法律规定是人人都有平等的权利，但是作为一种文化传承的话，长子来继承有其合理性，为社会所接受。那么非长子的儿子们怎么办？那就没办法靠家族了，只能靠自己，要出外闯荡、自立门户。

第二，就是日本对养子和入赘非常宽容，这也是一种文化。假如这一个家族没有儿子,或者说儿子没出息的话,那就要认领养子或者招赘婿,通过他们将家族事业传承下去。对养子和赘婿本人来说,虽然祖传的姓氏没了,要使用别人家族的姓氏,但是他得到了实惠,得到了尊重。所以,日本其实整个社会对养子和入赘没有反感,而且当事人也并没有失落感。

第三,说到继承,换一种说法就是世袭。日本其实对世袭、袭名现象比较宽容,或者说在日本世袭是无所不在的。除了公司,在日本政治领域的世袭也是非常普遍。最近三十年来,日本首相和内阁成员大部分都是世袭的政治家。国会议员当中亦大半是世袭的议员,也就是说,现在这些议员的议席,是从他爸爸、他爷爷甚至是他曾祖父那辈传下来的。国会议员快退休的时候选择儿子或者孙子或者女婿,又或者侄子、外甥,培养他们参加选举。对于这些继承的人来说,不仅继承了上一代的知名度、人脉和资金,而且继承了上一代国会议员的地盘,即选区,更容易当选。可以说日本政治文化的其中一个特点就是世袭。

值得注意的是,即使指定的企业继承人,要加以培养和锻炼,基本上都不会一下子就在自己企业里面工作,肯定要到外面去闯荡,到其他企业去学习锻炼,然后再回到自己的企业工作,逐步接班。刚才说的世袭政治家其实也是一样,先要在一般企业或政府部门工作,然后才踏入政界。

日本不同行业有不同的传承和发展道路。日本的长寿企业很多,其中传承上百年或者几百年的家族企业,像刚才窦老师介绍的,基本上是零售批发或者说是传统产业。在传统的行业生产经营,比较容易存活下来,没有大的变化,但也没有大的发展机会,或者说也不去主动抓住机会。因此这类企业的资金需求不大,不大肆扩张,也不需要去招人入股或者招兵买马。所以,这样的企业规模都不大,而且很少有上市公司。

长寿企业中也有很多制造类企业,这类企业大部分在初期其实也是家族企业,在发展中摆脱了家族企业的身份,逐渐成为现代化的大企业。这种情况一般是通过上市或者其他方式让家族控制的股份慢慢被稀释。随着持股逐渐减少,创业者家族逐渐淡出企业的经营管理。在企业不断发展的前提下,创业者家族如果要持续把持企业的经营,就将面临家族内部的人才危机,很多企业不得不积极地任用外部人才,最后导致家族退出企业经营。当然也有很多例外。

在日本,由家族企业发展成知名现代大企业的制造企业中,创业者家族虽然持股不多,但仍有参与经营的情况。下面我举五个案例,包括创业者家族如何抓住经营大权,如何确保家族中人才辈出,以及因家族人才难以为继而淡出经营的不同境况。

第一个例子就是三得利。三得利是日本最大的酒类公司，也是百年企业，由两个家族轮流坐庄主持经营。其实这两个家族原来是一个家族。创业的是鸟井家族，第二代本应由长子继承，就将二儿子入赘到了佐治家族。但后来长子早逝，二儿子又被鸟井家认回，当了下一任的社长。之后就是鸟井家族和佐治家族轮流执政至今。

三得利的总公司现在仍由家族经营，未上市。尽管现任社长是外聘的，而且是日本很少见的职业经理人，但企业法人代表的四人中有三人是家族成员。所以三得利现在仍然由创业者家族把持企业的经营权。

第二个例子是铃木汽车。大家知道铃木汽车擅长生产小型车，在中国最早走入老百姓家庭的家用汽车就是由铃木帮助中国企业生产的奥拓。铃木汽车的历史说起来也超过百年了，历任社长即总经理大部分都姓铃木，但他们之间并没有血缘关系。

第一代社长由创业者铃木道雄担任，第二任社长是创业者的长女婿，第三任是创业者的三女婿，第四任铃木修是第二任社长的长女婿，第五、第六任为外姓，现任社长铃木俊宏是铃木修的长子。尽管其中很多人都姓铃木，但实际上彼此不一定有血缘关系。

铃木汽车得以发展的关键人物是铃木修。他从 1978 年就任第四任社长，把持铃木汽车经营长达 40 年。其实他曾两次退休，但是继任者不争气，不得不回来继续掌舵，一直到 2021 年 91 岁高龄时才得以彻底退休。

铃木修执掌铃木汽车的时代，铃木的业务得以迅速发展，但 2019 年铃木被丰田参股归入丰田集团，从而丧失了独立的地位。在海外，铃木汽车垄断了印度市场，但在美国市场无所建树，近年还丢掉了中国市场。

第三个例子是丰田汽车。丰田汽车是由丰田家族创办的，从它的前身算起，历史也超过了百年。丰田汽车的第一、二、五、六、七任和现任第十一任社长都是丰田家族的人。现任社长丰田章男是第六任社长的儿子，2009 年 52 岁的时候就任社长，与上一任丰田家族成员出任社长相隔 14 年。丰田章男就任社长已经十多年了，他儿子现在正在集团里面被重点培养，但是估计到丰田章男退休的时候，他儿子可能还接不上，要再等下一任。

第四个例子是佳能。佳能也是家族企业，历史接近百年。最初几个家族共同参与创业，但只有御手洗这个家族延续下来，一直参与企业的经营。佳能现任社长是御手洗富士夫，30 多年前就任社长，曾两次退居二线，后因对继任者不满意，又重返经营第一线。2020 年 85 岁的时候，御手洗富士夫第三次就任社长兼

CEO，重新披挂上阵执掌经营权。

第五个例子是索尼。索尼由井深大和盛田昭夫于1946年创办，这两人轮流担任社长和会长，一直到1995年才完全退休。之后，索尼的经营层都由企业内部提拔的优秀人才担任。两位创始人的后代也进入了索尼公司，但是并没有因优秀的业绩和能力而被提拔。所以现在创业者家族完全退出了企业的经营。

通过上述事例我有两点感想：第一，日本的大企业，尽管是现代化企业，它也可能是家族成员在经营。主要原因之一是日本基本上没有职业经理人的制度，所以大企业的经营者主要依靠企业内部培养提拔。创业者家族的成员在企业内部是否能得到优先培养锻炼和优先提拔，取决于其是不是优秀，如果足够优秀，那么在公司内部肯定可以得到优先培养。第二，日本的长寿企业确实很值得钦佩，但是近年来发展起来的日本大企业却很少。现在日本大部分的大企业都是战后创办，都是有几十年历史的老企业，而最近十年、二十年内创办的、发展成大企业的几乎没有。相比之下，中国的情况则相反，中国的长寿企业不多，但是新发展起来的大企业很多。这到底是什么原因？有什么背景？我觉得很值得探讨。希望各位研究企业史的历史学和管理学的专家，有兴趣的话加以深入探讨。

李卓（南开大学日本研究院）

听了窦老师的精彩报告还有朱炎教授的精彩评论，我感觉很受启发，尤其是窦老师在日本有长期、细致的考察。我是历史学专业出身，对经济和管理都属于外行，只是想从我的专业领域、从历史文化角度对日本为什么有这么多长寿企业谈几点看法。

日本是长寿之国，人均寿命排在世界第一；日本也是长寿企业之国，拥有200年以上历史的企业基本上占全世界的一半。随着时间的推移，这个长寿企业的数字估计还会逐渐增加。日本长寿企业的特征之一是创业多是在明治时代以后，窦老师刚才讲到的塚喜集团就是创办于1867年。根据2013年的统计，在26 144家长寿企业中，明治时代以来创业的占89.4%。特征之二是多在传统产业，像酿酒、服装、零售、旅馆业等。特征之三是以中小企业为主，100人以上的并不太多，像塚喜集团这种300人左右的规模算比较大的了。

我所关注的是日本为什么有这么多长寿企业，甚至包括千年以上的企业，我想从以下三个方面作简单分析。

第一，从历史和环境上来看，这个有点过于宏观了。日本是个岛国，岛国的地理环境是天然屏障,使日本很难成为外族征服的对象,日本本土从未经历过外族入侵与统治。对于日本来讲,只有在第二次世界大战结束时,美军登陆冲绳,冲绳决战造成大量平民伤亡,所以在冲绳就找不到长寿企业。当年麦克阿瑟作为占领军司令,在东京附近的厚木机场登陆的时候是很牛气的,因为在日本历史上从来没有外国人作为征服者登陆日本。日本历史还有一个特点是未曾发生过导致改朝换代的阶级对抗,更少有改变历史进程的大规模社会动乱,从而减少了暴力对抗对社会生产力与人类文明的破坏,人力资源及财富的增长得到保障。在日本历史的大多数时间里,社会秩序相对稳定,经济建设有较为和平的环境,文化传承不曾中断,因此长寿企业得以大量存在。

第二,从文化传统上看。贵族社会与世袭制度的存在使科举制度在日本很难存在。人们没有通过科举考试而入仕的预期,"耕读传家""万般皆下品,唯有读书高""重农抑商"观念相对淡化,读书做官不是最高人生价值,很多人就去从事其他的行业。同时由于存在严格的、不平等的身份制度,即士农工商四种身份不得逾越,社会阶层不可流动,固定的手工业者阶层——町人得以形成,并成为财富的持有者。他们不羡慕徒有虚名的武士,满足于自己的职业,这是长寿企业大量存在的社会基础。

第三,从家族文化上看。日本长寿企业主要是家族企业为主,想了解长寿企业,就要了解日本的家族文化。日本历史上的"家"制度很有特色,这个"家"和我们现在说的"家庭",虽然只有一字之差,却是跨越了三个时代,从古代到近代到现代,经历了近千年时间。"家"并不仅仅是夫妻结婚后生儿育女的具体家庭,而是在家长统率之下的以特定家业为中心的社会集团。就是说,这种"家"不仅有血缘性,更重要的是具有社会性。"家"的含义最主要是以"家业"为核心。家业对于武士来讲,是拥有武艺的武士与主君结成主从关系后,为主君"奉公",以换取领地与俸禄;工商业者的家业不仅包括祖先传下来的财产,还包括积累这笔财产的商贾买卖及手艺,进而包括代表这些东西的商号、屋号;农民的家业是指拥有的土地及务农经验;艺能人的家业则是累代从艺的技能。在家业中,财产是很重要的,虽然家业里面包括财产,但财产不是家业的全部。

在"家"的传统中,为了实现家业的传承,有很多具体的措施。

其一是实行长子继承,一般来讲就是长子在继承家业的同时,继承大部分或者全部财产。长子和非长子虽然都是父母的子女,但是要突出长子的权益,没有继承权的非长子们一般就要早早离开家,去外面寻求自身发展。这种继承制度的特征是"一人有,他人无",或者"一人多,他人少",所以导致日本家族关系并不像中国家庭那样和睦与亲近。

其二是养子继承,被称为"富过三代的秘方"。现实当中往往出现家族中没有男性后辈的情况,或者有但其才能、品德方面不适合当家业继承人,在这种情况下就出现了养子继承。日本历史上除了天皇家族,几乎所有家族都有与异姓混血的历史。即使再出色的家族,也不可能把家系上溯到数代以前,因为家系和血系是很难一致的。传承六代的塚喜集团就有三代是养子继承的。养子继承实际上最多的是"婿养子",就是让改成自家姓的赘婿继承家业。以养子或婿养子继承家业的做法形成了优选制度,使人们能够以品德和能力标准来选择家业继承人,从而避免由于子孙不肖带来家业的衰败。

其三是注重继承人的培养。如塚喜集团家藏的传家宝——挂轴《长者三代之鉴》所显示的那样,为了避免父勤俭、子享乐、孙要饭的结局,长寿企业都注重对子弟进行积极的教育与经商训练,即从基层做起,先熟练基本业务,经过长期的具体实践和培养,成为合格的继承人及优秀的经营者。

其四是有对家长的制约。作为家业的继承人,或者作为家长,他的责任就是把家业从祖先那里继承下来,再传承下去,他就是在家系传承链条中的一个环节,所以家长也被称为"祖先的手代",即家业的管家。只有把继承下来的家业经过他的手又有所扩大,再传到下一代人,他才是一个合格的家长。在现实中,对家长的制约措施就是当家长年迈、身体不好,或者不适合继续做掌门人的时候,要离开家长的位置,日本人把这种措施称作"隐居",实际上就是家内退休。以三井财阀为例,从1900年到1945年财阀被解散,三井家族11家共有29位家长,继承家长职务的平均年龄是32.1岁,平均的退休年龄(隐居年龄)是60.6岁,他们掌管家业正是在年富力强的时候,如果年龄太大了,判断力和执行力等方面都会受到影响。所以隐居制度是日本制约家长很重要的一种制度设计。有一项针对拥有二百年以上历史的长寿企业经营者的在位时间统计,统计中的15人平均在位年龄最长的是32.8年,一般也就是二十几年。就是说家长作为继承人,要在精力充沛时来做掌门人,过了这段时间就要退下来,让位给更年轻有为的继承人,这是能保证企业健康发展的重要因素。

窦少杰(日本立命馆大学)

非常感谢两位老师的点评。刚才朱老师提到了三得利,它的创始人叫鸟井信治郎,是鸟井家族的次子。鸟井家族也是做生意的,他父亲鸟井忠兵卫当时经营的家业交由长子、鸟井信治郎的大哥鸟井喜藏继承,所以作为次子的鸟井信治郎就被放出去"自由生长"。鸟井信治郎经过自己的努力,成功创立了三得利。虽然现在三得利公司的规模非常大,但它也还是个由创业家族管控着的企业。在其家族里面,有两个不同姓氏的家族:一个是鸟井,另一个是佐治。其实当年鸟井信治郎也是选择了自己的长子鸟井吉太郎接班,而正好亲戚佐治家没有男孩子,所以他就把家里的次子鸟井敬三送到佐治家做养子去了,改名为佐治敬三。但是很不幸,鸟井吉太郎后来突然生病去世了,没有其他办法,鸟井信治郎就把次子佐治敬三叫了回来,让其接班。因为与佐治家族本来就是亲戚,所以就没有让他把姓氏改回来,维持了"佐治敬三"的名字,所以现在三得利是由两个不同姓氏的家族在经营,但实际上他们是同一血脉。

  两位老师所谈到的养子文化的确是日本的一个特点,我访问过的企业里面就有很多企业在传承中有过养子接班。我曾经问过日本岐阜县四百多年长寿企业"锅屋"现任以养子身份接班的冈本知彦社长:"你来接班家业,是带着什么心情啊?"他当时回答我说:"真的是压力山大啊!"他要来延续这个家族事业,对他来讲只能成功不允许失败。而实际情况刚才李老师也提到了,日本的养子传承有时候也是为了应对遗产税,或者就是一种避税的手段。为了解决遗产税问题,有时候甚至会出现将孙子在户籍上登记为自己儿子的"乱伦"情况。这种事情在日本是比较常见的,或者说不会认为很奇怪,因为可以少缴纳一代的遗产税。比如说日本奈良梅守本店株式会社的现任社长梅守康之,就将其未来会接班家业的女儿梅守志步在户籍上登记为其母亲的养女,也就是说,本来是父女关系的两个人,在户籍上则是"兄妹关系"。

  朱老师最后提出一个问题,即日本最近为什么没有大企业诞生,比如说高科技或 IT 大企业,其实我也在关注这个问题。我分析这可能与日本的社会制度太过于成熟有关。于是,我将中国古代家族传承的一些案例与日本相比较,想试图了解当时日本是如何向我们中国学习的。我发现唐朝的一些法律传到日本之后,由于当时日本社会并不成熟,制度并不完善,有很多时候会出现一些走样的情况。我们中国从唐朝开始实行的一些社会制度,包括一些律法,一直是非常成熟和完善,对于整个社会具有非常强大的约束力。比如刚才所说过的养子继承,当时的中国不允许出现任何偏差,需要严格地按照法令来操作;而日本当时的社会制度不完善,所以可以"随随便便"地就做出一些灵活的调整。但是再看现在的日本,社会制度非常成熟,在每个方面都有着各种各样严格的条条框框,紧紧地约束着日本人的行为甚至思维。所以,我觉得日本的数字化、现代科技的应用等,就是受到了"完善"的社会制度条条框框的约束。而且在日本也说"枪打出头鸟",在各种"常识"的规制下,创新就变得很难。相反,当代中国在改革开放之后,打破了原来的一些束缚,形成了"弯道超车"。就是说在全新社会秩序逐步形成的过程中,少了各种约束,我们的创新就相对容易实现。

以下我对现场提问的三个问题分别做一个回应。

家族的接班人如何选择?

大企业如何选接班人?比如三得利家族和丰田家族,当然首先会看一看自己的家族成员,当自己家族里面没有合适人选的时候,他们会选用管家,也就是合适的公司高管来继承,就任公司的总裁,这其实也可以说是一种暂时的过渡。在丰田公司,从上一代丰田家族社长到现在这一代社长丰田章男之间,有三四任社长都是外姓,他们都不是家族成员,而是丰田公司的高管,都是在丰田公司内部成长起来的人。在经营公司的过程中,他们也去教导和培养丰田家族成员接班人。当时机成熟,他们会让位给丰田家族的接班人,丰田章男可以说就是这么上来的。

现在的丰田章男,在进入公司的时候曾经隐姓埋名,隐藏了自己创业家族成员的身份。因为他曾经在美国留学,之后留在美国工作,后来想回日本的时候,他曾问过父亲丰田章一郎自己可不可以加入丰田公司。丰田章一郎给他的回答是:"现在公司里面没有人敢来领导你!"那怎么办?最终他想到了一个方法,就是隐姓埋名,因为一旦暴露跟丰田家族的这种关系,事情可能就会变得复杂。后来他凭实力进入丰田公司,甚至有一段时间曾因为绩效出现问题而被降级,但最终"是金子总会发光",能力突出的他在身份暴露后顺理成章地成为社长。

小企业的话,如果说没有合适的接班人,那就找养子。有的家族老板非常喜欢要女儿,因为有了女儿之后他就可以选优秀的女婿。有儿子的时候没得选择,但是女儿的话,他们就可以选有能力的女婿。

无论大企业还是小企业,我觉得日本企业在选择接班人的问题上会非常看重候选人的价值观是否正确,也就是说能不能真正坚持家风,坚守家族理念。能力高低固然重要,但价值观方面的要素则是决定性的。

家业传承应该传承什么？

我举一个已传承三百多年的日本企业的案例——创建于 1689 年江户时代的"半兵卫麸株式会社"。他们非常重视家训的教育和传承，其家训是"先义后利"，出自"先义而后利者荣"。这是中国《荀子》里面的一句话，作为他们的家训，已经传承三百多年了。

我访问了现任第十一代家族掌门人玉置半兵卫先生。他的父亲，第十代半兵卫在第二次世界大战中也未曾去黑市上购买原材料。他父亲认为从黑市上偷偷地采购原材料是不义之举，所以坚决不做。这直接导致他们家业停滞，一直到战争结束之后，他们才东山再起。如果这个企业当时停业的时间再长一些，那是不是就不存在了呀？实际上，让家业东山再起的是家族第十一代，当时他们已经什么都没有了。企业停业，没有钱怎么办？他们就变卖各种家具，最后把自己的宅院也卖掉，什么都没有了，真的是一贫如洗，父亲也去世了，仅剩了做产品的技术和这条家训。所以我觉得家业传承我们到底应该传什么，这很重要。到底应该传什么呢？日本企业可能比较重视精神的传承、技术的传承。我想我们中国的家族企业也应该好好思考这个问题，重视家风和家族精神的传承，对我们中国企业来说应该也是非常重要的。

日本企业的元老会（别家会），能封杀接班人？

我们经常会遇到内部存在元老会的企业，在塚喜集团里面，元老会被称为"别家会"，是由已经退休的公司高管组成的组织。

应当说，这种情况在近江商人企业里面非常典型。因为作为近江商人企业，它们都有着很强的归属感，不希望有个别企业因为做了一些违反道德的事情而让"近江商人"这个商帮招牌受到"污染"。同时，在企业里努力了一辈子的元老们的"命运共同体"意识也很强，他们也不允许自己奋斗过的企业因为接班人的某些令人不齿行为而陷入被动和困境。所以当企业的接班人有违规行为，比如说为了利益而不惜做一些违反道德的事情时，这时候元老会（或别家会）不但会联合这个企业内部的老臣们，还可能联系企业外部的所有相关人员，包括供应商和客户，对这个接班人进行"封杀"。因为他们觉得这个人的经营方式影响了整个近江商人群体的利益和声誉，不利于实现命运共同体的存续，所以会强迫这个人离开、隐居或者退位。如果说其人品不行,且的确无药可救,肯定不可能让他再次上台。那这个时候怎么办呢?只有换人!

在换人的时候,如果没有人可换怎么办?那可能就会像刚才说过的一样,一是等年龄较小的接班人成长起来再交接,先把他给培养好;二是找个合适的养子来接班。当然在这个过程当中,新来的接班人不可能一下就能承担起整个公司的经营,所以作为缓冲,他们会让管家,也就是公司内部有能力又有责任心的高管来主持这个公司的大局。

对企业史与管理学关系是如何理解的?

能与各位老师在这里探讨"企业史"与"管理学"之间的关系,我觉得非常荣幸。实际上对我来说,"企业史"与"管理学"本身就是结合在一起的。在国际上,管理学大致可以分两种,一种是"欧美管理学",以美国管理学为主,主要特点是"面向未来",属于"指导型"或者"教科书型",提示我们"应该如何做";另一种则是"日德管理学",主要特点是"回顾过去",属于"反省型",对案例企业的"过去"进行整理和反省,从中发现一些成功和失败的经验和教训。我接受了多年的"日德管理学"思维训练,所以认为"企业史"与"管理学"之间本来就是相辅相成、不可分割的。而且一直以来,我的研究方法就是通过研究企业的历史来研究管理。

政治与经济之间：清末汉阳铁厂的厂址决策研究

袁为鹏

(上海交通大学历史系)

  晚清中国最大的钢铁厂——汉阳铁厂的厂址选择历来众说纷纭。为什么没有选择沿海经济发达的地区，而选择了当时经济文化相对比较落后的湖北地区？为什么没有建在铁矿石资源丰富的大冶附近而选择了武汉地区？其对于中国近代工业发展有何深远影响？本讲座拟通过严格的历史考据，还原具体的决策过程，揭示影响决策的诸多人文自然因素，展现中国近代工业发展的曲折历程与时代特征。

  本讲的主讲人为上海交通大学历史系袁为鹏教授，主要兴趣和研究领域包括中国近代工矿业史、中国传统商业账簿及会计史、金融史、企业史等。两位评论人分别为西北大学公共管理学院刘文瑞教授与南京大学新中国研究院李玉教授，刘文瑞教授是一位具历史学背景的管理学者，以西方管理思想史和中国管理思想史方面的研究见长，而李玉教授则致力于中国企业制度史、近现代企业家、政府与政策史方面的研究。

虽然这一讲是对本人二十年前一些研究的回顾,但是今天交流的平台及其形式是新颖的,是历史学与管理学之间交流与合作的一个尝试。所以我也会尽力增加一些新的东西,会有一些新的侧重点,但基本观点还是坚持我原来的看法。同时我也希望利用这次机会,得到来自不同学科的老师的批评和帮助,从而找到新的研究视角。

本讲首先介绍选题的缘起,包括对相关领域研究历史的回顾与批评,然后从宏观、中观、微观以及再布局这四个阶段——讲述汉阳铁厂厂址的决策过程,最后是简单的总结以及回顾和评价。

选题缘起

为什么当初我要做这么一个研究?我考虑的一点就是,对中国近现代历史地理环境变迁的研究,是国内历史地理学研究的一个短板。因为国内的历史地理学起源于沿革地理,偏重古代史研究,而对于近现代历史地理环境变迁的研究是明显不够重视的。而近现代地理环境的变化是最剧烈的,其中工业发展、交通革新与城市化进程的影响最为深远,所以我进行此项研究时有一个很强烈的想法,就是要借此拓展历史地理学研究的领域,试图将之从古代拓展至近现代。另外,经济史学界关于汉阳铁厂、汉冶萍公司(汉冶萍煤铁厂矿股份有限公司的简称)的研究,也存在很多的不周之处,主要的一个问题就是将汉阳铁厂作为经济史的案例来研究,单就经济论经济,忽略了经济发展背后的政治以及文化等多种因素;另外一点就是只将它作为湖北的案例来研究,忽略了当时全国甚至世界的一些因素的影响。所以我们想将汉阳铁厂的历史放在一个更宏大的背景里面去考查,而不是简单地就经济而论经济,就湖北而谈湖北。同时,工业区位问题在经济地理学的研究中,也是一个很热门的话题,但是对近代企业具体决策过程的分析还是比较少的。即便是在一些近代著名的经济地理学教材或者著作中,我们发现关于近代的企业布局的案例分析其实是不多的,缺乏比较深入的分析,特别是专题研究比较少见。

以上可以说是我当时博士学位论文选题时的几点思考。现在看来,这个选题之所以能够实现,还与当时武汉大学的资料条件及所处的地理区位有很大关系,毕竟在武汉研究汉冶萍公司史具有十分有利的区位优势。

清末汉阳铁厂之布局过程

现在我先简单地回顾一下汉冶萍公司的历史。汉阳铁厂应该是近代中国规模最大的钢铁厂。同时在很长一段时间内,也是远东规模最大的钢铁企业。清政府酝酿与筹备创办大型钢铁厂大概是在光绪十五年(1889),当时张之洞仍担任两广总督。钢铁厂原计划修建在广东省城广州,但年底的时候,张之洞因力主修筑从卢沟桥至汉口的主干铁路被调到湖北,担任湖北总督,钢铁厂也被迁到湖北。在张之洞到达湖北后,铁厂将被设在何处?在光绪十六年(1890)4月份之前,张之洞是明确要在大冶兴办铁厂的,因为当时大冶有一个重要的铁矿。但是在4月8日以后,发生了突然的变化。张之洞毅然决定放弃大冶的区位,要在武汉地区,一个既没有煤也没有铁的地方建厂。他首先考虑的是在当时湖北的省城所在地武昌建厂,后又改到的汉阳。三年之后铁厂才竣工、投产。甲午战争之后,由于清政府财政更加困难,同时湖北也没有能力维持这么大的工厂,于是汉阳铁厂被迫招商承办,最终由盛宣怀接办。在盛宣怀接办之后,他觉得铁厂设在汉阳非常不利,对生产成本有很大的影响,于是决定要对厂址进行调整。但经过缜密的考虑之后,最后的决定依旧是在原厂址进行扩充和改良。到光绪三十四年(1908),盛宣怀奏准添招股本,将汉阳铁厂、大冶铁矿、萍乡煤矿进行合并,成立了汉冶萍煤铁厂矿股份有限公司。当时汉冶萍公司资本金达到三四千万两左右的规模,相当于同光年间,中央政府一年的财政收入,规模是相当大的。再后来由于经费困难,同时产品销售情况也不是很好,于是铁厂便与日本的八幡制铁所、横滨正金银行签订借款合同,通过向日本廉价出售铁矿砂来换取日本资金的支持。虽然合同所贷的资金本是打算作为大冶铁厂的建设费用,但后来由于战争的影响,一直未能顺利兴建。直到民国十一年(1922),大冶铁厂才开工生产,但好景不长,到了1937年抗日战争爆发,国民党政府决定将铁厂部分设备迁到重庆,成立了重庆钢铁厂。同时铁厂的一部分被炸掉,没有炸掉的部分被日本人占领之后,成为日本人用来生产生铁的一个基地。

大致以光绪二十二年(1896)铁厂招商承办为界,汉阳铁厂前后经历了两个不同的阶段。第一个阶段是官办时期,在这期间铁厂实现了三个布局:宏观的布局即地区布局,亦即由粤移鄂的一个过程;中观的布局即地点布局,就是放弃大冶、决定在武汉地区建厂的过程;微观的布局即厂址布局,即在武昌和汉阳之间最终选择一处作为厂址,这是铁厂初期的区位决策。而第二个阶段则是官督商办时期铁厂内部重新考虑调整厂址即再布局的过程。

　　以上就是汉阳铁厂及汉冶萍公司布局的大体历史过程。需要说明的是,汉阳铁厂位于武汉市汉阳区,大冶铁矿却在今天的黄石市,萍乡煤矿则在江西省萍乡市,实际上它是一个跨省的钢铁企业。如果算上其设在上海的总经理办公室和总会计室,它还是一个横跨长江中下游的大型钢铁煤炭联合企业,这在晚清史上是绝无仅有的。

主要学术争鸣与讨论

　　我所要讨论的第一个问题就是:这个中国近代最大的钢铁厂,为什么要放弃沿海的广东地区,转而设在中部一个比较落后的湖北省?这个问题以前在学界是没有多少人研究的,因为大部分学者觉得对这个问题的解释很简单。其中最一般的解释就是张之洞从广东调到湖北后,继任的粤督李瀚章不喜欢洋务,遇事推诿,不愿意承担这个责任。所以张之洞就将铁厂的位置定在了湖北,这一点也是很多教科书或著作中采用的说法。但盛宣怀个人的说法却不一样,盛宣怀在给张之洞的呈文中曾提及,大冶铁矿是由他带领洋矿师勘察得到,然后由醇亲王交给张之洞进行管理,是他个人、醇亲王以及张之洞三人作用的结果。同时在张之洞的私人文献中,也很少提及将铁厂从广东移到湖北这件事情。张之洞一般都是强调李瀚章不愿意在广东设厂,于是转而设在湖北。但是在张之洞死后,他的门人整理的文献《抱冰堂弟子记》则说:"中国初次办铁厂,言者多请开徐州利国矿。以徐州运道不便,且铁路南北皆自汉口发端铁厂必近于武汉方合,乃主开大冶之铁矿以供用,设炼铁厂于汉阳。"这个说法其实很有深意,暗示了当时张之洞与李鸿章、盛宣怀之间的斗争。而请开徐州利国矿的所谓"言者",正是李鸿章和盛宣怀,这一点我们在后面会展开论述。从中可以看出,铁厂初期选址的决策并不是简单的决定,而是斗争的结果。

　　同时,对于流行的观点我觉得不仅仅史料依据不足,而且于理不合。首先关于继任的粤督李瀚章,他是洋务派首领李鸿章的胞兄,长期从事洋务工作,说他不喜洋务,是毫无根据的。另外,通常所引的关于李瀚章推诿在广东办铁厂的电报,在时间上很晚,其实是"马后炮"。更重要的是,铁厂的兴建在当时是大事,厂址的宏观决策是要由中央有关方面来定夺的,不可能听由两个地方官员自行决定、私相授受,这是不太可能的事。

　　经过思考,我认为张之洞的决策过程中,存在一个由消极向积极转变的过程。因为湖北省经济比较落后,财政困窘,文化保守,在张之洞调动到湖北之前,湖北刚刚经历一场大的水灾。所以在一开始,张之洞对于在此建设铁厂并不是很积极。我们可以看到,张之洞在那一年的七月二十日就接到了调令,但在后面他的奏折中,主张中国的钢铁厂要炼"晋铁""粤铁"。到了八月二十六日,他依旧提出要在广东办厂,虽然这时他已经接到了调令,而在这之后,醇亲王对张之洞有所嘱托并且多番地来电敦促,同时保证落实办厂经费。张之洞在上海跟盛宣怀商议,了解了汉阳铁矿、湖北煤铁矿的一些大体情况后,在那一年的年底张之洞终于正式表态,要在湖北建设铁厂。而作为直隶总督、北洋大臣的李鸿章,他对这件事是很了解的。所以他针对张之洞十二月三十日回复中央表示愿意在湖北办厂的电报曾表态:"香①复海署,抑扬铺张,欲结邸欢。即准拨部款,恐难交卷,终要泄底,枢廷皆知其大言无实也。"

从这段话我们可以看出,李鸿章清楚地意识到张之洞同意到湖北办厂是为了讨好醇亲王奕譞。同时,李鸿章对张之洞的能力也是很怀疑的,所以他们之间关系一向不和。另外,我找到了两个人来往的电报,其中在光绪十五年的十二月份二十七日酉刻,海署发给张之洞的一封电报中,曾询问张之洞:"炼铁厂可否移至鄂省。俾省开矿重构之费,应需各款所指何款?"而光绪十六年正月十三日的电报更为清楚——海署来电提及:"铁为厂根,与其用铁来津,不若移厂就鄂,分济各省。"电文中提及的"厂"为枪炮厂,因为当时张之洞在广东办的枪炮厂也将移到天津,所以可以看出张李二人的想法是不一样的。同时电文还提及:"此举为强弱转机,旁观疑信由他,当局经营在我。以及执事好为之,吾侪第观成耳。一切经费,自当由岁两百万划拨。"一方面极力地勉励他,强调事情的重要性,而另一方面也保证每年的经费,但实际上这笔经费只拨了一年就停止了。但是我们可以从中看到,这个决策是中央的决策,不是地方官私相授受的行为。

所以我对此的看法是,在中央的决策中,政治的考量是一个关键点。一方面由于晚清的政治局势比较复杂,清廷对于李鸿章这个最大的洋务集团,充满了猜疑防备,因此有意识要扶持一些新的集团来与李鸿章进行对抗,避免鸡蛋放在一个篮子里的局面。关于晚清的政治局势及其清廷中枢对于汉人势力的猜防,我的导师石泉先生,在他那本由陈寅恪先生指导的硕士学位论文《甲午战争前后之晚清政局》进行过很详细的分析。另一方面,湖北有着一些独特的自然资源,特别是大冶铁矿的发现,再加上它独特的地理位置和便利的交通条件,洋务派愿

---

① 张之洞,字孝达,号香涛、香严,曾任总督,称"帅",故时人皆呼其为"香帅"。——编者注

意在湖北经营。在光绪二年(1876),盛宣怀在湖北办厂的时候,李鸿章曾说:"武穴实为吴楚咽喉,等洋法一有成效,近悦远来,相率观法……为海内开风气之先。"同时张之洞本人也说:"鄂省为南北适中,若此处就煤铁之便,多铸精械,分济川陕豫皖江湘各省,并由轮运沪转运沿海,处处皆便,工费亦省。"可见,张之洞也曾意识到长江航运的便利,而交通是工业布局需要考虑的一个因素。

近代湖北作为一个经济相对比较落后的中部省份,本身的条件其实并不是很好。但由于清廷中枢的大力扶植和地方大员张之洞的积极配合,所以凭借其优越的地理位置、便利的交通条件和丰富的自然资源,最后促成了钢铁厂、枪炮厂等大型机器制造工业在湖北安家落户,这就给近代湖北的发展提供了一次难得的历史契机。所以说中国近代钢铁厂之所以设在湖北,并不是由个别人物的好恶所决定的,而是特定的社会政治条件、人文因素以及各种自然资源条件综合作用的结果。

决定在湖北设厂以后,关于具体厂址的选择以及张之洞为什么要放弃大冶,很多学者争论不断,有人赞成,有人反对。但不管是反对的人还是赞成的人,都是以张之洞的说法来解释为什么铁厂选址放弃大冶的选择汉阳。在张之洞4月8日的电报以及后来递交中央的奏折中都提及了七条理由。

第一条,黄石港即大冶铁矿所在地,地势不好,不适合设厂。第二条,在湖北汉阳建设铁厂的话,上游的煤、下游的铁可以"煤铁两就",可以省不重用之费。第三、四条则强调无人监管,工人会存在怠工现象。第五、六条主要强调当时武汉要办很多的厂,但是没有那么多的专家和技术人员,所以有时候需要共用人才。而第七条,也是最重要的一点,就是现在铁厂官本有三百万两,每年经费货价出入亦两百余万两。如果在省外的话,没有实权大员能够到厂里面去监管,每年花这么多钱,是不会被人信任的。只有在省内,督、抚、司、道都可以常去巡视,局务皆可与闻,即可信心,亦易报销。同时张之洞强调,这是中法非西法。中国人存在这种弊端,喜欢造假作弊、虚冒懒惰,所以需要就近监管。这是张之洞本人的解释。

学术界对于汉阳铁厂选址的意见是颇不一致的。比如汉冶萍公司研究的第一代学者中最有名的全汉昇先生对此持批评态度。他说从节约原料运输费用的角度,铁厂设定在铁矿所在地的大冶较为妥当。同时他认为张之洞的理由主要强调铁矿的管理方面。而另外的一位著名学者武汉大学的代鲁先生则比较认可张之洞的决策,说张之洞之所以选择在汉阳设厂,是有他的考虑,且这些考虑也是有一定道理的。他强调在汉阳设厂,"比单从'就铁'一说更精细,也更节费"

"完全符合当年我国通晓近代科技人才奇缺,而一般员司人等又深染官场恶习的这一国情"。所以这是张之洞的高人之处。这两位学者对张之洞的评价截然相反,但他们都认为张之洞本人的解释就是决策的原因,并且都引用张之洞的电文作为依据。

而我在仔细研究张之洞决策的历史过程后发现,张之洞对于厂址决策的转变是有一个过程的。第一个变化发生在从决定到湖北办厂之后,到光绪十六年四月之间,他由"初无定见"到计划"运煤就铁"在大冶设厂。从中我们可以看出,一直在光绪十六年四月之前,张之洞的意见其实是很明确的,要在大冶设厂。而第二个变化发生在光绪十六年四月八日到五月底之间,张之洞决定放弃大冶而选择武汉。随后在武汉的选址中,也经历了由武昌到汉阳的一个过程。整个过程中最关键的变化发生在那一年的四月初八,即张之洞将在大冶设厂的计划彻底排除在外。我们从电报中可以看出张之洞决策的转变,并与之前形成对照。比如在光绪十六年三月十七日的电报中,张之洞说:"此间铁聚而煤散,铁近而煤远,铁逆水而煤顺水。故鄂事以运煤就铁为宜。从前博师墩勘议,亦拟运荆煤就冶铁也,大冶且距省城近,经理较便。"而他在三月三十日给海署发的电报中也强调,大冶铁厂即将开办,无须购买外国的钢轨,可以将钱交到大冶,进行生产。但在四月八日的电报中,张之洞却说大冶是不行的,必须在省城才可以,与先前电报中所讲的"距省城近,经理较便"相反。从这些电文中,我们可以发现在三月三十日之前,关于选址大冶,张之洞是很坚定的,没有什么变化,真正的变化发生在四月初八。

张之洞本人在电报中的解释究竟有无道理？张之洞借外国专家的名义说大冶附近没有适宜的设厂地址,但我们查阅原始档案却发现专家意见与他相反。郭师敦在勘矿报告中指出,设厂大冶是可行的,也找到了适合的地方。而后来接手汉阳铁厂的一个总办,即郑观应,也对汉阳铁厂的厂址颇有微词。他强调大冶有可设铁厂基地三处,极好极便。另外如果大冶附近没有适宜之地的话,那么张之洞在三月份多次声称要运煤就铁、在大冶设厂,岂不是过于儿戏？

所以,我们是不是可以从便于督查管理这个角度出发来解释张之洞的决策？在三月十七日的电文中,张之洞强调大冶"距省城近,经理较便"。但经过短短的十几日,张之洞就改变了说法,这是为何？众所周知,晚清官场的积习与腐败问题很严重,但它并不是一个新问题,不足以让张之洞这个久经官场之人突然意识到这是个问题而突然变卦、改变决策。关于这一点解释,我认为在逻辑上是说不通的。另外,张之洞强调的其他原因,比如设在武汉可以与枪炮厂、纺织厂共用人才,听上去也很有道理,因为当时的确缺少科技人才。但我们发现,在光绪十六年闰二月,张之洞就已经决定了枪炮厂和织布局的位置,此后直到三月底,他还是属意大冶,由此可见,人才的考虑在铁厂厂址决策中并不是一个关键性问题。

那么会是运费吗?关于这条理由,张之洞本人都是不认可的。后来的铁厂经营者郑观应反复强调铁厂吃亏在焦炭价昂、厂位失宜,所以省运费的说法其实是非常荒谬的。关于轮船运输费用与里程的关系,有点类似于今天打出租车,轮船运输存在起步价,即码头的使用成本和装卸成本,这是很昂贵的,尤其是在没有集装箱、大卡车和起吊车的近代中国,主要依靠人工,相当费时费力。而在轮船运输中,距离越远,每公里所摊算的运费就越低。所以"煤铁两就"的说法并不存在,是没有道理的。

所以由于各种利益关系的制约,历史人物在某个特定场合所发表的言论不一定反映他真实的意图。必须全面掌握相关的史料并进行综合的分析,从史料中求史实,从史实中提炼史识,才有可能得到真正的答案。那么经过对张之洞这一时期的大量言行及相关史实进行全面综合分析,我认为上面引用的张之洞的电文不过是特定政治背景下的官样文章,其中矛盾重重、破绽百出,张之洞的决策另有隐衷。大量的证据表明,这个决定性的转变发生在四月初八,所以弄清楚三四月间发生的事件,对于理解张之洞的决策最为关键。所以我们就要了解这段时间内发生了什么。

在这一时期,张之洞与李鸿章两人的矛盾发生了激化,我列了四条例证。第一条就是张之洞的离职问题。张之洞在广东除了有钢铁厂之外,还有枪炮厂。张之洞到了湖北之后,因为湖北有着丰富的自然资源,中央也愿意把枪炮厂转移到湖北来。但是,李瀚章、李鸿章却试图将枪炮厂转移到天津,因为天津处于直隶总督李鸿章的管辖范围之内,所以这是他们之间的一个矛盾。

第二条则是李鸿章、盛宣怀想要优先在徐州发展钢铁厂,厂址设在江苏徐州的利国驿。所以在请洋矿师勘矿时,反复强调要在长江的下游勘矿,但张之洞反复强调,要筹采一点楚铁,同时取材之地不超过两湖。所以第一次勘矿只能在湖南和湖北进行。

第三条则是关于户部拨款和铁轨的预订。当时户部承诺每年给张之洞经费两百万两,但实际上只给了一年。由于中日关系的紧张,李鸿章建议清政府先修东三省的铁路,这条铁路的修建也是由李鸿章负责的。张之洞便向李鸿章发电报索要铁轨订单,想通过预先收取铁轨钱款来解决经费困难,但是被李鸿章拒绝了。李鸿章强调铁路的重要性,担心一旦汉阳铁厂炼铁、制轨失败,将会影响铁路修建。所以不但不同意预先支付钱款,而且即便将来汉厂将铁轨制造出来,也要本着质优价廉的原则来订购。这件事对张之洞是一个很大的打击。

我觉得最重要的是第四条,即盛宣怀谋求铁厂的经营和控制权,这是张之洞决策改变的根本原因。光绪十六年四月初七,盛宣怀给张之洞发了五封电报,其中一封电报已经遗失了,但我们可以从现存的四封中看到,盛宣怀强调自己跟大冶铁矿多年的关系,流露出控制铁厂的想法。在第五封电报中,盛宣怀公然为他的侄子盛春颐谋求大冶县令的职位。盛宣怀在这几封电报中之所以如此直言不讳,显然与芦汉铁路修筑遭搁置后张之洞面临的窘境有关。因为经费困难等一系列的问题,盛宣怀才敢直言不讳地染指铁厂的控制权问题,同时也正是因为这个原因,张之洞的厂址决策才发生了变化。

其实事件中的旁观者是很清楚的。盛宣怀的心腹、当时作为铁厂技术专家的钟天纬曾给盛宣怀发过一封密电。他提到当时铁厂总办蔡锡勇对铁厂设在武汉的一个解释,内容与文中的电文一致。不过他提到蔡的说法尚有一层难言之隐,他说:"香帅用人,不过亲信数人,铁政局必委蔡观察举办。"但是蔡锡勇同时又是张之洞幕府须臾不可离开的主要负责人,若铁厂设在他处,那么幕府事务与炼铁不能兼顾。

当时的情况下,张之洞依靠其他人来管理铁厂是不可能的。虽然汉阳铁厂还需要类似徐建寅这样的重要专家,但他和钟天纬一样,也是从上海过去的,与李鸿章、盛宣怀的关系密切,他们也经常发一些密电向盛宣怀报告汉阳铁厂的各种情况。由于湖北地处内地,洋务人才严重不足,张之洞一方面不得不使用这些来自上海的人才,一方面也对这些人并不放心,不可能将铁厂交给这些人来管理。实际上张之洞坚持要到湖北省城附近来设厂,就是要让他的亲信蔡锡勇来管理。因为蔡锡勇是一位非常有名的管理学家,也是第一个把西式的复式会计引入中国的专家。

所以我觉得这个说法还是比较能够切中隐情的。但因为钟天纬的身份比较低,所以他不可能知道高层之间权力斗争的背景。他只是觉得张之洞之所以要把厂设到湖北来,是要利用亲信来管理铁厂,所以存在这样一个解释。铁厂厂址起先是选择在武昌,张之洞对于武昌的勘察结果是挺满意。但后续在一些桥梁的修筑问题上,与当地士绅发生了严重的矛盾,湖北的保守士绅们趁机在额公桥闹事。当时湖北省城传统的士子很多,大都反对现代工业,湖北省城的保守势力过于强大。为了避开矛盾,张之洞最终只能选址汉阳。汉阳位于大别山脚下,靠近汉江,供水充足,运输便利,而且地处偏僻,房屋坟墓较少,建厂阻力相对较小,虽然地势低洼需要耗费很多土石方进行填平处理,但在当时条件下不失为一个比较满意的区位。因此张之洞最终决定将铁厂定址于汉阳。

长期以来,张之洞作为铁厂的创办者,他的主张常年受到别人过多的褒扬和贬损,但实际上这是一个特定历史政治条件作用下的产物。而我觉得湖北存在自然地理条件的限制,比如煤铁资源地理位置造成了一些影响,同时人文因素也掺杂其中。但是从前期来讲,政治权力斗争给早期的布局留下了严重的后遗症。而到了甲午战争之后,盛宣怀跟张之洞的关系发生了变化。因为李鸿章的失势,盛宣怀与张之洞走向合作。张之洞不喜欢盛宣怀,他曾提及盛宣怀为人"狡猾"。因为面临着很多的困难,所以在给军机大臣李鸿藻的信中,张之洞提及了他的一些苦衷:"特以铁厂一事,户部必不发款。至于今日,罗掘已穷,再无生机,故不得已而与盛议之,非此则无得解脱之法,种种苦衷,谅蒙垂鉴。"因为铁厂经营问题,张之洞不得不与盛宣怀合作,对铁厂许多地方进行调整。同时内部出现了不同的声音,有提议迁到萍乡的,也有提议迁到大冶的,但是最终决策却出乎大家的意料:他们决定还是在原厂扩充。那这个结果是怎么造成的呢?

我这里分析了几个原因,一个原因就是当时的技术在进步,汉阳铁厂的生铁焦炭用量减少,每吨生铁的用焦量从1902年的1.5吨多到只有1吨左右,煤炭运输的成本也在下降。另外,当时很多洋矿师慢慢被国内一些洋务学堂的学生所取代,所以各种成本降低了很多。此外在他们讨论的时候,谈及学习德国,想要沿着德国发展的道路前进,从德国人的意见中他们得出了这样的想法:"德国最新之厂以此多余炭气驱电机,除自用电外,出售与人。如电灯、自来水,为他厂驱机器等类。每匹马力约售华银七分,故德最出色之厂,钢铁获利至五六分钱。武汉电灯、自来水必兴。局厂亦可用我之电点灯、驱机,费省工速,电力可通至三十余里,每匹马力售银二分五厘,尽一万八千五百记罗,多余炭气之力每年可得售电净利六十余万。"同时,也提到了钢铁厂的废气、废电、废热可以用来发电,但这一切需要依靠大城市才能实现。所以在这样的情况下,新炉就汉已无疑义。同时我还要提及的一点就是,当时汉阳铁厂经过十年的建设,它已经跟武汉周边的一些厂矿形成了一个以汉阳铁厂为龙头的工业体系,湖北的一些砖厂、水泥厂、针钉厂、纺织厂等之间形成很好的相互联系,这个联系也影响了他这个决策,不可能简单地废除汉阳铁厂,迁到其他地方。

关于如何来评价这个铁厂的布局过程,我总结了四个原则。首先,要把它放在一个特定的历史地理环境中进行讨论。其次,要把主事者的主观动机和工厂布局的客观效果区别开来,因为有些客观效果在当时是没有意识到的。再次,铁厂的布局和调整是一个很长的历史过程。期间,企业内外环境变迁迅速而剧烈。在不同的发展阶段,企业布局对企业的影响也不一样,我们对此评价也应有所不同。最后,就是我们对其布局的评价的尺度和标准不能仅仅局限于生产成本或者生产利润这样的经济尺度,而要综合考虑其经济、社会和环境效应。

同时我的一个看法是:受政治因素的干扰,汉阳铁厂的布局起初被迫放弃在经济上较为有利的区位,加大了运输费用,给企业初期的发展造成了不利的影响,这是无可否认的事实。但是,铁厂布局在湖北最大的城市武汉也有它的意义。这有利于扩大洋务运动的社会声势和影响,也有利于充分利用武汉地区的经济基础,带动相关企业的发展。汉阳铁厂也有力地推动了武汉一带的经济、文化发展和城市化的进程,并对武汉地区的经济地理环境的改善作出了自己的贡献。因此,就社会效益与环境效益而言,选择武汉有一定的好处。不过总的来讲,汉阳铁厂的早期布局受政治因素的影响过大,加重了企业的经济负担,影响了企业的市场竞争力,可谓弊大于利、得不偿失。这也是盛宣怀接办铁厂后急切进行厂址调整的根源。但是随着张之洞湖北新政的积极推进,武汉一带的经济地理环境,尤其是交通运输条件有了较大的改善,铁厂自身的生产技术、管理水平也取得了长足的进步。运输费用在铁厂经营成本中所占比重不断下降,武汉城市的发展又为铁厂进一步的发展提供了广阔的市场和空间。所以铁厂设在武汉,在经济上也逐渐由不利向有利方面转化。20世纪初,武汉已经成为一个可以获得满意利润的一个区位。因此,在干扰铁厂布局的政策因素已经基本上不复存在的条件下,盛宣怀等经过反复的考虑,最终决定仍在铁厂原址上进行扩充和发展。

以汉阳铁厂为个案,我对影响中国近代钢铁工业布局的区位因素也形成一些初步看法:第一,自然资源与自然条件是钢铁工业布局的前提条件。第二,政治因素是钢铁工业布局中表现最活跃、作用最直接的支配性因素,尤其是在工业布局的初期,更是如此。第三,社会经济因素是工业布局的最终决定性因素。在工业布局的初期,主事者往往更多从政治利益出发,不惜牺牲经济效益,将工业布局在一些经济落后或交通运输不便之地,这样的例子在历史上屡见不鲜。但从长远来看,企业要想获得稳定发展,必须在经济上有利可图,否则终将难逃被关闭或迁移的命运,经济因素作为一只看不见的手,对企业的布局最终起着决定作用。第四,社会文化因素对工业布局也有着重要影响。第五,在工业布局的不同阶段、不同的地域层次,影响工业布局的因素及其作用大小亦有所不同。

最后,我将影响铁厂布局的区位因素,分为宏观、中观、微观和再布局这四个阶段来分析,每一阶段内自然因素、经济因素和社会政治与文化因素的影响力也各不相同。比如在宏观布局阶段,我们看到,宏观布局早期受到政治集团之间的冲突,政治影响比较大,同时经济地理位置以及矿产的资源也是很重要的。而在微观布局阶段,地质地貌、水资源和社会文化阻力的影响就比较大。比如我们在建设垃圾处理厂时,在微观布局方面就会存在很大的文化阻力。而对于再布局,在调整过程中,它更多地受到经济基础和技术水平等方面的限制。

以上请大家批评指正。有一些简略的地方,大家可以参考我的专著《聚集与扩散:中国近代工业布局》,谢谢。

【评论与讨论】

刘文瑞(西北大学公共管理学院)

袁老师的研究非常扎实,分析也非常到位。我们如果能将历史和管理结合起来,将历史延伸到现实讨论某些问题,并以历史的眼光来做一些参照,在学术上和实践上都是有好处的。

袁老师的演讲有一个非常有意思的地方,就是揭示了张之洞不为人知的一面。他把工厂设在汉阳,究竟是什么原因?从公开文献看,张之洞阐述的搬迁理由冠冕堂皇,这个理由与他内心真实的想法一致吗?历史学界诸多研究成果都是文献呈现什么就说什么,很少究其文献背后的原因。现实生活中我们可以看到很多人说的话都是堂皇正大,但其实这些话背后是有深意的,可能是有另有所指的。而在历史研究中如何利用史料,揭示出研究对象内心里不愿意说出来的东西,是很考验历史学家功力的,而这一方面袁老师做得很好。

人类和动物不一样,动物依靠本能,人类依靠观念。人有意识、有知识、有观念,由观念支配行为。但是人的观念有时候又是隐而不显的,所以如何分析人们的观念,如何研究人们的动机,这是管理学界经常碰到的事情。而历史学恰恰在这一方面大有可为。这里我具体分析下。迈克尔·波拉尼(Michael Polanyi)将知识分为隐性知识和显性知识。前者通常以书面文字、图表和数学公式加以表述,后者则是难以表达和交流的隐藏知识。我基本同意这个说法,但认为对于更广泛的意识而言,其表述可能还有所不足。这里我提出一个不成熟的思考,把人的观念分成潜、默、显、共四个层次。第一层次是潜观念,它对人的行为有着根本的影响,但这种潜观念是当事人没有意识到的。这种潜观念,埃德加·沙因(Edgar Schein)将它称作基本假设。第二个层次是默观念,它是当事人自己知道,但是不愿意说出的观念。第三个层次是显观念,当事人完全可以展示出来,可以让他人知道。但是显观念有可能是别人不认同的观念,所以还是个性化的。第四个层次,我将它称作共观念,就是当事人不但能够说出这个观念,而且能够得到社会的认可和共识,能达成共识的东西,就是我们通常所说的群体价值观的问题。

以往的历史教科书多数都在共观念层次上,进入显观念层次的都已经很个性化了。而由共观念到显观念,有些历史著作做得还是不错的,比如黄仁宇的《万历十五年》,翦伯赞的《秦汉史》都很有特色。而到默观念这个层次就很少了,因为默观念无法说出来,文献中就很可能没记载。而袁老师以上论述最大的长处,我认为在于剖析了当事人的默观念。这一点是袁老师演讲的深度所在,是值得赞扬的。但是能不能提升到潜观念的层次?有两位管理学家在潜观念的层次做出了很大的贡献。一位是研究组织文化的沙因,他的基本假设就是潜观点;另外一位就是提出组织学习理论的克里斯·阿吉里斯(Chris Argyris)。他们都不同程度地触及了潜观念层次。

管理学界为什么会深入到潜观念层次,而历史学就很难深入到潜观念层次?因为管理学和历史学路径不一样。历史学者是通过事实反推各种可能和当时的选择,首先必须从事实出发,所以历史学者非常警惕使用"假设""可能"这两个词,用得很谨慎。而管理学界和历史学界不一样,因为它是立足现实、面向未来的,在这个情况下,它首先面对的不是事实,而是各种可能。由可能推出选择,最后再由选择产生事实。这两种路径各有所长,也各有不足,那么给我们哪些启示呢?答案就是历史学和管理学互相参照,而不是融合。他们相抵、相抗甚至相争,然后互相影响、互相推进。历史学界向管理学渗透有可能会产生出改进的张力,推动着管理学界出现一些典型的变化,而管理学界向历史学界渗透,也有可能使历史学界得到一些新的启示与新想法,从而产生探索事物的兴趣。

那么,这两个学科应该如何互相作用呢?我认为,管理学对历史学而言,它可能会促进历史学从可能性出发,完善史料。历史学最头疼的是史料不足的问题,历史学要玩拼图游戏,而史料总存在不全的情况。那么要从少量破碎的信息中,拼出历史的全貌来,这十分考验历史学者的功力。参照管理学界从可能出发的思路，历史学者是否也从各种可能入手，对史料进行重新评判？那就有可能从人人熟知的旧史料产生新看法。比如，现代人读影印本古籍最头疼的问题是没有标点，没有断句。那么古籍为什么没有标点？我推断，古籍不加标点，是为了更好地学习。句读是读古籍的基本功，如果加了标点，读者就会不去句读，懒得用脑子，那他可能就会一知半解；而没标点的时候，他读下来认知就不一样。所以，古籍不是拿来传授知识，而是促使你自己去研究、去学习的。古籍没有标点这个现象，如果从可能的角度出发，那么就可能得出一些新的解释。所以说管理学的思路有可能帮助历史学者完善史料，同时根据现有史料寻求新的解释，对现有史料进行更合理的利用。

历史学对管理学的积极作用体现在何处？我认为历史学重史实，管理学从可能出发，往往重逻辑、重推理。研究历史是要讲逻辑的，但历史事实不一定讲逻辑。如果历史事实完全是按照逻辑推演的，那这个世界就成了物理学世界。正因为历史有时候不按逻辑，所以历史现象才丰富多彩。历史活动、历史人物的表现，除了有逻辑、理性的一面，更有感性甚至疯狂的一面，这些方面都有可能对历史发展产生作用。那么历史学可以帮助管理学界用事实来校正推理。管理学界有时候太看重推理，什么都要找个理由。实际上历史学告诉我们，有些事实形成的理由，在逻辑上很可能是不成立的。此外，说到重逻辑，管理学的逻辑和历史学的逻辑还是有点差别的。差别在什么地方呢？历史的逻辑和现在的逻辑是不一样的。所以，管理学界往往用现在的逻辑来推论，当时出现的情形，这很可能会产生一些偏差，而历史学界可以协助管理学界用事实来校正逻辑。

记得有一次我与几个老师在一起讨论，有位老师就说："你别看某些报道中提到的那些著名某某企业家的某个决策、某个转型做得多么明智，实际上可能只是源于突然之间的一个念头。"而这一点正是管理学界以往做得不够充分之处，历史学界在这个方面能够给我们提供一些新的思考。再举个威廉·大内（William Ouchi）《Z 理论：美国企业界如何迎接日本的挑战》（*Theory Z: How American Business Can Meet the Japanese Challenge*）的例子。他为什么给自己的书命名为"Z 理论"？如果没读他的书的话，很容易把它理解为是沿着 XYZ 这个路走下来的，因为前面有道格拉斯·麦克雷戈（Douglas McGregor）的 X 理论、Y 理论。但读了他的书就知道他的 Z 理论跟麦克雷戈没关系，跟 X 和 Y 没关系。在该书中，他将美国式管理称作 A 型管理，将日本式管理称作 J 型管理，将自己的管理模式理论概括为 Z 理论。那么 A、J、Z 这三者之间的关系到底是什么？美国式管理命名为 A，是 America 的首字母，日本式管理命名为 J，是 Japan 首字母，这个大家容易理解。那 Z 是个什么意思呢？他自己并没有说明原因。Z 这个词很早以前英国学者用过，而管理学界要命名一个新理论，对人家用过的词一般是很谨慎的，除非有特殊的理由，否则不会用。我有个大胆的假设，他命名 Z 理论的原因不愿意跟人说。为什么不愿意跟人说呢？我发现在英语的二十六个字母里，A 打头，J 是第十个，刚好中间，Z 是最后。于是我就有个大胆的想法：大内是否认为自己找到了管理的终极解决方案，于是才选了 Z？我的这个想法对不对还需要找机会向大内本人核实，目前只是一种猜测。但是有无这种猜测，在学术研究上的眼界、看法和深度就有可能不大一样。而袁老师今天的讲座把张之洞不愿意说的理由根据各种材料推出来了，这是我们需要向历史学者学习的地方。

好了，我就说到这儿，谢谢袁老师展示了张之洞丰富多彩的另一面，也使我们知道历史学研究还有人在做这么扎实认真的工作。实际上我觉得历史学界这方面的工作还有很多，而管理学界从历史学界能够获益的可能也更多。我们的管理学、企业家需要运用历史学这个武器。企业家不大爱看我们的管理学书，总觉得那个太空、太虚，却喜欢看一些好的人物传记与历史书籍。所以这两个学科有必要、也值得将来有更好的对接、渗透甚至对抗。有张力，才有动力！

李玉（南京大学新中国研究院）

袁为鹏教授治学有自己的特点，融历史学与经济学于一体，致力于量化史学、历史地理学、工业区位布局研究，最近又在做会计史、账目史、利率史研究，学术成果科学化程度比较高。尤其是他对历史地理学的应用，在近现代史研究方面别具特色，他求学于荆楚，工作于京华，现在又被"挖"到上海交通大学，兼得京派与海派之所长。这一次他的报告是对汉阳铁厂选址过程的一种个案研究，包括了微观、中观和宏观三个层面，条理清晰，逻辑严密，考证准确。

关于汉冶萍公司，经济史学界一直较为关注，近年尤甚。最新的标志就是周积明教授主持的国家社科基金重大课题"汉冶萍公司档案资料数据整理与研究"，出了很多成果。刚出版的一套叫《晚清民国报刊汉冶萍文献选辑》，有十二本，大概有八百多万字。汉冶萍公司的相关史料，此前也出过不少，像《盛宣怀档案资料选辑》中的《汉冶萍公司》专卷，湖北省档案馆编纂的《汉冶萍公司档案史料选编》（上、下），武汉大学经济学系编纂的《旧中国汉冶萍公司与日本关系史料选辑》，等等，都是非常好的文献。关于汉冶萍公司的学术成果也积累得比较多，除了全汉昇、代鲁、张后铨等先生的研究，还有科技史学者的成果（如方一兵教授的《汉冶萍公司与中国近代钢铁技术移植》)、研究工业遗产学者的成果（如田燕的《文化路线视野下的汉冶萍工业遗产研究》)等。讨论汉冶萍公司的学术论文更多,我在中国知网以"汉冶萍"为主题词,共检得将近三百篇文章。

袁为鹏教授讲的主要是汉阳铁厂,是汉冶萍公司的主体。在汉阳铁厂方面,袁为鹏教授做了很多研究,发表了十几篇文章。他对汉阳铁厂选址的研究不仅深入,而且系统,包括张之洞将铁厂从广东迁往湖北、放弃大冶选择汉阳、汉阳铁厂招商承办、汉阳铁厂与湖北城市化等专题。今天袁为鹏教授把自己长期研究的成果,与管理学界、历史学界同仁进行分享,使我有了进一步学习的机会,在此也感谢主持这一系列活动的林立强教授。

关于汉阳铁厂的选址问题,从张之洞在世的时候开始,一直有一些不同的意见,主要就是选在汉阳是否合算。后来的历史学界,根据推论史实,也有不同的看法,像全汉昇先生和代鲁分别代表两种意见。如何看待张之洞在铁厂选址方面弃大冶而择汉阳的原因,袁为鹏教授在自己的系列成果,以及刚才的报告中已有详细论述,分析严密,精辟独到,言之成理,不仅为历史学研究充实了一些细节,而且为管理学研究提供了一个较好的案例。

刚才刘文瑞老师谈到袁为鹏教授较好地展示了张之洞在汉阳铁厂选址过程中的"默观念",分析了张之洞的行为表现与行为动机,我很同意。管理学与历史学的对话很有意思,对我很有启发。历史学注重结果分析,或者说看重作为结果的过程,将阶段性效果作为一种既存状态对待;而管理学注重过程分析,尤其重在进行过程设计,以求得到最佳效果。历史学当然也很重视过程分析,但历史的过程是不可"设计"的,只能进行分析。也就是说,作为结果的过程是既定的,历史学者的任务就是尽量还原其真实的一面,并尽量考释当事人真实的"观念"。就像袁为鹏教授一样,考证张之洞由同意选址大冶,到力主选址汉阳的真实想法。进行这些工作所依据的就是历史分析方法,主要是解读史料,然后就各方当事人的表述,结合具体环境,分别从微观、中观与宏观方面观察问题。

而管理学则重设计、规划,提出过程进行的"最优解",给出过程设计的合理化方案。正如刘老师所说,管理学研究的是可能性问题。能不能说管理学是研究不确定性中的确定性问题,即应该怎么做？从某种意义上讲,这是一种"引导"与"规范"过程的工作。如果将历史视为一种过程,那么可以说管理学在一定程度上就是引导历史。比如企业管理对于企业史发展的影响非常关键,企业史也可以说就是企业管理史,至少美国学者钱德勒的不少企业史著作就表现出这样的特质。

不过,管理学与历史学的旨趣毕竟不同,这是两个学科。但两者之间,并非没有"交集",甚至还有较大的"公约数"。历史学是一门"人学",即以人的行为活动、思想观念及其相关表现与客观结果为研究对象。而管理学则是一门"管人学",或者说是"人的行为学",即通过优化人的行为过程,以提升生产、工作效果。如何对待管理中的"人",或者说"人"在管理过程中的重要性差别,实际上也是中西管理理念的分野之一。中国传统管理向来重人,以人为本,而西方现代管理学则越来越将"人"纳入"物"的系统,进行所谓"科学化"处理,实施标准化管理。当然,并不能讲西方管理学不重视人,现代人力资源管理学科就肇始于西方,被誉为"现代管理学之父"的彼得·德鲁克(Peter Drucker)的主要建树就包括人力资源开发与管理。这说明,只是中西对待管理过程中的"人"的方式存在较大差异。

中西管理学对待"人"的不同方式,抑或"人"在管理学中的不同地位,反映了中西两种管理文化,其背后实际上还是中西两种文化背景、两种文化理念的差别。如果在中国本土进行管理学研究与实践中处理不好"中国人""中国文化"的角色与地位,恐怕其实际价值与意义将会受到较大影响。而中国历史恰是中国文化的重要反射区,中国历史是"中国式管理"的过去。从这一点来看,历史学与管理学在中国的关系其实应当是非常密切的,前者对于后者的作用至少在如下两个方面可以得到明确的体现。

第一,提供大量的管理案例。就企业管理而言,从晚清洋务运动开始,现代企业开始在中国创办,虽然失败多、成功少,教训多、经验少,但对于管理学而言,"失败"案例其实也是一种难得的研究资源。最为关键的是,不同于历史学对于失败案例的结果评价,管理学可以解剖其过程,摆脱历史学的"情理"效应,而更多地从"机理""原理"层面进行分析。袁为鹏教授从工业选址学、运输管理学、人物心理学的角度对于张之洞将铁厂最终落户汉阳的考证分析,就比较好地提升了史学研究成果的"科学化"程度,这也是他赢得管理学界专家认可的原因。除了汉阳铁厂,从洋务运动开始涌现的中国近代大量企业、企业家及其所经历过的中外之争、官商之争、企(业)社关系、产销关系、东伙关系、劳资关系等,莫不可为当代企业提供相关的历史咨询,为企业管理学研究提供大量的素材。这也是管理学深入中国经济史,体悟中国管理文化,分析中式管理所短,总结中式管理所长,从而增强管理学在中国的实际应用价值的途径之一。

第二,有助于拓展一些管理学的分析理路。现代管理学有自己的学科边界,以企业管理为例,主要研究企业的组织与经营,实际上就是产供销,包括人事、资本、原料供应、生产过程管控、产品提质与增量、市场份额争夺、创造企业利润、扩大企业规模等议题,一句话就是如何实现企业经营的"帕累托最优"效果。

其实就管理动机而言,中外都是一致的,就是"向更好的方向"发展。但每个人都有这样的想法,并不一定意味着大家的整体效果是这样的,整体是由局部组成的,但整体并不是局部的简单或机械叠加,在此过程中产生了大量的关系,有的是同向的,有的是逆向的。这种关系实际上是一种利益的表达。所以管理学研究的议题,在一定程度上就是如何理顺各种关系,使组织中的"同向"关系增多,"逆向"关系减少。

美国学者高家龙(Sherman Cochran)教授通过研究中国企业史提出的"关系网",就是个非常好的命题,我认为他抓住了中国管理学的要害。从洋务运动开始,中国企业的关系网、关系链、关系圈就一直是一个非常严重的问题。从袁为鹏教授的讲解中也可看到,围绕汉阳铁厂选址之争,实际上就是各种关系之争。从中也可以看出,当时的企业管理其实就是政府管理,或者说是官员管理。

袁为鹏(上海交通大学历史系)

非常感谢诸位老师提出的中肯意见,几位点评专家都是从自己的学科出发,提出了一些非常值得思考的问题。我早期在做这个研究的时候,其实考虑的面很窄。今天几位专家从不同角度,包括从整个晚清的经济发展、经济创新这几个角度来思考问题,我觉得将我的思考提升到了一个更深、更广的领域中。

我先对一些史学方面的问题做简单的回应。刚才李玉老师的一些评论非常细致、非常深入。我认为从张之洞决策的过程来看,他更多的是事先有了这个决定之后,然后再去找理由,而这些理由并非不合理。比如说,决策的整个过程大概花了三四个月的时间。作为一个老官僚,张之洞有着丰富的官场经验,不至于要到四月份才突然意识到决策问题,因为这违反了基本的常识,这里面应该是有其他的考量。我认为分析问题时需要把他自己的主观认识和客观影响因素及一些他本人始料未及的情况区分开,否则你会把一个人神化。其实好多后面的事情在他当时决策时也不一定想明白,包括后来对于钢铁厂的燃料使用效率的提高、炼铁废热与废料的综合利用、与城市其他工厂间的相互配套等。所以我觉得还是要从具体的决策的过程,并结合具体的历史环境来思考这些问题,这样才会更接近历史的真相。

管理学视野和分析方法对于企业史的研究很有启发。比如决策分析,其实汉阳铁厂的厂址定位问题也是一个具体的决策过程。管理学如何研究决策？历史学者只是注重还原一般的史实，很少如管理学者那样从具体的决策过程、决策层级、决策者信息来源、决策心理与动机等方面去深入分析。有一些决策往往是多种力量相互博弈而最终形成的，并不是由某一个人单方面决定的，这方面经济学中的博弈理论也许可以被用作分析工具。我今后要进一步努力学习这方面的理论和知识，因为一个好的分析框架往往能够帮助历史学家更加全面地搜集史料、分析史料、提炼史识。完全有可能存在一些有价值的历史资料，由于我们过去认识不到其重要价值而被我们忽略了。同样，一个好的细致深入的史学研究，类似于案例分析的成果，也可以用来进一步深化相邻学科的理论认识。总之，社会科学理论的学习与历史学的研究是完全可以相互促进、相得益彰的。

汉冶萍公司的研究在经济史学科已经是老课题了，但关于汉冶萍公司史，我个人还有很多的研究设想，包括铁厂设备的采购，产品的质量与销售，汉厂经营与中央、地方各级政府的关系等，再如世界钢铁市场与中国钢铁工业，东亚各国钢铁工业不同发展道路及其相互影响等。学术界既有学术成果中存在太多似是而非或者自相矛盾的地方，尚远远不能令人满意。我个人希望今后能够有时间能进一步展开这方面的研究。

中国近代企业家的社会责任与义利观念

以上海著名企业家刘鸿生为中心

赵晋

(华东师范大学历史学系、社会主义历史与文献研究院、
中国当代史研究中心)

  根据国际标准化组织(ISO 26000)有关社会责任的定义,企业需要考虑利益相关方的期望,通过透明和合乎道德的行为,对社会与环境承担责任。伴随今天我国现代企业的成长,其社会责任日益受到学界乃至大众的关注。然而,部分企业还是缺乏主动履行社会责任的动机,更倾向于对外部规定和约束作出被动回应。那么,从历史上看,第一次世界大战前后中国最早的一批近代企业家们承担着怎样的社会责任?支撑其担当社会责任的"义利"观念又是怎样的,与今天有何不同?本讲将以历史学者与管理学者对话的形式,分别从历史学与管理学的不同视野,通过上海近代著名实业家、"企业大王"刘鸿生的案例,清晰展现近代中国企业家阶层的"义利"观念与社会责任,揭示其独特性与复杂成因,并结合当下进行思考,试图获得一些有益的借鉴。

  本讲的主讲人有两位,分别为华东师范大学历史学系赵晋副教授与复旦大学管理学院郑琴琴教授。赵晋副教授主要研究领域包括中华人民共和国史、中国现当代企业史、银行史等,郑琴琴教授研究方向为企业伦理和国际商务,具体聚焦在新兴市场企业国际经营中的伦理责任研究。两位评论人分别为华东师范大学经济与管理学部贾利军教授与华南师范大学历史文化学院周孜正博士,贾利军教授主要研究方向为东方营销学、就业能力开发、易经的当代应用,周孜正博士主要研究华人家族企业史、商会史、"人间佛教"与近现代中国等。

什么是企业的社会责任（Corporate Social Responsibility，CSR）？通常来讲，指企业在创造利润、对股东和员工承担法律责任的同时，还要承担对消费者、社区和环境的责任。它要求企业必须超越把利润作为唯一目标的理念，强调在生产过程中对人的价值的关注，强调对环境、消费者和社会的贡献。它是一个超越纯粹利益关系和营利目标的行为。履行企业社会责任，是企业所处商业生态环境系统维持正常运行的基本保证，也是企业可持续发展的战略举措。

企业是社会责任的主要承担者和践行者。企业履行社会责任与否，同作为法人的代表的企业家是否履行社会责任紧密相关。企业家是否勇于承担社会责任，既同企业的经营业绩好坏有关，也与企业家秉持的义利观念密切相连。一般来讲，"义利观念"中的"义"，指道义、道德、责任等，是精神层面的概念，而"利"则指利润、价值、产值等，是物质层面的概念。"义利观"就是"义"与"利"在特定时空下的排序甚至取舍的问题。

在追求共同富裕的今天，企业家被赋予了崇高的使命。2020年7月，习近平总书记在企业家座谈会上指出："企业既有经济责任、法律责任，也有社会责任、道德责任。"但是，从实践情况来看，部分企业仍然缺乏主动履行社会责任的动机，更倾向于被动和表面的敷衍。有鉴于此，回顾近代中国企业家践行社会责任及其背后所呈现的义利观念，是很有必要和现实意义的。

那么，近代中国的企业家们是如何履行社会责任的？影响其作为的义利观念又是怎样的呢？这是本讲座试图揭示的问题。我将以上海著名企业家刘鸿生为例来讲述，以便于有的放矢地讨论。

刘鸿生及其事业

刘鸿生，祖籍浙江定海（今舟山），1888年生于上海。按照马敏教授《官商之间：社会剧变中的近代绅商》一书的划分标准，刘鸿生属于崛起于第一次世界大战前后、中国近代第一批真正意义上的企业家阶层，刘鸿生也是著名的"宁波帮"的代表人物，他早年做买办起家，通过给英商开滦煤矿推销煤炭致富，后成功转型为民族企业家，从20世纪10年代末开始创办自己的企业。他先后开办了许多工厂，涉足码头、煤炭、火柴、毛纺、水泥等众多行业，刘鸿生也因此斩获"火柴大王""毛纺大王""水泥大王""企业大王"等一系列桂冠。终其一生，刘鸿生都坚定奉行"不把鸡蛋放在同一个篮筐"的理念，这既体现在他的实业生涯中，也体现在对子女的教育等诸多方面。

刘鸿生的求学历程也很有特色，他在著名的上海圣约翰大学读书、肄业，同学中就有宋子文、宋子良。他和宋子文的关系一度很好，这体现在1932年刘鸿生受宋子文之邀，出任轮船招商局总经理，负责整顿轮船招商局并取得一定成效。抗日战争爆发后，刘鸿生坚拒与日寇合作，到大后方追随国民党政府积极抗战。面临1949年的政权鼎革，他先是到了香港，半年后从香港返回内地，同新生的人民政权合作。1956年，刘鸿生带头响应国家政策，刘氏企业纷纷走上了公私合营的道路。

据刘鸿生的儿子们回忆，他们的父亲每天都会站在楼顶遥望黄浦江对岸的自家工厂，如果烟囱冒烟了，就说明这个企业正常，如果不冒烟，便会急匆匆跑去问原因，并帮着解决问题。他热衷于研究生产技术，以致得到了"毛纺迷"的称号。可见，刘鸿生是一位敬业且专业的企业家。

刘鸿生履行社会责任

这样一位醉心实业的企业家，是怎样履行社会责任的？我归纳了三方面内容：

第一，对国家、民族的责任担当。刘鸿生出生和创业的时代，国家正处于羸弱、动荡的半殖民地半封建社会，这使他对国家、民族的命运格外关注。晚年刘鸿生曾深情地回忆了青年时代的国家景象：

> 在过去几十年中，从杨树浦到南码头，沿着黄浦江一带是各国的码头，一长串的外国兵舰插着各式各样的国旗。人们走过这里，会不知道这儿究竟是哪国的土地。我自己是搞码头企业的，往往站在码头上摇摇头。第一次世界大战后，国内出现了轰轰烈烈的爱国运动。那时候我还很年轻，虽然口袋中的钞票很多，但我毕竟是一个中国人。我觉得中国之所以受气，是因为没有工业、没有科学。因此就想利用口袋中的现钞做点事。

这是他创办现代工业的基本动因。

1937年抗战全面爆发，上海这座经济与金融中心也很快陷落。刘鸿生家族将一部分产业转移到租界暂避国难，一部分厂房、设备和原材料则想方设法运抵大后方。关于刘鸿生断然拒绝同日本的合作，其子刘念义有这样的回忆：

> 抗战后，在敌寇未进租界前，我父留在上海未走。日本人多方来找他，

要他合作。资方代理人也希望我父这样做。我父终未与敌人合作,资方代理人知道他走了,表现得很失望,我父走后,大中华有二个分厂为敌人强占去,另外二个,也被作为敌产。

抗战胜利后,很多外商企业为更好盈利,都普遍增设了华(人)经理。怡和洋行的大班找到刘鸿生,希望与他合作并表示:"刘家的三个儿子都出身于剑桥,照理应与英国有很深厚的渊源,要求刘鸿生只要派出一个儿子同他们进行合作,利用刘鸿生的名义,挂英国旗,办轮船公司,就可以打通天下。"但刘鸿生以子女们能力不够婉言拒绝。事后,他和儿子们讲:"与外国合作,固然可以赚钱,但一旦合作,一切就完了。"

刘鸿生笃信实业救国,他的救国方案是仿效美国建立企业托拉斯帝国,这是他终其一生为之奋斗的梦想。大中华火柴公司是刘氏企业的典范,让他享有"火柴大王"的称号。当年大中华面临的最强大对手是瑞典和日本的火柴厂,市面大量销售的是"凤凰"牌的瑞典火柴和"猴"牌的日本火柴。刘鸿生用高价请了化学工程师来改进技术,提高质量,压低价格。同时和火柴同业组织了全国火柴联合会来共同抵制外货。经过了一年多的斗争,国货火柴在市面上终于取得了优势。

刘鸿生开办的煤炭企业也同样展开了与英商开滦煤矿的竞争。英商开滦煤矿是早年刘鸿生做买办时的老东家。就在刘为其推销煤炭时,已萌生了拥有一家自己的煤矿的愿望。但是,中国人要开煤矿却困难很多,摸不到煤矿资源的底细,而外国人却掌握大量秘密资料。为此,刘鸿生下了一番功夫,"当时我国有名的地质学家是丁文江,我父亲把他请来住在家里,供奉如神明,请他从事勘察。不久以债权人的身份买下了贾汪煤矿,改名为华东煤矿。"这引起了开滦煤矿的嫉妒,不过,"由于原定的合同没有规定我父不能投资煤矿的条文,开滦也奈何不得。结果合同期满后,就与开滦断绝了关系。"

刘鸿生也是第一个在上海开设水泥厂的。在此之前,国内水泥供货来自香港,是由英商怡和洋行进口的。怡和洋行担心影响它的生意,"曾以委托我父(刘鸿生)独家包销它的水泥为诱饵,要他不要办,但我父未为怡和的威胁利诱所动,坚持办下来。"刘鸿生缔造了一个个的民族企业、民族品牌。在列强林立、山河破碎、利权沦丧的年代,作为企业家的他,以这种方式呈现对国家和民族的挚爱与担当。

第二,对普罗大众的责任担当。刘鸿生早年在推销煤炭的过程中,曾遇到一次不小的麻烦,一度性命堪忧,"几乎被成千的以打柴为生的山民包围起来打死,因为廉价的煤夺去了他们的生计"。逃回上海后,他分析了失败原因,重订了进取计划。他认为,首先必须解决柴民的生计问题,不仅要使柴民不失去生计,而且要使柴民的生活过得更好一点。其次,必须让窑户亲眼看到改用煤炭烧窑的好处。"根据父亲的计划,锅炉技术室就设计了一种用煤炭作燃料的新式窑。按照新的设计,我父亲立即派人去宜兴替窑户免费建成了新窑十几座,又以比较优厚的工资雇用了一批柴民当烧窑工。试烧结果,窑户满意了,柴民也不反对了。我父亲的推销计划完全成功了。"事后,刘鸿生仍感不安,从此立志要多办工厂,救济大批生活无着和没有就业出路的群众。

刘鸿生的经营原则是"要为顾客着想"。他曾讲过,首先要坚守信用,保证质量,不要让顾客吃亏上当。其次要时时想到用户的利益,处处为用户谋便利,提高对用户的服务质量。在水泥和煤炭的推销中,在码头的经营中,他都采取了这些原则。在呢绒的推销中,他又采用了分期付款的办法,将呢料赊销给消费者,这样既满足了消费者的需要,又考虑到了消费者的支付能力,因而广受欢迎。

刘鸿生常常捐资助学、兴办教育、开展慈善、回馈乡梓。例如,1929年以他为首捐资建造的圣约翰交谊楼,成为圣约翰大学的文娱中心,至今仍然是一道亮丽的风景。刘鸿生大力兴办学校,先是筹资在家乡建立定海公学,这是海岛上有史以来的第一所新式中等学校。后来又发现女孩上学比较艰难,遂筹集经费创办定海鸿贞女子中学。他还从家乡招募因水灾而失业的灾民们进入企业,解决他们的生计问题。1930年,刘鸿生协助王一亭创设了周浦辅善医院。在战火纷飞的抗战年代,刘鸿生还担任过上海红十字会会长,协助政府救济伤员。

第三,规划家族发展轨迹,务使其稳固、可持续。刘鸿生很看重作为社会细胞的家庭,他对家族的考虑是长远和成系统的。刘鸿生非常重视子女教育,让他们自幼习颂传统文化,用斯巴达式的训练方式使儿子们强身健体。待他长大后,相继将其送到英国、美国、日本等先进资本主义国家,学习不同的专业,孩子们学成回来后,可以分别接手刘家各类企业,也可以用他们的留学经历、专业所学和语言能力应付那个年代在华的各国势力,使家族和企业安全稳定。

另一方面,刘鸿生非常严格地约束他的儿子们,让他们认真向资方代理人学管理、随工人师傅学技术,切勿有富家子弟的优越感。值得一提的是,刘鸿生对于子女教育的侧重点是不一样的,他希望儿子们成就一番事业,对姑娘们则希望她们学一些女红(家政),学会持家,以达到稳固整个家族的目的。

刘鸿生的义利观念

首先,不论在私下或公开场合,刘鸿生都毫不避讳谈"利"。在给子女和朋友的书信中,他兴致勃勃地大谈企业应该如何获利、怎样生产、如何分红这类话题。如1937年2月9日,他在给念悌[①]的信里讲,"我水泥厂股份分利,每年在一分以上,或未臻尽善,但在国内同业中,已算首屈一指。"

即使是新中国成立后,刘鸿生仍然公开谈论行业的盈利问题,算经济账:

> 现在政府约有900万军政人员,他们的服装由政府供给,以每人一套毛制服和毛大衣计算,数量就相当可观。

> 1950年苏联就要生产呢绒一亿五千万码,平均每个人可以分配到0.75码,就是四个人可以有一套呢制服。反观我们中国呢?照本年(1950年)的估计,至多生产呢绒六百万码,拿全国人口来计算,大概每三百个人,才能做一套呢制服,以彼例此,差得太远。

这种情况与较其更早一批的绅商阶层已有很大不同。著名绅商经元善曾公开主张商贾应"安分守己""虽在市中不敢争利"。状元实业家张謇,是将实业、教育、地方自治和公益等量齐观的。在张謇的认识中,实业是低层次的,只是建立新兴世界、走向地方自治的必要条件,"藉各股东资本之力,以成鄙人建设一新新世界雏形之志,以雪中国地方不能自治之耻"。

吊诡的是,尽管刘鸿生公开言利,但近代中国社会对其评价,却基本是正面的。如1936年《国货年刊》这样评论:

> 由于先生如此努力于社会事业,故其声誉喧腾全国,并受政府当局之重视,特聘任为国营招商局总经理,以接办招商局的使命相委。先生现虽臻于成功,可是他对于学问之自修,仍孜孜不倦,平居常喜欢研究各种科学,尤其是数学。每当治事之余,辄埋首于书本中,数十年如一日,迄未称懈,先生的精神,实有足多者也。职是之故,圣约翰大学为纪念先生之治事和治学精神起见,特郑重地授以商学博士的头衔,先生荣誉可谓无以复加矣。

为什么会出现这种情况呢?我认为一方面在于时代已改变,刘鸿生的时代与张謇的时代不一样了,社会更宽容,价值观念也更多元了。另一方面,同刘鸿

---

① 即刘公诚,刘鸿生第六子。——编者注

生始终坚守三条底线也是分不开的。

第一条是企业盈利要与挽救国家利权同步。可以看到,刘鸿生开办的几乎所有企业都是国家大力提倡和急切需要的,都是可以挽回国家利权的事业。刘鸿生在谈盈利的同时,屡屡强调这种盈利与争取国家争利权的必然关联,即"不言利不足以争利权"。

第二条是实现同弱势群体的和谐共生,"为富且仁"。这同上文所讲到的刘鸿生推销煤炭遭遇山民包围、死里逃生的故事有关,事情发生后,刘鸿生深刻感到"一个人幸福,万人受苦"的生财方式不能长久。刘鸿生的义利观和他对下层民众的关注是从实践当中产生的,而不是如张謇、经元善那般主要来自古圣先贤的教诲。亲身经历让他更明确地意识到了与弱势群体和谐共存的必要性,这是企业能够稳定长久的保证条件。

第三条是"能做事、不贪污"。这是国民政府对他的一个评价。政府为什么最终选择聘请刘鸿生去整顿轮船招商局这样一个弊病丛生、山头林立、人浮于事的老大难国企呢?就是因为刘鸿生"能做事、不贪污"。刘鸿生对轮船招商局卓有成效的整顿,也充分证明了这一点。

结论

通过刘鸿生所履行的社会责任和持有的义利观,我做几点简要总结。

第一,"义"与"利"不是泾渭分明,更非相互矛盾,这同孔子所讲"君子喻于义,小人喻于利"并不一致。为什么两者是不矛盾的呢?首先,企业能否承担社会责任、能够承担多大的社会责任,首先取决于经济成本,这便是个"利"的问题。其次,刘鸿生的故事表明,牟利的动机与手段同样体现着"义"的要求。牟利动机到底是只为自己,还是有为国家和民族争利权、谋强盛的一面?牟利是不择手段呢,还是取之有道呢?这都体现着道义的要求。如果我们用张謇和日本近江商人作比较,可以发现,张謇的企业之所以后来经营不好甚至走向失败,恰恰与他这种淡化牟利色彩的理念有关,他不仅对乡梓社会和地方自治投入太多的资金,产业铺得太大,给股东的分红也太多,这都与企业长久盈利的要求是背道而驰的,反过来又影响了他追求道义的最终目标。日本的近江商人,成功得益于"三好原则",即卖方好、买方好、世间好,其中第一点就是"卖方好",强调企业本身要做好,要有一个独立的经营体系、要有盈利、要有供给、要有各方面的储备。刘鸿生的企业能在很长时间里成功的原因,也同他将义与利结合得比较好分不开。

第二,与传统中国相比,近代社会里人们义、利观念的动摇甚至颠倒,本质上反映出国家从农业社会向工业社会的嬗变。随着工业文明的到来,现代交通条件得到根本改变,城市化的进程越来越快,城市特别是外来人口密集的大城市中,人们的乡土色彩愈益淡薄,言"利"变得越来越合理和正当。这也是为什么刘鸿生虽屡屡言"利",但社会仍旧给予承认和称道的原因。换言之,我们要特别注意,引起义利观念变化的土壤——社会结构的改变。

第三,企业社会责任内容的变与不变。百年未变之处,首先是对社会大众的责任,诸如解决就业、救济社会、慈善公益等,基本是延续下来的。对国家民族的责任,也是基本一致的,只不过在近代山河破碎的背景下,民族主义的色彩愈发强烈。刘鸿生他们认为,企业的核心竞争力就是办更多更大的工厂,让产品有销路,抵制外国商品倾销,给政府缴纳更多税收,这是他们的责任。今天,企业对国家、民族的责任,更侧重于原创力、核心科技,例如作为研发高地的华为所扮演的角色。

还有一个环保问题,这也是今天企业同刘鸿生年代不一样的地方。大中华火柴公司和当年的火柴业几十年都没有解决好的一个问题,就是环境污染。直到20世纪50年代,随着我国颁布安全生产标准,彻底废除黄磷、硫化磷火柴,才扫除了火柴生产对环境的污染。从这个意义上讲,企业社会责任所含内容和侧重点的变化,反映的又是人类文明的演进和对国家、民族遭遇新问题的回应。

第四,企业的社会责任是有限度的。一方面企业要考虑成本,也受到企业家的观念、意识的影响与制约;另一方面,企业对某些社会责任的履行,是有赖于国家和社会给予引导甚至扶持的,单依靠企业是没办法做到的。这也是刘鸿生的案例告诉我们的基本结论。

【主讲2】

郑琴琴(复旦大学管理学院)

谢谢赵老师的分享,我觉得这个对话很有意义。我虽然对一些近代企业家的企业家精神,以及传统管理思想中关于企业家对于义利观的一些看法有所了解,但其实对历史关注得并不是太多。今天我结合在管理学院从事企业管理教学或者说是社会责任教学研究的心得,也来分享我个人的一些看法。

现代企业对于社会责任的认知更多的是来自西方,所以我想结合我的课程以及关于这个问题的主流研究做一个对比分析。我认为,把近代传统企业家当中他们所认知的社会责任,与西方企业社会责任的界定进行对比和思考,是一件很有意义的事情。

关于社会责任的定义,其实与刚刚赵老师分享的内容区别不大。借鉴 ISO 26000 的社会责任定义,我们可以看到在国际标准化组织的定义中体现了西方的一些主导思想,即它将最基本的、透明的、合乎道德的行为作为基础,然后来根据力所能及的一些行为对社会做些贡献,这里非常强调的是一个利益相关者的期望。我看到赵老师的提法当中,更多地强调了企业家个人的色彩,也就是说一个企业来承担社会责任,很多时候实际上是企业家个人来承担。比如说刘鸿生他个人的想法和观念,很大程度上会影响到他所属企业社会责任的履行。可以说,他的企业的社会责任其实更多的是他个人的社会责任的反映。而我们上面看到社会责任定义,是说利益相关者的期望会影响企业该做什么、不该做什么,是一个从外到内的影响过程。在 20 世纪 60 年代英国和美国早期的企业当中,也是关注如何赚钱盈利,或者说为股东谋福利,股东更多时候强调的就是我们说到的利润。有很多的研究机构,比如说斯坦福研究所,也强调除了为股东谋福利,一些很重要的相关团体或者说社会组织的支持,对于企业来说是有很重要影响的。因为没有他们的支持,可能企业根本就无法存在,更不要谈如何为股东来谋福利。

利益相关者可划分为狭义的和广义的。对一些狭义的重要利益相关者,企业在履行社会责任的时候,必须去关注他们的相关诉求;而对广义的利益相关者的诉求,在某些特定的影响或者场合之下,企业也需要去关注,但有一个轻重、主次之分。

关于企业社会责任履行的内容方面,著名经济学家米尔顿·弗里德曼(Milton Friedman)认为企业应该承担社会责任,但他强调的只是一个最基本的为股东谋福利的责任。他承认社会责任非常重要,但是最基本的社会责任是为股东谋福利,而如果履行一些额外的社会责任,会增加成本,而且这些成本是会转嫁给消费者的。所以传统的社会责任理论认为,只要在不违背原则的前提之下,正当地使用一些资源来完成它,其实就是为社会做贡献,就是履行了社会责任。否则的话就是对于股东以及利益相关者的一些不负责任的行为。

阿奇·卡罗尔(Archie Carroll)提出了著名企业社会责任金字塔模型(如图 1 所示),先是基层的、最基础的经济责任,接下来是法律责任,然后是伦理责任,最高层次是慈善责任。这体现了社会责任层次的逐渐提高和范围逐渐扩大的演进过程。

从这里我们也可以看到,西方的企业社会责任更多的是从"小我"开始,首先要活下来,然后履行一些社会责任,再逐渐放大到利益相关者乃至整个社会的"大我"。而赵老师讲到的刘鸿生,他创办企业的时候就是为了民族大义,即使亏损,也努力争取利权。很多时候,其实他可能更多的是从"大我"这个角度出发,然后考虑如何来做好自己的"小我"。我们觉得这个视角可能更高、更广泛一些。

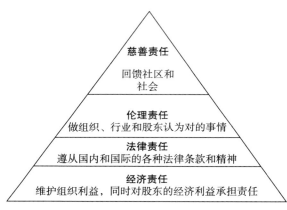

图1 卡罗尔的企业社会责任金字塔模型

资料来源:改编自 CARROLL A B. The pyramid of corporate social responsibility: touard the moral management of organizational stareholders[J]. Business Horizons, 1991, (34): 42。

关于企业社会责任的主要关注点方面,现在非常流行的是环境(Environmental)、社会(Social)及公司治理(Governance)三重底线的观点。著名的战略管理学教授迈克尔·波特(Michael Porter)在《哈佛商业评论》发表过经典的"企业社会责任"(Corporate Social Responsibility, CSR)三部曲,对于企业社会责任(或者说对于企业对社会的贡献的角色)的观点也是层层递进的。早期他认为企业做慈善、履行社会责任其实是可以为自身提供很重要的优势的,也就是企业竞争优势是可以通过慈善或者说履行社会责任来实现的。接下来2006年他说社会责任其实很多时候贯穿于企业的整个战略,在企业的每个部门、每个环节当中都可以履行,也就是说他已经把社会责任上升到了企业的战略层面,而且对于整个社会也是有巨大影响的。2011年,他再次提升了企业社会责任的地位,即企业履行社会责任除了以上功能,还可以创造社会价值,获得社会对企业的反哺。履行社会责任与实现利润最大化,是不矛盾的。所以再回过头来,企业在履行社会责任的时候,虽然最大的宗旨可能是满足利益相关者的期望,但在这过程当中,对社会有所付出,实际上有更多的回报,也就是企业在创造社会价值与企业价值的同时,也能够实现价值的共创。这个思路非常有意思,企业社会责任是作为目的,还是作为手段?在西方的研究当中,有可能一开始是作为一种手段,然而最终它的目的也会是为了实现整个企业与社区的合作价值创造。所以在这个过程当中结果的最大化,使得整个企业有了一个更好地承担社会责任的动机。

在很多的企业创新过程当中,在解决企业社会责任问题的时候,也实现了它自己更好的一个盈利。刘鸿生在关注社会利益的时候,他谈盈利并不会被整个社会所反对,相反还会得到一定的支持,可见先义后利的举措更容易被社会接受。其实现在西方出现的社会创新企业也是类似的意思,即企业先着手解决一些社会问题,然后为了这些社会问题能尽快解决,你的组织可得到更多支持从而实现可持续发展。再来强调利润也是一个最重要的基础,也就是反过来关注社会、解决社会问题的时候,其实也能够得到社会的认可,并且盈利。这可能也是西方在达到新的发展阶段之后,最终也和我们近代企业家的思想境界达到了不谋而合,采用相似的路径来履行社会责任。

通过我们的观察、调研以及在教学过程当中与一些学员的交流,我们发现当下企业在履行社会责任时依然面临一些难点和挑战。

很多近代的企业家在履行社会责任的时候,一方面面临环境问题,另一方面可能是思维和视角的差异性。在早期的时候,很多企业在履行社会责任的时候,其实没有这样的一个概念和意识。企业社会责任其实是一个专有名词,这个概念是引进过来。2008年的汶川地震唤醒了中国企业的集体责任意识,因此2008年被视作"企业社会责任元年"。

早期,我们其实并没有过多地来讨论和思考企业究竟需不需要承担社会责任,或者说承担什么样的社会责任。但是2008年前后,各种事件包括企业丑闻的出现,使得无论是政府,还是相关机构,甚至利益相关者都注意到了,企业确实必须关注一些社会责任。所以,一些法律、条例和规章制度就逐渐开始建立和完善。就像赵老师讲到的,社会以及政府在推动企业社会责任逐渐建立、完善的过程当中起到了一个非常重要的引导作用。然而我想在近代,早期企业家自发履行社会责任可能与当下是不太一样的,现在我们更多强调外部的推动作用,来促进企业更多地履行社会责任。比如说《中华人民共和国国民经济和社会发展第十四个五年规划和2035年远景目标纲要》提到"创新、协调、绿色、开放、共享"

这样一个新的发展理念,当中对于环境、企业和社会的可持续发展以及企业必须履行的社会责任就有很多强调。

回过头来看,我们在国际上的一些标准的评级,比如说到彭博终端,它披露2021年年底的时候,我们很多企业的 ESG 分数以及 MSCI 评级指数相对国际标准还有一定差距。我国企业发展到今天,在经济收益、规模和竞争力方面其实都已经非常强了,但是在企业履行社会责任方面还值得我们去思考。也就是说在它们已经非常关注盈利的情况之下,如何做到有机地或者主动地将社会责任引入企业环境或企业活动当中,有何难点与痛点,还值得我们去关注。比如说一个非常经典的"漂绿"现象(Greenwashing)。漂绿现象不是只在中国有,研究学者发现西方很多企业尤其在早期也会出现这样的情况。也就是说,很多时候企业都会讨论社会责任,也觉得社会责任很重要,但是由于履行社会责任会有成本,以致企业在履行社会责任的时候,更多的是关注如何有效地针对利益相关者进行宣传,而并非发自内心地认知和履行。这就会导致一种表面、虚假的社会责任,实际上可能企业本身并没有坚持它的"义",出现很多不符合伦理、不道德的事件,以及一些高管、企业家丑闻。所以,看起来企业履行了一些可以拿来宣传的社会责任,但实际上企业的做法和观念都有问题。所以对于很多企业而言,在履行社会责任的时候,它的目的到底是什么?究竟只是为了通过这样的一个手段来赢取利润?还是想真正坚持它的"义",即为了增加整个社会的福利?又或者是想要使企业在"义"的方面能够提高到更高层次?这依然是很多企业的困惑。

从西方的研究视角来看,很多时候企业履行社会责任是从"小我"逐渐扩大到"大我"的一个过程。所以他们更多的是基于"小我"的基础来考虑"大我"的必要性或履行社会责任的程度和范围。与此同时,就像义利观讨论的,义和利到底哪个在前,哪个在后?我们可以看到在传统东方思想之中,如近代企业家刘鸿生就给了我们另一个非常经典的思路:很多时候他是从大义的角度来看,然后才思考到其实只有维持了利,才能够更好地来实现义。所以可能履行社会责任的目的,更多的是实现大义,而履行社会责任的手段并不一定就是为了利而去谋取福利。我们也会发现很多企业如果从反的方面来看,它谋取利益可能是它最终的目标,而它的手段只是用来履行社会责任。所以这个时候的利和义如何才能实现有效的排序?对于很多企业来说,可能还没有想得很清楚,但是我想赵老师给我们这个分享真的很好,传统企业经营思想也好,东方哲学也好,给我们重新审视当代企业提供了思路。

我们可能更多的是先入为主地接受了从"小我"到"大我"的这样一种扩张

过程,我们现在可以更多地借鉴刘鸿生的思想来重新思考。我们中国的企业在履行社会责任的时候,如何更好地摆正自己的义利观?我们当下确实面临这个挑战和难点,这也确实是一个值得每一个管理者和企业家思考的问题。而且很多时候我们也会发现,西方企业社会责任观更多的是对于整体企业的一个概念,企业家的个人意志并不一定得到非常清晰的体现。比如说,关于公司治理方面,虽然企业家或者最高管理者有一定的影响力,但是企业文化并不一定完全来自企业家的个人认知和思想。所以管理者可以更多地思考如何从人的角度重新审视企业的文化建设,或者(可能更重要的)对"人"的管理。就是用"以人为本"的价值观思考来影响整个企业的经营,而不是从企业本身来思考,强调构建什么样的治理结构,才能够更好完成社会责任。如此也许还不见得能够完全解决我们刚刚讲到的一些矛盾和问题,但我觉得根源还是需要我们去学习,学习近代企业家的领袖魅力也好,学习重要的义利观也好,都会影响未来企业履行社会责任的方式,以及对于目的和手段的认知。

【评论与讨论】

武亚军(北京大学光华管理学院)

  郑教授从管理学者的视角给我们介绍了西方的利益相关者理论的产生、西方的经济学家和战略管理学者对企业社会责任的不同甚至相对立的一些看法。同时她也分析了我国现代企业的企业社会责任在 ESG 方面的表现,当然她指出这个表现还是不尽如人意。那么在这种情况下,我们中国企业面对障碍的那种表现,它背后的原因是什么?我们应该如何改进?包括如何从历史中汲取智慧,然后在这方面有所发展。我觉得郑教授给了我们非常好的一个启发。

赵晋(华东师范大学历史学系、社会主义历史与文献研究院、中国当代史研究中心)

  郑老师讲到最后那一个问题,让我很有收获。在我之前的印象里,中国的企业家们,从张謇到后来的刘鸿生、荣家,好像都能够主导企业或者能够贯彻自己的意志,但这种情况恐怕不一定是普遍现象。企业是有各种各样的利益诉求的,企业的发展和经营并不能够完全贯彻企业家的一些考虑或者战略。这一点是需要我们注意的。

还有一点也很有意思,企业家怎么建立企业制度?建立什么样的制度?到底是尊重中国的历史传统,以企业里面的人为中心,考虑人的感受,然后建立一套运行制度以履行社会责任?还是舶来、吸收、建构一个西方式的企业管理制度?现在来看,恐怕后者是更普遍的现象。把人作为建立企业制度和履行社会责任的中心环节是很难的,也正因为如此,这可能是未来发展的一个方向。

贾利军(华东师范大学经济与管理学部)

首先,我们要有一个立体的眼光,为什么说是立体的眼光呢?其实从某种意义上来讲,义和利二者并不是截然对立的、冲突的,它们的关系取决于从什么样的角度看这个问题。如果采用原子论的世界观,采用拼接的方式,在二维的平面上来讨论义和利,就会发现它是一个此消彼长的过程,所以二者间存在的冲突是不难理解的。但若从另外一个角度,从立体的、纵深的角度看就不一样了。古诗云"横看成岭侧成峰,远近高低各不同""会当凌绝顶,一览众山小"。这些都表明从不同角度来看,二者是可以相互转化的。关于义和利的问题,前人能给我们很多思考。在汉代黄石公先生写的《素书》的开篇第一句话就是:"夫道、德、仁、义、礼五者,一体也。"在我们看来差别很大的一些概念、范畴,在黄石公的世界观里,其本质是一样的。回到中国传统的整体性的世界观,古人有句话讲"义是众之和",什么意思呢?就说讨论义和利的时候,其实是需要从不同主体讲的。对于个体来讲,那可能是义和利的问题,但是放到更大的范畴里头,我们常说的众人之利即是义,从这个角度上讲,义和利二者又统一起来了。这就面临一个问题,当义和利产生冲突的时候,往往是个体和群体发生了冲突,这是一个角度。

其次,还可以从发展的眼光看这个问题。儒家讲"修齐治平",对于个体而言,谈义、谈利该怎么谈呢?现在的年轻人很有理想和抱负,经常有学生和我讲要为国家、为社会做一点事情,我觉得这是非常值得鼓励的,但是我每次都很善意地劝他,你想着为国家、为社会做贡献的时候,你首先要解决养活自己的问题。能养活你自己,就是最大的义和最大的利。当你发展到一定阶段以后,再作出不同的选择。比如说在"新冠疫情"时,我们看到了不同类型的企业行为。有一个企业,员工主动给老板写信要求减薪,老板当场就把这个员工写的信给撕掉了,然后说他们做企业的目的就是为了养活大家。这个做法很温暖人心,变成了一种很"义"的行为。同样我们也听到很多企业家会说:"哎,我是在商言商啊!"好像一旦标明自己是商人的身份,就可以不讲"义"。其实社会是非常公正的,你从社会拿到多少资源就意味着你应该承担什么样的责任。所以我们讲"修齐治平",当你力量微不足道的时候,你把自己养活,就是义利共存;当你力量达到一定程度的时候,再齐家、治国、平天下。所以义和利的问题从发展的角度来讲,取决于主体的力量达到什么样的程度。

我刚才讲的两个观点,第一点,要有立体的眼光,因为义和利在本质上它并不是冲突的,它的冲突就是在局部的时间和空间。如果我们从更长的时间和更大的空间来看,会发现它俩是统一的,是一个机制的不同组成部分。第二点,还要有发展的眼光,一个主体在不同的发展阶段,义利的体现也是不一样的。在微不足道的时候,义和利是统一的;随着力量增长,义和利逐渐分开,要同时承担两种责任。

周孜正(华南师范大学历史文化学院)

赵晋老师和郑琴琴老师讲的问题有很多的关联之处,尤其是贾利军教授还谈到中国古代儒家的思想对企业家的一些影响。那我就尝试沿着以上老师的观点,接着谈一点自己的看法和受到的启发。

企业家的"义"就是企业家的社会责任。所谓现代企业家的社会责任,更多是来自西方的界定,这种界定源自西方的文化,比如基督教文化、犹太文化等。在西方的文化以及民众的心里,什么样的人才是一个有社会责任、值得尊敬的企业家?民众、股东对他们有什么样的要求和期待?西方各国可能有不同的回答,比如在英美,更多信奉股东至上、为股东谋福利;在德国,则可能是由股东和工人一起来进行企业的重大决策。所以,西方各国对企业家"义"的界定是不同的。

另外,我们也观察到西方企业对地方政治、文化和国家层面也有影响。华南师范大学周小兰教授有一个研究,在1809年英国入侵法国,以及1814年反法联军入侵法国的时候,法国的埃佩内莫艾·香东家族的香槟酒公司都在家乡组织了军队,准备起来抵抗。此外,公司还派人跟入侵法国的敌人斡旋,提出公司愿意提供俄国军队一些经济补偿,让他们不要去侵扰自己的家乡,并对其家乡的人更仁慈一点。这体现了企业对于地方政治的影响。在文化层面,比如美国家族企业设立的卡内基基金会、福特基金会,他们在二战时和二战后对日本文化、经济相关学术研究有很多支持。在国家层面,比如企业对奥巴马和特朗普等进行的政治捐款。企业家为什么去做这些?除了社会责任,我们也要注意到西方各国对现代企业社会责任的认识是有不同的,而且这些不同又可以给中国的企业带来很多启发。

接下来谈刘鸿生,因为我是研究中国历史的,这里我就多讲一点点。第一是中国式的义利观,这是刘鸿生一个很大的特点。中国历史上的农业社会相对封闭,追求老有所养、天下大同、均贫富。刚才赵晋老师最后也谈到了,这些是不可能通过一个企业家的"义"去全部实现的,所以刘鸿生大胆提出"不言利不足以争利权"。第二是民族观念,刘鸿生实业救国、建设祖国、支持民主,这是他积极的社会担当,体现了他强烈的国家民族观念。第三是企业家的责任,他不仅自己努力,而且也关怀和带动身边的工人们一起进步,他认为一起进步才是真正的社会进步。当时中国最大的资本家族集团——无锡荣氏,也提出了类似的观念,认为企业和工人一起进步才是真进步。在20世纪30年代的中国,提出这些观点确确实实很不容易。

在18世纪30年代,法国经济学家理查德·坎蒂隆(Richard Cantillon)说过,企业家是使企业的经济效率、经济资源的效率由低转高的管理者。我们思考刘鸿生做企业,也是要把经济效率提高,使得中国赚到更多的钱。那么,这些行为背后的动力是什么?这些动力和他的社会责任、义利观是很有关联的,决定了他努力的方向和方式。熊彼特也说过,企业家精神就是从事创新性的破坏,是推动经济发展的重要因素。德鲁克也有类似的观点,他认为创新是企业家的核心,是经济发展的关键。那么刘鸿生在创造新的企业、做产品创新这些事上,肯定是跟他的价值观、义利观以及他的企业家精神有一贯联系的。

赵晋老师提到刘鸿生放弃买办的身份,直面洋人提出的商业挑战,相当于自己把自己的胳膊给断掉了,因为作为买办帮洋人销售煤炭是可以赚到很多钱的。那么他这个选择背后的动力是什么?我觉得这是个中国动力,在西方社会不一定有。1840年鸦片战争以来,中国积贫积弱,五四运动唤起国民维护民族独立、民族尊严的爱国精神,这些企业家在这样的背景下所产生的企业家精神,绝对和西方人心中的企业家精神有所不同。

刘鸿生还有一个特别的地方,就是他的思想不全是儒家的。因为他曾就读于圣约翰大学,所以他吸收很多西方思想,他提出的"不言利不足以争利权"其实是把西方和中国的观点结合起来的一种表达,这是非常有意思的一点。

不同时代,企业家表现出的时代特点会不一样,这种时代特点可能是跟当时的时代精神、时代价值有融合的地方。当然有些方面是类似的,比如很多企业家愿意捐点钱建设家乡,注重教育好子女,还有不少企业家提出要提高工人待遇,对工人好一点,等等。但是有的地方是不同的,比如民国时期的刘鸿生先生,他就关心普罗大众,提出要减少劳资对立,另外他放弃了买办的职位,与外国资本展开技术、市场的竞争。

我再举一个企业家曹德旺先生的例子。第一,经过改革开放,21世纪的企业家是什么样的义利观?曹先生对企业社会责任与企业业绩的关系,又持有什么样的看法?第二,曹先生的企业面临国际化、经济全球化的挑战。企业在国际化过程中应该保持一种什么样的义利观?而且这样的一个义利观、一个社会责任,怎么与其他地方的观念进行融合?在获得奥斯卡最佳纪录片奖的《美国工厂》中,曹先生自己是主角,我们在片中看到他怎么跟美国工会打交道,怎么让美国人理解中国人的诚意,如何在美国一步一步地去做企业。第三,曹先生最近捐了一百个亿,想办一个大学,但和其他企业家不同,他捐的是完全公立的大学,而且我听说他打算投入五十亿进行人才引进。通过这几个层面的思考,我们就明白了为什么要研究企业家的义利观,为什么要从历史学的角度来梳理清楚中国企业家精神的演化过程,影响企业家的义利观、责任观的不同时代的因素又是什么。如果能把清末、民国到改革开放、再到21世纪,这几代企业家之间的相关的一些内容串起来研究,尤其是从企业史的角度把他们对比起来,看看中间有没有什么内在的关联,我觉得是很值得尝试的事情。

总结一下,我讲的有三个重点:第一,企业家精神的时代特质、特点以及演化过程是什么?第二,中国企业家价值观是通过什么渠道来传授、传承的?比如说国家层面、民族层面、学校层面、社会层面,还有家族、个人以及制度层面,都会对企业家价值观的形成、传播和传承产生影响。第三,中西企业家精神有哪些不同之处?中国和日本、中国和德国、中国和美国有什么不同?在不同时代,农业时代和机器工业时代有什么不同,网络时代又有什么不同?

我觉得各位学者一起努力把这几个层面搞清楚,对我们当前经济发展和社会进步有重要意义,也符合党中央提出的弘扬优秀企业家精神的号召。

郑琴琴(复旦大学管理学院)

听完两位老师的分享,我很受启发。

贾老师提到,对于任何一个企业家而言,其在义利观或者说在履行企业社会责任方面,其实是有不同阶段和基于自身情况的一些特点的。之前提到的刘鸿生的例子也有类似性,刘鸿生对于义利的认知,可能就是在力所能及的范围之内,他去做一些什么事,或者说他主动履行什么样的社会责任来更好地体现出他的社会价值。刘鸿生是基于本身能够获取的利来承担的其所应有的社会责任。考虑企业和企业家所处的不同阶段和本身的一些基础,确实值得我们去借鉴和关注。

周老师提到我们应该从更广泛的层面去研究企业的社会责任。第一,中西方对于企业社会责任的认知有所不同,但也并非完全割裂。西方有一些涉及民族大义的企业跟我们近代中国的企业有一些相似之处,从它们所履行的一些社会责任来看,中西方早期可能就有一些交融或是一些共通性。第二,在不同时间的节点上面,从最早期的近代,然后到计划经济时代,再到市场经济时代也就是改革开放之后,我们的企业对其社会责任的理解和履行有什么特点?这一发展过程当中有什么样的逻辑关系?

今天我们至少把近代企业家的思想,和源自西方的、比较主流的一套企业社会责任的思想做了一定程度的碰撞。二者当中的关联度,以及如何更好地从整体上、时间上看待和认清它之间内在的逻辑联系,是一个非常好的话题,也给了我很多思考。在不同的环境和时间节点上面,不同的企业它所承担的社会责任确实是有差异性的。

我也想请各位思考一下,我开始提到的一个现象,即企业承担社会责任时的伪善。我们管理学界研究企业承担社会责任时会讲到企业的言行不一致问题,这对于企业而言是一个非常敏感的话题,对于企业的利益相关者、对于企业的社会评价来说都是非常关键的。哪怕做了再多的慈善,一旦人们发现这家企业做了一些不道德的事情,大家就会认为这个企业前面所做的事情都是伪善的。比如一个企业先前向公众展示出积极承担社会责任的形象,不久被爆料出公司丑闻,或者高管的一些违背伦理道德的行为,那么整个社会舆论立马就会对这家企业以往的形象提出大大的质疑。还有一种可能,一些企业履行社会责任真的就是伪善的,它本质上只是为了做一些宣传,或者是想通过这些活动起到粉饰企业的作用。当然我个人认为我们近代的企业家,特别是像刘鸿生这样的非常杰出的企业家,他真的是实实在在地履行社会责任。但现在不可避免的就是会有这样的现象,即企业犯错误后,大众很可能就会把企业过去所做的好事全部抹杀。遇到这个问题的企业该如何处理?

周孜正(华南师范大学历史文化学院)

郑老师刚才问这个问题从实质来讲的话,就是为什么有些行"义"的企业它不光得不到利，而且还垮掉了。其实这样的例子还有很多，我记得早年有一个深圳的著名歌手，他捐助了很多贫困生，但是他重病的时候，来回馈他的人却很少。其根本原因就是社会的义利互生的机制被破坏掉了，这样行义的人未必会得到好结果。

接着郑老师之前的问题，很多企业以前做了不少好事，但是可能由于做错了一件事就被永远钉在耻辱柱上了，这是由我们社会公众的认知水平、心智水平还不够成熟导致。我们过去讲"不以一眚掩大德""君子之过也，如日月之食焉。过也，人皆见之；更也，人皆仰之"。其实归根到底，义利的问题取决于整个社会的文明程度和社会公众的心智成熟程度。社会文明程度和公众心智发展到一定程度以后，社会公众就能清楚地判断企业是行义，还是假借义的名义去获利，也可以判断清楚企业在做社会责任的过程当中，义和利的动机究竟占了多大的一个比例，主导的是义还是利。

赵晋（华东师范大学历史学系、社会主义历史与文献研究院、中国当代史研究中心）

周老师的评论对我启发蛮大的，但是有几个概念可能需要界定，比方说义利观这个概念。讨论企业家义利观，需要考虑时代的背景、企业家的眼界。企业家身上的时代的因素，会影响企业家义利观的形成。另外，如果在一个小的范围、短的时段内，企业家遇到某些具体问题，导致企业家有些表态发生改变，那么这能不能说是企业家的义利观发生了变化？还是说他只是当时的想法发生了变化？这可能是比较难判断的。

郑老师在研究当中可能也遇到了一些同样的问题和瓶颈。哪些是企业家核心的、真实的想法？哪些是企业家在具体场合、环境之下，他必须要讲的一些东西？我们很难去辨别企业家的真实想法。比方说研究刘鸿生，我就看到针对同一份资料有两种不同的论调：有人说他从定海招募了大量的难民并培训是在做慈善；而另外一个人就认为刘鸿生在"作秀"，是一个"伪善人"，说他其实是做给社会或者做给其他人看的，他对那些难民其实很不好，还通过考工科把很多人淘汰掉。其实我们在历史研究过程里面经常碰到类似情况，但是又没有办法去找到当事人进行口述。我们究竟该怎么来看这些问题？如何处理资料呢？

回到周老师的问题，就是我们要能够长时段地考察企业家义利观的演变。关于这一点我还是比较困惑的。首先是能不能做到。能不能做到这个问题可能受到材料本身的限制,核心材料可能拿不到。然后是概念化的义利观和现实的有些想法会不同。现实的想法会有很多变动,这就增加了我们的研究难度。从研究的角度来讲,我还是认为应该逐个、逐段地去研究,最后才能够形成所谓的贯通式的研究。

周孜正(华南师范大学历史文化学院)

我希望今后历史学和管理学要有更多的对话,尤其关于企业家、企业史、家族、企业家精神等概念方面的内容。

第一,历史学有盲点。我们历史学毕竟不是在研究具体的、当前的企业,所以我们的看法和观点总会有不全面的地方。

第二,"绿色"的慈善观是特别值得我们去研究的。我提两个自己的观点:首先,中国之前是一个农业社会,商人很难不"绿色",而且家族长期固定居住在一个地方,是走不掉的,家族的生意、慈善等事务自然就很难长期不透明、不"绿色"。其次,到了现代社会,如果一个企业家想把自己的家族企业做长久,其价值观就要谨慎一点。我们可以去研究一些传承了数百年的中外家族企业,其长久不衰的义利观,也许能给我们一些启发,思考什么是现代的、"绿色"的企业责任。

郑琴琴(复旦大学管理学院)

刚刚听众提出这样的一个问题:企业家的社会责任与企业的社会责任有没有区别?企业花钱做公益会将成本转嫁到消费者或者股东身上,而企业家个人的捐赠就不会转嫁,所以是否应该提倡企业家的社会责任,而不是企业的社会责任?我认为,企业作为一个法人,它是从社会获取资源和利润的,因此,它肯定肩负社会责任。但企业的社会公益行为具体会不会将成本转嫁给消费者或者股东?也有一些研究证明,很多企业通过做公益,利润不仅仅没有降,反而提高了。

我们对于企业社会责任的研究,要区别对待企业家的社会责任和企业的社会责任这两类。因为企业家在承担社会责任的时候,更多表现的是个人的一种责任观念、对于社会的贡献。近代企业家,无论是他的企业履行社会责任,还是他个人履行,都更多地体现了企业家的责任意识。而我们当下并没有过多地去强调说企业家或者高管所需要履行的一些社会责任,这和企业的社会责任确实是有一定的区别。

我认为企业还是需要履行一定社会责任的,无论它是由谁来经营,或者体现哪个企业家或高管的意志。现在我们发现了很多企业在疫情中,由于自身经营状况的不良,就随意去裁减员工或者对于劳工的保护不到位等现象。这些确实可能会体现出来企业家的一些意志,但是整个企业它本身确实是肩负了一些对于利益相关者、对于环境、对于整个社会的责任。而且研究表明,只要社会责任履行得好,无论是在声誉方面还是利润方面,都会确实给企业带来一个非常好的、正向的、积极的影响。这个可能也是现在我们在研究企业社会责任的时候,需要考虑到的一个更深层面的问题。

武亚军(北京大学光华管理学院)

感谢郑教授的回应,我再补充一点。我发现西方的战略管理学最近一段时间也非常强调利益相关者的管理,甚至要从对利益相关者的经营和管理中取得竞争优势。

刚才郑老师也谈到,像波特这样的西方战略学家,他们强调社会责任,与强调企业的经营和企业的长期发展并不是完全冲突的。企业的社会责任、经营和长期发展之间有共生或者联动的一面,而且有时候能发挥非常大的作用。从西方战略管理思想的发展来看,这也是一个新的趋势,值得我们注意。另外,我在研究中国企业战略管理的发展过程时,也发现中国的现代企业包括华为、吉利这样的企业,它们就很重视对利益相关者的经营。比如华为就把知识员工作为重要利益相关者,吉利则把地方政府作为重要的利益相关者,通过这种经营来获得竞争优势,进而促进了企业的长期发展。从这个意义上来讲,企业可以通过承担社会责任或者对利益相关者进行经营、维护,以实现持续性发展。

下 篇

全球企业史研究综论

〔美〕杰弗里·琼斯　黄　蕾　著

徐淑云　译①

本文从全球化的视角审视和回顾了企业史学科自20世纪初在美国诞生以来的发展历程,指出20世纪90年代以来企业史研究发生了重大的转变,如研究边界的拓展情况、研究主题的多样化以及全球企业史研究日趋成为当今企业史研究的重点。此外,本文还对当前学科的方法论及发展趋势进行阐述,并比较了以欧、美、日为代表的发达国家和以拉美、中国、印度等为代表的新兴国家之间企业史研究的差异。

---

① 杰弗里·琼斯(Geoffrey Jones),哈佛商学院斯特劳斯企业史教席教授;黄蕾,闽江学院新华都商学院副教授;徐淑云,《东南学术》杂志社副编审。

一、 企业史：一种独特的传承

企业史有着独特的知识体系和制度传统，这在很大程度上影响了学科的发展，使得该学科自创立以来面临着机遇和挑战并存的局面。在20世纪20年代晚期，企业史在美国哈佛商学院成为一个独立的学科。这一学科的兴起归功于哈佛商学院成立伊始的两位院长埃德温·盖伊（Edwin Gay）和华莱士·多纳姆（Wallace Donham），他们对这一领域有着浓厚的兴趣，认为企业史在管理学教育中将会发挥重要作用。1927年哈佛商学院首次设立了斯特劳斯企业史教席教授，这是世界范围内该领域所设立的第一个教席教授荣誉。哈佛商学院支持并创办了该领域的第一份学科刊物，即《哈佛企业史学会公报》（Bulletin of the Business Historical Society）。1954年，该刊物更名为《哈佛企业史评论》（Business History Review），至今仍在发行。同时，哈佛商学院资助出版了最早一批的企业史研究专著，这些著作被统称为"哈佛企业史研究"。① 贝克图书馆逐渐成为铁路、纺织等行业领域企业史研究的资料宝库。②

尽管企业史这一学科在创立之初得到了较大的支持，但它也面临着挑战，这一挑战从某种程度上限制了它的影响力，即关于企业史这一学科的边界仍存在分歧。在学科创立最初的十年里，就这一问题哈佛大学内部存在着三种截然不同的观点。哈佛商学院首位教授诺曼·S. B. 格拉斯（Norman S. B. Gras）提出了一种较为狭义的观点。1934年，他将学科界定为"公司传记的集合，这里的公司既包括大公司也包括小公司，既包括过去的公司也包括现在的公司"（Gras，1934）。另一种广义的观点是在20世纪50年代由哈佛大学企业家史研究中心提出的。这个中心由一个跨学科的团队组成，包含了多位知名的社会学家和经济学家，如研究企业家创新精神的著名学者熊彼特，也包括了若干企业史学家。该研究中心由洛克菲勒基金会资助成立，目的是考察和审视企业家精神在全球财富和贫困模式中起到的作用。第三种关于企业史的观点更具理论性。弗里茨·雷德利克（Fritz Redlich）在20世纪50年代呼吁企业史学家参与到理论测

---

① 该时期企业史相关代表著作有：PORTER K W, ASTOR J J. Business man[M]. Cambridge：Harvard University Press，1931；LARSON H M, COOKE J. Private banker[M]. Cambridge：Harvard University Press，1936。

② 更多信息请参考哈佛商学院贝克图书馆主页：https://www.library.hbs.edu/，访问日期：2023-04-08。

试和普及性的工作中来(Redlich,1952)。尽管每一代学者都或多或少地对这三种观点进行了重构和再造,但这三种关于企业史本质的主要观点仍流传至今。

当然,这一学科的发展也存在着巨大的地区性差异。在美国,这一学科发源于商学院,而商学院十分重视商业实践和案例研究。在欧洲,这一学科是在20世纪50年代从社会科学的一个分支——经济史中衍生出来的。相较历史学而言,它和经济学之间的联系更为紧密,而与企业管理之间几乎没有任何关联。该学科首先出现在英国。1934年,学术界和商界领袖共同成立了企业档案委员会,用来进行企业商事登记。1954年,查尔斯·威尔逊(Charles Wilson)出版了企业史上的一部极为重要的学术性著作,该书共有两册,讲述了英荷消费品公司联合利华的历史(Wilson,1954)。1958年,一份名为《企业史》(*Business History*)的英国期刊创刊。在欧洲的其他地区,企业史的研究和经济史有着密切的联系。在瑞典,伊莱·赫克舍(Eli Heckscher)在20世纪50年代期间将经济史的学科地位确立下来并实现了制度化,他和他的团队在全国范围内推行经济史教席教授的设立。早在1950年,他就提出企业史的研究是经济史研究中的一个重要分支(但并不独立于经济史之外)。在瑞典和其他斯堪的纳维亚半岛国家中,一些自称为经济史学家的学者开始撰写和发表企业史相关的文章。在法国,企业史的研究被涵括在政治和经济史研究的范畴之中。企业史在这个国家较晚被认定为一门独立学科。该领域的第一个学术职务是1985年在法国社会科学高等研究院所创立的。1992年,《企业与历史》(*Entreprises et Histoire*)杂志创刊(Galambos,2003)。

欧洲的情况和美国有所不同。欧洲学者在宏观经济趋势、机制、政策研究和企业史研究之间穿梭自如。企业史和经济史之间的紧密联系依旧是这一学科在欧洲的特点。而在美国,企业史学家和经济史学家则有着明确的区分。前者在商学院或者历史系工作,后者在经济系工作。日本的情况则又不一样,在日本这一学科较早实现了制度化。1964年,日本经营史学会成立,它比美国企业史学会的创立早了7年,比欧洲企业史学会的创立早了30年。在日本,亲资本主义的企业史学家和受到马克思主义深刻影响的经济史学家之间存在着较大的分歧。值得一提的是,日本企业史的发展与该国主要企业之间有着尤为密切的联系。受到由井常彦(Tsunehiko Yui)教授在东京建立的经营史研究所(Business History Institute)的影响,日本大约已发行了13 000册和企业史相关的书籍(Hannah,2017)。

尽管对于"什么是企业史"这一问题至今仍缺少一个清晰的定义,在学科成立伊始的前 40 年时间里,它还是获得了相当了不起的学术成就。这一学科从哈佛商学院逐渐推广到欧洲、日本等其他国家和地区,学者们致力于研究这一学科在不同国家间的差异,而哈佛商学院在这方面的研究是具有开创性的。相较于其他传统的管理学科,哈佛商学院的学者们对该学科的研究更早且一直富有兴趣。通过研究他们发现,企业不是一个只会对市场供求做出被动反应的、无趣的"黑匣子",而是具有不同属性和不同战略特性的活生生的实体。这样的观点在新古典经济学看来根本无法成立。

作为一门学科,企业史一直致力于在全球范围内产生更广泛的影响。然而缺乏统一的认知是一个需要被克服的难点。另一个问题在于大多数文献是以个体企业史专著的形式出现的,而通常这些专著是受企业的委托完成的。业内对这类研究的学术价值存在普遍的质疑,即使是这些作品中最好的著作也很难(现在依旧如此)对企业发展及其对社会的影响进行有效的论述,因为它们很难与其他同类研究做比较。在相当长的一段时间里,热衷于这一领域研究的学者就像是荒野里的先知,他们对自己的研究成果坚信不疑,但是却鲜少有人愿意倾听。1958 年,美国著名的金融经济史学家赫尔曼·克罗斯(Herman Krooss)在顶尖美国经济史期刊中这样说道:"企业史是所有历史学科中最让人伤透脑筋的却最具整合性特征的,但是它从未得到足够的重视(Krooss,1958)。"

二、钱德勒式革命和大企业的重要性

在 20 世纪 60 年代,企业史在全球学术界的地位得到了显著的提升。这一时期的代表人物是艾尔弗雷德·D. 钱德勒(Alfred D. Chandler)。钱德勒在哈佛大学历史系学习,后在约翰·霍普金斯大学历史系执教,1970 年来到哈佛商学院担任斯特劳斯企业史教席教授一职。钱德勒最著名的作品分别是《战略与结构:美国工商企业成长的若干篇章》《看得见的手:美国企业的管理革命》《规模与范围:工业资本主义的原动力》(Chandler,1962;Chandler,1977;Chandler,1990)。这些书籍在世界范围内极具影响力,其中的观点对许多学者而言具有极大的启发意义,既包括企业史和经济史学家,也包括那些对战略、企业家精神和制度经济学感兴趣的学者(McCraw,2008;John,1997;William,2012)。钱德勒可以被看作战略学领域的关键奠基人之一,但具有讽刺意味的是他的作品对历史学的影响非常有限,且在历史界已经被大多数人所遗忘。

钱德勒的思想在此之后被迅速传播到了全世界,并影响了一大批学者。20

世纪70年代,他对美国本土所出现的、日益增长的多元化事业部制企业的观察被引入了欧洲国家。许多哈佛商学院的博士论文都是在产业经济学家布鲁斯·斯科特(Bruce Scott)指导下完成的,而钱德勒本人也是该校博士学位委员会的成员(他来哈佛工作之前就已是该委员会成员)。这些学术成果日后成了具有影响力的著作。1973年,德鲁克·F. 香农(Derek F. Channon)出版了《英国企业的战略与结构》(*The Strategy and Structure of British Enterprise*)一书。三年后,葛瑞斯·P. 戴斯(Gareth P. Dyas)和亨氏·T. 坦海泽(Heinz T. Thanheiser)发表了《欧洲企业的兴起:法国和德国工业的战略与结构》(*The Emerging European Enterprise: Strategy and Structure in French and German Industry*)一书(Whittington, 2000)。

钱德勒的研究对一批英国学者产生了重要影响。1976年,莱斯利·汉娜(Leslie Hannah)发表了一篇论文《公司经济的崛起》(*The Rise of the Corporate Economy*),这是将钱德勒的思想应用于英国企业史研究的一次尝试,不过这篇论文更多采用了定量的方法来衡量产业集中度(Hannah, 1976)。1979年,钱德勒来到了英国,在英国经济史学会上做了著名的演讲(Chandler, 1980)。钱德勒早期对日本学界也有过深远的影响。1975年,首届富士会议(一个雄心勃勃的年度活动,它将许多国家的企业史学家汇聚一堂)的主题是"大企业的战略与结构"(Nakagawa, 1975)。中川敬一郎(Keiichiro Nakagawa)创立了富士会议,并邀请钱德勒在那次会议上发言。对于20世纪80年代处于工业快速增长中的日本,钱德勒针对大企业的研究尤其具有吸引力。

当然,我们必须看到钱德勒的著作在带来影响的同时也存在一些问题。比如美国的米拉·威尔金斯(Mira Wilkins),她在20世纪60年代初期推出了许多关于跨国公司企业史的杰出的、先驱性的作品(Wilkins, 1964; Wilkins, 1970; Wilkins, 1974)。随后出现了这样一种显著的趋势,即学者们不再引用钱德勒的研究成果,尤其在战略学方面,就好像这一学科已经消失了一样。具有讽刺意味的是,近几十年来钱德勒的理念似乎受到了企业史学界内部的质疑。1982年,时任美国企业史学会主席、约翰·霍普金斯大学的企业史学家路易斯·加兰博斯(Louis Galambos)批评这一领域变得狭隘,他呼吁学者大胆整合,把政治学、经济学、文化和制度研究,以及"广泛的力量"和"个体生命"联系起来,打破劳工史、创业史、计量历史学、科技史、法律史等不同领域之间的界限。加兰博斯认为,企业史学的研究尤其需要回归到其核心问题,即企业的发展是如何改变美国历史上收入和财富的分配,以及这种分配是如何从整体上影响美国经济的。他认为企业史研究有着特殊的使命,它须对以"合理化"来解释美国企业组织重构这一观点加以批判,进而让钱德勒提出的假设重新占据主导地位。在加兰博斯看来,用合理化来解释社会变革忽视了对权力、特权和情感的考量(Galambos,1991),他的这一观点为后来钱德勒的思想受到质疑埋下了伏笔。

此外,业界对于钱德勒关于美国企业是全球范围内成功的标杆这一假设产生了明显的意见分歧,尤其是在《规模与范围:工业资本主义的原动力》一书发表之后。钱德勒认为与雇用职业经理人的大企业管理模式相比,家族企业与生俱来就不具备优势,该观点受到了广泛的批评。作为钱德勒的继任者,琼斯指出相较于钱德勒所痛批的"个人资本主义"(Jones, 1997),许多20世纪英国的企业表现得并不逊色。大量的著作及文献在欧洲涌现,这些著作批判了钱德勒关于家族企业不如所有权、控制权相分离的大企业管理模式的这一观点(Rose, 1994;Colli, 2003;James, 2006;Pérez and Colli, 2013)。

三、 企业史研究边界的拓展

自20世纪90年代以来,企业史学科发生了重大的转变。由公司委托开展的企业史研究明显地有所下降,但依旧存在,尤其是在欧洲(Kynaston and Roberts, 2015;Jonker and Van Zanden, 2007;Howarth and Jonker, 2007;Sluyterman, 2007)。这一时期涌现了大批极富创造力的研究,之前研究的重心聚焦在大企业上,而现在人们把研究的视角转向一些新兴的领域,例如小企业、商业网络、企业集团以及种族、性别和文化对企业的影响。研究话题的拓展也体现在2010年美国企业史学会的主题上——包罗万象的企业史(Business History of Everything)。[①]近些年来,这一领域的制度化建设也得到了增强,出现了新的期刊,如美国的《企业与社会》(*Enterprise & Society*),也出现了新的协会,如欧洲企业史协会。

当前企业史研究的核心话题都能够在《牛津企业史手册》(*Oxford Handbook of Business History*)中找到。书中只有一个章节是和大企业有关的,这一章节由尤瑟夫·卡西斯(Youssef Cassis)撰写(Jones and Zeitlin, 2009)。大多数文献的研究范围很广,从政治风险和战争对欧洲企业的影响,到美国企业史中的欺诈问题(Kobrak and Hansen, 2004;Jones and Lubinski, 2012;Balleisen, 2017)。值得注意的是,有许多主题都体现了企业史研究的多样性。

---

① http://www.thebhc.org/node/167/,访问日期:2017-01-23。

第一个主题是研究大企业的替代形式、多事业部制的组织结构（M型组织）和钱德勒著作中的核心问题，即关于管理阶层的讨论。企业史学家通过研究证明，在美国，小企业是经济增长和创新的重要源泉。这些企业部分集聚在工业区，成了创新的动力之源（Zeitlin，2009；Scranton，1997；Carnevali，2005；Popp，2001）。汉娜提出，钱德勒认为美国在1914年之前率先出现了所谓的大企业，且这些企业实现了所有权和经营权的分离，这一观点是错误的。汉娜以量化分析得出结论，证明英国才是这一方面的先驱（Hannah，2007；Foreman-Peck and Hannah，2012）。另一些研究则着重探究钱德勒关于大企业重要性的假设是否经得住过去30年商业世界变迁的考验。过去30年中，M型组织由于受到企业业务外包和组织精简而发生了改变（Langlois，2003；Lamoreaux，Raff and Tamin，2003）。一些新的文献显示，企业集团典型的表现形式，即一种涵盖所有权属企业的组织网络曾在西方发达国家中非常普遍，这与业内之前认为这种现象局限在1945年以后新兴区域的认知相左（Jones，2000；Jones and Colpan，2010；Colpan and Hikino，2018）。

第二个研究主题和全球史有关。此前，制造业是关注的焦点，现在有越来越多的研究开始关注其他一些行业，比如电力等公用事业和再保险（Hausman，Hertner and Wilkins，2008；Haueter and Jones，2017）。同时也出现了一些基于全新视角的综合性研究（Fitzgerald，2015）。跨国企业史的研究被放在了全球化的大背景下进行考量（Jones，2005；Jones，2014）。早期研究主要关注的是推动跨国公司增长的因素，现在企业史学家将注意力转向全球化所带来的影响。威尔金斯在对美跨国公司的研究中发现，一些跨国企业为1914年前美国的经济发展贡献了重要力量，这些行业包括化学、酿酒、采矿和畜牧业。在此之前传统的史学研究从未强调过外国企业对本国经济增长所做出的贡献。在另一项研究中，威尔金斯证明了两次世界大战期间，尽管全球化进程止步不前，美国政府对跨国企业设置了越来越多的门槛，这些跨国企业仍继续在行业中扮演重要角色（Wilkins，1989；Wilkins，2004）。近些年，跨国企业和全球化对本土文化的影响也得到了持续的关注。例如，全球化对时尚和美妆业的影响亦催生了一个新的研究领域（Weinbaum，Thomas，Ramamurthy，et al. 2008；Jones，2010；Berghoff and Kühne，2013；Blaszczyk and Pouillard，2017）。

第三个研究主题是关于企业的社会和环境责任。最近十年这一领域受到了学界的广泛关注，折射出当代许多国家对于环境保护和企业社会责任的重视程度。2012年，一项关于企业社会责任发展历程的研究成果在美国正式出版

(Carroll, Lipartito and Post, et al. 2012)。有越来越多的文献开始关注个体企业的慈善史,并日渐成为一个独立的研究领域(Zunz, 2012; Harvey, Maclean and Gordon, et al. 2011)。如何平衡企业发展和自然环境保护这一问题显得尤为紧迫,此前企业史学家关于这方面的研究相对比较保守。克里斯汀·罗森(Christine Rosen)的研究聚焦19世纪美国政府对企业生产所造成的环境污染的监管,他也因此成为这一问题研究的先驱(Rosen, 1995)。随后,研究者将注意力转向20世纪60年代以后,一些易对环境造成污染的企业是如何进行管理改革的。研究显示,随着环境监管政策的推进,美国和欧洲的一些涉足化学、石油行业的企业采取了略显成效的环境保护策略。当然,不同国家、不同企业之间仍存在着巨大的差异(Hoffman, 2002; Daniel, 2006; Jones and Lubinski, 2014; Bergquist and Lindmark, 2016; Berghoff and Rome, 2017)。琼斯现在的研究从污染企业的环保历程转向对营利性企业的历史观察,即这些企业是如何在坚持保护自然环境这一目标下逐渐成长并得以发展的。他的研究既涉及个别企业家的创业动机,同时也十分关注这部分企业群体所带来的社会影响(Jones, 2017; Jones and Mowatt, 2016)。

企业史研究在这一时期的发展可圈可点。相较20年前,它的研究话题更为广泛。然而,研究范围的扩大使研究焦点变得分散。在过去,钱德勒的影响是占主导地位的,以至于新一代企业史学者尽可能地选择避开大企业进行研究。2011年,《哈佛企业史评论》的编辑们巩固了原有三个主要议题,分别是创新、企业家精神和全球化,同时还提出了三个新的主题,即企业与环境、政府、企业和民主,这是对该学科领域的一次大胆突破(Friedman and Jones, 2011)。在《重新畅想企业史》(*Reimagining Business History*)一书中,帕特里克·弗里敦森(Patrick Fridenson)和菲利普·斯克兰顿(Philip Scranton)表示企业史的研究应进一步扩展,不能局限于对企业本身的研究,还应把中央政府、当地政府和消费者协会纳为研究对象(Scranton and Fridenson, 2013)。

四、 方法论的延伸

长期以来,对企业史是否应被视为一门独立学科的争论集中在该学科是否具备严谨的方法论这一问题上。早在20世纪50年代,雷德利克就已经呼吁将经济学的理论引入企业史研究,但这从未得到企业史学家们的普遍认可。钱德勒的案例研究和其针对大企业发展趋势的量化分析,得到了管理学家和制度经济学家的一致推崇。随着经济学越来越依赖于数据模型分析,而管理学研究则越来越偏重社会科学的方法论,企业史研究需要获得来自主流学科更多的认同。近年来具有代表性的有以下几种观点(De Jong, Higgins and Van Driel, 2015; Decker, Kipping and Wadhwani, 2015):

第一条建议是要尽可能与经济学进行交叉研究。这一传统可以追溯到雷德利克。同样的观点也体现在美国企业史学家丹·拉夫(Dan Raff)和纳奥米·拉蒙诺(Naomi Lamoreaux)对19世纪企业所采用的法律制度的研究中(Raff, 2013; Lamoreaux and Rosenthal, 2005)。在作为美国企业史学会主席的一次演讲中,拉蒙诺指出运用传统叙事学的研究方法去理解大企业的决策通常会存在事后辩护的嫌疑,使决策看起来是理性的。她借鉴了经济史学家罗伯特·福格尔(Robert Fogel)的做法,呼吁采用经济学中的反事实研究方法。她认为这一方法应该和史学语境分析结合起来(Lamoreaux, 2001)。当拉夫和拉蒙诺致力于将宏观经济学理论推广到企业史研究中时,研究跨国企业的企业史学派已经和微观经济学之间建立起了密切的联系。对20世70年代第一批跨国企业进行研究的经济学家自身对历史就有着很强的兴趣,他们包括约翰·唐宁(John Dunning)、雷·弗农(Ray Vernon)和马克·卡森(Mark Casson)。而到了80年代,研究跨国公司的学者包括威尔金斯和琼斯等,他们积极与上述学者进行合作并联合发表了多项研究成果(Jones and Hertner, 1986)。跨国企业理论的关键概念,如交易成本和所有权优势等被纳入企业史文献中(Jones, 2004)。企业史学家开始在顶级国际商业期刊上崭露头角,而国际商业学者也陆续在企业史期刊上发表文章(Jones and Pitelis, 2015; Jones and Khanna, 2006; Buckley, 2009; Verbeke and Kano, 2015)。

第二种方法论则是最近兴起的资本主义史,它试图使企业史与历史学的关注焦点更为一致。这在美国尤为典型,学者们更愿意研究文化、性别和种族等问题。比如威廉·克罗农(William Cronon)的《自然的大都会:芝加哥和伟大的西部》(*Nature's Metropolis: Chicago and the Great West*)回顾了芝加哥是如何通过商品市场的建立实现和供货商的联系,该书的主题是企业家如何通过建立机构来重塑社会和地理优势(Cronon, 1992)。托马斯·麦克劳(Thomas McCraw)出版了名为《创造现代资本主义》(*Creating Modern Capitalism*)的著作,该书极具影响力,它研究了美国、英国、德国、日本等不同国家的资本主义史(McCraw, 1997)。资本主义史的相关文献催生了更多专著的问世。然而文献本身也存在一定的问题(Mihm, 2007; White, 2011; Levy, 2012)。在斯文·贝克特(Sven Beckert)最近对全球棉花业历史的研究中,我们可以非常清楚地看到这一点。这是一个漫长而广泛的研究,但其论点、方法和几十年前并无差别。研究表明企业在经营动机和影响力方面存在巨大差异,而本书并没有举证任何一家个体企业。贝克特将资本主义企业统称为"恶魔"(Beckert,2014)。尽管资本主义史的文献通常批评企业史"老掉牙"和"太狭隘",但大多数所引用的文献均来自企业史著作。可喜的是主流历史学者对资本主义发展史的关注日益递增(Lipartito,2016)。

第三种方法对欧洲学者有很大的吸引力,但对美国学者的吸引力则较小。像钱德勒一样,这些学者转向社会学研究,并且寻求将管理学中的组织理论纳入企业史(Bucheli and Wadhwani,2014;O'Sullivan and Graham,2010)。这些文献能否起到鼓励社会学家通过将社会学术语引入企业史研究中进而加强它和历史学研究共性部分的作用,有待于时间的检验。

总的来说,这些全新的方法论鼓励学者们提出不同的观点,从而涌现了一批新的学术成果。然而,它们也导致了该学术领域的进一步分化。

五、 新兴国家和地区的企业史研究

近几十年来,非洲、亚洲和拉丁美洲等地区关于企业史研究的文献有了显著增长(Barbero,2008;Dávila,2013;Dávila and Miller,1998;Tripathi,2004;Friedman and Jones,2014;Austin,2017)。这些文献展示了一个全新的视角。这样一来,学者可以重新定义研究框架。哈佛商学院曾对两次世界大战期间跨国企业如何运用历史经验来培育其管理团队进行过研究。在20世纪40年代和50年代期间,哈佛大学企业家史研究中心通过比较研究使企业史研究议题变得更加国际化。在战后的几十年中,随着企业史在欧洲和日本的地位逐渐稳固,许多研究聚焦于解释美国为何能在资本密集型的制造业中涌现出一批大型的、专业化的公司,并主导资本主义世界,以及为什么欧洲和日本的企业系统看起来和美国的有所不同等问题。

通过增加新的视角来讨论一个熟悉的问题,新兴地区企业史研究团队的加入显得十分重要,它提供了一个更为广阔的前景。拉丁美洲、亚洲和非洲国家的企业史研究有着共性的一面,可以看出它们与西方发达国家源于两个截然不同的知识体系。然而这些地区的企业发展正面临着五大问题:

第一,这些国家和地区处于"大分流"理论的对立面。自那时起,它们一直在努力追赶。该地区企业寻求发展的过程中面临着多重挑战,既要寻找熟练的劳动力,还需要切入由强大的西方老牌资本主义国家企业所主导的市场。第二,无论它们是西班牙、葡萄牙、法国还是英国的殖民地,这些国家和地区都面临着殖民时期遗留下来的许多问题。从法律制度的起源来看,从英国那里继承了普通法的国家和地区比继承大陆法系的表现得更好。然而法律制度只是殖民主义的遗留问题之一。殖民地政权对特定民族群体存在明显的倾向性,这进一步限制了当地企业的发展。第三,几乎所有的国家和地区都对企业实施过干预。在一些地方,具有资本主义背景的企业制度被废除了长达几十年之久,此外还存在着进口替代、计划经济等其他形式的政府干预。第四,这些国家和地区在资本、劳动力和其他市场要素方面,均不同程度地与发达国家存在着差异,而几乎所有主流企业史所描述的市场制度都得益于良好的交易体制。第五,在非洲、亚洲和拉丁美洲的现代史中,这些国家和地区都经历过大规模的社会动荡,宏观经济波动一直以常态形式存在着。

新兴国家和地区的企业史发展表明,和发达国家相比这些地区面临着独特的挑战:

第一,企业家精神所发挥的作用比企业组织自身所体现的作用大。在制度相对缺失的国家中想要得以生存,企业家精神的塑造必不可少。例如,拉丁美洲的相关文献提到了企业家精神在全球化周期中起到的关键作用,这种作用自19世纪以来就一直影响着拉美大陆。在面对可能被称为拉美"资本主义多样化"的挑战及机遇方面,企业家发挥了核心作用。这项研究打破了广泛流传的假设前提,即缺乏企业家价值观是拉丁美洲不发达的原因之一(Dávila,2010)。创业家庭和家族企业集团是拉丁美洲商业组织存在的主要形式(Pérez and Lluch,2016)。企业史研究表明,拉美企业家的一个鲜明特点是其与政治环境、政府之间存在密切的相互作用,除了常见的企业家在政府机构担任公职之外,还有许多种不同的表现形式(Dávila and Miller,1999;Barbero and Jacob,2008)。

第二,新兴国家和地区的企业史强调了移民和离散群体的重要性。例如,拉美企业家精英群体与其母国和离散群体通常保持着紧密的联系,并能够从中受益。这样的联系在企业家取得信贷、金融和技术方面的支持显得尤为重要。这些群体活跃在各个地方、区域甚至国家层面。意大利后裔在阿根廷和秘鲁有着极为重要的社会地位,而在墨西哥,当地的法国、西班牙和德国移民群体成为社会不可缺少的重要组成部分。最新的一项研究表明,美国侨民在20世纪80年代对哥斯达黎加发展大型生态旅游业亦发挥了重要作用(Jones and Spadafora,2017)。资本主义世界的离散群体不仅存在于拉丁美洲。企业史学家以自己的研究证明了奥斯曼帝国中的希腊人和亚美尼亚人、西非的黎巴嫩人、东非的南亚人、约旦和阿拉伯湾的巴勒斯坦人等对当地发展也曾发挥了重要的作用。大量文献证明离散的中国商人群体曾在东南亚国家做出了巨大贡献,在那里,华裔对大多数国家的经济增长起到了至关重要的推动作用。虽然这些商人在创新意识方面仍需进一步提升,但新的研究表明这些团体已能够较好地进行自我调节,能在长期动荡的社会环境下发现商业机会,并熟练地与政府和跨国公司建立联盟(Brown,2000)。

第三,新兴国家和地区所具备的独特条件也导致了该地区非正规经济的比重比西方国家更大。在第二次世界大战之后,非正规经济主导着非洲和南亚大片地区的就业市场。它的存在形式是成千上万家的小企业,但在一些特殊情况下,整个行业比如印度知名的宝莱坞电影业,构成了非正规经济的一部分(Basile,2013)。有趣的是,自20世纪90年代中期以来,大型跨国企业开始利用这些非正式网络向几个拉丁美洲首都城市数百万的贫困消费者推销它们的产品。

第四,企业史学家证明了多元化企业集团在新兴国家和地区历史上的重要性。它们曾一度被看作腐败精英的寻租工具和西方世界的替代品,如今被重新解释为对制度缺失的理性、有效、持久的回应(Colpan, Hikino and Lincoln, 2010)。随着第一批亚洲经济体开始大力发展现代工业,对许多国家中家族企业集团是如何出现并发展的研究逐渐常态化。印度的塔塔集团在19世纪中叶出现。它的创始人是帕西人,这是一个与英国殖民统治者有着密切合作的小族群,随后成为早期印度现代企业家的重要摇篮(Desai,1968)。詹姆谢特吉·塔塔(Jamsetji Tata)建立了印度的现代纺织业。到1904年他去世的时候,塔塔已经建立起了一个巨大的棉纺织品商业帝国,它能与曾经主导市场的英国老牌企业相抗衡。该公司经过多年的发展成为一个高度多元化的集团公司,现如今仍是印度最大的企业之一(Tripathi,2004)。

自第一次世界大战以来,来自另一个地区的小族群——马尔瓦尔人成为印度一些知名商业集团的创始人。他们最初从事贸易业,在战争时期进入制造业,随后又购买了许多原来由英国殖民政府所持有的商业地产。博拉家族是一个先驱式典范。甘希亚姆·博拉(Ghan-shyam Birla)在1920年建立了博拉黄麻公司(Piramal and Herdeck,1985)。在20世纪期间,马尔瓦尔人家族以大型多元化商业集团的模式主导了印度商界。在当代印度,许多顶尖企业都是由马尔瓦尔人创建的。尽管马尔瓦尔人口总数在2002年的时候只占印度总人口的大约

1.2%，但约有五分之三的印度私营部门的业务由这个少数族群控制（Hardgrove，2002；Timberg，1978）。

随着现代化和工业化的兴起，印度的例子开创了一种较为普遍的、西方国家之外的模式。1923年，伴随着土耳其共和国政府的成立，家族企业集团成为其国家经济的中流砥柱，他们开始寻求现代化、关税保护甚至大量的政府干预。2005年，在土耳其50家规模最大的企业中，有28家是多元化的企业集团。一些大型团体中的企业，包括KoÇ和SabancÇ1，在两次世界大战之间兴起，并在第二次世界大战后实现了大规模扩张。这既是得益于政府对来自海外的跨国公司的政策性限制，也体现了自身组织和管理水平的提升（Coplan and Jones，2016）。

拉美地区家族企业集团的重要地位可以追溯至19世纪末和20世纪初的农业品出口时期（Jones and Lluch，2015；Pérez and Lluch，2016；Barbero and Puig，2016）。在拉丁美洲独有的政治环境下，即便存在着一定程度的制度缺失和市场缺陷，企业团体中的企业家精神已得到了充分的发挥。尽管不总是基于家族私有制这一经营制度，但在墨西哥、中美洲和南美洲等地区的企业集团中，有很大一部分都与创业家庭的历史路径、其事业发展以及各自社会、政治环境下的作用密切相关。由于与经验现实有着密切接触，企业史研究在挑战对"拉丁裔标准/类型"的商业集团和家族资本主义方面发挥了显著作用。不过，不同国家和地区的商业集团之间显然存在着多样性（Barbero，2013）。

第五，企业家和企业往往不得不应对动荡、缺失和专制的政府机制。在拉丁美洲，由商品价格波动造成的动荡、稍显随意的政府决策、薄弱的法律制度，这都是该区域的常态。近期的企业史研究表明，经济和政治制度的不稳定性极大地影响了拉丁美洲的商业活动。就阿根廷而言，有迹象表明，经济政策的经常性波动和突然变化对企业提出了更高的战术性而非战略性思维需求。这种变化仅仅发生在几个星期之内，便可视为短期的波动（Jones and Lluch，2015）。

综上所述，企业史学科的发展此前一直是围绕着发达的西方经济体所采用的战略和结构而展开的。这个前提不自觉地影响了该主题下一系列特定问题的研究，并形成了一套"好"或"坏"的标准。企业史研究在新兴国家和地区所体现出来的制度环境与发达国家之间差异较大。许多国家都经历过长期的殖民统治、广泛的国家干预，面临着巨大的制度缺失，并且经历了长久的动荡。这种背景影响了它们在商业活动上做出的回应，而这种回应使得该地区的企业史研究和西方国家的企业史研究有着巨大的差异。作为格拉斯和钱德勒的继任者，琼斯正努力促使新兴国家和地区的企业史研究成为哈佛乃至全球企业史领域的主要研究方向。在这个与以往的企业史研究完全不同的时期之中,对于企业家的研究将比管理阶层的研究更为重要,对于新兴国家和地区移民、散居商人群体的研究也是一个重要方向。对于非法和非正式企业的研究将更为常见,大型企业的主要存在形式将是非多元化的业务集团,而应对动荡时期的战略选择研究也将成为常态。

六、 结论

自20世纪20年代起,企业史在哈佛商学院正式成为一门学科。伴随着学科的发展,该领域虽然积累了许多重要的学术成果,却是目前学术界尚待开拓的边缘学科。在某种程度上,这是因为该学科的边界不够清晰,而这仍是该学科的一大特征。在20世纪60年代和80年代之间,企业史学科渐渐走向成熟。在钱德勒的影响下,它迅速兴旺起来,钱德勒为这门学科提供了一个核心范式。之后的近几十年来,企业史研究正发生着巨大的变化。钱德勒关于组织结构和企业战略的研究思路正逐渐退热,而现在的学者则希望在更广的范围内尝试运用不同的研究方法来研究新的问题。除了美国、日本和欧洲,一些国家和地区对企业史研究的重视程度也在加强,力度正不断加大。比如中国,其企业史研究一方面得到了政府的鼓励和支持,另一方面在一些经济发达的地区(如北京、上海、福建等),相关科研机构正尝试组建企业史研究团队并积极开展跨区域乃至跨国的学术交流活动。新兴国家和地区的企业史研究在一定程度上为全球企业史发展掀开了新的篇章,由于制度环境和发达国家相比有着极大的不同,企业史的研究界限被打破。未来的挑战是使企业史领域内所涌现出的新的研究能与钱德勒的研究成果一样受到学界的广泛关注。这就需要企业史学者不断改进研究方法,在企业史学科的关键问题上达成更广泛的共识,相信这对企业史的发展将大有裨益。

参考文献

AUSTIN G. Africa business history[M]//WILSON J, TOMS S, DE JONG A, et al. The Routledge companion to business history, London: Routledge, 2017: 138-156.

BALLEISEN E J. Fraud: an American history from Barnum to Madoff[M]. Princeton: Princeton University Press, 2017.

BARBERO M I. Business groups in Argentina during the export-led growth period (1870-1914)[M]// TORTELLA G, QUIROGA G. Entrepreneurship and growth. London: Palgrave Macmillan, 2013: 69-91.

BARBERO M I. Business history in Latin America: a historiographical perspective[J]. Business History Review, 2008, 82(3): 555-575.

BARBERO M I, JACOB R. La nueva historia de empresas en América Latina y España[M]. Buenos Aires: Temas Grupo Editorial, 2008.

BARBERO M I, PUIG N. Business groups around the world: an introduction[J]. Business History, 2016, 58: 6-29.

BASILE E. Capitalist development in India's informal economy[M]. London: Routledge, 2013.

BECKERT S. Empire of cotton: a global history[M]. New York: Alfred A. Knoopf, 2014.

BERGHOFF H, KÜHNE T. Globalizing beauty: consumerism and body aesthetics in the twentieth century[M]. New York: Palgrave MacMillan, 2013.

BERGHOFF H, ROME A. Green capitalism?: business and the environment in the twentieth century[M]. Philadelphia: University of Pennsylvania Press, 2017.

BERGQUIST A, LINDMARK M. Sustainability and shared value in the interwar Swedish copper industry[J]. Business history review, 2016, 90: 197-225.

BLASZCZYK R L, POUILLARD V. European fashion: the creation of a global industry[M]. Manchester: Manchester University Press, 2018.

BROWN R. Chinese big business and the wealth of Asian nations[M]. London: Routledge, 2000.

BUCHELI M, WADHWANI D. Organizations in time: history, theory, methods[M]. Oxford: Oxford University Press, 2013.

BUCKLEY P J. Business history and international business[J]. Business History, 2009, 51(3): 307-333.

CARNEVALI F. Europe's advantage: the political economy of small firms and regions in Britain, France, Germany and Italy since 1918[M]. Oxford: Oxford University Press, 2005.

CARROLL A B, LIPARTITO K J, POST J E, et al. Corporate responsibility: the American experience[M]. Cambridge: Cambridge University Press, 2012.

CHANDLER A D. Scale and scope: the dynamics of industrial capitalism[M]. Cambridge: The Belknap Press of Harvard University Press, 1994.

CHANDLER A D. Strategy and structure: chapters in the history of the American industrial enterprise[M]Cambridge: MIT Press, 1969.

CHANDLER A D. The growth of the transnational industrial firm in the united states and the United Kingdom: a comparative analysis[J]. Economic History Review, 1980, 33(3): 396-410.

CHANDLER A D. The visible hand: the managerial revolution in American business[M]. Cambridge: Harvard University Press, 1977.

COLLI A. The history of family business, 1850-2000[M]. Cambridge: Cambridge University Press, 2003.

COLPAN A, HIKINO T. Business groups in the west: the evolutionary dynamics of big business[M]. Oxford: Oxford University Press, 2018.

COLPAN A M, HIKINO T, LINCOLN J R. The Oxford handbook of business groups[M]. Oxford: Oxford University Press, 2010.

COPLAN A, JONES G. Business groups, entrepreneurship and the growth of the Koç group in Turkey[J]. Business history, 2016, 58: 69-88.

CRONON W. Nature's metropolis: Chicago and the great west[M]. New York: W. W. Norton & Company, 1992.

DANIEL B, Enterprises et environment en France de 1960 à 1990: les chemins d'une prise de conscience[M]. Genève: Droz, 2006.

DECKER S, KIPPING M, WADHWANI R D. New business histories! Plurality in business history research methods[J]. Business History, 2015, 57: 30-40.

DE JONG A, HIGGINS D, VAN DRIEL H. Towards a new business history? [J]. Business History, 2015, 57(1): 5-29.

DESAI A V. The origins of Parsi entrepreneurship[J]. Indian Economic and Social History Review, 1968, 5(4): 307-317.

DÁVILA C, MILLER R. Business history in Latin America: the experience of seven countries[M]. Liverpool: Liverpool University Press, 1998.

DÁVILA C. The current state of business history in Latin American[J]. Australian Economic History Review, 2013, 53(2): 109-120.

DÁVILA C. Entrepreneurship and cultural values in Latin America, 1850-2000: from modernization, national values and dependency theory towards a business history perspective[M]//GARCIA-RUIZ J, TOMINELLI P A. The determinants of entrepreneurship: leadership, culture, institutions. London: Pickering & Chatto, 2010: 143-160.

FITZGERALD R. The rise of the global company[M]. Cambridge: Cambridge University Press, 2015.

FOREMAN-PECK J, HANNAH L. Extreme divorce: the managerial revolution in UK companies before 1914[J]. Economic History Review, 2012, 65(4): 1217-1238.

FRIEDMAN W A, JONES G. Business history review[M]. Cambridge: Cambridge University Press, 2014.

FRIEDMAN W A, JONES G. Business history: time for debate[J]. Business history review, 2011, 85: 1-8.

GALAMBOS L, Identity and the boundaries of business history: an essay on consensus and creativity[M]//AMATORI F, JONES G. Business history around the world. Cambridge: Cambridge University Press, 2003: 11-30.

GALAMBOS L Presidential address: what makes us think we can put business back into american history? [J]. Business and Economic History, 1992, (21): 1-11.

GRAS N S B. Business history[J]. The Economic History Review, 1934, 4(4): 385-398.

HAMMAH L. The business history discipline[M]//TURTON A. The international business archives handbook. London: Routledge, 2017: 427-445.

HANNAH L. The "Divorce" of ownership from control from 1900 onwards: re-calibrating imagined global trends[J]. Business History, 2007, 49: 404-438.

HANNAH L. The rise of the corporate economy: the British experience[J]. The American Historical Review, 1977, 82: 1258.

HARDGROVE A. Community and public culture: the Marwaris in Calcutta, C. 1897-1997[M]. New York: Columbia University Press, 2002.

HARVEY C, MACLEAN M, GORDON J, et al. Andrew Carnegie and the foundations of contemporary entrepreneurial philanthropy[J]. Business History, 2011, 53: 425-450.

HAUETER N V, JONES G. Managing risk in reinsurance: from city fires to global warming, Oxford: Oxford University Press, 2017.

HAUSMAN W J, HERTNER P, WILKINS M. Global electrification: multinational enterprise and international finance in the history of light and power, 1878-2007[M]. Cambridge: Cambridge University Press, 2008.

HERTNER P, JONES G. Multinationals: theory and history[M]. Aldershot: Gower, 1986.

HOFFMAN A J, From heresy to dogma: an institutional history of corporate environmentalism[M]. Redwood: Stanford University Press, 2002.

HOWARTH S, JONKER J. A history of Royal Dutch Shell, volume 2, powering the hydrocarbon revolution, 1939-1973[M]. Oxford: Oxford University Press, 2007.

JAMES H. Family capitalism: wendels, haniels, falcks, and the continental Europeanmodel[M]. Cambridge: Harvard University Press, 2006.

JOHN R R. Elaborations, revisions, dissents: Alfred D. Chandler, Jr. 's, the visible hand after twenty years[J]. Business History Review, 1997, 71: 151-200.

JONES G. Beauty imagined: a history of the global beauty industry[M]. Oxford: Oxford University Press, 2010.

JONES G, COLPAN A M. Business groups in historical perspectives[M]//COLPAN A M, HIKINO T, LINCOLN J R. The Oxford handbook of business groups. Oxford: Oxford University Press, 2010: 67-92.

JONES G. Firms and global capitalism[M]//NEAL L, JONES G. The Cambridge history of capitalism. Cambridge: Cambridge University Press, 2014: 169-200.

JONES G. Great Britain: big business, management, and competitiveness in twentieth-century Britain[M]//CHANDLER A D, AMATORI F, HIKINO T. Big business and the wealth of nations. Cambridge: Cambridge University Press, 1997: 102-138.

JONES G, KHANNA T. Bringing history (back) into international business[J]. Journal of International Business Studies, 2006, 37(4): 453-468.

JONES G, LLUCH A. Argentine and Chilean business in the second global economy[M]// JONES G, LLUCH A. The impact of globalization on Argentina and Chile. Cheltenham: Edward Elgar Publishing, 2015: 248-274.

JONES G, LLUCH A. The impact of globalization on Argentina and Chile: business enterprises and entrepreneurship[M]. Cheltenham: Edward Elgar Publishing, 2015.

JONES G, LUBINSKI C. Making 'Green giants': environment sustainability in the German chemical industry, 1950s-1980s[J]. Business History, 2014, 56: 623-649.

JONES G, LUBINSKI C. Managing political risk in global business: Beiersdorf 1914-1990[J]. Enterprise & Society, 2012, 13: 85-119.

JONES G. Merchants to multinationals: British trading companies in the nineteenth and twentieth centuries[M]. Oxford: Oxford University Press, 2000.

JONES G, MOWATT S. National image as a competitive disadvantage: the case of the New Zealand organic food industry[J]. Business History, 2016, 58: 1262 - 1288.

JONES G. Multinationals and global capitalism: from the nineteenth to the twenty-first century[M]. Oxford: Oxford University Press, 2007.

JONES G, PITELIS C. Entrepreneurial imagination and a demand and supply-side perspective on the MNE and cross-border organization[J]. Journal of International Management, 2015, 21(4): 309-321.

JONES G. Profits and sustainability: a history of global business[M]. Oxford: Oxford University Press, 2017.

JONES G, SPADAFORA A. Creating ecotourism in Costa Rica, 1970-2000[J]. Enterprise & Society, 2017, 18: 146-183.

JONES G, ZEITLIN J. The Oxford handbook of business history[M]. Oxford: Oxford University Press, 2008.

JONKER J, VAN ZANDEN J L. A history of Royal Dutch Shell, volume 1, from challenger to joint industry leader, 1890-1939[M]. Oxford: Oxford University Press, 2007.

KOBRAK C, HANSEN P H. European business, dictatorship, and political risk 1920-1945[M]. New York: Berghahn Books, 2004.

KROOSS H E. Economic history and the new business history[J]. The Journal of Economic History, 1958, 18: 467-480.

KYNASTON D, ROBERTS R. The lion wakes: a modern history of HSBC[M]. London: Profile Books, 2015.

LAMOREAUX N. Reframing the past: thoughts about business leadership and decision making under uncertainty[J]. Enterprise & Society, 2001, 2: 632-659.

LAMOREAUX N R, RAFF D, TAMIN P. Beyond markets and hierarchies: towards a new synthesis of American business history[J]. American Historical Review, 2003, 108(2): 404-433.

LAMOREAUX N R, ROSENTHAL J-L. Legal regime and contractual flexibility: a comparison of business's organizational choices in France and the United States during the era of industrialization[J]. American Law And Economics Review, 2005, 7: 28-61.

LANGLOIS R. The vanishing hand: the changing dynamics of industrial capitalism[J]. Industrial And Corporate Change, 2003, 12(2): 351-385.

LEVY J. Freaks of fortune: the emerging world of capitalism and risk in America[M]. Cambridge: Harvard University Press, 2012.

LIPARTITO K. Reassembling the economic: new departures in historical materialism[J]. American Historical Review, 2016, 121: 101-139.

MCCRAW T K. Alfred Chandler: his vision and achievement[J]. Business History Review, 2008, 82(2): 207-226.

MCCRAW T K. Creating modern capitalism: how entrepreneurs, companies, and countries triumphed in three industrial revolutions[M]. Cambridge: Harvard University Press, 1998.

MIHM S. A nation of counterfeiters[M]. Cambridge: Harvard University Press, 2009.

NAKAGAWA K. Strategy and structure of big business: proceedings of the first Fuji conference[M]. Tokyo: University of Tokyo Press, 1975.

O'SILLIVAN, GRAHAM M. Moving forward by looking backward: business history and management studies[J]. Journal of management studies, 2010, 47(5): 775-790.

PIRAMAL G, HERDECK M. India's industrialists [M]. Boulder: Lynne Rienner Publishers, 1985.

POPP A. Business structure, business culture and the industrial district: the potteries, 1850-1914[M]. Aldershot: Ashgate, 2001.

PÉREZ P F, COLLI A. The endurance of family businesses: a global overview[M]. Cambridge: Harvard University Press, 2013.

PÉREZ P F, LLUCH A. Evolution of family business: continuity and change in Latin America and Spain[M]. Cheltenham: Edward Elgar Publishing, 2016.

RAFF D M. How to do things with time[J]. Enterprise & Society, 2013, 14: 435-466.

REDLICH F. The role of theory in the study of business history[J]. Explorations in Entrepreneurial History, 1952, 4(3):137.

ROSE M B. The family firm in British business[M]//KIRBY M W, ROSE M B. Business enterprise in modern Britain. London: Routledge, 1994: 1780-1914.

ROSEN C M. Businessmen against pollution in late nineteenth century Chicago[J]. Business History Review, 1995, 69: 351-397.

SCRANTON P. Endless novelty: specialty production and American industrialization, 1865-1925[M]. Princeton: Princeton University Press, 1997.

SCRANTON P, FRIDENSON P. Reimagining business history[M]. Baltimore: Johns Hopkins University Press, 2013.

SLUYTERMAN K. A history of Royal Dutch Shell, volume 3, keeping competitive in turbulent markets, 1973-2007[M]. Oxford: Oxford University Press, 2007.

TIMBERG T. The Marwaris, from traders to industrialists[M]. Noida: Vikas Publishing House Pvt Ltd, 1978.

TRIPATHI D. The Oxford history of Indian business[M]. Oxford: Oxford University Press, 2004.

VERBEKE A, KANO L. The new internalization theory and multinational enterprises from emerging markets: a business history perspective[J]. Business History Review, 2015, 89(3): 415-445.

WEINBAUM A E, THOMAS L, RAMAMURTHY P, et al. The modern girl around the world: consumption, modernity, and globalization[M]. Durham: Duke University Press, 2008.

WHITE R. Railroaded: the transcontinentals and the making of modern America[M]. New York: W. W. Norton & Company, 2011.

WHITTINGTON R, MAYER M. The European corporation: strategy, structure, and social science[M]. Oxford: Oxford University Press, 2000.

WILKINS M, HILL F E. American business abroad: ford on six continents[M]. Detroit: Wayne State University Press, 1964.

WILKINS M. The emergence of multinational enterprise: American business abroad from the Colonial Era to 1914[M]. Cambridge: Harvard University Press, 1970.

WILKINS M. The maturing of multinational enterprise: American business abroad from 1914 to 1970[M]. Cambridge: Harvard University Press, 1974.

WILKINS M. The history of foreign investment in the United States before 1914[M]. Cambridge: Harvard University Press, 1989.

WILKINS M. The history of foreign investment in the United States, 1914-1945[M]. Cambridge: Harvard University Press, 2004.

WILLIAM L, TEECE D J. Management innovation: essays in the spirit of Alfred D. Chandler, Jr. [M]Oxford: Oxford University Press, 2012.

WILSON C. The history of Unilever: a study in economic growth and social change[M]. London: Cassell, 1954.

ZEITLIN J. Industrial districts and regional clusters[M]//JONES G, ZEITLIN J. The Oxford handbook of business history. Oxford: Oxford University Press, 2008: 219-243.

ZEITLIN J. The historical alternatives approach[M]//JONES G, ZEITLIN J. The Oxford handbook of business history. Oxford: Oxford University Press, 2008: 120-140.

ZUNZ O. Philanthropy in America: a history[M]. Princeton: Princeton University Press, 2012.

（原文发表于《东南学术》2017 年第 3 期）

美国企业史方法论研究：缘起、现状与趋势

林立强

　　美国是企业史研究的重镇及发源地,迄今已经走过近百年的发展历程,取得了不小的成就。但长期以来,企业史研究的方法论问题的讨论聚焦在钱德勒范式(Chandler Paradigm)上,而对其他方法论的关注严重不足甚至漠视,在很大程度上阻碍了美国企业史研究的发展。本文试图对美国企业史研究方法论进行回顾,并把重点放在钱德勒范式以外的其他企业史方法论的梳理上,以期形成对美国企业史学方法论体系一个总体的把握与认识,为中国企业史研究提供借鉴作用。

对美国企业史研究成果进行回顾与反省可以发现,妨碍该学科发展最大的障碍,莫过于美国企业史学界对方法论(Methodology)的漠视(Jones, Van Leeuwen and Broadbervy, 2012)。长期以来,美国企业史研究执全球之牛耳,钱德勒作为美国乃至世界企业史学界最负盛名的学者,其开创的大企业研究模式,对企业管理学、经济学等领域以及企业管理实践影响巨大,学界的研究绝大多数都聚焦在钱德勒一人之上,①以致中外学界都忽视了其他方法论的研究与探讨,这在很大程度上削弱了我们对美国企业史研究方法论在总体上的了解。那么,早期美国企业史研究有哪些方法论?他们对钱德勒范式是否产生过影响?钱德勒之后,特别是21世纪以来,又有哪些新的方法论出现?未来美国企业史研究的趋势会有哪些变化?这些都是摆在企业史学者面前十分现实的问题。本文拟对美国企业史学科的主要方法论进行一次梳理与反思,并期待能够为中国企业史研究提供方法论方面的借鉴。

一、美国早期企业史研究中的方法论

本文将自1927年企业史学科正式在哈佛商学院诞生,一直到50年代、60年代美国经济史学界急剧转向社会科学化,以及1962年钱德勒发表成名作《战略与结构:美国工商企业成长的若干篇章》,称为美国早期企业史研究时期。20世纪初期的美国经济史学界,基本由具有德国学术传统的历史主义学派学者所占据。如埃德温·盖伊(Edwin Gay)在德国师从经济学历史主义学派的代表人物古斯塔夫·冯·施穆勒(Gustav Von Schmoller),把历史方法看作经济学研究的基本方法。1908年盖伊就任哈佛商学院第一任院长,把该传统带到了工商管理领域。第二任院长华莱士·多纳姆(Wallace Donham)亦确信历史学方法对培养商业管理人才与推动学院的案例教学有益,于1927年促成了企业史学科的诞生。本阶段最具代表性的企业史学家为诺曼·S. B. 格拉斯(Norman S B Gras)、阿瑟·科尔(Arthur Cole)、弗里茨·雷德利希(Fritz Redlich)、托马斯·科克伦(Thomas Cochran)等,均具有经济史学背景,与美国经济史学界有着千丝万缕的联系,但因他们研究企业与企业家的视角不同,介入企业史学研究的时间早晚不

---

① 国内学界较有代表性的文章参见:路风.从结构到组织能力:钱德勒的历史性贡献[J].世界经济,2001(07):61-76;陈凌.超越钱德勒命题:重新评价《看得见的手》[J].管理世界.2005(5):160-165;何光宇.小艾尔弗雷德·D.钱德勒企业史研究中的跨学科方法[J].北京师范大学学报(社会科学版),2016(1):127-136。

一,其身处的时间点与美国当时各类学术思潮的出现吻合度有差异,于是呈现出了三种不同的企业史学研究方法论:

第一种方法论是以企业管理学为导向的,代表人物为格拉斯。格拉斯在哈佛大学师从盖伊学习经济史后,于1912—1918年在克拉克大学任教,1917—1918年在明尼苏达大学任经济史教授。作为一位在学界已经成名的经济史学家,1927年他回到哈佛商学院担任第一任斯特劳斯企业史教席教授,转向企业史研究(Gras,1956)。1934年,他提出"企业史是许多大小公司以及历代与当代公司的集体传记",并认为"企业史的教学工作应该增强商学院学生解决企业组织、行政和管理问题的能力(Gras,1934)。"1938年,他进一步强调了企业史的企业管理学属性,提出企业史是对于企业经营管理(Business Administration)发展的研究。粗略地说,它解决了商学院所教授课程的历史背景问题。我们可以把这个学科,也就是企业经营管理的历史,划分为两个主要的部分:第一个是政策制定的历史(The History of Policy Formulation),第二个是企业管理的历史(The History of Business Management)(Gras,1938)。格拉斯与企业史相关的著作有《商业与资本主义》(*Business and Capitalism: An Introduction to Business History*)(1939)、《美国企业史案例集》(*Casebook in American Business History*)(1939)以及数十篇阐述企业史基本理论问题的论文。

虽然格拉斯本人是经济史学背景,亦用历史学的方法研究企业史,但格拉斯的方法论带有强烈的企业管理学导向:其一,个案研究是为了配合当时哈佛商学院的案例教学而开展,其案例撰写的手法、规范、目的都与其他管理学教师如出一辙,只是编撰的方法偏向历史学,更强调情境化与企业原始档案资料的摘录。其二,提出将企业史定义为管理经营史的狭义概念,这完全是站在商学院的立场。其三,宣称企业史与经济史彻底分离,企业史应该成为单独的学科。尽管他的观点与当时的经济史学界格格不入,他与其助手亨丽埃塔·拉森(Henrietta Larson)等一起仍然取得了不少成果,如创办了第一份企业史专业刊物,编辑出版了以个案研究为主的《哈佛企业史丛书》[①](*Harvard Studies in Business History*),并积极拓展与企业和基金会的联系。虽然格拉斯在美国经济史学界与企业史学界争议很大,但具有讽刺意味的是,现在大量的企业史成果还是以个别企业的案例研究为主,并对英国、日本等学界影响很大。如1954年查尔斯·威尔逊(Charles Wilson)的《联合利华史:经济增长和社会变革研究》(*The History of*

---

① 该丛书由哈佛大学出版社出版,从1931年到2019年已经出版约50部企业史著作。

Unilever: A Study in Economic Growth and Social Change)(Wilson,1954)将企业史确立为一个值得英国学术界关注的课题,他与格拉斯的案例研究法长期以来是英美企业史学界研究时最常用的研究方法。

第二种方法论是以经济史学为导向的,代表人物为科尔。作为盖伊的忠实追随者以及第二任美国经济史学会的主席,他一方面试图把企业史拉回经济史学来,但另一方面也不排斥管理学对企业史的指导作用,其特点为折中主义。科尔1919年至1920年在美国关税委员会工作,之后回到哈佛大学经济系任教,1933年成为商业经济学教授。同时他因盖伊的举荐于1929年到哈佛商学院贝克图书馆任职,直接参与了企业档案的收集与整理工作,将贝克图书馆建成美国首屈一指的企业档案收藏与研究中心。1940年,科尔开始转向企业史研究,由于其对企业家精神的研究与著名经济学家熊彼特的研究思路十分吻合,得到了熊彼特的大力支持。1948年,哈佛大学企业家史研究中心成立,正式标志着有别于格拉斯范式的另一学派的形成。在科尔的组织下,许多研究者加入了这个跨学科团队,这些研究者当中既有当时已经成名的经济学家、历史学家、社会学家等,也吸引了一些年轻学者如钱德勒、道格拉斯·诺斯(Douglass North)等人的加入,直至1958年研究中心关闭(Cochran,1975)。他关于企业家与企业家精神的理论主要体现在他的三篇论文,即《作为一个研究领域的企业家精神》(Entrepreneurship as an Area of Research)(1942)、《企业家精神的研究方法》(An Approach to the Study of Entrepreneurship)(1946)、《中观经济学》(Meso-Economics: A Contribution From Entrepreneurial History)(1968)以及著作《企业与它的社会背景》(Business Enterprise in Its Social Setting)(1959)上。

科尔对企业史研究方法论的一个重要贡献,是认为企业与许多周围的环境因素相互作用,提出了要用跨学科的方法来研究企业史。于是,"商业管理、经济学、社会学和历史学这些本应截然不同的学科被融合在一起"(Batchelor,1959)。科尔本人的主要研究领域为企业家与企业家精神,认为企业家精神"是在不确定环境下,通过个人或参与团体活动所表现出来的系列行为,该行为或多或少会受到当代经济和社会力量的影响""研究企业家就是研究现代经济史上的中心人物,在我看来,也是经济学中的中心人物……我认为企业家精神是经济学的核心"(Cole,1946)。科尔方法论最大的特点是研究企业家精神在全球财富和贫困中的作用,把企业家和企业与更宏观的商业系统联系起来,强调其与周围环境的互动。

第三种方法论以社会科学理论为导向,代表人物为雷德利希,强调社会科学理论对企业史研究的作用。雷德利希早年在德国有过长达十六年的在自己家族化工企业的从业经验。离开企业后,他潜心研究与企业家相关的课题,并对企业家精神的历史情有独钟。在著名经济学家 F. W. 陶西格(F. W. Taussig)和熊彼特的建议下,他于 1936 年去美国开展企业家研究,并辗转于大学、联邦机构间(Carpenter and Chandler,1979)。1952 年,雷德利希成为哈佛大学企业家史研究中心的核心成员。在企业家相关研究领域,他的成果主要有《"企业家"和"创造性企业家"概念的起源》(The Origin of the Concepts of "Entrepreneur" and "Creative Entrepreneur")(1949)、《1815—1860 年巴林家族的企业家精神》(Entrepreneurship in the House of Baring,1815—1860)(1950)、《德国企业家精神研究》(Research on German Entrepreneurship)(1950)、《作为神秘人物的商业领袖》(The Business Leader as a "Daimonic" Figure)(1953)、《企业家的类型学》(Entrepreneurial Typology)(1959)等。

格拉斯等人在撰写企业史著作时使用的是兰克式的写法,虽然这种"科学的历史学"在促使美国企业史学科摆脱早期对企业家脸谱式的描述、发展成为一门客观的、学术性学科中起了很大的作用,但再进一步深入就面临着理论化极其缺乏的问题。企业史学界对当时美国经济史学界开始兴起的社会科学化趋势以及管理学界出现的科学化现象选择了无视,因此雷德利希 1952 年发表《理论在企业史研究中的作用》(The Role of Theory in the Study of Business History)一文。文章中揭示理论在企业史研究中的重要作用,认为其对企业史学家有着重要的三项职能:第一,它使企业史学家能够运用概括性的概念,并在这些概念的帮助下发现值得研究的现象;第二,它使企业史学家能够领会(Comprehend)和理解(Understand)历史过程;第三,它有助于对历史学家获得的不同观察结果进行甄别。他呼吁任何一位企业史学家,除非他坚持一个极端的经验主义立场,否则不能忽视理论研究的作用,应该在研究中将理论作为企业史研究的有用工具。他还在文章的后半部分以"企业家理论"为例,详细说明在研究中如何使用该理论,展现了使用理论后使研究的成果更有说服力与适用性的整个过程。(Redlich,1952)

以上三种方法论之争,从根本上看就是经济学导向与管理学导向之争,但由于企业史与经济史学之间的天然渊源关系,后者常常被忽略。20 世纪 50 年代开始计量主义的风暴让后来者几乎忘却了上述早期企业史学家在方法论方面的贡献。现任哈佛商学院斯特劳斯企业史教席教授杰弗里·琼斯(Geoffrey Jones)对早期美国企业史研究方法论做了中肯的评价:虽然每一代学者都或多或少地对这三种观点进行了重构和再造,但这三种关于企业史本质的主要观点仍流传至今(琼斯和黄蕾,2017)。他还观察到,"直到最近,企业史领域出现的大量文献采用了第一种方法,剩下的那一部分文献则被第二、第三种方法所占据。"(Jones and Friedman,2017)当然,对这三种方法论融合得最好的、影响力最大的非钱德勒莫属。

二、 早期企业史研究方法论对钱德勒范式的影响

第二次世界大战结束后,钱德勒以退役海军军官的身份回到了哈佛大学攻读历史学博士学位,这段经历对他后来的企业史研究产生了重大的影响。首先,他在辗转尝试了几位历史学导师的学术风格后,来自社会学领域的著名社会学家塔尔科特·帕森斯(Talcott Parsons)激起他的浓厚兴趣并成为他追随的目标,"帕森斯对角色理论和结构功能主义的强调对他产生了深远的影响,这与他在海军这个庞大组织中的经历是分不开的。在接下来的四十年里,以这样或那样的方式,帕森斯社会学,尤其是韦伯社会学,为钱德勒几乎所有的研究提供了素材。"(McCraw,1988)其次,他加入了科尔的企业家史研究中心,成为一名年轻的助理,与企业史学家群体的密切接触开启了他的企业史研究之旅。

如前所述,关于钱德勒大企业范式的成果众多,这里就不一一赘述了,本文仅保留从方法论角度的探讨。2017年,琼斯从方法论角度对钱德勒范式的核心内容进行了如下总结:"①一个历史的视角,专注于识别企业组织、生产、营销、研究或其他职能随时间的变化;②提出清晰而有说服力的研究问题,以探讨观察到的变化;③进行比较分析,了解为什么某些公司、某些行业或国家发生了变化,而其他公司为什么没有发生变化;④撰写经验式的丰富历史叙事,取材于对原始资料和二手资料的深入研究,这些资料涉及创新和变革的时间顺序;⑤跨学科视角的运用,尤其是努力将他的历史观察概念化。"(Jones and Friedman,2017)很明显,该范式很多地方受到了早期美国企业史方法论的影响。

1. 格拉斯方法论的影响

强调个案研究与急剧转向管理学的格拉斯长期以来承受着昔日经济史学家同行们的嘲讽与贬低,认为他把企业史研究带到一个十分狭隘的研究范围。年轻时期的钱德勒对此颇有同感:

> 当我开始写论文时,我试图在如何研究企业历史方面寻求建议。我和另外一两个研究生结伴跨过查尔斯河,去找哈佛商学院的格拉斯教授讨论。格拉斯很乐意与我们交谈,但他明确表示,只有一种方式可以书写企业史,

那就是他的方式。他的方法让我想起了那些热衷于科学管理的人常挂在嘴边的格言:"这就是最好的方法。"(令我反感)格拉斯研究的重点似乎狭隘而片面。在这次讨论之后,我几乎决定不做一名企业史学家。①

成名之后的钱德勒对此经历记忆犹新,可是,当他再次回想起来却是十分认同格拉斯当年的建议。他用很长的篇幅肯定了格拉斯领导的个案研究取得的诸多成果,并结合自己从事个案研究的心得写道:

> 我曾经参与了约翰·迪尔农机、杜邦、美国铝业、诺顿磨料磨具、国家城市银行和日本龟甲万酱油生产商等个案的协助与监督工作。换言之,今天企业史撰写的一个主要部分还是秉承传统路线发展,这是由美国的格拉斯和英国的威尔逊最先开始的。这种传统的案例研究一定能够向我们持续提供绝对必要的信息,任何关于企业和企业机构历史的广泛概括和概念都是建立在这些信息基础上的。(Chandler, 1984)

这种态度的改变实际上代表了当时企业史学家对格拉斯的逐渐认同,即个案研究是一切研究的基础。其实,格拉斯研究个案的初衷被其他企业史学家严重忽略了,他早在1946年就明确指出:在开始时我们考虑只是个案研究,实际上还有其他的方法来研究企业史,即企业某个功能的历史,如生产或营销,或者整个行业的历史,进而发展到企业通史的研究。这些类型的企业史都应该在某一天尝试,但必须提醒的是,这些企业史只有在我们拥有许多个体企业单位的历史之后才能开始(Chandler, 1984)。钱德勒就是从单个案的企业分析出发,发展到多个案(甚至达到数百个个案)比较研究的,后续的企业史学家展开的类似研究多循此例。1984年,钱德勒应邀为英国个案研究的先驱者威尔逊撰写了纪念文章《比较企业史》(*Comparative Business History*),在某种程度上可以视为向格拉斯的致敬。

2. 科尔方法论的影响

与格拉斯相比,年轻时的钱德勒对科尔以及企业家史研究中心的评价完全是另外一种态度:

---

① 据钱德勒回忆,那时历史系的导师们经常向他灌输具体的、碎片化的个案研究法,基本上没有提炼出概括性的内容,他期待在商学院的格拉斯教授处可以发现新的见解,但结果令他十分失望,这也是促使他后来向社会学寻求帮助的主要原因。参见 CHANDLER A D. Presidential address, 1978: business history-a personal experience[J]. Business & Economic History, 1978: 2-3; CHANDLER A D. Comparative business history[M]//COLEMAN D C, MATHIAS P. Enterprise and history: essays in honour of Charles Wilson. Cambridge: Cambridge University Press, 1984: 5。

幸运的是，在那时候我被邀请加入熊彼特和科尔组织的企业家史研究中心。我错过了熊彼特，在我参加第一次学术会议前他就去世了。但我在与科尔和研究中心合作的几年里确实获益不少，最令我激动的是思想上的碰撞。中心的高级研究员——科尔、科克伦、威廉·米勒（William Miller）、利兰·詹金斯（Leland Jenks），尤其是雷德利希，他们的研究领域有着广阔、多样的进路。他们对我从帕森斯课程中学到的东西进行点评并提出他们的观点，还组织讨论与报告。重要的是，科尔的研究中心汇集了大量来自不同背景（包括经济学、社会学、心理学和历史学各方面）的初级研究员。有了这些不同研究方法和充满个性的研究者，才使得获取的知识具备严谨、奇特和活力的特点。（Chandler，1978）

遗憾的是，虽然钱德勒对科尔很推崇，但他对经济学理论的兴趣却大大低于社会学，只是受新古典主义经济学以外的学者如伊迪丝·彭罗斯（Edith Penrose）的影响多些。不过，科尔所极力宣扬的企业史与经济史密不可分的理念，加深了他对企业史学科性质的理解："我从来没有看到维护企业史作为一门与经济史截然不同的独立学科的必要性和价值。我一直认为它属于一个更大学科的子领域，但是它有自己的特殊领域。"（Chandler，1978）这点与格拉斯将企业史孤立于经济史以及其他学科之外的观点完全不同，学术视野更加开阔。

熊彼特是企业史研究中心成立的直接推动者，他虽然并未直接参与研究中心的具体事务，但他在提交给中心的两篇论文——《企业家精神研究计划评论》（*Comments on a Plan for the Study of Entrepreneurship*）与《经济学理论与企业家史》（*Economic Theory and Entrepreneurial History*）中，对中心将要进行的工作提出了纲领性的意见与具体做法建议，其中重点谈到比较研究的重要性。麦克劳对此评价道："熊彼特描述的这类比较工作，恰恰是哈佛企业家研究中心最优秀的年轻学者接下来所做的。最好的例子就是钱德勒，他在一系列开创性著作和论文中，创立了熊彼特在《经济周期》中提及的现代商业史这门分支学科。熊彼特在1946年的论文中写道，如果他所思考的这类历史工作能成功进行的话，'可能催生一个新的经济学分支学科'，而钱德勒及其商业史学家同仁最终完成了这项工作。"（麦克劳，2010）熊彼特的思想对钱德勒的影响很大，以至于后人亦把他列入熊彼特主义者的行列。

3. 雷德利希方法论的影响

雷德利希是提倡在企业史研究中使用社会科学理论的第一人，钱德勒认为他对企业史最初构建方面的设想受到了雷德利希的很大影响，并评价雷德利希是"研究中心中最具创造力的头脑"。中心另外一个核心人物科克伦,曾担任美国历史学会的主席,亦是美国20世纪40、50年代推动历史学与社会科学或行为科学结合的重要人物之一(巴勒克拉夫,2006)。美国著名企业史学家拉尔夫·希迪(Ralph Hidy)在一篇有关企业史的调查文章中指出,我们需要改进我们的工具,更广泛地借鉴社会科学中适用的概念和分析技术(Hidy,1970)。可以说,自第二次世界大战后,西方史学界与经济学界发生革命性变化,史学界引入社会科学方法,叙述史学向分析史学转变,已经成为深受方法论苦恼的企业史学家寻求出路的比较一致的看法,特别是年轻一代的企业史学家们。

钱德勒在《作为制度史的企业史》(*Business History as Institutional History*)与《对新经济史学的评论》(*Comment on the New Economic History*)两篇文章中,曾多次提到对企业史研究使用社会科学方法的看法。其一,他十分推崇新制度经济学,认为"只有把企业史作为制度史来对待,这门学科才能与经济史和通史产生实质性的联系",企业史学家比其他制度历史学家更有优势,因为他的研究对象一直是这个时代的主要推动者。其二,他对企业史如何借鉴计量方法始终持保留态度。一方面,他认为经济史学家的强项在于对理论和模型的关注,以确定关系和所涉及的变量,肯定了计量经济学者的方法。另一方面,钱德勒本人在寻找、处理这些数据时,却几乎没有得到计量学方面的帮助。他认为新的经济历史学家应把他们的才能和注意力放在更近的时期。其三,他对社会学与管理学的方法青睐有加,认为比经济学方法受益更多。文章中帕森斯的影响随处可见,他反复强调从社会学学到的东西远远多于新经济史学。此外,他认为从管理学大师埃尔顿·梅奥(Elton Mayo)、切斯特·巴纳德(Chester Barnard)、赫伯特·西蒙(Herbert Simon)、詹姆斯·马奇(James March)等人的作品中得到的启发,远比从经济学家琼·罗宾逊(Joan Robinson)或爱德华·钱伯林(Edward Chamberlin)得到的更多(McCraw,1988)。

钱德勒在出版《战略与结构:美国工商业成长的若干篇章》一书之后,分别于1977年与1990年陆续完成《看得见的手:美国企业的管理革命》与《规模与范围:工业资本主义的原动力》两部企业史著作。这些著作"影响了许多国家的一代学者,包括英国、法国、德国、日本、意大利、西班牙和比利时。影响力涵盖多个学科,包括历史学、经济学、社会学和管理科学"(McCraw,1988)。这三部曲与钱德勒的其他著作,无一不带着早期美国企业史学家的影子,在某种程度亦是站在早期美国企业史学家肩膀上所致。当然,他的影响力超出了他的前辈,就如著名企业史学家托马斯·麦克劳(Thomas McCraw)评价的那样:"钱德勒所做的

并不是让一个研究领域恢复到萌芽状态,而是将企业史确立为一个独立的、重要的研究领域。"(McCraw,1988)

三、后钱德勒时代美国企业史研究的主要方法论及其发展趋势

20世纪90年代后,钱德勒方法论受到质疑,大企业范式逐渐被新的方法论所代替,企业史研究的机遇与挑战并存。哈佛商学院企业史研究团队的领先优势依然存在,由琼斯牵头,世界各地著名的企业史学家合作编写的《世界各地的企业史研究》(*Business History Around the World*)以及《牛津企业史手册》(*The Oxford Handbook of Business History*)两本著作(Amatori and Jones,2003;Jones and Zeitlin,2008),是目前对企业史学科进行全面总结的百科全书式的权威工具书。从这两本书中可以一窥国外企业史学家对目前世界企业史学科发展现况的共识:首先,钱德勒仍是企业史学界最伟大的学者,但其主导的"大企业"的内容仅仅列为《牛津企业史手册》第二部分"企业组织形态"中的一个部分,与"家族企业"等选项并列,显示其大企业研究范式固然还有研究价值,但在企业史学家心目中已经有其他同等重要的选项了。其次,企业史研究已经不是欧美日等发达资本主义国家的专利,现在亚、非、拉等地的企业史研究正在蓬勃发展,未来企业史研究将关注像中国、印度、土耳其等新兴发展中国家。最后,虽然提倡用多学科的方法研究企业史,也提倡可以用新的社会科学的方法来研究企业史,但与企业史最为密切的学科被一致确认为历史学、经济学与管理学三门学科,这与后钱德勒时代美国企业史方法论发展的状况是高度吻合的。

1. 历史学

随着经济理论变得更加抽象和数学化,企业史学家们和一些不满计量化的经济史学家们开始退缩,企业史回归主流历史的呼声一直没有停止过。20世纪50年代,科克伦已经开辟新的研究方法论,重视在企业史中社会和文化因素的重要性,强调企业的文化背景和文化力量。路易斯·加兰博斯(Louis Galambos)著有《公司联合体的崛起:20世纪的美国企业与公共政策》(*The Rise of the Corporate Commonwealth: United States Business and Public Policy in the 20th Century*)、《价值观和愿景:默克公司的世纪》(*Values and Visions: A Merck Century*)等,一直在努力将商业文化与创新的动力联系在一起。麦克劳出版了名为《创造现代资本主义》(*Creating Modern Capitalism*)的著作,研究了美国、英国、德国、日本等不同国家的资本主义史。目前,美国资本主义史研究的领军人物是斯文·贝克特

(Sven Beckert),其著作集中探讨19世纪的资产阶级、劳工、民主以及奴隶制与资本主义关系,著有《金钱都市:纽约与美国资产阶级的巩固(1850—1896)》(*The Monied Metropolis: New York City and the Consolidation of the American Bourgeoisie, 1850—1896*)(2001)、《棉花帝国:一部全球史》(*Empire of Cotton: A Global History*)(2014)、《奴隶资本主义:一部新的美国经济发展史》(*Slavery's Capitalism: A New History of American Economic Development*)(2018)等。作为一名既在哈佛大学历史系任职、又加入哈佛商学院企业史研究团队的学者,他认为美国的资本主义史研究需要一个崭新的视角,应寻求与历史相适应的和睦关系。此外,威廉·克罗农(William Cronon)的《大都市:芝加哥和大西部》(*Chicago and the Great West*),理查德·怀特(Richard White)的《强行通过:大铁路和现代美国的形成》(*Railroaded: The Transcontinentals and the Making of Modern America*)(2012)等也是美国资本主义史的典型代表,正如经济史学家埃里克·希尔特(Eric Hilt)最近所观察到的,资本主义史的研究几乎完全由在美国历史部门工作的美国人组成(Hilt, 2017)。随着这一领域视野的扩大,企业史研究的话题早已不再局限于一度热门的制造业、银行和铁路,性别、战争、危机、娱乐、商业欺诈、贿赂等都成了美国企业史的新选题。①

与此同时,欧洲企业史学界开始正视长期以来在企业史研究领域存在的所谓"美国企业史上的知识霸权问题"。2013年,菲利普·斯克兰顿(Philip Scranton)和帕特里克·弗里敦森(Patrick Fridenson)发表《重新畅想企业史》(*Reimagining Business History*)。他们认为,他们的目标是推动企业史超越目前的极限,希望这个领域从现代公司的历史转向更广泛地关注历史上的企业,企业史应该涉及更广泛的历史问题和主题。"我们认为与其他历史学家进行对话对于学科的进一步发展是至关重要的,同时我们也逐渐摆脱了几十年来对经济学、经济史和管理科学的长期依赖。"(Scranton and Fridenson, 2013)

2. 经济学

企业史产生于美国商学院的事实本身就说明美国企业史学家与经济学的关系从一开始就是紧张的。虽然科尔创办企业家史研究中心的努力让企业史与经济学的关系一度缓和,雷德利奇等也一直推动经济学理论作为企业史研究的工具,但收效甚微。其后,钱德勒对社会学方法的偏爱也助长了这种态势,虽然他

---

① 有关从企业史研究视角下美国资本主义史研究的详细情况,可参见弗里德曼,郑舒翔.当代美国企业史研究的三大主题[J].东南学术,2017,(3):14-24。

的研究成果得到不少经济学家的肯定。美国企业史学家对经济学理论的抵触情况,从钱德勒起就有端倪。甚至有人发现在世界不同地区,企业史学家对经济学理论的接受程度与前期他们接受钱德勒思想的程度呈负相关:"在美国,德国和日本,许多学者继续抵制在他们的研究工作中使用经济学。相比之下,在英国,钱德勒的观点早就受到了相当大的质疑,许多企业史学家们热情地利用了新理论的发展。"(Jones and Zeitlin,2008)

这种情况近年来得到一定的改善,纳奥米·拉蒙诺(Naomi Lamoreaux)、丹尼尔·拉夫(Daniel Raff)、彼得·泰明(Peter Temin)对钱德勒后的经济学与企业史的关系进行了回顾,指出在过去几十年中,经济学理论的发展,尤其是信息不对称理论、交易成本理论和博弈论的发展很大程度上改变了这种状况。他们认为用经济学方法研究企业史的学者比较少的原因,是使用经济学方法的学者主要在经济系任职,"这些学者并不认为自己是企业史学家,但他们却一直在使用经济学新理论来研究实际上是企业史的东西。"(Jones and Zeitlin,2008)目前,已经有学者呼吁要借鉴经济学家的成果,如在跨国公司研究领域,第一个解释"跨国"的理论是由雷·弗农(Ray Vernon)等经济学家提出的。接着,企业史学家米拉·威尔金斯(Mira Wilkins)和弗兰克·希尔(Frank Hill)撰写的《在海外的美国企业:福特在六大洲的业务》(*American Business Abroad*:*Ford on Six Continents*),是跨国公司研究的里程碑式著作。其后,威尔金斯、希尔、琼斯等与微观经济学家合作,发表了多项研究成果(琼斯和黄蕾,2017)。如琼斯的《跨国公司与全球资本主义:从19到21世纪》(*Multinationals and Global Capitalism*:*From the Nineteenth to the Twenty-First Century*)(2007)、《银行业的跨国公司》(*Banks as Multinationals*)(2011)、《企业家精神与跨国公司:全球商业和现代世界的形成》(*Entrepreneurship and Multinationals*:*Global Business and the Making of the Modern World*)(2013)等。

3. 管理学

企业史自诞生之日起便奉行管理学导向,这类研究在钱德勒时代达到了顶峰,即使是当时的管理科学化趋势也没有掩盖其成就的光芒,是企业史学家与管理学家最好的合作典范。但之后由于管理学的科学化趋势而被逐渐边缘化。自20世纪90年代以来,欧洲管理学界开始呼吁"历史学转向",这对一直以来自诩与管理学密切结合的美国企业史学界是一个很大的刺激与触动,毕竟钱德勒是企业史学家中对管理学与管理实践做出最大贡献的学者,"很少有企业史学家能像钱德勒那样,在管理实践者和管理学者身上都留下如此重要的印记"(Kipping and Üsdiken, 2008)。钱德勒曾经任职的哈佛商学院在维护与保持管理学范式中发挥了核心的作用,使得管理学成为企业史在美国赖以生存的学术基础。由琼斯领衔的哈佛商学院企业史研究团队创建于2012年,该团队的目标是"计划旨在通过研究现代商业世界的过去,使学者、教育家和实践者更好地了解现代商业世界。本团队相关教师将研究创新、政府政策、绿色企业、新兴市场和全球资本主义起源的历史",是全球企业史研究的标杆。[①]琼斯是该企业史项目的负责人,在其未到哈佛前,他主要研究跨国公司、国际商务、银行业等。到哈佛后,主要研究全球企业史,专注于包括美容和时尚在内的消费品产业,著作等身。近期他的研究成果为全球绿色企业,最新著作有《利润与可持续发展:全球绿色企业家史》(*Profits and Sustainability: A History of Green Entrepreneurship*)(2017)等。柯伟林(William C. Kirby)入职哈佛商学院前系哈佛大学历史系主任、哈佛大学费正清中国研究中心主任。他主要研究当代中国的企业、经济和政治发展,著有《中华人民共和国六十岁:国际评估》(*The People's Republic of China at 60: An International Assessment*)(2011)、《中国能领导世界吗？抵达权力和增长的极限》(*Can China Lead? Reaching the Limits of Power and Growth*)(2014)。沃尔特·弗里德曼(Walter Friedman)主要研究企业与劳工史,著有《推销员的诞生:美国销售的转变》(*Birth of a Salesman: The Transformation of Selling in America*)(2004)、《算命师:美国第一个经济预测者的故事》(*Fortune Tellers: The Story of America's First Economic Forecasters*)(2013)等。

　　目前管理学范式在三大方法论中发展前景良好,其依据是:首先,有一贯的学术传统。企业史最初诞生于商学院,从格拉斯开始,就以企业管理与企业家为研究对象,即使20世纪40年代、50年代出现向经济学的回归情况,也始终没有以放弃管理学作为前提条件。其次,在商学院工作的历史学家越来越多,目前以哈佛商学院为代表的企业史研究团队数十年以来一直是全球企业史研究的标杆,其主要的方法论就是注重企业管理学科。再次,20世纪90年代,欧洲企业史学界开始出现组织理论的"历史学转向",开始时美国企业史学界并不在意。但从目前情况看,美国企业史学界已经开始跟进,这显示未来企业史发展的空间将进一步拓展(Bucheli and Wadhwani, 2014)。最后,商学院有得天独厚的接近企业与企业家的优势。目前,商学院企业史学家的研究课题,从年限看要么是当前的管理问题,要么就是这些管理问题的历史情境。因此,企业史要克服企业史

---

① 参见哈佛商学院网站 https://www.hbs.edu/Pages/default.aspx.访问时间:2023-02-18。

学科主题过于发散以及不重视方法论的问题，直面管理实践，以及得到企业与企业家的认可，这些是未来企业史学界应该考虑的重要问题。

综上所述，美国企业史学家似乎更青睐历史学与管理学范式："在某种程度上，企业史正徘徊在21世纪初的十字路口面临选择——是寻求将该主题更牢固地嵌入历史学科的多重关注点中，还是将其定位为管理学科的一部分，寻求对关于公司、企业家和企业系统的角色和绩效进行有效的概括。"(Amatori and Jones, 2003)而欧洲企业史学家则对经济学范式情有独钟，甚至模仿经济学科的新经济史的称呼，提出用"新企业史"来取代传统企业史的想法(De Jong, Higgins and Von Driel, 2015)。从未来发展趋势看，由于目前全球视野下的企业史研究十分活跃，欧美企业史研究有逐渐合流的趋势，这也与美国企业史学界对国际交流与合作持积极开放态度分不开的。此外，三大方法论的此消彼长，增加了企业史研究趋势的不确定性，与在历史学、经济学、管理学三大部门工作的企业史学家人员的比例变化密不可分。除了上述领域外，企业史与社会学、人类学、心理学等其他跨学科的合作也在加强中，各种新的研究方法如定量方法等也在企业史研究中进行了尝试(Eloranta, Ojala and Altonen, 2010)，值得关注。

四、余论

美国企业史发展至今，以历史学、经济学与管理学方法论为主的学术传统保持一贯且比较完整，其他学科如社会学、人类学、心理学等多种学科都曾对企业史研究起过主要作用。最为典型的就是钱德勒范式，堪称集大成的企业史研究的典范，其影响力至今无人超越。

但是，目前美国企业史学研究以定性研究为主，侧重经验描述，抵触理论化的特点仍然没有大的改观，以至于美国企业史学会被其经济史同僚戏称为"历史学派的避风港"。虽然资本主义史的复兴使得历史学背景的研究者看到希望，美国企业史学会也曾一度有改称"资本主义史学会"的设想（科卡和范德林登，2018），但其选题的宏伟庞大以及研究内容中个体企业渐渐消失的情况，已经引起了一些传统企业史学家的警觉，认为会使美国企业史进一步向主流历史学科靠拢，变成传统美国历史研究的一部分，越来越失去它成立时关注企业与企业家、关注现实企业管理问题的本意。随着各种新的学术思潮与新的研究方法的产生，如历史学叙事转向、经济学计量学派等的冲击，美国企业史学界开始意识到危机，并且反省方法论缺乏带来的问题，提出了"拯救"企业史学研究的具体办法,包括全球化视野下的企业史研究,企业史研究方法的理论化,注重非学术性人群以避免过分学术化等。本文认为,美国企业史研究如回到企业史学科成立时的初衷,始终关注企业与企业家这个核心问题,并向管理学范式倾斜,才有可能重返钱德勒时代的辉煌。

参考文献

AMATORI F, JONES G. Business history around the world. Cambridge:Cambridge University Press, 2003.

BATCHELOR J A. Review business enterprise in its social setting by Arthur H. Cole[J]. Indiana Magazine of History, 1959, 55(4):415-416.

BUCHELI M, WADHWANI D. Organizations in time:history, theory, methods[M]. Oxford:Oxford University Press, 2013.

CARPENTER K E, CHANDLER A D. Fritz Redlich, scholar and friend[J]. The Journal of Economic History, 1979, 39(4):1003-1007.

CHANDLER A D, MCCRAW T K. The essential Alfred Chandler:essays toward a historical theory of big business[M]. Boston:Harvard Business School Press, 1988.

COCHRAN T C. Arthur Harrison Cole, 1889-1974[J]. The Business History Review, 1975, 49:1-5.

COLE A H. An approach to the study of entrepreneurship:a tribute to Edwin F. Gay[J]. The Journal of Economic History, 1946, 6:1-15.

DE JONG A, HIGGINS D, VAN DRIEL H. Towards a new business history? [J]. Business History, 2015, 57(1):5-29.

ELORANTA J, OJALA J, ALTONEN H. Quantitative methods in business history:an impossible equation? [J]. Management & Organizational History, 2010, 5(1):79-107.

GRAS N S B. Business History[J]. The Economic History Review, 1934, 4(4):385.

GRAS N S B. Why Study Business History? [J]. The Canadian Journal of Economics and Political Science, 1938, 4(3):320-340.

GRAS N S B. Norman Scott Brien Gras, 1884-1956[J]. The business history review, 1956, 30(4):357-360.

HIDY R W. Business history:present status and future needs[J]. Business History Review, 1970, 44(4):494.

HILT E. Economic history, historical analysis, and the "new history of capitalism"[J]. Journal of

Economic History, 2017, 77(2): 512.

JONES G, FRIEDMAN W. Debating methodology in business history[J]. Business History Review, 2017, 91(3): 443-455.

JONES G, VAN LEEUWEN M H D, BROADBERRY S. The future of economic, business, and social history[J]. Scandinavian Economic History Review, 2012, 60(3): 230.

JONES G, ZEITLIN J. The Oxford handbook of business history[M]. Oxford: Oxford University Press, 2008.

KIPPING M, ÜSDIKEN B. Business history and management studie[M]// JONES G, ZEITLIN J. The Oxford handbook of business history. London: Oxford University Press, 2008: 96-119.

REDLICH F. The role of theory in the study of business history[J]. Explorations in Entrepreneurial History, 1952, 3(4): 137.

SCRANTON P, FRIDENSON P. Reimagining business history[M]. Baltimore: Johns Hopkins University Press, 2013.

WILSON C, The history of Unilever: a study in economic growth and social change[M]. London: Cassell, 1954.

巴勒克拉夫.当代史学主要趋势[M].杨豫,译.北京:北京大学出版社,2006.

科卡,范德林登.资本主义:全球化时代的反思[M].于留振,译.北京:商务印书馆,2018.

麦克劳.创新的先知:约瑟夫·熊彼特传[M].陈叶盛,周端明,蔡静,译.北京:中信出版社,2010.

琼斯,黄蕾.全球企业史研究综论[J].徐淑云,译.东南学术,2017,3:2-13.

(原文发表于《福州大学学报(哲学社会科学版)》2019 年第 5 期)

面向 21 世纪的日本经营史学

〔日〕橘川武郎　著①
胡文海　译

"Business History"在日本称经营史,与美国哈佛商学院的企业史研究一脉相承,同时又形成自己的研究风格。作者指出,经营史学与经营学、经济学的关系都十分密切,但经营史学首先应该是经营学与历史学相结合的产物。本文以日本经营史学会50年的发展历程为背景,总结了日本经营史学的五大研究成果,认为进入21世纪以后日本经营史的研究趋势将向全球化经营史方面转变,并具体提出了从国际比较经营史逐步发展到国际关系经营史这一新的议题。

---

① 橘川武郎(Kikkawa Takeo),日本国际大学校长,东京大学及一桥大学名誉教授,曾任日本经营史学会会长。胡文海,浙江大学外语学院日语专业"百人计划"研究员(文科),博士生导师。

一、序

日本经营史学会（Business History Society of Japan，BHSJ）成立于经济最为鼎盛、奥运热潮席卷整个日本的 1964 年。本文以经营史学会 50 年的发展历程为背景，总结日本经营史学的研究成果，力求探明经营史学今后的发展趋势。其中，关于研究成果的介绍以进入 21 世纪以后的研究进展为重点，并围绕全球化经营史这一议题展开探讨。笔者虽于日本经营史学会创立 50 周年时的 2014 年就任该学会会长，但本文并非学会官方言论，仅为笔者的个人观点，特此说明。此外，由于篇幅所限，故本文中所提到的经营史学相关的研究成果以及研究者，仅是现阶段日本经营史研究成果的沧海一粟而已。

二、经营史学的独特性

（一）何谓经营史学

为了探明经营史学的研究成果和今后的课题，首先有必要明确何谓经营史学。所谓经营史学，是以历史的方法对组织经营的变迁进行实证分析的一个史学分支。其研究对象不仅包括企业，也包括非营利团体（NPO）、非政府组织（NGO）、政府机构等组织形态。毋庸置疑，企业是其中最主要的研究对象。

换言之，经营史学是经营学与历史学相结合的产物。为了剖析经营史学的独特性，可将其与相关联的学科进行比较，这不失为一种有效方法。在此，笔者首先对经营学与经济学进行比较，而后再以此为基础对经营史学和经营学进行比较。

（二）经营学与经济学

在企业经营里，经营者与企业的个性特点以及其独立性（日语为"主体性"——译者注）均具有重要意义。因此，经营学与经济学被区分设立，也可以说是基于对个性特点及独立性的重视程度。纯粹的经济学，如同数学里一个一个点似的对每个企业进行审视，因此忽略了其个性特点及行动独立性这一方面。在特定的环境中，所有的企业被设定为基于某种经济合理性所进行的同一种行为。这是因为如若过于重视企业的个性，则难以建立抽象的经济学模型以深化经济理论。

但现实里的企业如同生物一样具有个性并进行着独立的活动。企业的诞生、生存、成长都离不开商业机遇,但能抓住这些机遇的也只有一部分企业。第二次世界大战结束后的被占领时期,日本有100多家摩托车制造商,但维持至今的只有本田、雅马哈等几家企业。用半导体管打开世界之门的企业并非以量产而领先的神户工业,而是通过用途开发(半导体收音机的商品化)获得成功的东京通信工业(即索尼前身)。只有拥有卓越的个性并付诸行动的企业才能充分抓住商业机遇、实现自身的发展。

为了推动企业研究,经济学着力于共通性和客观性,而与之相比,经营学则可以说是重视个性特点及独立性的学问。此二者的区别,也反映在经济史学和经营史学的立场之上。经济史学对于历史事物从结论出发进行评价,着力于追寻其客观意义。而经营史学的基本立场则是注重过程,对于特定事宜,不是从事后(Expost),而是从事前(Exante)的视角出发进行分析。

(三)经营史学与经营学

在对于特定事例的分析并注重其过程这一点上,经营学与经营史学并无差别。那在研究方法方面,经营学与经营史学究竟有何异同呢?从某种意义而言,此类问题的提出亦在情理之中。沼上所提倡的"行为经营学"分析方法中,有以下两点与经营史学的研究方法具有共通性:

第一,主张事例研究的有效性。沼上(1999)在论文中进行了以下论述。对于事例研究,从注重自然科学方法论的角度出发,对于内在妥当性(论述模型是否妥当)、构成概念妥当性(概念与数据是否一致)、信赖性以及再次验证的可能性(同一见解是否可以多次观察获得)、外在妥当性(对于其他标本是否也可获得相同见解)这四项准则进行了否定,并指出其中存在之问题。关于事例研究,对上述前二者需严格确认,负有责任,但是后两者并非硬性要求。据此,沼上明确指出"社会研究并非旨在发现可以被广泛利用的'便利',而是要了解其背后所存在的行为体系"这一观点,并提出"为历史性地展开和阐明与技术革新相关的多样活动体系,除了进行单一事例的逐一研究之外,别无他法"。与试图用其适用于一切问题这一简单的演绎方法相比较,经营史学则是在与其保持一定距离的基础之上进行研究。经营史学强调历史脉络(文本),则是因为注重每个事例背后所固有的"行为体系"。

第二,共通性则是注重其时间性发展。换言之,即按照编年史的方法进行分析。沼上指出此观点,从"历史发展角度展开和说明多样的活动体系"这一方法中也可以窥见。

同时,应用经营史的方法,归根结底也是基于经营史学学科,因此将按照时间顺序进行分析作为第一要务自无须赘言。

针对沼上所提倡的"行为经营学",经营史学又主张何种同一性呢?关于此方面,应将相对的时间性发展与绝对的时间性发展相结合,即不仅仅按照时间顺序进行分析,进行绝对性的年代考察也具有重要意义。进行绝对性的年代考察,比如 20 世纪第一个 10 年该如何分析,20 世纪 30 年代又该如何分析,对各类事件需结合时代背景进行评价。为能够进行绝对性的年代考察,作为前提,研究者需正确认识该时代,换言之,即需要秉承切实不变的历史观,只有这样才能把握大局观。故树立正确的历史观和大局观,是经营史学之所以存在的根本条件。

三、经营史学的研究成果

日本经营史学会在 50 年的发展之中,积累了众多珍贵的研究成果。限于篇幅,本文只选择以下五个具有代表性的研究成果进行介绍:日本财阀史相关研究;注重竞争力构成结构的产业史研究;中小企业经营行为的相关研究:国际经营史的相关研究;企业家作用的相关研究。这些研究成果无一例外都采用了经营史学固有的研究方法。

(一) 财阀特征的分析

财阀研究是日本经营史研究成果尤为显著的领域。所谓财阀,山崎广明将其定义为"在核心产业众多领域之中拥有垄断企业,且以家族为主导的多样化实业形态"。虽然世界各国都存在财阀这一经营体,但是日本经营史研究在本国财阀的固有特征研究方面取得了显著成果(安冈,1970;森川,1980)。其特点可以归纳为以下三点:

第一,通过经营管理模式的近代化改革,日本财阀得以产生。但若仅局限于与当时的当权者保持密切关联而获得特权来谋取利益,三井(实际创始于 1673 年)以及三菱(实际创始于 1873 年)等都不可能获得长期持续的发展。1881 年三菱海运公司由于政变而丧失政府支持从而遭遇危机,以及 19 世纪 90 年代初三井银行由于为政治家提供不良借贷而陷入经营困境,类似事例都极大地凸显了走政商路线的局限性。面对此危机,三菱的第二代会长岩崎弥之助采取了经营多元化战略(取消海运业、进军造船业、银行业、矿山业、仓库业、不动产业),方渡过难关。而三井银行也于1891年由理事中上川彦次郎推行了一系列改革(如整理不良借贷、通过投资融资建立工厂、采用大量专业经营者等),才摆脱了经营危机。三井和三菱通过上述改革摆脱了旧的政商模式,转化为近代经营体,从而走上了持续发展的道路。

第二,日本财阀具有"强烈的工业化意向"(森川,1980)。"除了棉纺织业和电力行业以及与之相关的极少数关联产业外,在诸多产业中,均具有主导(承担风险)的作用"(橘川,1996)。第一次世界大战前后,商业机遇增多,各财阀通过设立控股集团,对直系公司进行股份制改革,以及旁系公司网的形成,实现了康采恩(Konzern)①的组织方式。这一经济联合企业化运动主要有以下内容:(1)被称为"金融财阀"的安田和野村,对于多元化持消极态度;(2)1908年已经被称为"综合财阀"的三井、三菱、住友开始进军重化学工业这一未被广泛开发的重要产业;(3)在此之前主要致力于特定领域的,比如"矿业财阀"的古河、久原,"制造业财阀"的浅野、川崎,"流通业财阀"的大仓、铃木等,都极力推进多元化,一定程度上实现了综合经济联合的形态。其中,第三类模式在1920年的反动恐怖事件之后的不景气氛围中,大多都以失败告终,但经济联合化后的日本财阀都拥有"强烈的工业化意向"这一事实是毋庸置疑的。

第三,在日本,财阀企业与非财阀企业相比,没有企业所有权的职业经理人数量居多。三井的中上川彦次郎是毕业于庆应义塾的职业经理人,他也将诸多庆应义塾的毕业生召集于三井旗下。这些聚集于三井的庆应义塾毕业生在第二次世界大战以前,成为日本职业经理人中的领军人物。这种情况同样也出现在三菱,作为企业所有者的岩崎弥太郎亦积极录用职业经理人。财阀企业注重雇佣职业经理人是因为"日本的财阀,在家族、同一族系和总公司的关系,总公司和直系公司的关系之中,对于上述各方所得利益的控制具有两重作用"(橘川,1996)。在家族、同一族系和总公司的关系中,对于所得利益的控制是很重要的,这是因为日本财阀中的家族、同一族系的所得都是基于共有制的基础之上的。所谓共有制,即"不承认家产分割,不承认同一族系中各家庭对于私人所得进行自由支配(法政大学産業情報センター,1992)",因此具有制约所得利益的作用。另外,在总公司和直系公司的关系中,前者是后者的固定股东。就像财阀系

---

① 指通过控股集团拥有其系统下的多个企业的股份,实现用同一资本支配不同产业部门的垄断组织的一种。

企业所反映的那样,截至1930年日本大企业整体(包括非财阀企业)的董事会中职业经理人的比例得以大幅度增加。

通过一系列的经营史研究可以发现日本财阀具有以下特征:(1)脱离了和权力相结合的政商模式,实现了经营的现代化、合理化;(2)工业化意向强烈,成为诸多产业中的商业主导;(3)积极聘用职业经理人。以上对日本财阀的研究成果,为那些较日本等西方发达国家而言起步比较晚的国家的工业化提供了有益的参考,因此,可谓日本经营史研究所做出的重要的国际性贡献。

(二)产业史研究和竞争力构成结构的解析

从世界范围来看,追究国际竞争力本源的研究,是经营史学研究的重要课题。日本经营史学研究在深化产业经营史研究的基础上,形成了一种独特的研究方法,即着力探究构成产业的主要企业中竞争力的构成结构(山崎,1975),这一方法也适用于剖析国际竞争力的本源。

第一,探究国际竞争力所面临的首个难题,则是盛行于经济学领域的基于劳动生产率和全要素生产率(Total Factor Productivity,TFP)进行分析的研究,无论如何发展都难以回答什么是国际竞争力的本源这一问题。显然,劳动生产率上升值和TFP增长率所显示的是国际竞争力的变动"结果",而非其"原因"。国际竞争力的本源被原封不动地置于"黑箱"之中,所以需要我们寻找新的途径来分析国际竞争力。

第二,探究国际竞争力要直面的第二个难题,则是国际竞争力需在三个不同的层面进行探究,因而极易产生混乱。这三个层面是指国家层面、产业层面与企业层面。

国际竞争力的主要承担者为企业,但是这里存在一个很大的问题,即在探讨国际竞争力时,贸然从企业层面出发设定论点难度极大。而从国家层面提出亦存在相同情况,因为制定评判国家国际竞争力的客观准则和方法异常困难。

既然关于国际竞争力的研究从国家层面以及企业层面入手都相对困难,剩下的选择便只有产业层面了。从各产业层面上对国际竞争力进行分析时,竞争实际上存在于何处,即确定国际竞争实际存在的市场则具有重大意义,例如,"关于A国(以及地区)市场中的B产业的国际竞争""C地区中的B产业的国际竞争"之类。

以上阐述了分析国际竞争力要直面的两个困难,以此为基础,接下来将对关于国际竞争力的经营史研究的意义及方法进行论述。为了克服上述第一个困难,为了探明被原封不动地置于"黑箱"之中的国际竞争力的本源,我们需要采用新的途径。这种新途径即国际竞争力的经营史研究。

经营史学的基本立场是注重过程,对于特定事宜,不是从事后(Expost),而是从事前(Exante)的视角出发进行分析。在探究国际竞争力的本源之时,这个立场是十分有效的。经营史的研究步骤可以发挥作用——选择恰当的事例,分析可信赖的历史资料,观察和分析国际竞争力的长期发展。从结果来看,研究为什么会有劳动生产率和TFP上升所反映出的国际竞争力的变化,必须要采用经营史学的研究步骤。这也是国际竞争力的经营史研究的意义所在。

为克服第二个困难,首先应该从把握特定市场中特定产业的国际竞争实态出发,以此为基础,深入探讨产生这种竞争实态的对应产业中的企业活动,最终发现国际竞争力的本源。采取这样一个迂回的方法是必要的。关于最终目标,即证明企业层面的国际竞争力的本源,着眼于规模的经济性(Economy of Scale)和范围的经济性(Economy of Scope)的美国企业史学家钱德勒做出了有力的说明(Chandler,1990),可作为研究的一个方向标。①

(三) 中小企业研究及产业聚集研究

阿部(1989)指出,日本的经营史学研究不仅局限于大企业,中小企业也是其重要的研究对象。近年在经营史学领域,为促进中小企业研究的发展,对于产业聚集的关注逐渐增多。这里所说的产业聚集是指相互关联的多数企业(以中小企业为主)集中出现于某一地域的社会现象。主要以关注大企业,探究超越市场交易的经济合理性的经营史学,其关注对象也逐渐扩大至中小企业,开始逐步探讨另一种"超越市场贸易的经济合理性"。

产业聚集固有的经济合理性又是什么呢?在伊丹敬之、松岛茂、橘川武郎共同编纂的一本书里,伊丹敬之提出"为什么中小企业聚集会产生持续性"这一问题,作为回应提出两点:第一,需求搬入企业的存在;第二,分工聚集群的灵活性。在此基础之上伊丹特别对第二论点进行深入论述,各列举了三点,即灵活性要素(技术蓄积的深度、分工调整费用②较低、创业容易)、分工和聚集要素(分工细致、分工聚集规模大、企业间共享详细信息进程)关于"新中小企业论"这一论点

---

① 日本经营史学会中按照此处所提出的步骤进行的有关国际竞争力的研究成果有湯沢威等(2009)。

② "分工调整费用"是指分别担任各个被细化的业务的企业人员之间的贸易调整费用。

的构建问题,松岛茂将批判中小企业所具有的问题的"病理解析模式"转换为"二重构造模式",并提出了作用于中小企业群活动现场的重视经济结构的"生理解析模式"的"产业聚集模式"。松岛指出"产业聚集模式"运作的三个条件分别为:连结分工、紧接市场、增加新技术(伊丹、松岛和橘川,1998)。

另外,高冈美佳从正面出发,对伊丹在书里所提出的论点进行了论证。高冈在指出有关产业聚集的"评判"资源(由评定技术水平和品质水准的"技术评判"与评定贸易诚信的"行为评判"两者组成)的重要性的同时,强调连接企业聚集群以及外部市场的承接企业,应排除由于聚集、市场间的信息不对称性导致的贸易困难。

以上介绍的伊丹、松岛、高冈的论述,明确了与产业聚集模式相关的五个关键词,即分工、技术蓄积、创业、承接企业以及评定标准。其中,分工、技术蓄积、创业是与作用于产业聚集内部机制相关的,而承接企业、评定标准二者则是与聚集群和外部的连接机制相关的。

为深化产业聚集研究,需将理论分析和实证分析二者结合起来。而历史分析是实证分析的一个支柱。今后,为进一步深化产业聚集研究,需致力于以下三项任务:第一,实证分析过程要求理论分析帮助解决的问题,即将产业聚集中技术蓄积所具有的意义与革新所产生的可能性相关联,进行理论性的深究工作。"聚集之中技术蓄积较为容易,也容易进行革新"这一观点是否妥当呢?关于此点,需重新审视。第二,理论分析要求实证分析帮助解决的问题,即明确纤维工业聚集中的分工和创业实况,机械金属工业聚集中承接企业的作用,产业聚集整体中评判准则的形成及其机能。第三,理论分析要求实证分析,特别是历史分析所要解决的课题是机械金属工业聚集的分工和创业实况,纤维工业聚集中承接企业的作用等,并按照时间顺序明确其变化。

对于经营史研究者而言,产业聚集史研究是关于"另一种超越市场贸易的经济合理性的研究",具有极其重要的意义。上述三个要务中的第三点是经营史研究者所承担的产业聚集史研究的固有课题,这一点毋庸置疑。但是,这并不意味着经营史研究仅仅局限于此。对于上述第一和第二项任务,产业聚集史研究所产生的贡献也十分重要。

(四)从国际比较经营史到国际关系经营史

日本经营史学研究不局限于研究日本企业,也将外国企业作为重要的研究对象(经营史学会和汤沢威,2005)。日本经营史学会里的外国经营史研究者,在研究方面起到了加强国际交流的作用。

日本经营史学会尤为重视与世界各地的经营史学会和经营史研究者的国际交流活动。富士会议的持续举办英文会刊《日本经营史研究》(*Japan Research in Business History*)的发行,以及日英、日法、日德、日意、日韩、日泰等经营史国际会议的举办,就是一些代表性的事例。2012年在巴黎举办的欧洲经营史学会即欧洲企业史学会——编者注的年度大会上,日本作为合办方参与企划,并有超过80名日本研究者参加会议并宣读论文,为大会的成功举办奉献了力量。2014年德国法兰克福世界经营史会议(World Business History Conference)、2015年日本京都世界经济史学会大会(World Economic History Conference)、2016年世界经营史会议(World Congress of Business History)第一次大会等,日本经营史学会都积极参与其中并提供了必要协助。

关于日本经营史学会在方法上所做出的贡献,可以从两个视角下进行研究:国际比较经营史和国际关系经营史。

由井常彦和米川伸一所提倡的国际比较经营史强调同时对诸多国家的特定产业(或者为从事特定产业的企业)进行比较。值得注意的是,这并不意味着一定要进行同一时间点上的比较,对于同一发展阶段之间也可以进行比较(例如18世纪英国的制棉业与19世纪日本的制棉业之间的比较)。这种比较方式在研究方法上具有独特性。通过积极导入比较这一方法,对逐一的个别事例进行研究后所获得的众多分析结果,可以对认知存在共通性的历史起到极为有效的指引作用。

中川敬一郎则提出要从国际比较经营史向国际关系经营史发展的建议。国际关系经营史注重同一时间点上的众多国家之间的产业间及企业间的相互作用。也就是说,主要着力于在同一时间点上,如A国企业的a种经营行为会对B国企业的b种经营活动产生何种影响等议题。从国际比较经营史发展到国际关系经营史,可以说是从静态的国际经营史研究转变为动态的国际经营史研究。中川的建议对随后的经营史研究产生巨大的影响,工藤(1992)、塩见和堀(1998)等研究成果不断涌现。

(五)企业家历史作用的探究

企业家研究是一个非常适合使用注重研究对象的个体和独立性的经济史学研究手法的研究课题。因此,日本的经济史学研究者在论述国内外企业家的历史作用方面取得了诸多成果。① 基于经济史学的企业家研究"不仅仅要按照时间顺序进行分析,还需将绝对的年代纳入考虑范围",这一点具有重要意义。换言之,也就是作为研究对象的企业家,探讨其作用需要与"时代之风"(指所对应的时代背景与发展趋势——译者注)联系起来进行分析。而提出用经济史学这一方法来进行企业家研究的,正是创造"时代之风"和把握"时代之风"的企业家们。

企业家研究重视过程和独立性,结合"时代之风"这一经济史学研究为基础,在研究这些成功人士之时,往往将探讨其"卓越性"以及"先见性"作为研究课题。在2013年3月举办的企业家研究论坛第一届研究会上,泽井实指出了现有的企业家研究中存在的不足之处,并对清川雪彦的"从企业家精神这一概念中,具体地、客观地抽取被广泛认可的基本特征,并将其转换为可以被定量测试的概念是十分困难的"(清川,1995)这一论述进行了肯定。同时,泽井指出了以企业家、经营者的"卓越性"以及"先见性"这一概念所具有的不明确性为问题点,从经营史的角度解读个人作用的难度(泽井,2003)。

笔者认为,将企业家精神和从经营史角度出发的个人作用研究"转换为可以进行定量测试的概念"是行不通的。但是,笔者丝毫没有以定量测试不可行为理由而否定企业家研究的意义,或者放弃在有限范围内进行企业家"卓越性"以及"先见性"研究所做出的努力。最大程度地将企业家的"卓越性"以及"先见性"相对化,并进一步深化企业家研究是笔者的基本立场。结合长期以来的历史分析,可在一定程度上客观地说明企业家的"先见性"。使用历史方法,也可以正确地解读在某个特定时间,某特定企业家的言行对整个相关领域所产生的影响(或未产生影响)。另一方面,关于企业家"卓越性"的研究,为将其相对化,有必要使用在经营史学领域中已经趋于完善的比较研究法。通过比较讨论在同一环境下造成不同结果的各企业家或经营者的行为,可实现个人作用研究的相对化(橘川,2004)。

四、21世纪日本的经营史学:向全球化经营史学发起的挑战

(一)全球化经营史

上文对日本经营史学会在50年的发展进程中所取得的研究成果进行了回

---

① 宫本又郎对于企业家研究论坛的创建起到了主导性的作用,引领了此领域的研究。另外,关于企业家历史作用的研究,积极发表论著的经营史学研究者有宇田川胜、佐佐木聪等。

顾。进入21世纪,我们需要将目光转向在经营史学界中特别活跃的领域,也就是全球化经营史。

在企业活动跨越国界且竞争日益国际化的今天,在世界范围内探讨国际竞争力的源泉成为经营史研究的重要课题。日本经营史研究一直以深化产业史研究、探讨构成产业的主要企业的竞争力构筑体系作为独特的探究方法。这种方法在解读全球化经营史、寻找国际竞争力源泉时同样适用。

另外,日本经营史学会所提出的从国际比较经营史发展到国际关系经营史这一议题,对于全球化经营史研究十分有用。但是,这里不能忽略一点,国际经营史如果一直以"在同一时间点上,A国企业a的经营行为会对B国企业b的活动产生何种影响"这一观点作为基点,那么视野就会经常被局限于A国或B国这样特定的国家之中。但是现实中,A国企业a和B国企业b的业务范围在世界范围内逐渐扩大,因此我们要继承和发展从国际比较经营史过渡到国际关系经营史这一观点,推进全球化经营史的研究进程。

(二)全球化经营史:跨越国境的产业魄力

最近日本已出版了对全球化经营史研究所取得的成果,即日本经营史学者与世界经营史学者合作出版,由橘川武郎、黑泽隆文、西村成弘共同编著的《全球化经营史跨越国境的产业魄力》(名古屋大学出版会,2016年)一书。该书提出诸多见解(该书分3部共13章内容——译者注),在此限于篇幅仅举一例进行说明,即就全球化经营史所注重的世界范围国际竞争力的形成来说,东亚、欧洲、美国这些地理位置邻近的国家所构成的"地域"这一概念具有重要意义。

该书是京都大学经济学研究科黑泽隆文教授牵头进行的"科学研究费赞助金(A)地域的竞争优势——国际比较产业史中的欧洲和东亚"项目的研究成果。该研究项目的研究时间为2011—2015年度,根据2011年提交的科学研究费赞助申请书,该项目的研究目的为"探明欧洲、东亚两地域的各种历史条件和战后产业动态,特别是竞争力动态之间存在何种关系"。该项目的题目"地域的竞争优势"(Competitive Advantage of Regions)可谓是一个与迈克尔·波特提出的"国家的竞争优势"(Competitive Advantage of Nations)相悖的概念。此外,该书第二部及第三部主要探讨在产业全球化之中,特定国、地域国际竞争力的偏差问题。第4章、第6章、第11章、第12章主要围绕"国家的竞争优势"这一议题展开。另外,第5章、第7章、第8章、第10章主要将"地域的竞争优势"作为研究对象。

在探讨国际竞争力的地理偏差问题的同时,探讨"国家的竞争优势"是十分重要的,而考察"地域的竞争优势"也极具意义。

(三) 日本企业的发展战略

结合上述书中所阐述的"地域的竞争优势"这一概念,现就日本企业应该采取的发展战略做一番探讨。探讨此论点时提出的基本问题是,"从20世纪90年代至21世纪初,在东亚经济显著增长的时期,占据东亚一角的日本经济为何持续衰退"。该问题亦可延伸为"日本企业应该如何利用东亚经济的增长力,从而重新走上发展轨道"。

关于第一个问题,正如笔者在其他论文中论述的一样,在被称为"失去的10年"的1990—1999年,日本经济危机的本质在于金融体系危机。但是"失去的10年"加上21世纪初这段时期,恶化至"失去的20年",其中还具有更加深刻的原因,即包括本来具有强大国际竞争力的制造商在内的日本企业,陷入"抑制投资机制"之中。为克服这一现象,使日本企业重新获得发展,需要构建长期雇佣和实用主义相结合的"新型日本式经营",同时要强化基于长远眼光下的发展战略。

对于第二个问题,推行立足基于长远眼光下的发展战略,则日本占据东亚经济一角便会成为极为有利的条件。在橘川、黑泽、西村(2016)一书中,笔者主要承担化学产业部分的研究工作,我发现发展战略的要旨是同时进军逐渐扩大的低价格市场和收益性高的高价格市场,全面展开上述"两个正面作战"。而东亚则会从以下两个方面为该发展战略做出贡献:第一,以低价格市场为中心的市场规模的扩大;第二,面向高价格市场的开发基地和生产基地的增加。日本、韩国、中国的地理位置接近,可以降低人力资源等各种经营资源的流动成本,同时也可以强化位于各国、各地区之间最佳位置的供应链的整体竞争力。如果能正确、灵活地利用好这一有利条件,则日本企业可以抓住东亚经济的增长力而重新振兴。

五、 经营史学课题展望

综上所述,经营史学是一门以企业经营史为主,重研究结果但更注重研究其过程的研究领域。经济史学是其关联学科,但是经济史学着力于发现研究对象间的共性,与之相对,经营史学则是重视研究对象的独立行为,致力于探索每一个体的独特性。

在社会科学领域中相对比较"新"的经营史学,产生于1929年世界大恐慌前后的美国,因此往往与现实社会的动向密切相关。第二次世界大战之后,由于与世界规模下的企业经营发展的步调相一致,经营史学得以扩展至世界各地,首先在工业化领先的国家当中立足,最近在各新兴国家之中也相继有经营史学会等组织的设立。

从与现实社会相关联的层面看,在2008年由于雷曼事件引发的全世界长期性经济不景气以及资本主义的本质被不断质疑的情况下,从历史角度出发为现实社会提供指向的经营史学开始逐渐被重视。一般来说,在从根本上解决特定产业或企业所直面的深刻问题时,无论提出多么"优秀的理论"或者"正确的理论",如果不能与该产业或企业所处的历史文化背景相匹配,则不可能发挥效用。另外,解决问题需要极大的力量推动,而产生这种力量的根本,在于该产业或该企业所拥有的爆发力。但是,这种爆发力往往潜伏于企业之中,要将其发掘出来,则必须从细致地考察产业或企业长期的历史变迁着手,依此则可以探索出解决问题所需力量的产生途径,然后将此力量以文本形式表现出来,与恰当的理念和理论相结合,则可以解决实际遇到的问题。因此,作为细致考察产业或企业长期发展变迁的经营史学才如此备受关注。

经营史学若能从根本上解决特定产业或企业所直面的深刻问题并发挥作用,则可进入被称为经营史学的"应用经营史学"阶段。至此,仅仅靠解读过去历史事实的经营史学时代便宣告结束。发展为"应用经营史学"意味着经营史学通过解读历史文本,可以揭示现实生活中所出现的问题并提出解决良策,这预示着经营史学放眼未来、肩负新使命的时代已经来临。

参考文献

CHANDLER A D. Scale and scope: the dynamics of industrial capitalism [M]. Cambridge: The Belknap Press of Harvard University Press, 1990.
阿部武司. 日本における産地綿織物業の展開 [M]. 東京:東京大学出版会,1989.
安岡重明. 財閥形成史の研究 [M]. 京都:密涅瓦书房,1970.
法政大学産業情報センター,橋本寿朗,武田晴人. 日本経済の発展と企業集団 [M]. 東京:東京大学出版会,1992.
工藤章. 日独企業関係史 [M]. 東京:有斐閣,1992.
経営史学会,湯沢威. 外国経営史の基礎知識 [M]. 東京:有斐閣,2005.

橘川武郎.エンリコ・マッティと出光佐三、山下太郎-戦後石油産業の日伊比較-[J].企業家研究,2004,1:1-17.

橘川武郎,黒沢隆文,西村成弘.グローバル経営史—国境を超える産業ダイナミズム—[M].名古屋:名古屋大学出版会,2016.

橘川武郎.日本の企業集団[M].东京:有斐閣,1996.

清川雪彦.日本の経済発展と技術普及[M].东京:东洋经济新报社,1995.

森川英正.財閥の経営史的研究[M].东京:东洋经济新报社,1980.

山崎広明.日本化繊産業発達史論[M].东京:东京大学出版会,1975.

湯沢威,鈴木恒夫,橘川武郎,等.国際競争力の経営史[M].东京:有斐閣,2009.

塩見治人,堀一郎.日米関係経営史[M].名古屋:名古屋大学出版会,1998.

伊丹敬之,松島茂,橘川武郎.産業集積の本質[M].东京:有斐閣,1998.

沢井実.企業者史研究の現状と課題[R].企業家研究フォーラム2003年春季研究会報告,2003.

沼上幹.液晶ディスプレイの技術革新史—行為連鎖システムとしての技術—[M].东京:白桃书房,1999.

（原文发表于《东南学术》2017年第3期）

日本"产业经营史"研究的源流

林彦樱　井泽龙①

　　本文通过回顾日本经营史学发展历程,探讨作为日本经营史特征的"产业经营史"范式的形成过程。日本的经营史之所以重视将企业史放在产业发展的框架下讨论,与日本在系统引进企业史之前形成的早期的学术土壤,以及之后从经济史中衍生出来的产业史的发展密不可分。了解产业经营史范式的形成过程可以更好地了解日本经营史学的特点,对我国当下关于企业史的范式讨论也有一定的借鉴意义。

---

① 林彦樱,弘前大学人文社会科学部助理教授;井泽龙,东京都立大学经济经营学研究科副教授。

日本系统地引进企业史始于20世纪60年代,是较早引进企业史的国家之一,在企业史研究方面有着深厚的积淀。如果以1964年经营史学会的成立为标志,企业史这一学科在日本至今也有了超过50年的积累。而事实上,早在经营史学会成立之前,日本就已经存在类似于企业史的研究,大学中也开始设置了类似的教席。不仅如此,日本的企业史比美国更早地实现了学术组织的制度化。美国企业史学会虽然成立于1954年,但是早期只是少数学者组成的研究会,直到1971年才开始具备学会章程和理事会,成为严格意义上的全国性学会组织(琼斯和黄蕾,2017;黒澤,2014)。而日本经营史学会的前身经营史研究会成立于1960年,略晚于美国,但是仅在四年之后就发展成全国规模的经营史学会,设置了学会章程和理事会,并在1965年开始征集会员,1966年发行学会刊物《经营史学》(三島,1985)。

至今为止,在中日文献里都有一些介绍日本企业史研究的文章或者著作。在我国,王处辉和橘川武郎的论文介绍了日本企业史研究的基本情况,对增进我国学界对日本企业史研究的了解起到了很大贡献(王处辉,1998;橘川,2017)。日文文献方面,《经营史学的二十年》《经营史学的五十年》《探寻经营史的历程》等日本经营史学会的官方著作详细记录了日本经营史学会的发展过程、重点研究领域和代表性的研究成果,是了解日本的企业史研究的重要文献。

虽然上述文献为我国学者了解日本的经营史研究提供了重要参考,但是却很少深入分析其重要特点——以产业为基本立足点的经营史研究占据了重要位置,同时其经营史研究保持了与经济史研究的密切互动。本文旨在通过梳理学术史文献,理清日本经营史的发展脉络,以及在此脉络中,产业经营史传统的形成过程。由于研究风格的特性差异,日本的经营史与美国乃至欧洲的企业史有着一定的区别,为了便于区分,本文在泛指一般意义上的"Business History"时采取国内通行的"企业史"的译法,而特指日本的"经营史"时则沿用日文汉字的直译"経営史"。

一、 重视以"产业"为分析单位的日本经营史

"Business History"在日本一般被翻译为"经营史",至于这一术语是何时、如何确定下来的,尚没有找到特别明确的记载。据笔者的考证,"经营史"这一译法的使用最早可以追溯到1934年,酒井正三郎将格拉斯发表在 *Economic History Review* 上的题为"Business History"的标志性论文介绍到日本的时候(酒井,

1934)。不过,同一年也介绍了该论文的大塚久雄则将"Business History"翻译为"经营经济史"(大塚,1934)。由此看来,在第二次世界大战前的日本,"Business History"的译法并没有得到统一,这一现象一直延续到战后。1949 年,栗田真造将出版的教材命名为《经营经济史》,而 1951 年东京大学设立的教席则命名为"经营发展史"(三岛,1985)。"经营史"这一术语逐渐确定下来,似乎是 20 世纪 50 年代末的事情。1957 年,富山大学开设了日本最早冠名为"经营史"的教席。1961 年,井上忠胜虽然认为"'经营'作为译语是否恰当仍有讨论的空间,或许使用'经营活动'或者'事业管理活动'这样的词汇更为贴切",但仍将其出版的专著命名为"美国经营史"(井上,1961)。

需要强调的是,在日本,经营史的研究对象也不局限于企业,这一点被认为是"学界的共识"(米川,1976)。日本经营史学会前会长橘川武郎强调,"Business History"不单包括企业,也应该包括非营利组织、政府组织等(橘川,2017)。从这个意义上说,汉语的"企业史"这一译法是否贴切,似乎也有讨论的空间。

那么,日本的经营史有什么样的特征呢? 为了明确这一点,笔者收集了日本经营史学会的会刊,也是日本的企业史研究的主要刊物《经营史学》上自 1966 年创刊以来,到 2015 年的 50 年份的所有论文共计 546 篇,①在逐一确认其内容的基础上,对其进行了分类。② 主要依据论文中采取的核心概念和分析方法偏向哪一学科的理论来进行分类。采用管理学概念的论文,主要指文中涉及的核心概念与经营战略、人力资源管理、组织管理、企业治理等相关,如田中智晃《日本乐器的竞争优势》、结城武延《味之素股份公司战后的全球化战略》等;采用经济学概念的论文,主要指文中涉及的核心概念与经济增长、产业组织、对外贸易、劳动市场等领域相关,如四宫俊之《昭和初期日本的报纸用纸卡特尔和外国纸进口》、上冈一史《日本钢铁产业的寡头竞争结构的形成过程》等;采用社会学概念的论文,主要指文中涉及的核心概念与文化、家庭、共同体、社会阶层、社会思潮以及其他社会组织相关,如韩载香《战后在日朝鲜人经济共同体的产业动态》、大桥吉久《战前日本制铁业的民族主义》等。

通过整理这些论文,首先发现《经营史学》所刊载论文的第一个特点,即跨学科的特性非常明显。在除去理论性论文和资料介绍的 486 篇实证研究论文

---

① 除去书评和学会报告介绍,包含了研究笔记(在原创性或者实证水平上稍低于论文的成果形式)。

② 基于笔者对标题、摘要、导言、结语的分析基础,根据论文中主要利用的核心概念、问题意识和分析方法进行分类。在分类过程中,笔者尽量采取客观、统一的标准,但是由于更多依据笔者的判断,难免有一定误差。

中,根据其主要运用的概念和理论框架进行分类,可以发现:主要使用管理学概念和理论的论文最多,有282篇;其次是不拘泥于特定学科的理论框架,而以说明史实为目的的历史学倾向的论文,有134篇;基于经济学视角的论文有57篇;基于社会学视角的论文有13篇。

由于企业史研究的侧重点在于研究企业内部活动,因而使用管理学概念的论文最多并不稀奇,相比之下,侧重于其他学科背景的论文数量较多,则凸显了日本的经营史有明显的跨学科特征。这一点从在《经营史学》上发表论文的学者所属院系也可以看出。在明确记载作者所属院系的2005年到2015年的105篇论文中,经济学院的作者最多,有52名,几乎占到一半;其次是管理学院的作者,有21名。这些任职于经济学院的研究者一部分是某些大学经济学院经营史教席教师或学生,而另一部分则是研究经济史,尤其是下文提到的研究产业史的研究者。虽然他们的研究中也会采用管理学的概念,借鉴企业史的研究视角,但是其问题意识有很强的经济史属性。这一点也从侧面说明了日本的经济史与经营史的密切联系。

第二个特点,是把个别企业的历史放在整个产业的发展框架下的研究,或者直接以产业整体作为对象的产业研究较多(见表1)。在546篇论文中,纯粹的产业史的论文有67篇,在重视所属产业的产业特性的基础上进行的个别企业的案例研究论文有131篇,加起来占到整体的三分之一以上。从时期上看,在20世纪80年代之后,"产业史的论文"和"重视所述产业特性的企业史论文"明显增加,尤其是1996年之后,两者相加的数量甚至超过了"产业史以外的论文"的数量(见表1)。

表1 《经营史学》论文分类数量统计　　　　　　　　　　　(单位:篇)

	发行年份					总计
	1966—1975	1976—1985	1986—1995	1996—2005	2006—2015	
产业史以外的论文	95	97	58	54	44	348
产业史的论文	8	4	13	27	15	67
重视所属产业特性的企业史论文	21	14	28	32	36	131
总计	124	115	99	113	95	546

从以上分析大体可以看出,日本的经营史研究的重要特征,第一是研究范式的多样性,或者说是跨学科特性;第二是在研究个别企业的组织管理活动的同

时,十分注重所属产业的特性及其发展动态。而且这两个特点是紧密联系的。

"企业史"这一学科本身就具有很强的跨学科特质,日本的经营史的特点,主要体现在其与日本本土的经济史研究有着密切的交流和联系。《经营史学》论文的作者主要来自经济学院的经济史学科,经营史专业也体现了这一点。这种经济史与经营史的重叠在关西地区更为明显。在经营史学会成立50周年纪念的访谈录《探寻经营史学的历程》中,早期参与经营史学会创建的学者们也频繁提及这种立场。比如,渡边尚强调"没有必要执着于经济史与经营史的区别";由井常彦则表示,经营史学会成立后,"大阪的(经济史)研究者已经几乎都是经营史,加入了经营史学会。除了货币史以外的学者几乎都参与了"(湯沢威,2014;渡辺尚,2014;由井常彦,2014)。

此外,在实际的学会运营和学术研究中也有不少经济史与经营史相互重叠的事例。在日本,经营史学会与社会经济史学会、政治经济学经济史学会被认为是经济史类三大学术组织。在经营史主要刊物《经营史学》和经济史主要刊物《社会经济史学》《历史与经济》上,经常可以看到同一作者针对同一研究对象发表的系列论文,而且这些论文最后会被修改后收录到同一本专著之中。此外,现在经营史学会的关西分会每年六次的例会中都会有两次与社会经济史学会的近畿分会的例会合并举行,使得报告人能够同时获得两个领域的学者们的意见。又如,下文会提及的学者们联合撰写出版的经营史研究系列丛书中,也常有原本从事经济史研究的学者参与。琼斯指出,从世界范围看,美国的企业史与管理学的关系更为密切,而欧洲的企业史则更接近于经济史学(琼斯和黄蕾,2017)。从这个意义上说,日本的经营史似乎更接近于欧洲模式,不过近25年来,原先接近于经济史的英国企业史研究有向管理学靠拢的趋势(黒澤,2014)。

第三个特点,是日本的经营史尤其注重从产业角度出发研究企业史,并形成了一种学术传统。现任日本经营史学会会长泽井实在学会官网的介绍中,就强调"日本的经营史研究的特点之一,是在或可称为'产业经营史'的各产业部门的经营史研究方面有着深厚的积淀"(沢井実,2017)。前会长橘川武郎也表示,日本的经营史研究在产业经营史研究的基础上,形成了关注产业特有的竞争力的研究方法(橘川,2017)。此外,在学会历史回顾《经营史学的五年》中,收录了产业史领域的主要学者武田晴人的一篇题为"经营史与产业史"的研究综述。武田在文中提到,该书的编辑委员会委托他写这篇综述,是因为"在国际上,日本的经营史研究的特征之一,是有着将经营史在产业史的脉络中进行讨论的传统"(武田,2015)。山崎广明在经营史系列丛书《战后日本经营史》的序言中,也强调"在追踪企业发展轨迹时,由于单一企业的行为在现实中是以具体的产业为场景展开的,因而实证研究也应该从追踪不同产业的企业的发展历史出发"(米川、下川和山崎,1991)。

在日本的经营史研究中,除了众多的案例研究之外,学者们还会组织起来,按照产业将经营史研究的最新成果集结成日本经营史系列专著,这种学术作品形式的涌现也可以被认为是产业经营史在日本非常发达的一个表现。比较具有代表性的作品主要有:1990到1991年出版的东洋经济新闻社的《战后日本经营史》(3卷本),2012年之后日本经营史研究所陆续出版的《产业经营史研究系列丛书》(目前已经出版11卷,预计总共出版20卷)等。前者在第一卷第一章"战前战后日本的大企业"中先概览了从战前到战后的主要产业的变迁,其后每一章叙述一个产业的发展历程。《产业经营史研究系列》也按照相似的方式,一卷描述一个产业的发展史。除了上面两个系列之外,2009年到2011年密涅瓦书房还出版了《讲座日本经营史》(6卷本),这个系列的编排顺序虽然不是按照产业,而是按照时期构成,但是也会在各卷中收录每个时代相应的具有一定特点的产业的发展历程。

此外,关于为何以产业为分析单位的产业史和产业经营史研究在日本盛行,黑泽隆文认为,主要原因有:第一,日本的"整套型"(Fullset)的产业结构使得日本国内诸多产业成为分析对象;第二,各个产业中的主要企业相对稳定,产业间的资源移动相对较少,使得产业分析具有较好的"实体";第三,日本的政界、行业组织和企业界形成了非常紧密的网络,留下了大量以产业为单位的统计资料;第四,学者和实业家们对"产业"一直保持高度关注(黑澤,2011)。

除了上述两个特征,日本的经营史学还有其他特点。比如,日本的经营史十分重视财阀的研究。《经营史学》从1966年到2015年的共计546篇论文中,以财阀为题材的论文共有79篇,这些论文发表时间主要集中在1995年之前,共有62篇。除了《经营史学》之外,日本还有专门以某一财阀为对象的学术刊物,比较有代表性的是《三井文库论丛》(1967年创刊)、《住友史料馆报》(1977年创刊,1988年前称为《住友修史室报》)、《三菱史料馆论集》(2000年创刊)等。此外,日本的经营史还十分重视对于"日本的特征"的研究。尤其是在日本式经营被世界关注的20世纪80年代和90年代,涌现出一批由经营史、经济史、管理学、社会学等多个学科的学者的共同成果,比较有代表性的是伊丹敬之、宫本又郎、加护野忠男、米仓诚一郎编的《案例集:日本企业的经营行为》等。

本文主要讨论"产业经营史"传统的形成,及其与经济史和经营史学科发展的关系。关于财阀及日本式经营的内容,王处辉和橘川武郎的论文中已有论及,故不再赘述。

二、日本经营史的早期发展

日本的经营史研究之所以重视产业,与其在日本的形成与发展过程有着千丝万缕的联系。一方面,在系统地引进企业史之前,就已经存在着类似于企业史的研究,这些研究很大程度上影响了日本的经营史研究的发展方向;另一方面,经营史学会成立之后,对邻近学科采取了较为开放的发展策略,接纳了许多经济史研究者加入其中。这些带有经济史背景的学者的加入,使得日本的许多经营史研究不是以组织和制度为落脚点,而是以整个日本的经济社会或者代表性产业为落脚点。这可以从2015年出版的学术史回顾《经营史学的50年》的编排中窥见一斑。这本书第一部分"经营史的方法与课题"的七章中,除了作为总论的第一章"经营史的方法"外,第二章"经济理论与经济史"、第三章"小经营的发展"、第四章"经营史与区域发展"的作者都是研究经济史出身,这些论题带有很强的日本经济史的色彩。此外,在四部分的构成中,第三部分"日本经营史——产业的诸侧面"则用了十一章的篇幅回顾了以产业为单位的经营史研究。

上述研究传统的形成,很大程度上与经营史学会成立前的早期经营史研究有关。在20世纪60年代日本系统地引进企业史之前,就已经存在了类似于企业史的研究,这些研究大多存在于经济史研究当中。也就是说,日本在系统地从美国引进企业史之前,就已经存在一定的企业史研究的积淀。这些积淀一方面使得企业史在从美国引进之后很快在日本扎根;另一方面,也导致了日本的经营史有着与美国企业史不同的特点。三岛康雄认为,日本的商业史、大塚史学[①]、"日本资本主义论争"衍生出的一批实证研究,以及美国正统的企业史被认为是日本经营史学的"四个源流"(三岛,1958;1961)。然而,三岛康雄在其著作中并未对这四个源流进行详述,下文借鉴上述的"四个源流"框架,通过一些早期文献,对经营史学会成立之前的研究进展进行了进一步的梳理和补充。

从时期上看,最早的近似企业史研究出现在日本的商业史研究中。日本的商业史研究最早可以追溯到19世纪80年代,早期以政府出版的官方著作居多,而从20世纪20年代开始,关于商业组织和商人方面的研究获得了迅速发展(宫

---

① 又称大塚学派,以日本学者大塚久雄为中心建立的比较经济史学研究体系。——编者注

本,1941)。比较有代表性的是菅野和太郎的《日本会社企业发生史的研究》、关于近江商人的研究、江户时代的垄断商人组织"株仲间"的研究等。而这时期商业史方面的代表性学者——宫本又次的《近世商业组织的研究》《近世商人意识的研究》等,也具有一定的企业史研究的色彩。宫本本人后来也成为日本经营史学会的会长。

第二次世界大战后,比较经济史的代表性学者大塚久雄的研究中,也有部分内容具有企业史研究的色彩,并一定程度上带动了日本早期的经营史研究。大塚久雄也是将马克斯·韦伯介绍到日本的重要人物,其研究范式深受德国历史学派的影响,十分注重企业组织和经营。大塚久雄的博士论文的《株式会社発生史论》就具有早期企业史研究的性质。该书将股份公司的原型及其诞生过程,从世界史的框架内进行分析。[①] 此外,大塚久雄提出的"局部市场圈理论"也受到了企业史开拓者格拉斯的影响(铃木,2015)。值得一提的是,大塚久雄还是后来赴美留学、引进企业史的关键人物中川敬一郎的导师。当然,应该说大塚久雄本人并不是严格意义上的企业史研究者,其研究的主要关注点还是在比较经济史领域,但是由于其在日本学界有着很大影响力,因而也带动了一批当时的年轻学者们开始关注经营史。比如,后来成为经营史学会常任理事的由井常彦就提到,其在从事经营史的研究时参考了大塚久雄的《株式会社発生史论》(由井,2006)。

从 20 世纪 30 年代开始,日本的马克思主义经济学者们就日本资本主义的性质和明治维新的性质展开了激烈的争论,这场被称为"日本资本主义论争"的学术讨论对日本学界产生了深远的影响。以此为问题意识展开的农业经营、工业经营方面的实证研究也有了深厚的积淀,这些实证研究某种意义上也具有一定的企业史研究的影子(小山和山崎,2014)。在这场争论中,讲座派认为明治维新后的日本属于前近代的绝对主义国家,强调日本社会的落后性及特殊性;而劳农派则认为明治维新后的日本已经是近代资本主义国家,理论倾向上更倾向于强调普遍性。值得一提的是,企业史最初传入日本时,在学术立场上具有自由主义的色彩(安部,2012),与劳农派[②]更为接近,因而,劳农派的部分学者后来也

---

① 斋藤英里的系列论文对该书的产生背景及学术意义进行了深入分析。具体参见:斋藤英里.比较经济史の誕生—大塚久雄《株式会社発生史論》に関する一考察—(1)[J].武藏野大学政治経済研究所年报,2015,10:131-160;斋藤英里.比较经济史の誕生—大塚久雄《株式会社発生史論》に関する一考察—(2)[J].武藏野大学政治経済研究所年报,2017,14:1-22;斋藤英里.比较经济史の誕生—大塚久雄《株式会社発生史論》に関する一考察—(3)[J].武藏野大学政治経済研究所年报,2017,15:47-63。

② 日本的一个历史学流派,因创办《劳农》杂志而得名。——编者注

成为经营史学会初期的重要参与者。

正如上文提到的,美国的企业史最早被介绍到日本可以追溯到1934年,酒井正三郎和大塚久雄分别将格拉斯的标志性论文介绍到日本(酒井,1934;大塚久雄,1934)。

实际上,酒井和大塚早在1934年就关注到格拉斯的论文,一定程度上反映了日本在这一时期已经存在了适合企业史研究的学术土壤。这一点,植村元觉在1957年翻译的格拉斯的《企业与资本主义:企业史入门》(*Business and Capitalism: An Introduction to Business History*)的后记中也有提及(Gras,1957)。植村元觉提到,他在1940年前后接受了宫本又次的指导,对大阪市东区的商业进行了调查,在此期间参考了格拉斯分析英国12—18世纪商品市场史的著作《英国谷物市场的演变》(*The Evolution of English Corn Market*),这成为他后来翻译该书的契机。后来植村元觉在富山大学就任日本最早的冠名为"经营史"的教席教授。

除了上述四个源流,德国商学也对早期日本的经营史研究产生了重要影响。二战前日本的经济学本身就受到德国历史学派的深刻影响,①从这个意义上说,同样受到德国历史学派影响的美国企业史很快被日本的经济学家和管理学家们所接受,似乎是情理之中的事情。在日本,当提及"经营史研究"时,德国的约瑟夫·洛菲尔霍尔兹(Josef Loffelholz)于1935年的著作《管理经济以及管理经济学的历史》也被当成和格拉斯同样重要的研究成果。从战后初期到50年代,栗田真造在约瑟夫·洛菲尔霍尔兹影响下,于1959年出版了《经营经济史》,"宣告了战后经营史研究的复活"(三岛,1985)。

三、经营史学的引进

通过以上讨论可以看出,日本从战前就开始有类似于企业史的研究,经过多个渠道的影响,日本事实上在50年代末就已经有了合适企业史研究的土壤。实际上,1957年酒井正三郎的论文也如此写道:"(在引进企业史的环境上)最近的形势开始发生了变化。"在这一时期,日本经营学会也设立了企业史专场;马场敬治的《现代经营学全集》中,也收录了和企业史有关的内容。被称为最早专门

---

① 关于历史学派对日本的影响,参见:饭田鼎.ドイツ歴史学派の導入と日本資本主義:明治前期における労働問題認識と新歴史学派経済学[J].三田学会雑誌,1973,66(9):1-15。

从事经营史研究的井上忠胜,也在吸收格拉斯的研究风格的基础上撰写了《サコ・ロウエル株式會社の經營史：ニューインク"ラント"における紡織機工場(1813—1949)の研究》(宮本又次,1977)。1954 年,土屋乔雄的著作《日本资本主义的经营史研究》问世,1957 年夏天,由植村翻译的格拉斯的著作也正式出版。就在这样的背景下,在第一任日本经营史学会会长协村义太郎的建议下,当时在日本大力推动企业史研究的东京大学助教授中川敬一郎,从 1958 年秋到 1960 年 3 月赴哈佛大学留学,开始了正式将企业史引进日本的工作。

如前文所述,中川敬一郎原本是大塚久雄的学生,其后转入胁村义太郎门下。中川敬一郎当初留学意在引进的不是"传统"企业史,而是当时被认为"最新的"企业家史(鳥羽,2014)。中川敬一郎之所以更倾向于引进企业家史而不是格拉斯式的企业史,是因为中川敬一郎考虑到当时熊彼特在日本的影响力,对于这些学者而言,比起重视从实证研究中探索理论的正统企业史,企业家史可能更加有亲切感。不过,最终中川敬一郎和同时期赴哈佛留学的鸟羽钦一郎还是将企业史和企业家史一同引进到日本(鳥羽,2014)。

此后,企业家史在日本学界一时流行起来,1976—1977 年出版的《日本经营史讲座》(日本经济新闻社)的 6 卷本中,《江户时代的企业家活动》和《工业化与企业家活动》占了 2 卷,就是一个例证。不过,由于社会文化因素难以进行实证分析,以及重视个人主体性的视角难以一般化,因而企业家史后来随着钱德勒的组织论式企业史的兴起而逐渐陷入低潮(宮本,2015)。不过,20 世纪 90 年代之后,企业家研究在日本重新受到关注,2002 年在大阪商工会议所的推动下,组成了"企业家研究论坛",并于 2014 年发行了专业刊物《企业家研究》,企业家史也随之重新得到重视。

从上一节的分析可以看出,日本早在经营史学会成立之前,就已经具备了与之相适应的学术土壤。这种土壤,是由日本本土的商业史、大塚史学、日本资本主义论证衍生出来的实证研究、德国商学,以及企业史的初步引进相互交融形成的。正是由于有了这些铺垫,20 世纪 60 年代正式引入的企业史对于当时的日本学者来说不完全是新事物,也因此经营史学会成立之后获得了迅速发展。

在这样的背景下,1960 年 7 月日本成立了"经营史研究会",第一次研究会的参加者包括以东京大学中川敬一郎教授、神户大学井上忠胜教授等为中心的十二名研究者(长谷,1985;岡本,2014)。该研究会的第一次全国大会,于 1963 年 11 月 23—24 日在名古屋大学召开。第二次大会则在 1969 年 11 月 29—30 日在立命馆大学召开。此外,关西地区的角山荣、宫本又次等教授也参加了会议,他们主张关西才是经营史的大本营(山下,2014)。

此后,经营史学会于1965年创立,创立后,会员数持续增加,但在2017年后出现减少趋势。根据学会主页,2017年1月的会员数为812名;而根据笔者的调查,目前的会员数减少到775人。学会成立初期的运营资金,仅依靠100人左右的会员会费,难以承担学会刊物的发行和学会奖的奖金,因而通过第一任会长脇村义一郎等核心成员的帮助获得了20家左右的公司的赞助(由井,2014)。

截至2019年,经营史学会由三个地区分会(关东、关西和西日本)和三个WORKSHOP(北海道、中部、东北)组成。在创立初期,除了以脇村、中川为中心的关东分会以外,关西地区的动态也非常重要。关西地区的干事中,有安冈重明、小林袈裟治、冈本信雄、桂芳男等经营史学会的重要人物(福應健,2014)。此外,学会成立早期,在宫本又次的影响下,许多长期从事商人研究、商业史研究的关西地区社会经济史学会的会员也加入了经营史学会,从构成上说关西地区还更多一些(由井,2014)。直至现在,经营史学会的会长由关东和关西地区学者交替担任已经成为惯例。至于西日本地区(主要包括中国地区、四国地区和九州地区),专门从事经营史研究的研究者大致出现在分会成立10年后。不过,西日本分会为了推动学科融合,每年与社会经济史学会共同召开会议(冈本,2014)。

早期的会员主要由管理学(包括会计学)、经济史、社会学等临近领域的参加者组成。尤其是经济史研究者中,马克思主义经济学影响较大,对此感到反感的研究者也加入到经营史学会中来(鸟羽,2014)。会员征集的告示最初预定在《社会经济史学会》《土地制度史学》(现改名为《历史与经济》)、《史学杂志》《会计》等刊物上刊发(三岛,1985)。

此后,经营史作为一个学科在日本迅速发展起来。经营史学会的迅速发展,除了早期骨干成员们的努力之外,也得益于在高速增长期扩大的时候,经营史成了商学部必须设置的科目(小林,2014)。基于当时的学术环境考虑,日本的经营史学会采取了不强调企业史研究范式的独特性,而是将其与邻近学科的界限模糊化的发展策略,以期获得更多研究者的支持。比如,第一届经营史学会全国大会的统一论题是"经营史学的课题",但是最终并没有突出企业史研究的独特性,而是"在社会学、管理学、经济史学与企业史学极为接近的地方,也就是在研究'人与组织的关系'"这方面达成了共识。此外,在第二届大会上,在科尔的建议下,为了使经济史领域的研究者更容易参与进来,经营史学会特意将统一论题从"管理组织"改为"企业体制",并从此形成了此后全国大会统一论题由方法论与实证研究、管理学主题和经济史主题相互交叉进行的传统(见表2)(中川,1985)。

表2 日本经营史学会前二十届大会的统一论题

届	论题
一	经营史学的课题
二	企业体制与经济发展
三	我国近代企业成形期的经营问题
四	企业家活动的国际比较——以大萧条时期为中心
五	日本经营管理的发展——历史考察
六	政府与企业
七	日本科学技术的导入与开发——企业与技术
八	我国的综合商社
九	经营学与经营史学
十	文化结构与企业家活动
十一	关于战前日本企业进入亚洲的若干问题
十二	企业金融的比较史研究
十三	财阀的比较史考察
十四	明治时期企业的管理者组织
十五	大正时期中等规模财阀的成长与制约
十六	量产量贩体制的形成与大企业体制
十七	日本式经营的谱系
十八	两次世界大战间歇期的日本海事产业
十九	工业化与地方产业——中央资本与地方资本
二十	近代管理的形成——关于工厂管理的若干问题

资料来源:经营史学会编,《经营史学的二十年》,东京大学出版会,1985年,370—373页。

日本的经营史学会就这样从成立初期便开始努力地寻求与周边学科的共识,尤其努力地尝试接纳经济史领域的研究者。这在当时,对于还相对弱小的经营史学会而言,是一种十分恰当的发展策略,也获得了成功。从1960年2月10日开始征集会员开始,到同年10月13日会员数已经达到264名(三岛,1985)。

这个数字相比 2019 年 1 月 11 日的 775 名①已经十分可观。不过反之,这一策略也使得日本经营史学会没有办法主张企业史范式的独特性。从美国引进企业史的主要人物中川敬一郎在《经营史学的二十年》中感叹道:"对于以社会科学的跨学科立场建立的新生学会而言,在进入未开拓的学术领域时,其研究目标和态度能够如此达成一致实属幸甚。但是,今天回过头看,恰恰是由于当初整合得过好,学会内部没有产生方法论上的分歧延续至今,这到底是好事还是坏事,想起来不由得让人不安。"(中川,1985)与中川敬一郎一同赴美的鸟羽钦一郎也说,随着经济史研究者的不断涌入,"经营史逐渐变质了,变成与当初中川敬一郎设想的,以及我设想的经营史不同的东西。对此中川敬一郎也反抗过。但是,即便不想接收,他们也不断加入进来。所以,我曾想过要发起'经营史学是什么'的讨论,但是谁也不同意。"(鳥羽,2014)

四、产业史研究的发展及其对经营史的影响

在日本,经营史研究是否应该包括产业史研究,早在 1956 年就有一定的争论。格拉斯的企业史研究中,将企业史研究分为"个别企业(Individual Firm of Company)研究""单一产业部门(A Group of Business Units)研究"和"综合企业史(General Business History)研究"。按照这种构思,产业史研究也算是企业史的一部分。而由这种观点出发,在 1956 年的日本经营学会上,酒井就主张企业史研究应该注重单一企业的历史研究,而井上则认为以产业为单位进行的企业史研究也应该纳入企业史研究的范畴(三島,1961)。后来成立的经营史学会的发展轨迹似乎更偏向于井上的设想,但是,这与其说是理论争论的结果,不如说是基于日本现实的学术土壤的选择。

而在日本系统地引进企业史之后,在日本经济史中的产业史研究也迅猛发展,并与经营史研究出现融合与重叠。② 20 世纪 60 年代之前的日本经济史研究,主要以明治维新时期和产业革命时期为研究对象,而从 60 年代末到 70 年代,研究对象则逐渐扩展到两次世界大战的间隔期。在此之前,日本也有产业史

---

① 包括名誉会长鸟羽钦一郎。数据由经营史学会关西分会的代表干事井泽龙直接向学会事务局获取。

② 关于日本经济史中的产业史的发展,具体参见:武田晴人.産業史[M]//武田晴人.異端の試み.东京:日本経済評論社,2017:441–442;武田晴人.経営史と産業史[M]//経営史学会.経営史学の50年.东京:日本経済評論社,2015:183–186;呂寅満.産業史研究の意義と方法[M]//武田晴人.日本経済の構造と変遷.东京:日本経済評論社,2018:57–77。

研究，不过主要是以农业史、工业史和商业史等产业大类为分析单位的。在这类研究中，也会出现企业的分析，但是并不强调企业的独特性，而仅仅将其作为在某一产业空间内发展的个体。随着研究的深化，一方面，产业史的研究对象开始深入到产业的中级分类，越来越多的研究者开始采用这种关注产业特性的同时，深入到企业层面进行分析的研究方法（武田，2017）。另一方面，日本经济史的主要研究时期也转移到两次世界大战的间隔期，基于马克思主义经济史观，这一时期属于垄断资本主义时期，也因此以垄断地位的大企业为具体的分析对象也就变成水到渠成的事情（武田，2015）。

早期的产业史研究的代表作，主要有隅谷三喜男的《日本煤炭产业分析》（1968年）、高村直助的《日本纺织史序说》（1971年）、石井宽治的《日本蚕丝业分析》（1972年）、山崎广明的《日本化纤产业发展史绪论》（1975年）。武田晴人在整理产业史的发展脉络时，指出这四部著作"几乎囊括了此后产业史研究的方法"（武田，2017）。由于详细叙述产业史的研究范式不是本文的目的，此处仅就其研究视角做简单介绍。大致上说，隅谷三喜男的研究重视分析个别产业的特性；而高村直助和石井宽治的研究注重从个别产业的分析出发，但其问题意识是在窥探日本经济的全貌；山崎广明的研究在对日本经济整体的意识上与高村直助和石井宽治相似，但是在以作为产业活动主体的企业为分析对象、进行企业间竞争的分析方面，带有很强的企业史的特征。实际上，从山崎广明的研究历程上看，他从中小企业史出发，其后将研究领域逐渐扩展到产业史、企业史（山崎，2014）。山崎广明也是经营史学会第六任会长，也是前文提到的《战后日本经营史》三卷本的主编之一。从这个意义上说，山崎广明可以说是跨越产业史和经营史的代表人物。随着产业史研究的发展，以及部分产业史学者开始运用企业史的分析方法，经济史中的产业史研究与经营史的重叠也逐渐增加。

除了上述几部代表作之外，20世纪80年代以来兴起的"传统产业论"的研究潮流中，也衍生出一批以小企业为主要对象的产业史研究。比较代表性的有：谷本雅之的《日本的传统型经济发展与织布业》，汤泽规子的《传统产业与家庭的地域史：从人生史的视角看小规模家庭经营与结城紬生产》等。这些研究中，为了阐明这些产业中，小企业获得发展与存续的逻辑，作者们分别进行了各种不同的尝试，分别在不同程度上吸收了社会学、产业集聚理论、经济地理学等社会科学的理论和方法。除了上述以传统产业为对象的研究之外，中小企业史研究也有许多宝贵的成果，比如植田浩史的《战时期日本的分包工业：中小企业与

"分包协作工业政策"》等。

在这个基础上,经济史研究者关注经营史的发展,还有更加现实的理由。如前文所述,对于相对弱小的经营史研究乃至经营史学会而言,经济史领域对于个别企业的关注的增加使得经营史学会有机会吸纳更多成员来扩展研究组织。而对于经济史领域的青年研究者而言,经营史学会和会刊《经营史学》也成为了他们可以发表研究成果的一个平台。不过,正如上文也提到的,这种经济史与经营史的重叠,也导致了许多参加经营史学会的青年研究者们并不关心企业史研究范式的独特性(武田,2015)。

除此之外,由于马克思主义经济史学在日本经济史学界长期占据主导位置,部分对马克思主义经济史学有抵触的学者,①以及在马克思主义经济史学中,被讲座派压倒的劳农派学者也进入了方法相对自由的经营史研究当中。汤泽威指出,"日本的经营史学会的成立……很大程度上是反感土地制度史学会②的争论的学者们,以及感觉到社会经济史学会中执着于宏观讨论的学者们聚集到一起的结果。"(汤沢威,2014)

综上所述,随着产业史研究的发展,日本的经济史学者越来越关注个别企业的发展史,这也从另一面导致了经济史与经营史的重叠。尽管这种重叠不是完全的融合,许多研究者们或多或少都有自己是"经济史"或者"经营史"的立场,但是这两个领域的相互交流,一定程度上促成了被日本学者称为"产业经营史"的研究特色的形成。此外,经营史范式的引入为深受"日本资本主义论争"影响的日本经济史学界提供了新的研究视角,推动了日本的经济史研究范式的转换,对于日本的经济史学界也产生了重大的影响(中川,1985)。

五、结语

本文在回顾日本经营史学发展历程的基础上,探讨了作为日本经营史学特征的"产业经营史"范式的形成过程。从上述分析可以看出,日本的经营史之所

---

① 参见角山栄.经济史[M]//经营史学会.经营史学の二十年—回顾と展望.东京:东京大学出版会,1985:45。根据角山的记载,由井常彦曾说道:"(50年代到60年代的经济史研究)被二战之前延续下来的讲座派和劳农派这两个相互对立又难以动摇的'日本资本主义发展史'所限制,而没有选择其他理论解释的空间……而我则无论如何也难以全盘接受马克思主义经济史观,尤其是其与政治意识形态和权威主义相联系的部分,我内心总是抱着一种批判的态度。"据说最终集结在经营史学会的许多人也有类似的感受。

② 即现在的政治经济学经济史学会,是日本的经济史学会中马克思主义经济史色彩较浓的学会。

以强调将个别企业的历史置于产业发展的框架之中进行讨论,与日本在系统引进企业史之前形成的早期的学术土壤,以及之后从经济史中衍生出来的产业史的发展密不可分。一方面,20世纪60年代之前,早期日本经营史研究的发展是在本土经济史的各种学术潮流,以及对于美国企业史研究的一些初步介绍的双重作用下发展起来的。在这样的背景下,日本的经营史学本身就与周边学科具有很大的包容性,尤其是与经济史有很强的联系。另一方面,20世纪60年代,日本系统地引进企业史之后,从本土的经济史研究中发展出来的产业史研究也迅速得到发展。在这一过程中,经营史研究和产业史研究相互影响,从而催生了所谓的"产业经营史"的研究传统。尽管这种研究传统使得日本在具体的各个行业的研究中涌现了许多细致而深入的研究成果,但是在很长一段时间里,日本学界对于这些研究却一直缺乏方法论的讨论。不过,近年来,日本的经营史学界也开始反思,对方法论问题进行探讨①,而产业经营史的范式就是一个重点。

此外,还有学者尝试在产业史范式的基础上,构建"全球企业史"的理论框架(黒澤,2011)。这些日本经营史的发展动态,对目前我国正在进行的关于企业史研究范式的讨论,有一定的参考价值(橘川和黒澤,2016)。

参考文献

琼斯,黄蕾.全球企业史研究综论[J].徐淑云,译.东南学术,2017,3:2-13.

黒澤隆文.世界の経営史関連学会の創設・発展史と国際化—課題と戦略—[J].経営史学,2014,49(3):25.

三島康雄.経営史学の生誕[J].中京大学論叢,1958,5(2):41-42.

三島康雄.経営史学の展開[M].京都:密涅瓦書房,1961.

三島康雄.経営史学会の役割[M]//経営史学会.経営史学の二十年—回顧と展望.東京:東京大学出版会,1985:340-352.

王处辉.日本的企业经营史研究评介[J].中国经济史研究,1998,2:118-124.

橘川武郎.面向21世纪的日本经营史学[J].东南学术,2017,3:25-33.

---

① 具体参见:橘川武郎.経営史学の時代:応用経営史の可能性[J].経営史学,2006,40(4):28-45;黒澤隆文,久野愛.経営史研究の方法・課題・存在意義:英語文献における研究動向と論争(上)[J].経営史学,2018,53(2):27-49;黒澤隆文,久野愛.経営史研究の方法・課題・存在意義:英語文献における研究動向と論争(下)[J].経営史学,2019,53(3):29-45;安部悦生.経営史学の方法[M].京都:密涅瓦書房,2019.

酒井正三郎.「経営史学」の諸問題—N. S. B. Gras：Business Historyへの管見—[J].商業経済
　　論叢,1934,12:134-140.
大塚久雄.グラース「経営経済史」[J].経済学論集,1934,4(10):115-117.
井上忠勝.アメリカ経営史[M].神戸:神戸大学经济经营研究所,1961.
米川伸一.経営史[M]//社会経済史学会.社会経済史学の課題と展望.东京:有斐阁,
　　1976:267.
橘川武郎.面向21世纪的日本经营史学[J].东南学术,2017,3:25-33.
湯沢威.湯沢威先生インタービュー[M]//経営史学会.経営史学の歩みを聴く.东京:文真
　　堂,2014:212.
渡辺尚.渡辺尚先生インタービュー[M]//経営史学会.経営史学の歩みを聴く.东京:文真
　　堂,2014:191.
黒澤隆文.世界の経営史関連学会の創設・発展史と国際化—課題と戦略—[J].経営史学,
　　2014,49(3):23-50.
沢井実.経営史学会の役割と課題[EB/OL].(2017-01-01)[2023-02-17].http://bhs.ssoj.
　　info/bhsj/sub01.html.
武田晴人.経営史と産業史[M]//经营史学会.経営史学の50年.东京:日本経済評論社,
　　2015:183.
米川伸一,下川浩一,山崎广明.戦後日本経営史(第1卷)[M].东京:东洋経済新報社,1991.
黒澤隆文.産業固有の時間と空間——産業史の方法・概念・課題と国際比較の可能性[J].
　　経済論叢,2011,185(3):1-20.
宮本又次.商業史(近代)[J].社会経済史学,1941,10(9-10):155-170.
鈴木良隆.经营史的方法[M]//经营史学会.経営史学の50年.东京:日本経済評論社,2015:
　　3-4.
由井常彦.企業家研究と伝記執筆—由井常彦先生に聞く[J].企業家研究,2006,3:60-78.
小山弘健,山崎隆三.日本資本主義論争史[M].大阪:社会经济劳动研究所,2014.
安部悦生.日本における経営史学の思想史的正確—リベラリズムと普遍主義と解釈論的研
　　究—[J].同志社商学,2012,63(5):136-146.
大塚久雄.グラース「経営経済史」[J].経済学論集,1934,4(10):115-117.
GRAS N S B.経営史[M].植村元覚,译.东京:关书院出版社,1957.
宮本又次.私の履歴書[M]//宮本又次.上方の研究 5.大阪:清文堂,1977.
鳥羽欽一郎.鳥羽欽一郎先生インタービュー[M]//経営史学会.経営史学の歩みを聴く.东
　　京:文真堂,2014:6-9.
宮本又郎.企業者史論[M]//経営史学会.経営史学の50年.东京:日本経済評論社,2015:63.
长谷川彰.日本経営史研究の現状と課題[J].総合研究所報,1985,11(1):3.
岡本信雄.岡本信雄先生インタービュー[M]//経営史学会.経営史学の歩みを聴く.东京:文

真堂,2014:34-38.

山下幸夫.山下幸夫先生インタービュー[M]//経営史学会.経営史学の歩みを聴く.东京:文真堂,2014:23.

福應健.福應健先生インタービュー[M]//経営史学会.経営史学の歩みを聴く』.东京:文真堂,2014:134。

由井常彦.由井常彦先生インタービュー[M]//経営史学会.経営史学の歩みを聴く.东京:文真堂,2014:118-120.

小林袈裟治.小林袈裟治先生インタービュー[M]//経営史学会.経営史学の歩みを聴く.东京:文真堂,2014:54.

中川敬一郎.経営史学の方法と問題[M]//経営史学会.経営史学の二十年——回顧と展望.东京:东京大学出版会,1985:13-46.

武田晴人.産業史[M]//武田晴人.異端の試み.东京:日本経済評論社,2017:441-455.

武田晴人.経営史と産業史[M]//経営史学会.経営史学の50年.东京:日本経済評論社,2015:183-186.

山崎広明.山崎広明先生インタービュー[M]//経営史学会.経営史学の歩みを聴く.东京:文真堂,2014:152-153.

橘川武郎,黒澤隆文.グローバル経営史——国境を越える産業ダイナミズム[M].名古屋:名古屋大学出版会,2016.

(原文发表于《福州大学学报(哲学社会科学版)》2019年第5期及《企业史评论》2020年第1期)

企业史与管理学的互动

以日本经营史研究为中心的考察

林彦樱　林立强[①]

日本自20世纪60年代从美国哈佛商学院引进企业史学科以来,结合本土的经济史研究,吸收了管理学、经济学、社会学等多个学科的概念和方法,形成了具有日本特色的"经营史学"。本文从企业家史、大企业史、中小企业史这三大主题出发,重点梳理了半个多世纪日本经营史与管理学的互动过程,发现目前日本经营史研究为获得与原有的历史学与经济学不同的研究视角,主要着眼于对管理学的概念、理论和分析方法的应用。随着近年来管理学界和经营史学界代表性学者的倡议,未来日本的经营史研究在注重研究成果的可用性以及强调对管理学理论贡献方面将得到加强,并将对管理学科相关领域产生更深层次的影响。

[①] 林彦樱,弘前大学人文社会科学部助理教授,硕士生导师;林立强,福建师范大学社会历史学院教授,博士生导师。

一、引　言

日本自 20 世纪 60 年代从美国引进企业史学后,结合本土的经济史研究,形成了具有日本特色的"经营史学"。① 经过半个多世纪的沉淀,日本已经成为世界上从事企业史研究学者人数最多的国家,1964 年成立的日本经营史学会(Business History Society of Japan, BHSJ)也是世界企业史研究领域会员数量最多的专业学会。经营史之所以在日本如此兴盛,是因为从美国引进企业史学之前,日本的经济史学者就十分重视对产业与企业的研究,已有了一定的研究基础,引进企业史学时很容易被经济史学者接受(林彦樱和井泽龙,2019)。此外,日本自近代以来以各个行业协会为中心,积累了大量行业和企业的调查资料,也为企业史学在日本的发展壮大提供了史料基础。

由于经营史学会在成立之初并没有采用与其他领域划清界限的发展方针,因此日本的经营史学并没有强调企业史研究的独特性,而是强调经营史的跨学科属性,吸收了管理学、经济学、社会学等多个学科的概念和方法,呈现出研究风格多样化的特征(林彦樱和井泽龙,2019)。与此同时,由于日本经营史传承于哈佛商学院,与管理学的关系一开始就十分密切,1965 年 4 月日本经营史学会成立之初,就提出学会管理要实现以经济史为导向(Economic-history-oriented)成员和以工商管理学为导向(Business-administration-oriented)成员之间的平衡,据统计,当时的 237 名成员中有 90 名具有工商管理与会计学双背景的会员(Nakagawa,1985)。根据林彦樱、井泽龙的统计,在日本权威刊物《经营史学》(*Business History Society of Japan*)上发表的文章中,以管理学导向的论文最多(林彦樱和井泽龙,2019)。可见日本经营史学在六十余年的发展过程中受管理学的影响颇深,大量吸收了管理学的概念、理论和研究方法。

国内介绍日本经营史的研究成果甚少,仅有夏春玉(1995)、王处辉(1998)、橘川武郎(2017)、林彦樱和井泽龙(2019)等为数不多的文章。这些文章虽然对日本经营史学进行了比较详尽的梳理,但是却缺乏一个视角,即作为经济史派生学科的经营史学,是如何与管理学科进行互动的。在这一方面,林立强在他的系列文章中,通过梳理美国企业史研究管理学范式的演变,探讨了在中国发展管理

---

① 日本的经营史起源于美国的企业史,但又形成了独具特色的研究风格,因此本文在指日本的企业史时沿用日文直译的"经营史",在泛指一般意义上的企业史时用"企业史"加以区分。

学范式的企业史研究的可能性与意义,提供了管理学范式的中西比较研究视野,具有较强的参考价值(林立强和陈守明,2020;林立强,2019,2020,2021)。近年来,随着企业史研究范式创新的讨论日益活跃,国内学者对西方企业史学者如何处理企业史与管理学的关系问题产生了浓厚的兴趣。本文旨在就日本的经营史学是如何吸收管理学的概念、理论和研究方法,又对管理学本身产生了什么影响进行梳理,拟为中国企业史研究提供"他山之石"。

二、管理学对日本经营史产生影响的缘由

管理学对日本的经营史研究产生重要影响,有外部与内部的原因。外部原因可以追溯到20世纪的30年代,当时的日本学者就关注到了美国哈佛商学院的企业史研究,并且对该院斯特劳斯企业史教席历任教授的研究十分推崇。1934年,酒井正三郎(1934)翻译介绍了美国早期企业史研究的奠基者、斯特劳斯企业史教席教授于1934年发表的标志性文章《企业史》(*Business History*),并将"Business History"译为"经营史",之后格拉斯的论文与著作被大量翻译为日文。1958年,中川敬一郎和鸟羽钦一郎来到哈佛商学院学习,他们一边跟随第二任斯特劳斯教席教授拉尔夫·W.海迪(Ralph W. Hidy)学习案例研究等相关课程,一边也接触到了哈佛企业家史研究中心的许多成员。如海迪就曾将中川介绍给了中心的核心成员科尔与雷德利希,中川为此还专门写信感谢海迪,称"他们二位都是我十分想结识的学者"。① 从1961年开始,中川分别向海迪推荐了阿部正、大河内晓男、山下幸夫等人,希望"在哈佛商学院能够提高他们对于经营史知识的理解"。② 我们考察了1958—1990年留学美国的17名日本经营史学者的学术背景,发现经济史、管理学、社会学的学者兼而有之。这一方面体现了日本经营史学科从一开始就具备跨学科的特点,包容性高;另一方面也反映出管理学背景的学者开始进入了以往由经济史学者占垄断地位的经营史研究领域。此后,海迪与接替他担任第三任斯特劳斯企业史教席教授的钱德勒多次赴日访问交流,强化了哈佛商学院企业史管理学范式对日本经营史研究的影响力。

日本国内的学术体制变化与管理学对经营史研究的影响息息相关,共同推动了经营史学在日本国内的迅速壮大。在经营史学会成立之前,日本早在1957

---

① 源自哈佛商学院贝克图书馆馆藏资料。
② 同上。

年就于富山大学设立了第一个冠名经营史的教席。其后,日本政府的文部省(现在的文部科学省)将经营史划入管理学院必须开设的科目。而在随后的60年代,在高校扩招的背景下,管理学院遍地开花,也促成了经营史教席和专职研究人员的增加。目前,日本的经营史教席一般设在管理学院,[①]分属社会科学领域,虽然在研究方法上与问题意识上仍然具有历史研究的基本特征,但是这种学科划分使得经营史研究必然与管理学的其他子学科之间存在一定的融合与互动。这尤其体现在一些比较重要的子学科和理论中,如组织理论、产业集聚理论、人力资源管理、中小企业论等,都可以在经营史中找到对应的历史研究。值得注意的是,这些与管理学进行融合和互动的经营史研究更多是对管理学的概念、理论和方法的应用,在研究的出发点和问题意识上往往还是历史学意义上的。

企业史学在被引进日本之后对传统的经济史学研究带来了许多新的理论和方法论,其中最主要的就是管理学的理论和方法。在理论方面,日本从60年代就从商学院的企业史中一道引进了"企业家史",其后企业家史一度陷入沉寂,但2000年之后又在"企业家学"的带动下获得复兴;钱德勒关于现代大企业的形成与演变的理论模型以及"日本式经营"的讨论影响了日本的"大企业史"的研究;中小企业论和产业集聚理论的发展又带动了日本的中小企业史的发展。在方法论方面,传统的经济史学一般采用历史学的史料归纳和史料批判的方法,而随着引进企业史学,管理学中的口述与调研等质性研究方法也获得了一定程度的应用。为了进一步讨论日本经营史学与管理学的互动,下文将分别从经营史研究中的企业家史研究、大企业史研究和中小企业史研究这三大主题进行梳理与分析。

三、 企业家学与企业家史研究

一般认为,早期美国企业史研究有两个分支:一支是前述起源于哈佛商学院的以格拉斯为代表的哈佛企业史学派;另一支是在熊彼特的大力支持下,科尔于

[①] 在日本的高等院校中,存在"经营学部(管理学院)"与"商学部(商学院)"并存的情况,这两者都会下设经营史教席。关于两者的区别,一般认为商学部侧重于从市场与商品的角度去理解商业活动,而经营学部则从企业与经营资源的角度去考察经营管理活动的本质。另外也有学者认为这两者之间并没有本质区别,现实中有许多大学在基本的组织架构和人员配置不变的情况下,将"商学部"改组为"经营学部"。讨论两者的区别不是本文的重点,因而在本文中将两者统称为"管理学院"。

1948年成立的哈佛大学企业家史研究中心。日本经营史学会的奠基人,也是赴美国学习企业史学的中川敬一郎和鸟羽钦一郎,最开始试图引进的不是哈佛商学院式的企业史,而是企业家史(鸟羽钦一郎,2014)。原因在于,熊彼特在日本的经济学界有着很大的影响力,因而他们认为企业家史可能比商学院式的企业史更容易被当时日本的经济史学家们所接受。虽然后来两人将商学院式的企业史和企业家史一起带回日本,但是作为经营史学会早期灵魂人物的中川敬一郎本人的思想深受科尔的影响,其代表作《比较经营史序说》有很深的企业家史的烙印。中川敬一郎(1981)认为,企业家的主体性行为不是单纯的偶然现象,而是遵循本国社会文化条件的共性,经营史的一大课题就是去寻找这种企业家活动背后的"文化结构"。不过,由于文化因素难以进行实证分析,企业家史注重企业家人物个性的考察,而难以对企业家行为进行总结与概括,在中川之后,日本的企业家史陷入一段时期的低迷。

然而,随着2000年之后企业家学在日本管理学界的兴盛,企业家史学也呈现出复苏的迹象。这一时期日本的管理学界之所以关注企业家活动,是因为日本的企业家活动与其他发达国家相比持续低迷,这被认为是日本陷入长期经济停滞的原因之一(矶边刚彦和矢作恒雄,2011)。在此背景下,关于企业家的研究在日本的管理学中逐渐受到重视,尤其是在作为管理学子学科之一的初创企业论中,创业者的研究成为一个重要的课题。2002年12月1日,企业家研究论坛的成立是企业家学在日本兴盛的标志性事件。这是一个广泛汇集了管理学者和经营史学者的学会组织,有专门的学术期刊《企业家研究》。尽管企业家研究论坛并不是以经营史为主要研究对象的学术机构,《企业家研究》上刊登的论文也多是管理学的实证分析的论文,但经营史学者在这一学会中长期扮演了核心角色。其中的一个体现就是在学会成立后的13年间(2002—2015年),学会会长一直都是企业家史的代表人物宫本又郎。其后的2015—2018年,会长也是后来的经营史学会会长、经营史学家泽井实。非经营史的管理学背景的会长就任是在2018年之后,也就是学会成立16年之后的事情。可以说,在企业家学兴盛带动企业家史复兴的同时,企业家史学家们也反过来推动了企业家学的发展。

除了创建企业家研究论坛之外,日本的经营史学者们还积极推动企业博物馆的建设。日本有不少介绍企业历史的博物馆或纪念馆,其中以1994年建成的丰田产业技术纪念馆最具有代表性,然而,在2001年之前,以企业家为主题的博物馆还相对较少。2001年,作为大阪商工会议所110周年纪念活动的一环,大阪市政府主导建立了大阪企业家博物馆,向一般民众介绍自江户时代以来大阪的经济发展,以及涌现出的企业家们的故事。在该馆建设的过程中,经营史学者们扮演了重要的角色,馆长即是经营史学者宫本又郎。除此之外,在埼玉县深谷市也建有涩泽荣一纪念馆。这些博物馆不仅成为经营史向大众传播企业家精神的据点,也成为包括经营史在内的管理学科的重要教育基地。在企业家史再度成为热点的背景下,相信日本今后还会有更多的企业家主题的博物馆诞生。

作为日本企业家史的代表人物,宫本又郎撰写、主编了大量的关于企业家史的著作,比如《日本的近代11:企业家们的挑战》(1999)、《企业家们的幕末维新》(2012)、《企业家学的推荐》(2014)等。宫本又郎在企业家史研究方面的一个贡献,是尝试对企业家进行分类。宫本又郎吸收了管理学中一些新兴概念,如"风险资本家""社会企业家"等,将幕末到明治早期日本涌现的企业家们分成五类:第一类是江户时代的旧商家的复兴,这一类以后来成为财阀的三井家、住友家为代表;第二类是风险企业家,以三菱家的创始人岩崎弥太郎为代表;第三类是技术人员、工匠出身的企业家,以大阪纺织的经理人山边丈夫为代表;第四类是社会创业家,以仓敷纺织的大原孙三郎为代表;第五类是企业界的领导人物,以"日本资本主义之父"的涩泽荣一为代表(宫本又郎,2012)。

除了宫本的研究之外,日本的经营史学者们还出版了大量的日本企业家的案例集。比如:法政大学产业信息中心,宇田川胜主编的《案例集:日本的企业家活动》(1999)、《案例研究:日本企业家史》(2002)、《案例研究:日本的企业家群像》(2008),佐佐木聪主编的《日本的企业家群像》(1—3卷,2001;2003;2011),PHP研究所组织出版的《日本的企业家》系列(共13卷,2016—2018)等。这些案例集是日本的经营史学者们的集体研究成果,不仅面向日本的经营史和管理学的学者,而且也面向一般读者,同时还被管理学者们当成教材广泛使用,成为经营史学反过来影响管理学的一个具体表现。

随着数据处理技术的进步和最新数据分析方法的引入,日本的企业家史研究也出现了利用社会关系网络分析的研究成果。铃木恒夫、小早川洋一和田一夫(2009)合著的《企业家网络的形成与发展:数据库看近代日本的区域经济》利用社会网络分析的手法对1898年和1907年的《日本全国诸会社役员录》进行了分析。这一研究吸收了管理学中的社会关系网络理论,是日本经营史研究对管理学理论的又一次应用。

四、"钱德勒模型""日本式经营"与大企业史研究

继早期的企业家史之后,钱德勒的组织论式企业史对日本的经营史学产生的影响更大。钱德勒通过《战略与结构：美国工商企业成长的若干篇章》《看得见的手：美国企业的管理革命》和《规模与范围：工业资本主义的原动力》等代表作,描绘了现代工商大企业替代市场进行资源分配的过程(Chandler, 1962;1977;1990)。现代企业被定义为拥有多个营业单位,由职业经理人管理的科层制组织(Chandler, 1977)。如果把这一组织演化的过程定义为"钱德勒模型",那么随着经营史在日本的兴盛和钱德勒影响力的提高,钱德勒模型可以在多大程度上描绘日本大企业的形成过程,这一过程中日本又有何独特之处,成为日本的经营史研究中的一大课题。下川浩一(2009)称,在哈佛商学院上过钱德勒的研讨课(seminar)的日本的经营史学者不下30人。其中,不乏米仓诚一郎、下川浩一、曳野孝等直接师从钱德勒研究企业史的学者,这些学者后来也大多成为日本经营史学界的重要人物。钱德勒在世期间,经常通过日本经营史学会的富士会议赴日与日本学者进行交流,也在日本经营史学会的会刊《经营史学》上发表文章介绍美国学界的研究动态(威尔森和钱德勒,1974;钱德勒,1974)。钱德勒去世之后,《经营史学》在2009年第44卷第3号上连刊3篇文章悼念钱德勒(下川浩一,2009;安部悦生,2009;曳野孝,2009)。这是《经营史学》自创刊以来唯一一次大规模组稿纪念一位学者,可见钱德勒对日本经营史学界的影响之大。

钱德勒对日本的经营史学的影响,直接反映在日本的经营史学者们编纂的通史类著作和经营史的教科书上。在日本的经营史学者们合作撰写的通识类著作中,最具有代表性的是1995年岩波书店出版的《日本经营史》(5卷本)和2009—2011年密涅瓦书房出版的《讲座日本经营史》(6卷本),这两套丛书都以日本现代大企业的形成和变迁为主要线索,其中《讲座日本经营史》描绘1914—1937年的第3卷更是命名为《组织与战略的时代》。而国外经营史的教科书更是随处可见钱德勒的影子。如1987年铃木良隆、安部悦生、米仓诚一郎编写的《经营史》中的美国经营史部分几乎是钱德勒著作的浓缩版。2004年出版的《企业的历史》受下文所述的"后钱德勒模型"和"传统产业论"的影响,加大了中小企业的篇幅,但是第6—8章描绘美国大企业的形成部分也主要反映的是钱德勒的学说。

钱德勒的学说和研究方法也直接影响到了许多日本的经营史学者们的研究。其中受影响最大的是对日本的财阀研究。在钱德勒的学说被介绍到日本之前,第二次世界大战前的日本财阀就是日本经营史的重要研究对象。而在钱德勒模型被介绍到日本之后,一部分学者开始把财阀作为日本现代企业形成的主体来研究,其中最有代表性的是森川英正。森川英正(1991)参照钱德勒模型,从职业经理人普及的角度论证了日本现代大企业的形成过程。除此之外,也有学者将钱德勒的思想和方法论作为研究对象。安部悦生(2019)深入地研究了钱德勒的思想和方法论,以及欧美学界对钱德勒相关理论的批判,相关论文汇集成专著《经营史学的方法:寻求后钱德勒模型》。

现在日本大多数经营史学者认为日本在 1914—1937 年开始出现现代大企业,钱德勒模型所描绘的演化路径也大体可以适用于日本。不过,他们也发现了日本的大企业形成与钱德勒模型的不同之处。① 比如,铃木良隆(2010)强调,相比美国大企业组织对市场的替代主要出现在商品的生产与流通领域,日本的大企业形成的特点则更多体现在劳动力的内部化上。这主要体现在 1914—1937 年日本重工业企业为了留住稀缺的熟练劳工,开始实行年功序列的工资体系、长期雇佣保障和内部晋升的评价系统。这些制度在第二次世界大战之后得到进一步普及,成为日本式人事管理制度的雏形。

除了钱德勒的影响之外,管理学中"日本式经营论"也推动了经营史学上对日本大企业史的探讨。"日本式经营"一词最早为人所熟知,要数詹姆斯·阿贝格伦(James Abegglen)(1959)出版的《日本工厂》(The Japanese Factory)一书。这本书的书名在日本被译为《日本的经营》,书中提到的"日本式经营"的"三神器",即终身雇佣、年功序列型工资和以企业为单位的工会组织,也是现今最广为人知的"日本式经营"的特点。随着研究的深入,"日本式经营"的概念被扩充到更广泛的范围,包括了员工主权的企业治理理念、内部晋升的职业经理人制度、企业内的轮岗制度、对于应届毕业生的统一录用制度、企业内部的集体决策(稟议制)和蓝领与白领员工的身份平等化等方方面面,甚至也包括了企业与银行的长期交易关系(一般被称为"系列"),集团内企业的相互交叉持股及大企业与中小企业的外包关系等企业间关系。这些具有特色的企业制度在历史上是何时、如何形成的,也成为日本经营史研究中的一个热点。

---

① Marie Anchordoguy 也提出要理解日本的经验,钱德勒模型需加上三个要素,即考虑包含企业集团在内的大企业组织形态的多样性,考虑企业经营目标的多样性,以及考虑政府和产业政策的作用。

关于"日本式经营"的起源,主要有两种观点。一种观点是强调日本传统的社会制度的影响。其中最主要的就是社会学中的"家（Ie）"和"村（Mura）"的共同体文化（间宏,1964）。这一观点认为,传统的社会制度和文化起源于明治维新之前的日本社会,在日本的工业化过程中映射到现代大企业的管理制度上,形成日本独特的企业模式。关于这一点,有研究指出早在江户时代日本的大商家就开始出现所有权与经营权分离的现象,也有研究从人事管理制度上着手,认为江户时代商家中奉工人（员工）的雇佣形态、晋升机制和内部培养模式已经有了"日本式经营"的雏形（西坂靖,2006）。

另一种观点认为"日本式经营"不能用日本传统社会的文化来解释,而是第二次世界大战期间的统制经济的结果（冈崎哲二,1993）。这一观点的研究基于比较制度分析的框架,用"路径依赖"的概念来理解"日本式经营"在战后日本的形成。不过,这种"战时源流论"侧重的不是企业内部的人事评价制度或者企业文化,而是企业与银行的关系、企业与企业之间的关系,也就是上述提到的"系列（Keiretsu）"这种长期交易关系的形成。

五、 中小企业研究、产业集聚理论和中小企业史研究

随着20世纪80年代之后美国的"大企业病"备受关注,注重大企业经营效率的"钱德勒模型"开始遭受许多企业史学者的批判,越来越多的学者开始强调中小企业的重要性。迈克尔·皮埃尔（Michael Piore）和查尔斯·赛伯（Charls Sabel）提出"弹性专业化论",他们认为从历史上看,以现代大企业为主体的大量生产体制不是生产组织发展的唯一路径,以中小企业为主体的、以"弹性专业化"为特征的生产体制在面临迅速变化的市场环境时具有独特的优势（Piore and Sabel,1986）。理查德·朗格卢瓦（Richard Langlois）则认为,钱德勒主张的以现代大企业内部的科层制为基础的调整模式只是一个特定的历史阶段,随着经济全球化、信息通信技术的进步和支撑市场交易机制的机构的发展,市场的"厚度"会增加,那时通过市场的调整的合理性会超过企业内部调整（Langlois,2002）。另一方面,1973年石油危机之后,以大量优质中小企业为支撑并通过长期交易关系（系列）形成企业网络的日本生产体制大放异彩,也促使日本的经营史学者们重新审视中小企业的作用。

事实上,早在美国的企业史学家们关注中小企业之前,日本的管理学界就十分重视中小企业,在管理学科下设有"中小企业论"的科目和教席。其背后的原

因,与日本经济中中小企业占比较高的特点有着密切的联系。值得一提的是,日本的"中小企业论"虽然分属管理学的范畴,却深受日本经济学研究的影响。①其中的一个重要体现,就是战后日本的中小企业论长期受到"二元结构论"的经济学理论的影响。有泽广巳在其执笔的经济安全本部(1957)《经济白书》中提出,日本的经济结构中存在近代大企业和前近代的小企业之间的二元对立,日本经济要进一步发展必须实现中小企业的近代化。在这种认为中小企业是日本经济发展瓶颈的"二元结构论"的影响下,第二次世界大战后初期日本的中小企业论中,认为中小企业效率低下、经营制度落后的观点占主流。

然而,随着20世纪50年代后期日本经济进入高速增长阶段,以中村秀一郎和清成忠男为代表的学者通过大量的实证研究,提出了新的中小企业理论。中村秀一郎(1968)通过调查发现,日本在20世纪60年代之后出现大量的区别于传统大企业与中小企业二分法的"中坚企业",这些企业的迅速发展打破了过往的"二元结构论"对中小企业的刻板印象。而清成忠男(1970)则发现中小企业在日本经济的高速增长期也通过更新换代成长出一批具有新的时代风貌的中小企业家,这些中小企业家们以追求自我实现为创业动机,在各个领域发挥企业家精神,创造出一批支撑日本经济增长的新型中小企业。中村和清成的研究基于他们在任职国民金融公库(现在的日本政策金融公库)期间进行的大量实证调查,对日本中小企业论的范式转换起到了重要影响。

在美国学界反思钱德勒的相关理论和日本国内学界开始积极评价中小企业的同时,日本的经营史研究自20世纪80年代以来也出现了重新审视中小企业的研究潮流。其代表是中村隆英提出的"传统产业论"。在中村提出"传统产业论"之前,一般认为明治维新之后日本的工业化主要是由从欧美移植的近代工业推动的。然而中村隆英(1971)通过构建这一时期的工业统计数据发现,第一次世界大战之前日本的传统产业与近代产业呈现出同步发展的态势。谷本雅之(2005;2012)则将"传统产业论"进一步深化,从生产组织理论的角度,提出"分散型生产组织论"。受"工厂制争论"和新制度经济学派的威廉姆森的理论的影响,结合"弹性专业化论"的讨论,谷本认为生产组织并非向代表大量生产体制的大企业收敛,而是根据各国要素禀赋和产业发展历程,存在生产组织的多样性。从这个角度出发,日本第一次世界大战前中小企业的发展是根据日本本土

---

① 日本的管理学(经营学)在早期是德国的"经营经济学"(经营经济学)与美国的"经营管理学"(经营管理学),在第二次世界大战之后才逐渐倾向于美国的"经营管理学",而日本的管理学中的"中小企业论"更接近"经营经济学"的范畴。

的要素禀赋(尤其是劳动力结构)和社会文化制度影响的结果。可以说,谷本的"分散型生产组织论"是把生产组织理论和以日本工业化为问题意识的历史研究相结合的一种大胆的尝试。

除此之外,日本的中小企业史研究也积极吸收"产业集聚理论"的成果。其中,尤其以迈克尔·波特(Michael Porter)从管理学的角度提出的"产业集聚理论"对中小企业史的影响较大(Porter,1998)。在这些成果中,也不乏《产业集聚的本质》这样管理学者与经营史学者合作的作品(伊丹敬之等,1998)。不过,日本的经营史研究更多的是与上述的"传统产业论"相结合,讨论近代日本国内织布业是如何通过以"产地"的形式发展起来,形成竞争优势的。在这一方面,阿部武司(1989)的系列研究最具有代表性。除了阿部之外,泽井实(2013)通过细致的实证研究,将产业集聚进一步细分为"大城市型集聚""地方工业城市型集聚""产地型集聚""企业城下町型集聚",也是通过分类法将产业集聚研究深化的一个尝试。

上述"传统产业论""分散型生产组织论"和产业集聚的历史研究,也被纳入中小企业论的历史研究当中。在中小企业研究成果的综述性文献《日本的中小企业研究(2000—2009):成果与课题》当中,第4章"历史研究"主要收录的就是"传统产业论""分散型生产组织论"和产业集聚史的相关文献(植田浩史,2013)。这些成果与中小企业的现状分析相呼应,成了作为日本管理学科之一的"中小企业论"的一部分。

六、结语

本文从大企业史研究、企业家史研究和中小企业史研究三个层面探讨了日本的管理学与经营史学之间的互动关系。日本的经营史学之所以与管理学之间存在密切的互动,与其分属在管理学院之下的学术体制有着密不可分的关系,但是总的来说,日本的经营史学还是带着很强的历史学色彩。林立强和陈守明(2020)认为,管理学范式的企业史研究应该具有以下三个特征:第一,注重研究成果的可用性;第二,强调理论贡献;第三,注重历史学视野的纵向研究手法,强调"随时间演变"对管理学的重要性。如果参照上述三大特征,目前日本的经营史研究中管理学的理论、概念和方法的运用,是为了获得与原有的历史学与经济学不同的研究视角,从而最终服务于解决日本工业化的演变这一历史课题。从这个意义上说,日本的经营史研究在成果可用性和理论贡献这两个方面还相对薄弱。

不过,尽管在历史学的问题意识下应用管理学的概念、理论和分析框架的经营史学者占多数,但也有一些学者开始在管理学界发挥影响力。如前文提到的安部悦生(2019)从方法论的视角深入探讨了钱德勒的著作和思想,并将欧美学界对钱德勒的著作和思想批判介绍到日本,探讨"后钱德勒模型"的可能性,为管理学者们进一步理解钱德勒做出了贡献。米仓诚一郎(1999;2003)在哈佛大学期间师从钱德勒,同时在管理学和经营史两个领域都有丰硕的著作。植田浩史、和田一夫、下川浩一等经营史学者们参与汇编了《日本的企业体系》的系列丛书,这套丛书分两期共 10 卷,是管理学领域对日本企业进行体系性研究的重要著作,也被用于日本的管理学教学。

近年来,管理学界和经营史学界的代表性学者开始积极呼吁加强经营史研究的理论贡献与应用性,并试图在经营史学界倡导方法论创新。如日本著名的管理学者伊丹敬之认为,经营史研究对于管理学可以有两个贡献:第一,提供现状分析的"情景变量";第二,提供包含时间轴的动态分析。此外,伊丹敬之(2015)还提出了从现实观察到历史分析、最后实现提出新理论命题的三个阶段论。而在经营史的应用性方面,日本经营史学会前会长橘川武郎(2006)主张推广"应用经营史",认为经营史可以通过梳理历史脉络对产业的变迁进行动态把握,在此基础上为现实中解决产业存在的问题做贡献。在这样的背景下,基于前述的日本经营史与管理学有着长期互动的历史,日本经营史学者们对管理学方法的掌握已经较为娴熟,我们大胆预测未来日本的经营史学与管理学将会发生更深层次的互动。

参考文献

ABEGGLEN J. The Japanese factory: aspects of its social organization[M]. New York: Free Press, 1959.

ANCHORDOGUY M. Chandler and business history in Japan[J]. The Business History Review, 2008, 82(2): 301-308.

CHANDLER A. Strategy and structure: chapters in the history of the American industrial enterprise[M]. Cambridge: MIT Press, 1962.

CHANDLER A. The visible hand: the managerial revolution in American business[M]. Cambridge: Harvard University Press, 1977.

CHANDLER A. Scale and scope: the dynamics of industrial capitalism[M]. Cambridge: Harvard

University Press, 1990.

LANGLOIS R. The vanishing hand: the changing dynamics of industrial capitalism[J]. Industrial and Corporate Change, 2002, 12: 351-385.

NAKAGAWA K. Introduction: internationalization of the business history study in Japan[M]//Japanese yearbook on business history. Tokyo: Business History Society of Japan, 1985: IX-X.

PIORE M, SABEL C. The second industrial divide: possibilities for prosperity[M]. New York: Basic Books, 1986.

PORTER M. On competition[M]. Cambridge: Harvard Business School Press, 1998.

阿部武司.日本における産地綿織物業の展開[M].东京:有斐阁,1989.

安部悦生.チャンドラー・モデルの行く末[J].経営史学,2009,44(3):44-59.

安部悦生.経営史学の方法——ポストチャンドラー・モデルを求めて[M].京都:密涅瓦书房,2019.

间宏.日本劳务管理史研究[M].东京:钻石出版社,1964.

西坂靖.三井越後屋奉公人の研究[M].东京:东京大学出版会,2006.

冈崎哲二.現代日本経済システムの源流[M].东京:日本経済評論社,1993.

宫本又郎.企業家たちの幕末維新[M].东京:Media Factory,2012.

谷本雅之.分散型生産組織の"新展開":戦間期日本の玩具工業[M]//冈崎哲二.生産組織の経済史.东京:东京大学出版会,2005:231-290.

谷本雅之."分散型生産組織"論の射程[M]//社会经济史学会.社会经济史学の課題と展望.东京:有斐阁,2012:42-55.

矶边刚彦,矢作恒雄.起業と経済成長[M].东京:庆应义塾大学出版会,2011.

经济安定本部.経済白書(昭和三十二年版)[R].东京:内阁府,1957.

酒井正三郎.経営史学の諸問題— N. S. B. Gras: Business Historyへの管見[J].商業経済論厳,1934,12.

橘川武郎.経営史学の時代——応用経営史の可能性[J]経営史学,2006,40(4):28-45.

橘川武郎.面向21世纪的日本经营史学[J].东南学术,2017,(3):25-33.

林立强,陈守明.中西比较视域下的中国企业史管理学范式研究[J].东南学术,2020,(1):184-200.

林立强.美国企业史方法论研究:缘起、现状与趋势[J].福州大学学报,2019,(5):46-54.

林立强.中国企业史管理学范式再思考[J].东南学术,2020,(1):96-108.

林立强.关于企业史研究与管理学关系的思考[J].中国经济史评论,2021,(1):149-152.

林彦樱,井泽龙.日本"产业经营史"研究的源流[J].福州大学学报(哲学社会科学版),2019,(5):55-63.

铃木恒夫,小早川洋一,和田一夫.企業家ネットワークの形成と展開——データベースからみた近代日本の地域経済[M].名古屋:名古屋大学出版会,2009.

铃木良隆.企業組織―近代企業の成長[M]//佐佐木聪,中林真幸.組織と戦略の時代(1914-1937).京都:密涅瓦书房,2010:19-52.

米仓诚一郎.経営革命の構造[M].东京:岩波书店,1999.

米仓诚一郎.企業家の条件――イノベーション創出のための必修講義―[M].东京:钻石出版社,2003.

鸟羽钦一郎.鳥羽欽一郎先生インタービュー[M]//经营史学会.経営史学の步みを聴く.东京:文真堂,2014:7.

钱德勒.米国経営史の最近の動向[J].経営史学,1974,9(3):55-57.

清成忠男.日本中小企業の構造変動[M].东京:新評社,1970.

三户公.日本の経営学,その過去と現在そして?? 新しい方向の模索[J].中京経営研究,2009,19(1):79-98.

森川英正.経営者の時代[M].东京:有斐阁,1991.

王处辉.日本的企业经营史研究评价[J].中国经济史研究,1998,(2):118-124.

威尔森,钱德勒.欧米における経営史の研究動向[J].経営史学,1974,9(3):52-54.

下川浩一.A.D.チャンドラー教授の経営史学への貢献と今後の展望[J].経営史学,2009,44(3):31-43.

夏春玉.经营、经营史和经营史学[J].财政问题研究,1995,(4):49-53.

曳野孝.経営者企業,企業内能力,戦略と組織,そして経済成果[J].経営史学,2009,44(3):60-70.

伊丹敬之.経営史と経営学[M]//经营史学会.経営史学の50年.东京:日本経済評論社,2015:42-51.

伊丹敬之,松岛茂,橘川武郎.産業集積の本質[M].东京:有斐阁,1998.

泽井实.近代大阪の産業発展―集積と多様性が育むもの[M].东京:有斐阁,2013.

植田浩史.歷史的研究[M]//中小企业综合研究机构.日本の中小企業研究,2013:73-100.

中川敬一郎.経営史学の課題[M]//中川敬一郎.比較経営史序説.东京:东京大学出版会,1981:3-14.

中村隆英.戦前期日本経済成長の分析[M].东京:岩波书店,1971.

中村秀一郎.中堅企業論[M].东京:东洋经济新报社,1968.

钱德勒范式在法国

当代法国企业史研究回顾与展望

周小兰[①]

在法国,企业史研究从属于传统经济社会史领域,受到年鉴学派影响至深,发展过程中吸收了熊彼特开创的技术革新范式。20世纪80年代,随着钱德勒范式被引介至法国,史学家对企业内在管理组织结构和功能流变的研究成为此期企业史的一大方向。但是,由于法国企业自身的路径依赖和经济社会史研究的强大惯性,钱德勒范式进入法国的过程并不顺遂,以弗朗索瓦·卡隆(François Caron)为代表的企业史学家强调技术革新对企业发展的决定性影响,由此对管理学方法显得谨慎、克制。90年代以后,法国企业史学界才在帕特里克·弗里敦森(Patrick Fridenson)等学者的呼吁下逐渐打破陈见,批判地接受钱德勒范式,以《企业与历史》杂志为平台,将企业组织、结构和功能等元素纳入研究视野。这一尝试在法国促成新的研究领域的开拓,既是年鉴学派主导的经济社会史的补充,又为管理科学提供了丰富的实证依据。

---

① 周小兰,华南师范大学历史文化学院教授,博士生导师。

在法国，企业史是隶属于经济史领域的一个分支。经济史研究在法国背景深厚，于格拉尔、齐琛、西米昂、拉布鲁斯和布罗代尔等学者在19世纪末20世纪中叶奠定了该领域的理论基础。然而，作为经济史内部的分支，企业史起步较晚，大约从20世纪50年代、60年代建立并发展起来，直至90年代才实现了显著进步。此后的法国企业史研究逐步重视钱德勒的企业史范式，并结合本国的政治、社会和经济趋势，形成一套与众不同的学科发展脉络。

众所周知，1927年在哈佛大学格拉斯的主持下企业史成为一门专门学科。1962年，钱德勒出版《战略与结构：美国工商企业成长的若干篇章》一书，开创企业史研究的基本范式。1977年，他又出版《看得见的手：美国企业的管理革命》[1]，奠定了企业史研究的主导方向。同时，法国的管理学科也进入了新的发展阶段，开始向美国管理学界取经。[2] 但是，直至20世纪80年代末，钱德勒的著作才被翻译成法语在法国出版，并在企业史学界产生反响，而且《看得见的手：美国企业的管理革命》一书在法国史学界受到的关注甚于《战略与结构：美国工商企业成长的若干篇章》。

法国企业史学界对钱德勒范式的接受迟缓，主要由于法国企业本身存在一定的路径依赖，[3]政府角色、中小企业、社会保障等问题一直是法国企业史学家关注的焦点。研究视角的多样化促成法国企业史研究的百花齐放，自20世纪20年代企业史学科在美国首创以来，法国本土企业史研究的著作和专论达到600种以上（Beltran，Daviet and Ruffat，1995）。这个数字证明这一分支在法国充满活力和生机，一方面，企业史形成专门学科之后，企业史学家相继获得主流研究机构中的职位。另一方面，与企业史有关的学术活动有条不紊地展开，并获得了不俗的社会影响力。每年围绕世界各国的企业史研究前沿问题开展讨论的圆桌会议在巴黎召开，会上除了法国专家，还有来自拉丁语国家、英语国家以及亚洲国家相关领域的学者，交换各自的学术见解。

---

① 该书于1988年被译为法文出版，而其成名作《战略与结构：美国工商企业成长的若干篇章》则在一年后才被引介至法国。

② 法国管理学科的发展主要经历三个重要的历史时期：首先是19世纪末至20世纪初，由经济学教授研究企业在各国市场的实践后提出比较研究，旨在模仿美国商学院的做法。其次是20—50年代，此时期的研究更系统，在实证研究的基础上归纳出规律。最后是50年代，方法论倾向数学，以假设－演绎的方式向美国的管理学科靠拢。60年代末至70年代初，法国多次派出奖学金项目人员前往美国学习，以更新法国的管理学教学。

③ 19世纪，法国企业以中小型企业为主，而且大多数企业仍是家族企业，尚不存在美国大型跨国企业的那种复杂的组织和功能。

今天，在弗朗索瓦·卡隆和帕特里克·弗里敦森等学者的努力下，法国的企业史研究不仅突破了传统经济社会史范式，还在钱德勒范式的引领下在一些别开生面的主题上有所斩获。总体来说，法国企业史学界对于钱德勒范式的吸收模式呈现批判继承的趋势，支持和反对阵营之间存在开放的沟通渠道，同时邀请管理学专家交流并取长补短，进入21世纪，法国企业史研究开始带有管理学的印记。

一、"前钱德勒"时代的法国企业史研究

1931年，《年鉴》杂志发表格拉斯关于企业史研究的介绍（Gras，1931），这一事件可被视为法国企业史研究的开端。该文由年鉴学派掌门人布洛赫撰写引文，可见该学派对这一新兴领域的重视程度。20世纪30年代以来，左派史学家不仅在企业史研究，而且在整个史学界长期占据主导地位。50年代，企业史研究范式或多或少带着马克思主义史学的印迹。这一视野之下，企业并非史学研究的客观对象，而被视为阶级斗争的场所。历史学家唯一的任务就是寻求工人被剥削的证据，辨析阶级意识的发展阶段，并探讨资本家利润率的变化，等等（Caron，1984）。这种范式有较强的活力和惯性，时至今日仍然是史学家青睐的主题。佩罗对1871—1890年的罢工史研究就是典型（Perrot，1973）。此外，里昂二大的勒干在其专著中以历史学、社会学和人口学的角度关注了城市工人这一社会群体的历史。[①]夏尔洛和非热的《1789至1984年工人职业培训的历史》（Charlot and Figeat，2001）将工人的历史与企业和企业家的命运紧密结合在一起，对将近两百年的职业培训的历史进行了归纳和总结。历史研究中心的阿薛-勒洛尔在梳理研究铝业在法国企业乃至整个欧洲公共工程建设中扮演角色的同时，对职业学校和大学的职业培训历史进行了跨学科的分析（Hachez-Leroy，1996；2007）。

年鉴学派第二代代表人物费尔南·布罗代尔（Fernand Braudel）以至第三代代表人物埃玛纽埃尔·勒华拉杜里（Emmanuel Le Roy Ladurie）的著述中都有马

[①] 可参见 LEQUIN Y. Ouvriers, villes et société[M]. Paris: Nouveau Monde Editions, 2005。勒干早期主要研究地区的工人史，著《里昂地区的工人》(Les ouvriers de la région lyonnaise, 1848-1914[M]. Lyon: Presses Universitaires de Lyon, 1977)之后，关注社会保障和劳动立法的历史问题，与克里斯蒂安娜·科里（Christiane Coly）、索朗日·拉蒙（Solange Ramond）合作编写《劳动立法与社会保险》（Législation du travail et sécurité sociale[M]. Paris: Delagrave, 1996）。

克思历史唯物主义的倾向。在这一趋势主导下,法国企业史学家的兴趣还是集中在企业工人、企业劳资关系这些传统领域。总体而言,"左派"史学家始终认为社会财富的创造者是工人和广大劳动者,所以工作合同、协议、规范等主题得到较多关注。左派史学家所秉持的立场,导致企业家和史学家之间相互不信任。企业家长期以来拒绝向历史学家开放企业档案,担心被历史学家挖掘到不利于自身形象的信息。同时,信奉阶级斗争理念的历史学家对企业家怀有天然的敌意。

1968 年五月风暴使史学界大受震撼,研究旨趣发生转向。美国的企业管理模式进入法国,企业史学家敏锐地感受到传统研究视角的局限。由此,研究者着手修正传统研究范式,以弗朗索瓦·卡隆、莫里斯·勒维-勒波瓦耶(Maurice Lévy-Leboyer)、埃曼纽埃拉·夏铎(Emanuelle Chadeau)、多米尼克·巴尔若(Dominique Barjot)为首的推崇新古典经济学(néo-classique)的经济史学家开始探索新的主题。

20 世纪 70 年代,经济危机的爆发和意识形态的转向又促使法国企业史研究呈现出新的面相,历史学家越来越意识到重写经济史不能忽视企业的存在。巴黎索邦大学的卡隆①将研究重点置于大型综合企业。1969 年,他出版博士论文《铁路网开发的历史:1846—1937 年的北方铁路公司史》,追溯了这家 1845 年由詹姆斯·德·罗斯柴尔德(James de Rothschild)创办的、致力于在法国北部和比利时开拓铁路网络的企业近一个世纪的历史。②作为一个将铁路网和其他交通方式整合起来的大型综合企业,北方铁路公司开创了此类企业的新模式。有鉴于此,卡隆开始专注于该企业在技术革新和生产结构方面的流变,他考察 20 世纪在法国各行各业中发生的技术革命和企业创新,并探讨其对消费型社会的形成和繁荣的重要意义(Caron,1997)。他尝试结合法国近代企业的特殊性,爬梳其技术革新的过程,认为技术和生产领域的革新是企业乃至社会变迁的主要动力,这与熊彼特的观点趋同。他将自己多年积累的认识整合到了 2010 年出版的《革新的活力:16—20 世纪技术和社会的变迁》(Caron,2010)。

---

① 卡隆 1953 年在巴黎政治教育学院(l'Institut d'éudes politiques de Paris,今天 Sciences Po 的前身)毕业后,先后在南泰尔大学(l'Université de Nanterre)、第戎大学(l'Université de Dijon)任教,1976 年进入历史研究的学术重镇——巴黎索邦大学(l'Université de Paris Sorbonne)直至退休。

② 他于 1969 年完成的博士论文题为:《铁路网开发的历史:1846—1937 年的北方铁路公司史》(l'Histoire de l'exploitation d'un grand réseau de chemin de fer, la Compagnie du chemin de fer du Nord de 1846 à 1937),于 1973 年出版。1997—2002 年出版两卷本《法国铁路的历史》,(Histoire des chemins de fer en France,1883–1937,Paris:Fayard)。

此外,20世纪70年代,法国企业正面临兼并和重建大潮,大型企业的领导人开始转变思维,相信企业未来不能与历史割裂。企业家还意识到追溯企业历史,建立企业的身份认同所带来的隐形价值,是企业的无形资本。在这一背景下,玻璃制造企业圣戈班(Saint-Gobain)和法国电力集团(EDF)首先开放档案,邀请史学家或史学研究机构书写本企业历史。这一形势使企业研究的方法发生变化。过去史学家大多以宏观视角看待企业,将企业视为整体来探讨其发展历程和组织结构,而在多元的新研究范式主导下,企业的策略、表象、文化和记忆成为史学家关注的焦点。

钱德勒的《看得见的手:美国企业的管理革命》发表不久后,1980年,法国经济史学家协会(Association française d'Historiens économistes)批准了一个有关企业史的专题讨论,首次在大会上探讨企业和企业家的问题。企业不再是单纯的企业家的延伸,而是一个功能完善的组织。法国史学家开始以韦伯式(韦伯,1997)的视角来探讨企业史(Daviet,1987)。弗里敦森呼吁对企业组织,尤其是对企业组织内部习得和决策过程的研究。柯伊塞尔曾对此作出了总结:虽然法国的企业史研究机构数量不多,但是企业史研究仍朝气蓬勃。这是一个小型企业为缺乏弹性的市场提供高质量产品的国度(Kuisel,1978)。达维埃通过研究圣戈班的历史,关注领导层和决策过程,同时关注决策的执行过程,最终对企业的文化身份进行界定(Daviet,1987;Un Destin International,1988)。弗里敦森将雷诺汽车与美国的汽车集团区别开来,批判大众对于法国企业马尔萨斯主义①和无政府主义倾向的偏见。雷诺汽车的创始人路易·雷诺在本国固有的结构框架下,将雷诺汽车经营为大型企业,就是其中一个例外(Fridenson,1972)。

但此期间,钱德勒在法国的影响力仍未能抗衡本土企业史学家一贯的旨趣。钱德勒的论著出版后,大多法国学者保持谨慎,并未立即在研究中运用钱德勒的核心概念,如组织能力、科层制和多部门结构来分析他们的研究对象。当时经济史类的期刊中几乎没有刊载专门讨论钱德勒著作的书评,而直接引用他的观点和论著的学者少之又少。一些学者专注于梳理企业的成功之道。比如翁内斯研究无缝轧制钢管的企业瓦卢瑞克(Vallourec)如何从一个小工厂蜕变为大型企业,她认为,企业壮大过程中实现了对市场的垄断,而工业结构是该企业进入垄断阶段的关键因素(Omnès,1980)。博当关注产业策略,他的博士论文围绕1918—1939年两次世界大战期间的大型建筑企业蓬达姆松(Pont-à-Mousson)展

---

① 指法国企业家保守谨慎,拒绝扩大投资和企业规模的一贯做派。

开,认为该企业摒除了通常家族企业所具备的马尔萨斯主义,最大限度地投资和自我融资,但企业的发展规划本质上是家族权力和产品特殊性使然(Baudant,1980)。巴尔若关注大型公共工程,他于1989年完成的博士论文是长达4 000多页的《法国公共工程的大型企业(1883—1994年):局限与策略》(Barjot,2006),特别关注第三共和国时期公共工程企业的创新活动,肯定了这类企业脆弱却充满活力的特征。这一研究奠定了他在这一领域的主导地位。他还考察了两战之间的著名建筑企业柯拉斯(Colas)(Barjot,1983)如何改良沥青工艺,并用于修筑公路的过程,主要关注其技术革新史。此外,多玛开始关注19世纪的法国家族企业,对于19世纪占主导的家族企业的亲缘关系进行了梳理(Daumas,1988)。还有学者关注企业与国家的紧密联系。卡隆的学生之一,以研究法国航空工业历史著称的夏铎,在追溯航空工业发展史的同时讨论了国家与企业的关系。他认为,政府以承担责任为由,剥夺了真正的企业家进入以航空业为代表的大型工业的机会(Chadeau,1985;1987;1988)。

进入20世纪90年代,法国企业史迎来了繁荣期。一方面,企业积极开放档案,企业家开始向史学家抛出橄榄枝。1993年,法国北部著名工业中心鲁贝(Roubaix)的劳动领域档案中心对外开放,巴黎国家档案馆的企业档案——AQ和AS系列被移至此馆。圣戈班、法兰西银行(Banque de France)、法国电信(France Telecom)、法国巴黎银行(BNP Parisbas)、储蓄银行(Caisses d'Epargne)和标致(Peugeot)等国有和私营企业相继对专业学者开放档案馆。在档案学家罗杰·努加雷(Roger Nougaret)的指导下,这些企业仿照里昂信贷(Crédit lyonnais)和农业信贷(Crédits agricoels)银行的做法对历史档案进行整理。1985年,近代法国冶金业中心克洛佐(Creusot)成立了专门研究冶金企业施耐德(Schneider)历史的弗朗索瓦·布尔东学会(Académie François Bourdon)。

另一方面,法国企业史学家在总结前人研究的基础上开拓了新的研究视野。1990年,企业史研究的参考书目出版,便于研究者查找和检索已有成果(Beltran,Daviet and Ruffat,1995)。经济史学家维尔雷出版专著,梳理18—20世纪初的企业和企业家,为有志于研究这一时期企业史的学者提供必要的指引(Verley,1994)。1992年,卡隆和弗里敦森联合创办《企业与历史》杂志,为企业史提供史学家和管理学家共同合作的平台。企业史研究的新范式也不断涌现。勒干和万德卡斯提尔发表《关于企业的社会史》(Lequin and Vandecasteele,1990)一文,认为当前的企业史研究存在双重不足:英语国家的"企业史"研究忽略人,只关注领导集团,而法国企业史缺乏社会史视野。达维埃出版合集《企业史的旧貌新颜》认为法国企业史相较于其他工业化国家发展滞后。他考察了法国史学家关注的九个主题：企业环境、企业家、工业化进程、行政管理、革新、市场、与国家的关系、劳动和企业物质文化，认为企业史研究仍有广阔前景，因为大量的个案比较研究仍有待加强。这一研究还有完善和加强的余地，因为即使钱德勒理论在法国被批判，但仍有丰富的潜力尚未被挖掘（Daviet，1990）。这一观点与让·布维尔（Jean Bouvier）和阿兰·普莱西斯（Alain Plessis）等企业史学家早前的判断一致。他们也认为虽然每个国家的企业史都有自身的发展路径，但是法国的研究与其他国家确实存在差距（Asselain，Fridenson and Straus，1988）。

1992 年，卡隆为皮埃尔·诺拉（Pierre Nora）主编的著名文集《记忆之场》（*Les Lieux de Mémoire*）撰写《企业》一文。他认为不存在一个放之四海而皆准的范式去解读不同企业的发展进程。当前流行的解释模式过于简化：马克思历史学范式将企业作为阶级冲突的场所，但每个企业都有独特的关系网络和谈判体系的逻辑。管理学范式用一种划一、线性和绝对的发展模式和管理系统来解释企业的历史，忽视了 19 世纪普遍存在的家族企业，因此也不适合。最后，他还反对历史—技术范式，因为企业并不遵循单一的技术革新路经。他认为企业史只有结合总体的历史并构建自身方法论才能获得其真实的维度，而文化史是一个不错的切入点（Caron，1984）。

在卡隆的启发和指导下，学界兴起了研究企业的热潮，史学家尤其重视关乎国计民生的大型企业，相关著作或论文数量倍增，其中包括对汽车龙头企业雪铁龙（Citröen）（Loubet，1998）、电力企业施耐德（Beaud，1995）、玻璃制造业的圣戈班（Daviet，1987）、路桥建筑公司柯拉斯（Barjot，Anceau and Lescent-Giles，2003）等企业内部技术革新历史的梳理。一些新的研究领域也被开发出来。如巴尔若开始转向主持公共工程建设的企业和企业家的历史：2003 年，巴尔若、昂索和莱桑—热尔主编《第二帝国的企业家》，该书塑造了工业化初期法国企业家的经典形象（Barjot，Anceau and Lescent-Giles，2003）。2005 年巴尔若为《企业与历史》杂志的"公众投资的特许权和优化"专题组稿（Barjot and Berneron-Couvenhes，2005），探讨与公共工程密切相关的特许权、融资和投资等问题。2007 年，他出版《思考和建设欧洲（1919—1992 年）》（Barjot，2007a），针对欧洲各国公共工程建设历史进行比较研究，爬梳欧洲一体化的背景下大型基建工程的重大政策、重大转折点和重要协议。至此，法国企业史学家不再一味批判企业主的马尔萨斯主义精神，而转向更具专业性的客观研讨，目的在于挖掘法国企业发展的特殊路径，将企业主的革新和冒险精神视作企业发展的动力。

二、法国企业史学界对钱德勒范式的批判接受

钱德勒范式随着美式管理科学进入法国而逐渐被史学界接受和重视,经历了由忽视到关注的历程。新一代的企业史学家在反省已有研究的基础上呼吁学界关注钱德勒建构的企业史范式。由此,20世纪90年代前后,法国企业史学界针对钱德勒模式的有效性展开了深入讨论和对话。这种研究范式的转向也与法国企业内部管理制度的转变有直接关系。20世纪中叶以后,法国企业才实现了从所谓的家族资本主义(Capitalisme Familial)向管理资本主义(Capitalisme de Gestion)的过渡。1964年,职业经理人罗杰·马丁(Roger Martin)接手建筑企业蓬达姆松被普遍认为是这一转向的标志性事件。同期,汽车企业标致也发生了同样性质的过渡(Caron,1984)。值得关注的是,这种过渡是循序渐进的,而非一蹴而就。接管这类企业的管理者通常是专业技术人员(如工程师),而不再是家族创始人的子孙后代,血缘的合法性被技术方面的权威所取代。

目前,有关19世纪法国企业的历史书写大多呈现如下趋势:此时的企业大多是家族企业,管理方式传统、保守、效率低下、拒绝技术变革。在对比美国企业飞跃式的发展历程后,大多数研究者认为法国企业要实现现代化,必须模仿美国企业建立优化的组织并强化管理控制,但这种线性的解读方式埋没了法国企业及其历史的复杂性。卡隆认为,法国企业在19世纪末至20世纪初的发展历程中,磨合出了自发和原创的概念和实践(Caron,1984)。因此,法国企业有符合自身特色和时代背景的"路径依赖"。

实际上,如果从管理科学的角度来看,法国也有本国特色的理论基础。1916年,法国人亨利·法约尔(Henri Fayol)就曾建构法国式的管理科学和逻辑(Fayol,1916)。法约尔本人是采矿工程师出身,后升职为矿业公司总经理,他关注企业的盈利方式,认为一切企业和事业组织中,无论这些企业或组织性质如何,管理都起着至关重要的作用。优化管理必须确定企业的组织结构,这样才能保障企业的计划得到切实有效的制订和执行(皮尤,1986)。在他的年代,法国企业的管理理念更多表现为一种介乎传统父权制家族企业的管理和现代管理科学的特殊理念。作为工程师,他也赞同生产程序的革新能达到减少成本并进入大众消费市场的目的。

从现实的角度来看,法国式资本积累方式表现为,企业主要完成生产环节,

通过分销商来最终实现利润,而美国企业大多掌握产品的商品化,把握生产程序到消费终端的全部过程。二者差异导致法国学界对钱德勒范式的运用谨小慎微。此外,法国管理科学和历史学的研究者都要面对法国企业历史的真相——中小企业一般可以存活100年甚至200年,但大型企业平均只有30年的寿命。也就是说,中小企业具有大型企业所不具备的长寿基因,如果盲目地以钱德勒范式来解读法国企业,那么中小企业的特色将被忽视,从多元化的发展路径中建构法国企业史独特的解释体系的可能性也将不存在。既然不存在一概而论的企业研究范式,那么具体的个案研究就成为备受关注的领域。法国企业史的个案研究聚焦于企业内部的活力,包括有绝对话语权的企业主与企业各分支的交流方式,领导层如何规划和决定企业发展策略,以及企业内部传统与革新力量的冲突。在个案研究兴起和钱德勒范式的影响下,卡西斯考察了欧洲大型企业规模,管理质量和表现之间的联系(Cassis,1997)。卡约埃将钱德勒的概念运用于法国铝业中心佩西尼(Péchiney)的组织功能的分析(Cailluet,2002)。此外,新的领域也被开发出来,涵盖农业、食品工业、奢侈品、纺织、医药工业、小冶金、鞋业、服务业(出版、媒体、旅游、保险、交通、海上运输)和殖民地公司。

为了确保管理学范式对企业史更系统和深入的解读,法国几个管理学重镇都设置"管理史"分支,它们分别是:巴黎矿业学校(l'Ecole des Mines de Paris)的管理科学中心(le Centre de Gestion scientifique)、巴黎综合理工学校的管理学研究中心(le Centre de Recherche en Gestion de l'Ecole Polytechnique)和国家科学研究中心(Centre national de la Recherche scientifique)下属的几个机构。这些机构旨在从历史学的维度实现理论与实际的对话,并证明理论联系实际,以实际完善理论的可行性,但这样的研究在管理学中仍是少数。

部分法国企业史学家在有效整合管理学和历史学分析模式方面实现了突破,高等实践研究学院的弗里敦森就是其一。他从20世纪70年代起就对法国汽车巨头雷诺公司进行开拓性的研究(Fridenson,1972),后来参考钱德勒的企业史研究方法,[①]在对企业生产组织结构、技术革新等方面进行细致入微的探索之后,他从宏观角度考察了整个法国汽车工业在不同历史时期的发展状况并将

---

① 可参考:CHANDLER A D. Organisation et performances des entreprises [M]. Paris: Editions d'Organisation, 1992; CHANDLER A D. France: the relatively slow development of big business [M]//CHANDLER A D, AMATORI F. Big business and the wealth of nations. Cambridge: Cambridge University Press, 1997: 207-245; FRIDENSON P. L'Héritage d'Alfred D. Chandler[J]. Revue Française de Gestion, 2007, 7-8。

之与雷诺公司的表现相结合,①得出了全面、客观的结论,突破了传统的企业研究范式。不可否认,在企业史"右"转的背景下,尤其是在钱德勒的企业史研究传入法国以后对学界造成了一定的震撼。

但要实现钱德勒企业史研究范式在法国学界的全面推广,阐释该范式的可行性变得至关重要。20 世纪 80 年代末以来,杜布雷、弗里敦森、哥德里耶和齐姆诺维奇等学者纷纷撰文,鼓励学界关注历史上的企业组织、职业经理人团体、组织结构革新,并引入管理科学考察企业史,从而获得不同于以往的视角和结论。

企业史学家齐姆诺维奇认为钱德勒促成了真正的科学和方法论范式的建立。按钱德勒模式进行研究意味着历史学家将致力于研究某个企业或产业,探索以企业为代表的组织运作机制和内在逻辑。而法国史学界早在 20 世纪 30 年代就与美国企业史学界有着"亲缘关系",年鉴学派创始人马克·布洛赫(Marc Bloch)就曾向法国史学界引介过管理学方面的作品。因此,企业史的进展并不意味着一种历史主义主导下的单一历史,其目的更多在于重构历史以理解并提出理论,或者至少提出值得企业关注的重复机制或规则(Zimnovitch, 2013)。哥德里耶认为,《看得见的手:美国企业的管理革命》一书今天是管理学研究和教学的基础,同时也是研究企业策略和组织理论的基石。但有很多学生或研究人员都忘记了钱德勒历史学家的身份。此外,如果将钱德勒范式从二战后经济增长和政治论战的历史和文化的背景中剥离,也有失偏颇(Seiffert and Godelier, 2008)。

1988 年,在杜布雷和弗里敦森的努力下,权威管理学杂志《法国管理评论》出版了一期题为《企业的根源》的特刊,专门讨论企业史研究的范式问题。钱德勒提交了题为《美国企业对全新竞争标准的回应》(Une réponse des firmes américaines aux nouvelles normes de concurrence)一文。该文由弗里敦森亲自翻译成法语,是"60 年代的转变:美国模式的衰落"这一标题下唯一的专论。在导论中,杜布雷和弗里敦森认为:经理关心当下和未来甚于过去,希望掌握高效、实用和具体的管理技巧。历史对经理而言只是一种学术练习,与他要从事的活动

---

① 可参考:FRIDENSON P. Les quatre âges de l'automobile en France [M]//PUIG A. L'automobile. Marchés, acteurs, stratégies, Paris:Elenbi Editeur, 2003: 20-35; FRIDENSON P. L'automobile dans la société[M]//PUIG A. L'automobile. Marchés, acteurs, stratégies, Paris: Elenbi Editeur, 2003: 10-19; FRIDENSON P. L'innovation dans la construction automobile sous l'Occupation[J]. Les Cahiers de Récits, 2002, 2: 63-74; FRIDENSON P. Etendue et limites de l'Europe de l'automobile[J].Entreprises et histoire, 2003, 33: 91-100。

关系不大(Doublet and Fridenson,1988a)。组稿人在这一期特刊开宗明义地阐述了这次组稿的意义:首先,是以实证的方法,利用书面和口述的史料来深化企业组织及其工具(管理学)的历史;其次,是提升理论高度,在承认管理科学的有效性和可操作性的前提下,实践管理学的概念和范式。最后,通过整合管理史的研究成果,包括管理者在内的组织(企业)成员将承认企业组织的职能是历史积累的结果(Doublet and Fridenson,1988b)。

一般认为,这期特刊问世后,法国学界被划分为支持和反对钱德勒范式的两大派别,其影响力可见一斑。该期特刊由五个部分组成:第一部分为"60年代的转变:美国模式的衰落",这一部分只列出钱德勒的专论,以凸显其重要性。第二部分为"历史视野下企业的策略和功能",共九篇论文,其中包括一篇对1967—1987年担任法国电力集团(EDF)总裁的马尔塞尔·布瓦特厄(Marcel Boiteux)的采访(《管理学工具可能是中立的吗?》),以职业经理人的视角讨论历史学的功能。第三部分为"当代企业史的材料",共四篇论文,其中1964—1970年大型建筑企业蓬达姆松的总裁,企业合并后又担任蓬达姆松—圣戈班总裁的罗杰·马丁(Roger Martin)撰文《总裁与档案保管员》。这是职业经理人加入企业史研究最著名的例子。第四部分为"管理学者的观点",四篇论文中的第一篇论文就提出问题——历史是管理的工具吗?后三篇是企业史学家对这个问题的看法。第五个部分为"法国和德国的管理学训练"。最后,组稿人专门整理出1988年以前出版的有关企业和管理历史的参考书目以供后进学者检索。

《企业的根源》特刊出版一年后,钱德勒范式的拥护者弗里敦森在历史学最重要的期刊——《年鉴》上发表论文,追溯"组织"概念的变迁,探讨如何以史学的维度重新探索管理学专注的"组织"概念,以及从历史学家的立场出发探讨历史与组织理论的方式。他梳理了从法约尔(军队组织),到韦伯(科层制及其类型学),再到泰勒(组织效率)的组织管理理论,弗里敦森认为,历史学家被"组织"概念所吸引,因为它能提出并诠释不同组织的共有特征,虽然历史学科的职业操守禁止他们将各种组织一概而论(Fridenson,1989)。历史学家想要使管理科学为己所用的话,需要直面组织社会学、组织心理学、组织民族学、组织经济学以及管理科学等分支,更不用说决策的数学分析(Fridenson,1989)。他呼吁历史学借鉴管理科学的成果,这样不仅可以研究商业性质的组织(如企业、服务型公司、医院),还能对非商业性质的组织(如军队、政党和教会)进行深入系统的探讨。弗里敦森首先概括了一般组织的基本功能,之后总结维持企业稳定性的几个因素,最后考察组织革新以及策略和结构之间的关系,旨在为企业史研究者提供方法论上的参考。

上述学者的以身作则使钱德勒范式在法国学界受到重视。1992年,弗里敦森和卡隆共同创办《企业与历史》杂志。① 该杂志不带偏见地向观点不一的历史学家和管理学家约稿,创刊至今共出版五十多期,为探讨钱德勒范式及其应用提供了专业平台。时至今日,该杂志不断开发企业史研究的新领域,既将经济社会史范式结合钱德勒理论,又贴近时政讨论热点问题。从该杂志近几年来刊登的论文来看,企业史研究呈现百花齐放的态势,不仅史学家的成果被录用,而且经济学家、管理学家也为其撰稿,稿源的多样化使得该杂志以丰富的主题、多元的内容、饶有新意的研究范式和方法著称。2010年至今的二十多期囊括了二十多个与企业史研究相关的不同主题,包括企业遵循的法律法规、大企业的信息技术和体系、电信企业的现代化、2008年金融危机后的希腊企业、第二次世界大战被占领期间的法国企业、商业分销企业、企业驻外代理、企业在危机中的角色、跨国工程企业、保险企业、航空企业、企业造假问题、企业与宗教之间的关系、军事企业、企业与气候变化等问题。这些热点问题与法国本土及全球经济形势息息相关,如关于希腊企业发展状况的论文在希腊政府宣布财政破产后不久登出(2011年6月第63期);与史学界热点问题结合的文章,如环境史影响下的企业史研究(2017年7月第86期);与企业社会角色有关联的研究,如对企业在伊斯兰教、基督教经典和儒家学说盛行的国家独特发展路径的分析(2015年12月第81期),等等。

2007年,钱德勒去世,《法国管理杂志》出版特刊《历史与管理:二十年以后》(Seiffert and Godelier,2008),总结了钱德勒范式对法国企业史的影响。这一期杂志将法国历史学家与钱德勒范式结合的实践分成企业成员、策略、组织和企业经验几个领域进行展示,代表了法国企业史学界在21世纪的最新成果。

首先,赫尔芒德斯和马尔科对法国企业雇员和职业经理人的研究表明,从长时段的眼光来看,法国雇员和企业家在很多方面的看法是一致的。这一研究尝试从理论层面提出双方实现共赢的新策略(Hermandez and Marco,2008)。马尔舍内不仅探讨了研究企业家历史表象的变迁,还将其置于家族企业史维度中进行考量,旨在回答企业家(职业经理人)的合法性的问题(Marchesnay,2008)。拉巴尔丹和洛比克不再关注男性企业家,而转向研究"阴影下的女企业家",考察18—20世纪小家族企业的企业家配偶的表现,该研究建立在地区(Indre-et-

---

① 该杂志每年出版三期,刊载与企业和管理历史有关的专论。

Loire 和 Loire-Atlantique)企业破产档案的实证研究基础之上,肯定了女企业家在家族企业的稳定发展中所扮演的积极角色(Labardin and Robic,2008)。拉芒杜尔考察了 1914—1947 年法国电影院经理的职能,这一研究让读者了解到这一行业的领导层的历史形象是负面的,这与工程师团体有较大区别(Lamendour,2008)。

其次,在企业管理策略制订过程的研究中,卡约埃通过对法国和美国的经验比较得出结论:计划仍有活力,两国计划策略是一种不断变化的社会实践(Cailluet,2008)。德克洛瓦尝试建构一种用于解释医药部门历史发展动力的模型,这一部门的活力取决于技术革新和控制流程两大变量,缺一不可(Decroy,2008)。德拉普拉斯重新探讨了"极端改革会对大型企业带来负面影响"的论断。她在对比雷明顿·兰德(Remington Rand)和 IBM 的历史后认为,后者的成功是大量组织革新,如研发、培训和商业化部门推陈出新的结果(Delaplace,2008)。邦萨东根据 1921 年法国化工企业 AFC(Alais,Froges et Camargue)分公司政策的分析结果证明,该公司在 1921—1939 年通过设立分公司实现外部增长,其成功之道在于账目和报告管理的加强(Bensadon,2008)。塞费尔用钱德勒范式研究三大领头航空企业在技术、组织和人事方面的变迁,最终认为组织的优异表现是昂布莱尔(Embraer)公司能够在与空客和波音公司竞争中后来居上的主因(Seiffert,2008)。

再次,阿日德和塔隆多运用治理模型来评估巴黎国家剧院的表现,国家共管模式使其形式有别于同类机构(Agid and Tarondeau,2008)。努曼关注合作社这一具有西方"乌托邦"色彩的组织,作者考察了殖民地和后殖民地时代喀麦隆的合作社组织,她的研究表明这类组织在欧洲和喀麦隆的表现和功能存在巨大差别(Noumen,2008)。

最后,该特刊关注企业历史上管理失败的案例。塞费尔、拉巴尔丹和尼基坦首先强调总结企业管理失败教训是历史研究的使命(Seiffert,Labardin and Nikitin,2008)。在这一部分,几位史学家对这一路径进行了发挥。阿尔库夫、贝尔兰和乐望追溯了预算和无预算管理的起源(Alcouffe,Berland and Levant,2008);德戈斯、普拉爬梳了巴拿马运河项目的失败过程(Degos and Hauret,2008);柯克里考察了旧制度时期管理失调导致店铺破产的案例(Coquery,2008);普拉坎关注 19 世纪的记账方式并以此说明这一时期企业破产的原因(Praquin,2008);等等。

由此可见,20 世纪 90 年代以后,法国史学界对钱德勒范式从拒绝和忽视转向批判地接受。这一现状与法国企业史的特殊发展路径和史学界经济社会史传统的根深蒂固有关。不容置疑的是,大多数法国史学家还是在钱德勒范式以外,在马克思主义史学和熊彼特经济史的范式下探讨本国企业史。

三、 钱德勒范式以外的研究

如前所述,法国企业史学家的研究集中在企业工人、企业劳资关系这些领域。这一趋势一直延续到20世纪70年代,企业史处于经济史和管理科学或工业经济研究之间的尴尬地位。钱德勒对于历史上的大型企业组织结构、组织功能和策略等问题的探讨,对法国学界带来了冲击。他的研究为法国企业史学家带来了严谨的方法论,使同类研究的结论有较强的可信度。历史学家开始关注几个跨学科的主题:组织革新和功能对企业的重要性,职业经理人对企业活力和在革新历史中所扮演的角色,企业领导层更迭的历史以及管理模式的谱系。这些之前尚未被本土史学家开发的领域成为新的研究主题。

然而,管理学进入戒备森严的历史学阵地的过程并不顺利。强调个性化、建构和表象的经济社会史学家,对于钱德勒范式带来的过于刻板和系统的结论感到不适。他们认为这种范式过于狭隘地关注大型(跨国)企业的组织结构,而忽视在19世纪数量占优且更为活跃的中小企业,同时,对关乎企业命运的政府、银行和雇员漠不关心。这些学者构成了质疑钱德勒范式的主体。他们在下面几个领域有不俗的表现。

(一) 企业劳动者

企业劳动者这一主题在法国企业史研究中一直占据着较为显著的地位,随着新方法和视角的运用,这项研究旧瓶换新酒,焕发出与以往不同的活力。20世纪40年代的乔治·杜沃(George Duveau)研究了第二帝国治下的工人生活(Duveau,1946)。50年代末,路易·舍瓦里耶(Louis Chevalier)的《劳动阶层和危险的阶层》从人口史的角度探讨了企业中的工人,又从社会学的立场解释了工人的暴力犯罪问题(Chevalier,1984)。70年代洛兰德·特朗佩针对卡尔莫(Carmaux)的矿工进行研讨(Trempé,1978)。雷米·卡扎尔(Rémy Cazals)对20世纪初第一次世界大战前工人罢工的历史进行了梳理(Cazals,1978)。由此可见,对企业劳动者的研究已经取得了非常丰富的成果,除了对劳动者工作、生活状况和精神状态的专门研究之外,一些针对大型企业或家族企业的综合研究也兼顾企业雇员的情况,因为企业主对雇员发放的福利保障涉及企业的内部政策和前途命运。1995年出版的《施耐德、克雷佐:家族、企业、城市(1836—1960)》(Mathieu and Schneider, 1995)就详细地追溯了以施耐德为代表的大型企业为了妥善安置雇员大兴土木修建住宅区以改善员工生活状况的历史。值得注意的是,女性劳动者在企业中的角色和功能也吸引了不少学者,其中包括:从70年代就关注女性工人运动的米歇尔·佩罗(Michelle Perrot)[1],还有关注女性如何平衡家庭妇女和劳动者两个角色的历史的琼·斯科特(Joan Scott)[2],等等。进入21世纪,里昂二大的希尔薇·舒瓦策(Sylvie Schweitzer)[3]打开了企业劳动者研究的新局面。她的研究倾向于后工业革命时代里昂劳动者的历史,[4]与早期研究企业劳动者的史学家不同的是,舒瓦策的著述运用了职业人士的资料、退休档案和集体协议等一手材料。以里昂为例,她关注企业劳动者出现的几大趋势:妇女与男性劳动者对立,外国移民与本国劳动者薪金的差异强化,职业、薪酬和培训水平的多样化,以及与职业相关的立法程序的分化和复杂化。法国企业史学界对劳动者的研究不是一朝一夕的事情,长期的积累使这一领域的研究呈现出深入和多样化的特征,在新的学术视角被发现和政治意识形态被模糊化之后,传统主题也能绽放出新的光芒。

(二) 政府角色

长期以来,政府与企业的关系是引发学界激烈讨论的热点问题。一方面,大多史学家都有这样的共识:带来经济增长的是企业而非国家(Asselain, 2007),企业的主导地位是不容抹杀的;另一方面,政府势力在经济生活中无处不在,对企业的影响不容忽视。时至今日,国有化改革后的法国,许多大型企业如国家铁

---

[1] 她的观点可参见:PERROT M."Grèves féminines", Les ouvriers en grève (France, 1871-1890)[M]. Paris: Mouton, 1974; PERROT M.Travaux de femmes dans la France du XIXe siècle[J]. Le Mouvement Social, numéro spécial, 1978。

[2] 她的观点可参见:SCOTT J. Les femmes, le Travail et la Famille[M]. Paris, Rivages, 1987; SCOTT J. " La travailleuse", in Histoire des femmes en Occident, t. IV, Le XIXe siècle[M]. Paris: Plon, 1991。

[3] 舒瓦策20世纪80年代起研究雪铁龙公司的生产线,之后转向女性工人和新移民工人的研究。

[4] SCHWEITZER S. Gestions de salariés: métiers et flexibilités(Lyon, XIXe-Xxe siècles) [J]. Histoire, Économie et Société, 2001, 20: 455-470; SCHWEITZER S. Les femmes ont toujours travaillé. Une histoire du travail des femmes aux XIXe et XXe siècles[M]. Paris: Odile Jacob, 2002; SCHWEITZER S.Marché du travail et genre[J]. Vingtième Siècle Revue d'Histoire, 1995, 48; SCHWEITZER S.Industrialisation, hiérarchies au travail et hiérarchies sociales au 20e siècle[J]. Vingtième Siècle. Revue d'Histoire, 1997, 54; SCHWEITZER S. Les enjeux du travail des femmes[J].Vingtième Siècle. Revue d'Histoire, 2002, 75。

路公司(Société Nationale de Chermins de fer)、法国电力(Electricité de France)、法国彩票(La Française des Jeux)、法国电视台(France Television)等,以及与法国人日常生活息息相关的行业,都被直接纳入政府管理。20世纪70年代,全球性经济危机席卷法国,许多对国计民生举足轻重的企业奄奄一息,政府加大了对企业监管和扶持的力度。80年代初,左派政治家上台,促成一系列的企业国有化进程。但其弊端随着危机的消失而凸显出来,自由放任还是国家干涉这一取舍问题在政坛和学界引发了激烈争议。早在50年代,安德雷·德龙(Andre Dellon)与亨利·普热(Henry Puget),就分别出版了《政府与国有企业》(Dellon, 1959)和《法国与其他国家的国有化》(Puget, 1958)。80年代弗朗索瓦·卡隆也开始了对企业国有化的研究,其中《19—20世纪的企业与企业家》(Caron, 1976;1983)探讨了20世纪法国企业日益集中化的倾向,《19世纪法国的企业及其关系网》也从历史的层面解析了企业生存所依赖的网络,其中政府是不容忽视的力量之一。还有卡隆的学生之一,以研究法国航空工业历史著称的夏铎,也在《政府、工业、国家:法国航空技术的形成(1900—1950)》一书中讨论了国家与航空企业的关系(Chadeau, 1985)。

企业史发展到今天,史学家观察的角度有所改变,近期备受关注的主题有二:公共事业的特许权(La Concession),以及国有化与私有化(La Nationalisation et La Privatisation)的问题。公共事业自诞生以来就引起了对经营权的争议,到底是政府自主经营,还是发放特许经营权给私人经营?这一争论最明显体现在1851年成立的法国邮船公司(Les Messagerie Maritimes)之上(Berneron-Couvenhes, 2007),该公司的历史成为政府资本和私人资本博弈的战场,也是探讨政企关系的绝佳案例。该公司出现经营困难后由政府接手,并接受公共财政资助而实力大增,但随着业务的扩展,政府的管理和规范又成为掣肘其发展的障碍。这一现象让史学家开始思考转让经营权的做法对优化公共服务的作用,以及对企业国际化运作过程的影响(Barjot, 2002; Barjot and Berneron-Couvenhes, 2005)。除了邮政服务以外,有关国有化和私有化争论的"战场"转向了电力企业方面。阿兰·贝尔特朗和马丹·希克将法国和英国的国有化和去国有化进程进行比较研究(Beltran, 2003; Chick and Vivnelles, 2007; Lanthier, 2004),得到了对现实有深刻借鉴意义的结论,也将针对政府角色问题的研究推向全新阶段。

(三) 中小型企业

学界对大型企业历史的梳理和分析成果已经十分丰富,这在一定程度凸显了中小企业史研究的空白。随着 20 世纪 80 年代以来中小型企业的蓬勃发展,国民经济的发展与之联系日益密切,很多史学家已经意识到这种趋势的不平衡(Asselain,2007;Barjot,2007b)。法国企业史学家受熊彼特等新古典经济学家影响,关注技术层面的革新对企业的推动,这一范式强调企业绩效的分析和解读,还将研究延伸到企业的三大领域:策略——结构——绩效。从现有的企业史研究成果来看,运用熊彼特范式解释法国中小企业组织和技术层面的革新历史有一定说服力。

20 世纪 70 年代全球性危机爆发以来,大型企业不可一世的优势地位逐渐被打破,中小型企业以其灵活的经营管理方式和有效的融资手段逐渐赢得了市场份额和利润,在经济生活中的地位不断上升,带着英雄主义色彩的企业家对技术进步的关注和推动引起历史学家注意。此时期,新的研究手段也被应用到研究中,计量史学在研究中小型企业的过程中发挥了积极作用。80 年代起,学者开始关注在大企业夹缝中生存的中小企业,许多饶有建树的计量史专论主要发表在《经济与数据》(*Economie et Statistiques*)和《工业经济杂志》(*Revue d'économie industrielle*)两本杂志上。米歇尔·德拉特尔从理解大型企业与中小企业的联系的角度入手解释了中小企业的活力所在(Delattre,1982);罗伦·华斯利则从客观的角度探讨了中小型企业虽在财政方面表现脆弱,但获利丰厚的特性(Laurent,1982);阿兰·迪利巴尔尼对中小企业在技术革新方面的巨大活力以及强大竞争力进行了综合分析(D'Iribarne,1986)。然而中小企业对于大部分历史学家而言仍然是马尔萨斯主义和商业保护主义的产物。90 年代,中小型企业在法国经济的比重越来越大,相关史学研究数量大增,人们对中小企业的刻板印象逐渐改观。米歇尔·赖斯库尔的著述从中小企业的老板、雇工、银行以及负责中小企业事务的政治人物等方面入手,探讨中小企业在上述层面与大型企业的异同,是相关研究的集大成者。[①]

此外,中小企业中的家族企业成为学界较为青睐的话题,弗朗什-孔泰大学的让-克洛德·多马于 2003 年出版的《家族的资本主义:逻辑和轨迹》(Daumas,2003)就是这种研究取向之下的一部颇有深度的理论著作,为此后的家族企业史研究提供了完备的理论支持。紧接着,《我知道什么?》丛书也顺势出版《家族企业》(Kenyon-Rouvinez and Ward,2004)一书,强调家族企业虽然早就作为中小企

[①] 参见 LESCURE M. PME et croissance économique[M]. Paris:Economica,1996。此后作者的研究方向转向法国的银行系统。

业的重要分支,但相关的研究仍然缺乏深度和广度。从 1995 年起,《经济杂志》开始大力推动中小企业研究,以之为主题刊载论文。其中,专论方面以研究企业的策略、财政手段和融资方式为主。① 中小型企业史研究也是宏观和微观视角之争的重地。一些学者反对继续深入研究这些企业,因为这一取向可能导致历史研究进入极度微观的层面,探讨具体企业日常运作细枝末节的事实是毫无价值的;另一些学者则认为,随着中小型企业羽翼渐丰,它们开始对法国经济、社会和政治施加影响,忽视这一群体会直接导致对整个法国企业史理解的片面性和盲目性(Barjot, Berneron and Richez, 2001)。

总而言之,钱德勒关注企业中的组织和结构、更依赖于职业经理人而非家族创始人的企业形式,但是在 19 世纪以来,法国小规模的家族企业数量占主导,它们谨小慎微,自我融资,企业组织趋于简单,家族创始人对企业决策有绝对的权威和话语权。这一历史与美国企业存在较大区别。这也是为何以卡隆为代表的法国企业史学界更重视熊彼特范式而对钱德勒范式保持谨慎的原因所在。

四、结论

法国的企业史研究经过了半个世纪的播种、开花和结果的过程,无疑是一个充满活力、始终保持着开放视角的学科。自企业史学科建立之初,法国史学家更多地遵循年鉴学派的经济社会史的学术传统,在马克思主义史观和熊彼特范式主导下研讨法国企业史。传统法国企业史学界更多关注带领企业走向辉煌的企业主,尤其是他们在生产技术革新方面发挥的作用,强调家族创始人的历史影响。但这些企业家如何协调企业各组织及个人,实现个人和集体决策的平衡也至关重要。哥德里耶建议历史学家从三个理论层面下手:第一,赫尔伯特·西蒙(Herbert Simon)所阐发的程序理性;第二,关注组织的形式和边界及其变化;第三,在短期的规则和平衡模型下探讨企业的革新(Godelier, 2000)。这种对企业组织历史的研究不仅不违背经济社会史的研究范式,还能完善和补充年鉴学派早期未能解决的一些问题。

---

① 参见 PACHE G.L'impact des stratégies d'entreprises sur l'organisation industrielle:PME et réseaux de compétences[J]. Revue d'Économie Industrielle, 1991, 56: 58-70; LEFEBVRE E,LEFEBVRE L,BOURGAULT M.Performance à l'exportation et innovation technologique dans les PME manufacturières[J].Revue d'Économie Industrielle, 1996, 77: 53-72; GEFFROY B,PICORY C. Degré d'intégration bancaire des PME: Une approche par l'organisation industrielle[J]. Revue Économique,1995, 46(02): 365-392. SASSENOU M, MULKAY B. La hiérarchie des financements des investissements des PME[J]. Revue Économique, 1995, 46(02): 345-363。

20世纪90年代起,钱德勒范式开始进入法国企业史学家的视野。在这一范式的启发下,新的研究领域不断被开发,会计和管理科学与企业历史的联系开始被重视。2005年起,历史学家吕克·马尔科(Luc Marco)主导《管理研究》丛书的编纂工作,预计收录十几部相关主题作品,旨在构建法国管理历史的独特方法。由兰斯管理学院(Institut rémois de Gestion)的教研人员合著企业管理历史丛书的计划已经启动,该项目还邀请企业管理人员加入写作团队,以提高丛书的可读性和客观性。此外,"法国管理思想和实践历史(19—21世纪)"的培训计划也在开展,已经有十几所研究机构、商学院和高等院校参与。由此可见,历史和管理不仅不是不可兼容的,还是可以相互取长补短的。

参考文献

ASSELAIN J-C, FRIDENSON P, STRAUS A. Le capitalisme français. XIXe-XXe siècles. Blocages et dynamismes d'une croissance[J]. Annales. Economies, Sociétés, Civilisations. 1988, 43(01): 140-144.

CAILLUET L. Hiérarchies managériales chez Péchiney 1880-1960: Chandler en pays alpin?[M]// JOLY H, ALII. Des barrages, des usines et des hommes. Grenoble: PUG, 2002: 139-160.

CAZALS R. Avec les ouvriers de Mazamet, dans la grève et l'action quotidienne (1909-1914)[M]. Paris: Maspero, 1978.

CHADEAU E. Etat, industrie, nation: la formation des technologies aéronautiques en France (1900-1950)[J]. Histoire, Économie et Société, 1985, 4(02): 275-300.

NOUMEN R. Les coopératives: des utopies occidentales du XIXe aux pratiques africaines du Xxe[J]. Revue Française de Gestion, 2008, 188-189: 271-282.

AGID P, TARONDEAU J-C. Gouvernance et performances. Une analyse historico-économique de l'Opéra national de Paris[J]. Revue Française de Gestion, 2008, 188-189: 239-269.

ALCOUFFE S, BERLAND N, LEVANT Y. "Succès" et "échec" d'un outil de gestion. Le cas de la naissance des budgets et de la gestion sans budget[J]. Revue Française de Gestion, 2008, 188-189: 291-306.

ASSELAIN J C. Histoire des entreprises et approches globales. Quelle convergence?[J]. Revue Économique, 2007, 58(01): 153-172.

BARJOT D, ANCEAU E, LESCENT-GILES I, et al. Les entrepreneurs du Second Empire[M]. Paris: Presses de l'Université de Paris-Sorbonne, 2003.

BARJOT D, BERNERON M-F, RICHEZ S. Où en est l'histoire des entreprises aujourd'hui?[J].

Histoire, Économie & Société, 2001, 20-4: 597-603.

BARJOT D, BERNERON-COUVENHES M-F. Concession et optimisation des investissements publics[J]. Entreprises en Histoire, 2005, 28-30.

BARJOT D. Penser et construire l'Europe(1919-1992)[M]. Paris: Editions SEDES, 2007a.

BARJOT D. Introduction[J]. Revue Économique, 2007b, 58(01): 17.

BARJOT D. La concession, outil de développement[J]. Entreprises en Histoire, 2002, 31: 184.

BARJOT D. La Grande Entreprise française de Travaux publics (1883-1974)[M]. Paris: Economica, 2006.

BARJOT D. L'innovation, moteur de la croissance: le procédé Colas(1920-1944)[J]. Histoire, Économie et Société, 1983, 2(01): 41-61.

BAUDANT A. Pont-à-Mousson, 1918-1939: stratégies industrielles d'une dynastie Lorraine[M]. Paris: Publications de la Sorbonne, 1980.

BEAUD C. L'innovation des établissements Schneider (1837-1960)[J]. Histoire, Économie et Société, 1995, 14(03): 501-518.

BELTRAN A, DAVIET J-P, RUFFAT M. Histoire des enterprises. Essai bibliographique[J]. Cahiers De l'IHTP, 1995, 30: 117.

BELTRAN A. Nationalisation et dénationalisation de l'électricité: expériences comparées [J]. Annales Historiques de l' Électricité, 2003, 1.

BENSADON D. La fièvre des filiales chez AFC (1921-1939). Consolidation des comptes et reporting[J]. Revue Française de Gestion, 2008, 188-189: 201-208.

BERNERON-COUVENHES M-F. La concession des services maritimes postaux au XIXe siècle: le cas exmemplaire des Messageries maritimes[J]. Revue Economique, 2007, 58(01): 259-276.

BERNERON-COUVENHES M-F. Les messageries maritimes L'essor d'une grande compagnie de navigation française(1851-1894)[M]. Paris: Presses Universitaires Paris-Sorbonne, 2007.

CAILLUET L. La fabrique de la stratégie. Regards croisés sur la France et les Etats-Unis[J]. Revue Française de Gestion, 2008, 188-189: 143-159.

CARON F. "Entreprise", in NORA P. Les lieux de mémoire[M]. Paris: Gallimard, 1984.

CARON F. La dynamique de l'innovation, Changement technique et changement social (XVIe-XXe siècles)[M]. Paris: Gallimard, 2010.

CARON F. Les deux révolutions industrielles du XXe siècle[M]. Paris: Albin Michel, 1997.

CARON F. L'évolution de la concentration des entreprises en France au Xxe siècle[J]. Revue d'Histoire Économique et Sociale, 1976, 54(01): 64-117.

CARON F. Entreprises et entrepreneurs. XIXe et Xxe siècles[M]. Paris: Presses de l'Université de Paris-Sorbonne, 1983.

CASSIS Y. Big business: the European experience in the twentieth century[M]. Oxford: Oxford University Press, 1997.

CHADEAU E. Etat, industrie, nation: la formation des technologies aéronautiques en France (1900–1950)[J]. Histoire, Économie et Société, 1985, 4(02): 275–300.

CHADEAU E. L'industrie aéronautique en France (1900–1950). De Blériot à Dassault[M]. Paris: Fayard, 1987.

CHADEAU E. Schumpeter, l'état et les capitalistes: entreprendre dans l'aviation en France (1900–1980)[J]. Le Mouvement Social, 1988, 145: 9–39.

CHARLOT B, FIGEAT M. Histoire de la formation des ouvriers, 1789–1984[M]. Paris: Minerve, 2001.

CHEVALIER L. Classes laborieuses et classes dangereuses[M]. Paris: Hachette, 1984.

CHICK M, VIVNELLES H. Nationalisation and privatisation: ownership, markets and the scope for introducing competition to the electricity supply industry[J]. Revue Économique, 2007, 58(01): 277–293.

COQUERY N. Les faillites boutiquières sous l'Ancien Régime. Une gestion de l'échec mi-juridique mi-pragmatique (fin XVIIe-fin XVIIIe siècle)[J]. Revue Française de Gestion, 2008, 188–189: 341–358.

DAUMAS J-C. Le capitalisme familial: logique et trajectoires[M]. Besançon: Presses Universitaires Franc-comtoises, 2003.

DAUMAS J-C. Entreprises et parenté en France au XIXe siècle[M]//Aux sources de la puissance: sociabilité et parenté, Rouen: Publications de l'université de Rouen, 1988: 169–177.

DAVIET J-P. Ancien et nouveau visages de la business history [M]//LEQUIN Y, VANDE-CASTEELE S. L'Usine et le bureau, Lyon: PUL, 1990: 19–37.

DAVIET J-P. L'Histoire de l'entreprise en France: un premier bilan[M]//HAMON M T F. Mémoire d'avenir. L'histoire dans l'entreprise, Paris: Economica, 1987.

DAVIET J-P. Saint-Gobain et l'industrie de la glace: l'innovation dans un vieux secteur[J]. Histoire, économie et société, 1987, 6(02): 235–261.

DECROY X. Le secteur pharmaceutique et l'histoire du contrôle de l'innovation [J]. Revue Française de Gestion, 2008, 188–189: 175–183.

DEGOS J-G, HAURET C. L'échec du canal de Panama. Des grandes espérances à la détresse financière[J]. Revue Française de Gestion, 2008, 188–189: 307–324.

DELAPLACE M. Innovations organisationnelles et radicales. Le cas de deux grandes firmes de l'informatique émergente[J]. Revue Française de Gestion, 2008, 188–189: 185–200.

DELATTRE M. Les PME face aux grandes entreprises[J]. Economie et Statistique, 1982, 148: 3–19.

DELLON A. L'Etat et les Entreprises publiques[M]. Paris: Sirey, 1959.

DOUBLET J M, FRIDENSON P. Les racines de l'entreprise[J]. Revue Française de Gestion, numéro spécial, 1988a, 70: 218.

DOUBLET J M, FRIDENSON P. L'histoire et la gestion: un pari, introduction[J]. Revue Française de Gestion, numéro spécial, 1988b.

DUVEAU G. La vie ouvrière sous le Second Empire[M]. Paris: Gallimard, 1946.

D'IRIBARNE A. PME, innovations technologiques et compétitivité économique[J]. Revue d'Économie Industrielle, 1986, 38: 1-12.

FAYOL H. Administration industrielle et Générale[M]. Paris: Dunod, 1916.

FRIDENSON P. Histoire des usines renault. Naissance de la grande entreprise, 1898-1939[M]. Paris: Seuil, 1972.

FRIDENSON P. Les organisations: un nouvel objet[J]. Annales. Economies, Sociétés, Civilisations, 1989, 44(06): 1461-1463.

GODELIER E. Histoire des historiens, histoire des gestionnaires[J]. Les Cahiers du Centre de Recherches Historiques, 2000, 25: 10.

GODELIER E. L'histoire des entreprises à la croisée des chemins?[J]. Entreprise et Histoire, 2009, 55: 6.

GRAS N S B. Les affaires et l'histoire des affaires[J]. Annales d'Histoire Économique et Sociale, 1931, 9: 5-10.

HACHEZ-LEROY F. La formation technique, une arme commerciale[J]. Cahiers d'Histoire de l'Aluminium, 1996, 17: 64-73.

HACHEZ-LEROY F. Les formations universitaires au patrimoine industriel: aperçu et enjeux[J]. AVEC POLINO M-N. Historiens et Géographes, 2007, 398: 193-398.

HERMANDEZ E-M, MARCO L. Entrepreneuriat versus salariat. Construction et déconstruction d'un modèle[J]. Revue Française de Gestion, 2008, 188-189: 61-76.

KENYON-ROUVINEZ D, WARD J-L. Entreprises familales[M]. Paris: PUF, 2004.

KUISEL R F. Business history in France[J]. Business and Economic History, 1978, 7: 71.

LABARDIN P, Robic P. Épouses et petites entreprises. Permanence du XVIIIe au XXe siècle[J]. Revue Française de Gestion, 2008, 188-189: 97-117.

LAMENDOUR E. Histoire d'une représentation restrictive. Portrait du cadre en professionnel contrarié[J]. Revue Française de Gestion, 2008, 188-189: 119-139.

LANTHIER P, CHICK M. Nationalisation et dénationalisation[J]. Entreprises et Histoire, 2004, 37: 9-23.

LAURENT V. Les PME: fragilité financière, forte rentabilité[J]. Economie et Statistique, 1982, 148: 21-37.

LEQUIN Y, VANDECASTEELE S. Pour une histoire sociale de l'entreprise[M]//LEQUIN Y,

VANDECASTEELE S. L'Usine et le bureau, Lyon: PUL, 1990: 5-18.

LOUBET J L. Citröen et l'innovation(1915-1996)[J]. Vingtième Siècle. Revue d'histoire, 1998, 57(01): 45-56.

MARCHESNAY M. L'entrepreneur: une histoire française[J]. Revue Française de Gestion, 2008, 188-189: 77-95.

MATHIEU C, SCHNEIDER D. Les Schneider, Le Creusot. Une famille, une entreprise, une ville (1836-1960)[M]. Paris: Fayard, 1995.

OMNÈS C. De l'atelier au groupe industriel Vallourec 1882-1978[M]. Paris: Éditions de la Maison des Sciences de l'Homme, 1980.

PERROT M. Les ouvriers en grève. France 1871-1890[M]. Paris-La-Haye: Mouton, 1973.

PRAQUIN N. Les faillites au XIXe siècle. Le droit, le chiffre et les pratiques comptables[J]. Revue Française de Gestion, 2008, 188-189: 359-382.

PUGET H. Les nationalisations en France et à l'étranger[M]. Paris: Sirey, 1958.

SEIFFERT M-D, GODELIER É. Histoire et gestion: vingt ans après[J]. Revue Française de Gestion, 2008, 188-189: 17-30.

SEIFFERT M-D, LABARDIN P, NIKITIN M. L'approche historique des échecs en gestion: une nécessité[J]. Revue Française de Gestion, 2008, 188-189: 285-289.

SEIFFERT M-D. Histoire 'à la Chandler' et évolutionnisme. Trajétoires et avantages compétitifs de trois leaders de l'aeronautique[J]. Revue française de gestion, 2008, 188-189: 219-236.

TREMPÉ R. Les Mineurs de Carmaux 1848-1914[M]. Paris: Gallimard, 1978.

UN DESTIN INTERNATIONAL. La Compagnie de Saint-Gobain de 1830 à 1939[M]. Paris: Éditions des Archives Contemporaines, 1988.

VERLEY P. Entreprises et entrepreneurs du XVIIIe siècle au début du XXe siècle[M]. Paris: Hachette, 1994.

ZIMNOVITCH H. Essai sur un rapport critique et fécond entre histoire et gestion[M]//CAILLUET L, LEMARCHAND Y, CHESSEL M-E. Histoire et sciences de gestion, Paris: Vuibert, 2013: 89-90.

皮尤.组织管理学名家思想荟萃[M].唐亮,沈明明,邝明生,译.北京:中国社会科学出版社,1986.

韦伯.经济与社会(上)[M].林荣远,译.北京:商务印书馆,1997.

关于德国企业史研究的思考[①]

巫云仙[②]

19世纪后半期随着德国企业的兴起和发展,有关德国企业史的研究也随之开展起来。从那时起到目前为止,国内外学者对德国企业史的研究已积累不少可供借鉴的经验,并形成不同的研究范式和特点,出版了大量的相关研究成果。这是在开展德国企业史相关问题研究时,首先需要梳理的学术研究基础,以便找出研究的薄弱环节和研究方向。

[①] 本文是2013年出版《德国企业史》时写的一篇旧文,为了保持原文原貌,除了核对一些文献出处和订正之外,并未做较大改动,近十年来有关国内外德国企业史的研究进展情况需要另做专文加以概括、阐述和分析。

[②] 巫云仙,中国政法大学商学院企业史研究所教授,博士生导师。

一、德国学者的研究范式和成果

对于德国学者来说,他们有"近水楼台先得月"的天然优势,率先开始了德国企业问题的研究,逐渐形成德国关于企业史的研究特点。

一是历史学派视野下的研究模式。如德国著名的新历史学派代表人物古斯塔夫·冯·施莫勒(Gustav Von Schmoller,1838—1917)和马克斯·韦伯(Max Weber,1864—1920)从不同角度对企业史问题进行了研究。早在1870年,施穆勒就着手对德国中小企业进行了调研,并出版《19世纪德国中小企业发展史:统计调查和国民经济调查》一书,对整个19世纪德国中小企业的发展情况进行全面调查和总结。韦伯的研究更富有代表性,他在《新教伦理与资本主义精神》(1904—1905)中,把当时伴随着资本主义精神兴起的企业,看作合理而系统地追求利润的一种方式,敬业是企业家精神的动力,连续不断地工作已经成为他们生活的必要内容。韦伯认为,这样的企业家在德国也有不少的例子。

二是公司发展史,或企业家传记和档案材料,或这两者相结合的研究模式。代表人物有理查德·艾伦贝格(Richard Ehrenberg)、康拉德·马斯克斯(Conrad Matschoss)和布鲁诺·考斯卡(Bruno Kuske)等。早在1912年,考斯卡就在科隆大学讲授企业史课程,向学生解释不同历史时期德国企业活动的"逻辑"。同时,学者们撰写了大量的公司史论著,据估计1914年时这样的公司史大概有几百本之多(Jaeger,1974)。到1939年,公司历史的研究著作达到几千本,如考斯卡关于位于德国科隆的巧克力生产商施多威克公司(Stollwerck)的研究就是其中的一本(Kuske,1939)。当然,没有专门研究企业史的学者也会涉及这方面的内容,如维尔纳·桑巴特(Werner Sombart)在其出版的《奢侈与资本主义》(1922)一书中,把人们的奢侈消费和需要看作资本主义的重要起源,其中谈到不少德国产业和企业发展的情况,包括陶瓷业和玻璃制造业等。美国学者文森特·卡罗索(Vincent Carosso)对桑巴特在企业史研究领域的贡献也给予了高度肯定(Carosso,1952)。

第二次世界大战后。这种研究模式虽然在原始文献资料的搜集方面取得了重大进展,但是没有出现代表性的研究成果,缺乏企业史的系统研究范式,在方法论和学科训练方面鲜有进步。与美国学界相比,德国在学术研究和教育制度方面存在一定缺陷。整个德国没有像样的商学院,许多大学都有企业经济学,但是企业史并不是其中的组成部分。在管理学课程中,案例分析方法是经常使用的,但是所使用的案例多半是现实的,而非历史的案例。德国的高等院校基本上没有企业史的教授席位,后来只有科隆大学和慕尼黑大学有类似的课程。直到1973年,才有一所大学首次开设了企业史和管理史的研讨课。

德国的企业档案材料分为两部分:一是公司档案;二是公众公司或半公众公司,如商会的档案。这些档案材料其实在1914年之前就已经有了,如克虏伯公司和西门子公司的档案。一些学者利用这些材料,写出一些个性化的企业领导人生平事迹,或者是企业的发展简史。偶尔也有把企业发展与政治因素联系起来考虑企业的发展问题,但这样的研究者比较少。档案材料质量不高,利用率很低,致使企业史研究没有多大进展。

三是大企业研究模式。1970年和1972年分别是德意志银行成立100周年,以及西门子公司成立120周年,由此引起了学者们对德国大企业的研究兴趣,改变了之前企业史研究步入死胡同的状况。作为经济史和管理学的一部分,企业史的话题比之前被重视多了,如对西门子公司和汉高公司的研究成果相继出版,[①]但企业史研究基本上是与技术史相关的。基于产业视角的研究有一定进展,如路德维格·F.哈伯(Ludwig F. Haber)关于化学产业的研究成果颇具代表性,[②]他研究了德国在1900年至1930年化学制造业的发展,以及行业的技术变化情况。

但是比较有研究水准的成果都是把经济史、企业史和技术史相结合的。如德国经济史学家雷纳·弗雷姆德林(Rainer Fremdling)关于德国铁路产业和相关问题的研究,与英国和美国铁路比较来研究德国的铁路产业与经济增长的关系(Fremdling,1977)。关于德国大企业的研究也有一些合作研究的成果,如德国法学家诺伯特·霍恩(Norbert Horn)和德国历史学家尤尔根·考克卡(Jürgen Kocka)主编的《19世纪末和20世纪初法律与大企业的兴起》[③]、德国经济史学家维尔弗里德·费尔登基兴(Wilfried Feldenkirchen)所著的《两次世界大战期间的德国大企业:联合炼钢股份公司、I. G. 法本公司和西门子公司的组织创新》(Fel-

---

① 这类研究成果很多,参见:SIEMENS G. History of the house of Siemens: the era of free enterprise[M]. Freiburg: Karl Alber, 1957。书评参见:WILLIAM N P. Review of history of the house of Siemens, by Georg Siemens[J]. The Journal of Economic History, 1961, 21(1): 131-132; KOCKA J. Family and bureaucracy in German industrial management, 1850—1914: Siemens in comparative perspective[J]. Business History Review, 1971, 45(2): 133-156;有关德国汉高公司100周年纪念的历史,参见:HENKEL & CIE GMBH. 100 Jahre Henkel: 1876—1976[M]. Dusseldorf: Henkel & Cie GmbH, 1976。

② 关于德国化学产业和企业的研究,参见:HABER L F.The chemical industry, 1900—1930: international growth and technological change[M]. Oxford: The Clarendon Press, 1971。

③ 英文著作参见:HORN N, KOCKA J. Law and the formation of the big enterprises in the 19th and early 20th centuries[M]. Gottingen: Vandenhoeck & Ruprecht, 1979。

denkirchen，1987），以及德国学者彼得·赫特纳（Peter Hertner）所写的《1914 年前德国的跨国企业：案例研究》一文（Hertner，1986）。

四是经济史与企业史融合的研究模式。20 世纪 80 年代后，德国学者比较注重研究德国的经济发展经验、德国的工业化，以及战争教训问题，以比较务实的态度研究德国的社会市场经济和企业史，如关于西门子公司的研究得到深化，如德国学者齐格弗里德·冯·维赫（Sigfrid Von Weiher）和赫伯特·格特策勒（Herbert Goetzeler）出版了相关研究论著。[①] 在一些有关德国经济史和工业化史的总论著述中，德国企业的发展情况也略有涉及，如由联邦德国历史学家鲁道夫·吕贝尔特所著的《工业化史》（上海译文出版社 1983 年出版了中文版）、卡尔·哈达赫所著的《二十世纪德国经济史》（商务印书馆 1984 年出版了中文版），以及韦·阿贝尔斯豪泽所著的《德意志联邦共和国经济史（1945—1980）》（商务印书馆 1988 年出版了中文版）等，即是其中的代表，侧重于把企业史与社会经济史结合起来进行研究。

到目前为止，关于德国企业史的研究，在组织上主要从三方面展开。

第一，学术研究团体和相关机构。包括 1976 年成立的企业经营史协会，其成员主要来自企业和个人，重点研究希特勒和纳粹统治时期的企业发展史；以及 1991 年成立的重要企业和行业史研究组等，研究人员主要来自大学院校，以年轻人为主。这些机构多半设在高校里。由于德国的商学院教育模式相对不是那么发达，因此，有关企业史、企业案例的研究主要是由高等院校中经济系和历史系从事经济史研究的学科带头人来主持，如法兰克福大学、鲁尔大学、波鸿大学等院校中的知名学者。

第二，依托高等院校中的研究项目，主要由一些著名学者担任项目主持人（Hesse and Schanetzky，2004）。如法兰克福大学的维尔纳·布林伯教授（Werner Plumpe），试图运用社会学和实证研究的方法，研究战后至德国统一前联邦德国企业发展史，以及相关的企业理论。而鲁尔大学由迪特·齐格勒（Dieter Ziegler）教授主持的研究项目，也是从社会经济史的角度研究德国企业的发展情况和特点，研究范式还是实证主义的套路，研究领域和成果主要涉及希特勒和纳粹统治时期的企业发展史，如关于德累斯顿银行和德国汉莎航空公司等具体企业案例的分析和研究。波鸿大学由克里斯蒂安·克莱因施密特（Christian Klein-

---

① 英文著作参见：VON WEIHER S, GOETZELER H. The Siemens company: its historical role in the process of electrical engineering, 1847-1980[M]. Berlin: John Wiley and Sons Ltd, 1984.

schmidt)教授主持的研究项目,不仅关注德国企业在战争期间的管理战略和技术理性问题,而且还深入研究联邦德国企业的国际化问题,美、日、德三国有关企业经营管理的知识传播问题,以及企业发展的社会和文化层面的因素。康斯坦茨大学由克莱门斯·维斯查曼(Clemens Wischermann)教授主持的研究项目,主要研究德国企业发展的连续性问题,以及对民主德国企业的发展情况进行实证研究。当然,不依赖项目、以其他方式开展的研究也在延续,如德国的乌尔里克·温根罗思(Ulrich Wengenroth)教授对德国国有企业的研究很有见地,他认为,1871年两德统一后,德国的国有企业就有三个不同级别,即中央政府所有企业、各州地方政府所有企业,以及市政府所有企业。它们之间不仅无法统一,而且还是存在对抗关系的(Wengenroth,2000)。

第三,由一些大企业赞助而开展的研究项目。主要是企业的案例研究,包括巴斯夫、克虏伯、德国汉高,以及德国商业银行的企业全貌。虽然是企业赞助的,但是学者们的研究和思想观点是独立自由的,这是德国学界一直秉承的优良传统。

二、欧美学者的研究重点和特色

欧美学者(以英美学者为主)非常关注德国经济和企业的发展状况,在研究中侧重专题研究和比较分析。

一是对德国铁路问题的研究和比较分析。1911年,美国国家货币委员会翻译了德国学者雅各布·里谢尔(Jacob Riesser)关于德国大银行与铁路融资问题的研究成果(Riesser,1911),密歇根大学的希拉·贾格蒂亚尼(Hira Jagtiani)则从政府支持的角度研究德国铁路建设问题(Jagtiani,1924),随后又有不少学者从不同角度研究了德国的铁路建设和企业问题,如经济学家布雷恩·米歇尔(Brain Mitchell)对德国铁路建设里程进行了详细的统计分析(Mitchehll,1975);美国威斯康星大学的柯琳·邓拉维(Colleen Dunlavy)不仅对德国铁路建设进行了横向比较研究,同时也研究了铁路国有化问题(Dunlavy,1993);德裔美国历史学家弗里茨·斯特恩(Fritz Stern)研究了俾斯麦执政时期德国铁路建设和管理问题(Stern,1977)。[①] 美国哈佛大学教授德特勒夫·瓦格茨(Detlev Vagts)从德

---

① STERN F R.Gold and iron:bismark, bleichroder, and the building of the German Empire[M]. New York:Vintage,1977。

美对比的角度,研究了铁路建设、私人企业和国家政策的关系(Vagts,1979);德裔美国经济史学家理查德·蒂利(Richard Tilly)研究了英国和德国的银行、金融企业与铁路企业和大企业的关系;[1]美国经济学家罗伯特·布莱迪(Robert Brady)对20世纪20年代德国钢铁企业的合理化运动进行了深入研究,同时对化学制造和电气设备制造企业的评述比较详细(Brady,1933)。

除美国学者的研究及出版的成果外,英国经济史学家威廉·坎宁安(William Cunningham)和J. H. 克拉潘(J. H. Clapham)也非常重视对德国产业和企业的研究,前者研究了德国铁路国有化问题,而后者则从比较研究的角度分析了德国和法国的经济发展情况,其中就谈到了产业发展和铁路建设等问题,涉及相关行业的企业发展问题(Cunningham,1913;Clapham,1955);英国经济学家彼得·马赛尔斯和波斯坦主编的《剑桥欧洲经济史》第7卷(上、下),也有专门章节论述了德国企业发展的问题。不过,德国以外的学者在研究德国企业发展史时,主要是把它作为与英国、美国和法国等不同的发展类型和经验进行横向比较研究。

二是哈佛商学院的大企业研究范式。以美国著名企业史专家钱德勒为代表,他对德国产业发展的特点,以及德国大企业的发展演进,及其与国家经济发展的关系等方面进行了较为详尽的探索。在其出版的《规模与范围:工业资本主义的原动力》和《大企业和国民财富》中,有不少章节涉及德国大企业的形成和作用、铁路企业、化学企业和机械制造企业的发展过程。另一美国专家托马斯·麦克劳所著的《现代资本主义:三次工业革命中的成功者》一书,也论述了德国的钢铁和金融业的发展特点,以及大企业如蒂森钢铁集团和德意志银行的发展史。

还有一些美国学者对德国的具体产业,以及特定企业进行了研究。如美国的德国史专家杰拉尔德·费尔德曼(Gerald Feldman)专门研究了德国的钢铁企业和德意志银行,出版了相应的专著;[2]而L. F. 哈伯(L. F. Haber)则专门研究了

---

[1] 理查德·蒂利出版了一系列相关研究成果,参见:TILLY R.Germany, 1815-1870[M]//CAMERON R E C. Banking in the early stages of industrialization: a study in comparative economic history. New York: Oxford University Press, 1967; TILLY R.Financial institutions and industrialization in the Rhineland 1815-1870[M]. Madison: University of Wisconsin Press, 1966; TILLY R. Financing industial enterprise in Great Britain and Germany in the 19th century: testing grounds for marxist and schumpeterian theories[M]//WAGNER H J, DRUKKER J W. The economic law of motion of modern Society: a Marx-Kneys-Schumpeter centennial. Cambridge: Cambridge University Press, 1986。

[2] 相关著作参见:FELDMAN G D. Iron and steel in the German inflation, 1916-1923[M]. Princeton: Princeton University Press, 1977; GALL L, FELDMAN G D, JAMES H, et al. A history of the deutsche bank, 1870-1995[M]. London: Weidenfeld & Nicolson, 1995。

德国的化学产业和企业的发展特点,如卡特尔组织和垄断情况,以及战争期间德国化学制造业的变化等,先后出版了一系列专著。①

三、 国内学者关于德国企业问题的研究

2000年至2013年,国内学界对德国企业史的研究有了较大的进展,②较有代表性的论著主要表有以下三个方面。

一是在阐述德国工业化和资本主义发展的一些总论性著述中,会有一定篇幅讨论德国产业和企业发展问题。如李工真所著《德意志道路:现代化进程研究》(武汉大学出版社1997年出版)、吴友法和黄正柏主编的《德国资本主义发展史》(武汉大学出版社2000年出版),以及邢来顺所著的《德国工业化经济—社会史》(湖北人民出版社2003年出版)。

二是从企业管理的角度研究德国企业发展经验和特点。如张丽华所著的《自废墟中崛起:举世瞩目的德国跨国企业》(黑龙江人民出版社1998年出版),研究了德国电气、电子、钢铁、汽车和化学等行业11个著名的跨国企业的案例;由国家经济贸易委员(2003年改为国家发展和改革委员会)会中小企业司和德国技术合作公司编撰的《德国中小企业促进政策:组织与方法》(中国经济出版社2002年出版)是对德国中小企业发展状况进行调研的总结;郑春荣编著的《中小企业:德国社会市场经济的支柱》(上海财经大学出版社2003年出版),详细论述了德国中小企业的现状、特点及其发展中存在的问题,德国中小企业所处的法律与政策框架,欧盟和德国采取了哪些政策促进了中小企业的发展,德国的银行体系在中小企业金融扶持中发挥了怎样的作用,同时也阐明了德国商会、行业协会对中小企业所提供的各类服务,以及创业、研发与创新和对外经贸这三个领域促进德国中小企业发展的。

三是从理论、法律和实际的角度,全面研究德国中小企业的特点和理论问题。如孟钟捷所著的《德国1920年〈企业代表会法〉发生史》(社会科学文献出

---

① 相关著作参见:HABER L F. The chemical industry during the nineteenth century: a study of the economic aspect of applied chemistry in Europe and north America[M]. New York: Oxford University Press, 1958; HABER L F. The poisonous cloud: the chemical warfare in the First World War[M]. New York: Oxford University Press, 1986; HABER L F. The chemical industry: 1900-1930: international growth and technological change[M]. New York: Oxford University Press, 1971。

② 2013年后的研究情况尚未在本文中涉及。

版社 2008 出版）对德国企业治理的一个具体法规进行了深入挖掘；邓白桦所著的《纳粹德国"企业共同体"劳资关系模式研究》（同济大学出版社 2012 出版）对魏玛共和国和纳粹执政时期的劳资关系问题进行了宏观和微观的分析。

四、结语

综上所述，无论是德国学者，还是英美学者，他们都一直在进行德国企业史的研究，并先后形成了多种研究模式。但也有一些问题会引起各国学者的普遍关注，如德国企业的治理结构问题即是其中之一，学界普遍认为德国实行了一种以重要利益相关者为基础的"银行导向型"治理结构，较好地处理了企业所有者、管理者，以及利益相关者（如员工、客户、供应商、债权人、政府和社会公众等）之间的关系问题，形成了独具特色的共同治理模式。在这种模式下，不仅要重视股东的利益，而且还要考虑到更多利益相关者的利益。

关于德国企业"共决权"的研究认为，德国职工"共决"制度以其完善和稳固的体系，在世界上是堪称独一无二的。然而，正是这种独一无二的制度，在近年德国经济不景气的大环境下也是饱受质疑的，德国企业界和学术界纷纷对此展开了讨论（庞文薇，2006）。日本学者佐藤孝弘从社会责任对德国公司治理的影响的角度进行研究，认为美国公司社会责任的概念拥有浓厚的个人主义或自由主义色彩，而它们社会责任的承担方式与股东权的概念紧密相连。德国公司社会责任的一大特点是在追求公司自身利益的同时保护利益相关者的利益，并调整其利益关系。而公司的社会责任也根据社会期待而形成，并进一步形成了德国独特的公司治理模式（佐藤孝弘，2008）。德国学者安雅·塔斯克（Anja Tuschke）则从全新角度审视了德国公司的治理体系，她认为不同于美国以股东为主的"市场导向型"治理模式，德国普遍采用以重要利益相关者理论为基础的"银行导向型"公司治理模式，这种模式不是忽视股东，而是纳入更多的利益相关者。在 20 世纪 90 年代中期，德国曾进行过股东导向的改革实践，后来逐渐转向利益相关者导向的治理模式，因为后者能够吸引更优秀的雇员、刺激创新、在战略决策中员工的参与可以减少实施过程中的阻力，但这种模式需要通过企业文化和规范来制衡。[①]

[①] 塔斯克教授于 2014 年 6 月 20 日在中国人民大学"全球化时代公司治理向何处去"的主题研讨会上，做了题为"利益相关者的利益取向能否导致竞争优势？"的演说，这是笔者从其演说中提炼出来的观点。

无论是从宏观视角，还是从微观着眼，无论是专题研究，还是比较分析，有关德国企业史的研究都取得了相当丰富的成果，形成了一定的研究基础和理论分析框架，越来越多的学者把企业史放到社会经济史的大框架下进行研究，把它作为深入研究经济史和进一步拓展经济史研究的领域，以区别于企业管理的研究范式。但到目前为止，有关德国企业史的研究还没有形成系统化和理论化，这不能不说是一大遗憾。

德国企业史应该属于什么范畴？与技术史、单个企业的发展史、产业发展史，以及企业家的英雄传奇故事又是什么关系？在社会经济的发展过程中，企业史应处于怎样的位置？这也是我在撰写《德国企业史》过程中感到困惑的诸多方面。

德国企业是德国工业化进程的产物，是德国经济发展过程中最为精彩的历史篇章，我的尝试是从历史和现实、理论和实际相结合的角度来研究德国企业史，尽可能史论结合，从中观和微观层面，深入阐述德国企业、企业家和产业的成长和曲折发展过程，使德国在相应时期的经济史内容更加丰满和鲜活。

在研究方法上，我是以马克思历史唯物主义的基本方法论为基础，同时运用经济史和企业经营史的理论逻辑和思维框架，尽可能利用现有的研究成果和基础，对德国企业的历史发展和演进问题进行历史的解剖；对于基业长青的企业，要对其目前的发展现状和内在发展动力进行研究，力图在德国资本主义工业化发展的大背景下，阐述德国企业的兴起、发展和演进，分析德国企业家的成长和历史遭遇、德国企业的发展特点，以及管理模式和组织制度的变迁，探索德国企业在不同历史发展阶段的经营管理经验和教训、德国企业发展的趋势，以及对中国企业发展的启示。

参考文献

BRADY R A. The rationalization movement in German industry: a study in the evolution of economic planning[M]. Berkeley: University of California Press, 1933.

CAROSSO V P. Werner Sombart's contribution to business history[J]. Bulletin of the Business Historical Society, 1952, 26(1): 27-49.

CLAPHAM J H. The economic development of France and Germany, 1815-1914[M]. Cambridge: Cambridge University Press, 1955.

CUNNINGHAM W J. The administration of the state railways of Prussia-Hesse[M]. New York: New York Railroad Club, 1913.

DUNLAVY C A. Politics and industrialization: early railroads in the United States and Prussia[M]. Princeton: Princeton University Press, 1993.

FELDENKIRCHEN W. Big business in interwar Germany: oranizational innovation at vereinigte stahlwerke, faber, and siemens[J]. Business History Review, 1987, 61(3): 417-451.

FREMDLING R. Railroad and German economic growth: a leading sector analysis with a comparison of the United States and Great Britain[J]. Journal of Economic History, 1977, 37(3): 583-604.

HERTNER P. German multinational enterprise before 1914: some cases studies[M]//HERTNER P, JONES G. Multinationals: theory and history. Aldershot: Gower Publishing Company, 1986.

HESSE J-O, SCHANETZKY T. Business history in Germany: recent developments in research and institutions[J]. European Business History Association Newsletter, 2004, (19): 42-51.

JAEGER H. Business history in Germany: a survey of recent developments[J]. The Business History Review, 1974, 48(1): 28-48.

JAGTIANI H M. The role of the state in the provision of railways[M]. London: P. S. King and Son, 1924.

KUSKE B. 100 jahre Stollwerck geschichte, 1839-1939[M]. Leipzig: Hedrich, 1939.

MITCHELL B R. European Historical Statistics, 1750-1970[M]. New York: Columbia University Press, 1975.

RIESSER J. The German great banks and their concentration in connection with the economic development of Germany[M]. Washington: Government Printing Office, 1911.

VAGTS D F. Railroads, private enterprise, and policy: Germany and the United States, 1870-1920[M]//HORN R, KOCKA J. Law and the formation of the big enterprises in the nineteenth and early twentieth centuries. Gottingen: Vandenhoeck & Ruprecht, 1979.

WENGENROTH U. The rise and fall of State-Owned enterprise in Germany[M]//TONINELLI P A. The rise and fall of State-Owned enterprise in the western world. Cambridge: Cambridge University Press, 2000: 103-127.

庞文薇.德国职工"共决权"何去何从？对目前德国职工"共决权"讨论的一些思考[J].德国研究,2006,(3):54-59.

佐藤孝弘.社会责任对德国公司治理的影响[J].德国研究,2008,(4):43-76.

从结构到组织能力

钱德勒的历史性贡献

路　风[①]

　　本文介绍了钱德勒《战略与结构：美国工商企业成长的若干篇章》《看得见的手：美国企业的管理革命》和《规模与范围：工业资本主义的原动力》(简称《战略与结构》《看得见的手》和《规模与范围》)三部著作的主要思想，及其对发展中的动态企业理论所产生的巨大影响。钱德勒通过对纵向一体化大企业在西方主要工业国家兴起和发展的分析证明，管理型大企业崛起所创造的组织能力是企业和国民经济持续竞争优势的源泉与经济扩张的动力，决定了企业和国家的兴衰。他所揭示的正是主流经济学的盲区：组织创新是"技术"进步的组成部分，而对生产、分配和销售中的管理系统与结构的投资是总资本形成的组成部分。

---

① 路风，北京大学政府管理学院教授，博士生导师。

如果说熊彼特提供了一个企业在推动经济变动方面发挥中心作用的理论框架,那么钱德勒就为这个框架提供了许多的实质内容。① 钱德勒是历史学家出身,他以包含多个经营单位并由职业经理人员管理的企业(Multiunit Firms)来定义西方工业国家的现代工业企业。② 对这种企业产生原因的解释,发展过程的分析,社会后果的估量,以及对它们在西方主要工业国家发展的比较研究,是钱德勒跨越了半个世纪的学术研究生涯中始终如一的主题。他的研究成果为发展中的动态企业理论提供了丰富的历史经验证据和思想源泉。下文将围绕钱德勒的三部主要著作对他的研究作一简介。③

一、战略与结构:组织创新的动态框架

钱德勒的第一本书是发表于 1962 年的《战略与结构》(Chandler,1962)。这本书的主题是美国大企业的成长及其管理组织结构如何被重新塑造以适应这种成长。

当钱德勒开始研究美国企业组织的结构变化时发现,自 20 世纪初以来大企业组织演变的主要特征,是越来越多的企业采用多部门的组织结构。在这种组织结构下,公司的总办事处负责计划、协调及评估若干分部(事业部)的工作,并向它们分配必要的人员、设备、资金和其他资源;负责分部的执行经理把处理一个产品主线或服务所必要的职能管理置于自己的统辖之下,对分部的财务状况和市场负责。这就是事业部制或所谓的 M 型组织结构,它被美国企业界称为"分权"结构。因此,美国企业如何从原来的直线职能结构向多部门结构转变就被钱德勒定义为大企业成长过程中组织转变问题的焦点。

---

① 钱德勒生于 1918 年。第二次世界大战期间,他在哈佛本科毕业后,到海军服役 5 年。此后,他在北卡罗来纳大学获硕士学位,并于 1952 年在哈佛大学历史系获哲学博士学位。他于 1950—1963 年在麻省理工学院教书,1963—1971 年转至约翰斯·霍普金斯大学,1971 年被哈佛商学院聘为企业史教授,在那里工作到近 80 岁才退休。熊彼特对钱德勒有过直接影响。1948 年,哈佛大学成立企业家史研究中心。熊彼特在 1950 年去世前任该中心的高级研究员,而钱德勒和另一位后来成为伟大经济史学家的兰斯则是该中心的成员。这个中心于 1958 年被关闭,但熊彼特的遗产长存。到 20 世纪 70 年代初,钱德勒和兰第斯又双双重返哈佛执教(Lazonick,1991)。

② 钱德勒在《战略与结构》中使用的是"多部门"企业(multidivisional firms)一词,而在《看得见的手》和《规模与范围》中使用的是"多单位"企业(multiunit firms)一词,并以后者定义现代工业企业。显然,在钱德勒的概念中,多部门企业是多单位企业的一种特殊形式。

③ 钱德勒的三本书都是长篇巨著:《战略与结构》共 462 页,《看得见的手》共 608 页,《规模与范围》共 860 页。以本文的篇幅来介绍这三部著作,当然难免粗略。本文的引用全部由作者译自英文原著。

历史上最先发明了多部门结构的公司是杜邦、通用汽车、新泽西标准石油（埃克森）和零售业的西尔斯。杜邦和通用汽车是在第一次世界大战后不久开始发展新结构的；新泽西标准石油于1925年开始重组，而西尔斯则始于1929年。不仅如此，这四家企业的管理者是在相互独立的条件下分别开始发展新结构的，他们之间没有模仿。每一个企业的领导人都认为他们当时所面临的问题是独特的，而他们各自的解决办法都是真正的创新。随着时间的流逝，他们的创新变成许多美国企业实行类似转变的模式。正是由于这些原因，钱德勒在此书中选择这四家企业作为主要案例研究向多部门组织结构转变的原因和过程。

毫无疑问，转向这种新结构的决策是由企业管理者做出的。但历史经验表明，除非受到强大的压力，管理者很少会改变他们日常的惯例和权力地位。因此，创造新组织形式的决策取决于管理者意识到企业面临的紧迫需要和机会，而他们的相应决策就是一个战略问题。于是，钱德勒提出一个战略与结构互动的分析框架研究战略决策导致组织结构变化的过程。战略被定义为"企业长期基本目标的决定，以及为贯彻这些目标所必须采纳的行动方针和资源分配"。结构则被定义为"为管理一个企业所采用的组织设计"。基本的假设是结构跟随战略（Chandler，1962）。因此研究的中心问题是：在什么样的条件（压力和机会）下所产生的企业扩张战略导致了多部门组织结构的出现？

（一）四个创造多部门结构的先驱企业

1. 杜邦

杜邦原来是一家主要生产炸药的化工企业。第一次世界大战的巨大需求使该公司的生产设施成倍增长，并在建立采购、制造和销售等职能部门的基础上发展了一个集权的管理组织结构。由于预期战后对主线产品的需求会下降，公司领导人开始采取多样化战略。1919年，杜邦进入了一系列相关工业（人造革、染料、漆料、化工品、低氮硝化纤维素和人造纤维等），以充分利用积聚起来的资源（实验室、销售组织、技术和管理人员以及大量的资金、材料等），特别是它在硝化棉技术优势方面的潜力。[①] 然而，多样化增长战略给公司带来一系列的管

[①] 钱德勒指出，当时公司领导意识到，杜邦所掌握的硝化棉技术可以用来发展新产品，从而可以使公司比制造和出售炸药更加有利可图，更好地利用现存的工厂和人员。公司最高领导更加清楚地意识到这种潜力："……在硝化棉技术和管理广泛工业活动的方法上训练有素的人员，是比实物工厂和设备更有价值的资源。利用未得到充分利用的资源是企业增长的动力，这与潘罗斯的理论观点完全一致。

困难:总部及其职能部门不得不对处于若干不同工业中的工厂、销售或采购机构与技术实验室进行政策和程序上的协调、评估及计划。原有组织的不适应导致了管理上的混乱。

由于许多产品线的利润都低于预期的水平,公司成立了专门委员会进行调查。经过分析发现,问题不在于销售,而在于(主要依靠职能部门进行管理的)组织,虽然每个产品线在每个职能部门中的活动都得到有效管理,但却没有人负责这些活动以保证每个产品线都盈利(Chandler,1962)。委员会提出的建议是:把产品而非职能作为组织的基础。但公司领导层中对如何划分职能部门和产品分部的权限问题存在着分歧。正当重组方案搁浅时,1921年的公司财务年中报表震惊了高层领导:除了炸药以外,其他所有的产品线都出现亏损。在危机的压力下,重组方案被迅速采纳。杜邦的新组织结构于同年9月开始运行,它包括五个产品事业部和一个由专业人员及总经理人员组成的总部。公司高层经理和大股东组成执行委员会,负责公司整体的战略问题并协调、评估各事业部的工作;公司八个职能部门的专业人员协助执行委员会工作,不再承担行政职责。每个事业部享有经营的自主权,都有自己的职能部门;事业部总经理对本部的财务结果向公司执行委员会负责,其业绩根据资产回报率来考核。杜邦公司1921年采用新组织结构后再也没有出现亏损。

2. 通用汽车

在杜邦公司重组的同时,通用汽车公司也创造出新型的多部门组织结构。但通用汽车的问题与杜邦不同。由于自主经营、多功能的分部始终存在,通用汽车的问题不在于建立分部,而是塑造一个公司总部。早期的通用汽车公司(正式成立于1908年)是由金融家威廉·杜兰特(William Durant)一手创建的控股公司。在美国市场对汽车的需求迅速扩张的背景下,他从1904到1919年运用金融手段并购了几十家生产汽车、卡车和各种零件的厂商(包括别克、凯迪拉克、奥克兰、雪佛莱等品牌)。但杜兰特从来不关心企业的内部管理,他既没有建立一个紧凑的组织结构,也没有研究产品结构与市场需求之间的关系,只是一味地扩张。在这个松散的"联邦"中,各成员企业按照自己的习惯和利益各行其是,在相同的市场上自相竞争;有关工厂扩张、投资、产量和定价等重大决策由杜兰特和各分部的高层们偶尔开会或干脆私下做出,既无组织标准,也无清晰的权威关系和沟通路线。1920年,无法控制的内部开支和市场需求的变动使通用汽车面临破产的危机,股票价格剧跌,杜兰特被迫退休。

被新董事会挑选出来负责重组通用汽车的人是后来名垂美国企业管理青史

的艾尔弗雷德·斯隆(Alfred Sloan)。任命斯隆的原因是他早些时间向董事会提交的一份"组织计划",在得到批准后,公司的重组按斯隆的计划于 1921 年年初开始实行。计划在实践中的主要内容是:(1)按市场档次划分产品事业部,第一个是最昂贵的豪华卡迪拉克,接下来是别克,然后是奥克兰和沃尔兹,最后是雪佛莱(另外还有卡车、零配件和加拿大通用汽车三个事业部)。斯隆的战略是通过为不同收入水平的消费者提供相应档次的产品,使通用汽车占领所有的市场,即"为每一个钱包和用途都生产一辆汽车"。同时,这种划分明确定义了事业部之间的界限,使它们为特定价位的市场生产相应的产品而不再自相残杀。(2)建立一个被加强的公司总办事处和一系列控制系统,协调与监督各事业部的经营。为控制库存,各事业部的生产建立在对未来四个月的销售预测上。只有在公司总办事处批准后,事业部才可以采购供应品。投资的分配通过程序,根据金额限量由相关领导批准。各事业部的现金流量由总办事处统一控制调配。全公司采用统一的会计标准、程序和方法。在这个基础上,公司总办事处的财务人员采用了一套方法通过数字(投资回报率)来控制和评估各事业部的业绩。"分权"体制由此而生:公司高层领导专注公司长远的战略问题,并对公司的资源进行分配和协调;各事业部享有日常经营的自主权,其业绩由公司总办事处通过数字控制和考核。经过几年的实验、修改和磨合,新的组织结构运转良好。1924 年到 1927 年,通用汽车的汽车市场占有率从 18.8% 上升到 43.3%,并从此稳居领导地位。这个组织结构以后基本未变。

3. 新泽西标准石油公司

20 世纪 20 年代中期,新泽西标准石油公司(以下简称新泽西)也遇到了杜邦和通用汽车早些时候遇到的相似管理问题。洛克菲勒创建的标准石油托拉斯(美孚)在 1911 年被美国最高法院裁定违反反托拉斯法而被拆散新泽西是保留下来的一家公司。新泽西是一个主要在国内生产、国外销售的企业,以炼制照明用的煤油为主,而原油供应和产品销售都依靠其他企业。当时,石油产品的市场结构正随着电力和汽油发动机的普及而发生急剧变化,对煤油的需求减少,对汽油、润滑油和其他燃油的需求量大增。为了适应市场的变化,解决原油供应和被拆散后的功能单一问题,新泽西从 1912 年起的基本目标是降低公司资源在炼油部门的集中度,而更多地配置在石油工业的其他部门。这个战略导致了向后并购油田和向前建立运油船队的纵向合并,相应的投资使新泽西的资产总额从 1912 年的约 3.7 亿美元增加到 1925 年的约 13.7 亿美元。

但新泽西所继承下来的组织结构越来越不适应企业的增长。在多样化的增长战略下,油田数量和产品加工量不断增加,附属的部门和办事机构越来越多。制造部门越来越难以协调从采油到炼油的生产流程,国内销售、出口和国外生产等部门倾向于从各自需要来规定产品流量。

虽然新泽西的领导层中已经有人提出组织改革的建议,但直到1925年发生存货危机,才迫使公司付诸实施重组方案。公司成立协调部和协调委员会,成立预算部和预算委员会以加强财务控制及程序。这两个部门的建立加强了董事会、职能部门、子公司和下属单位之间的联系,更有效地动员公司内部的资源,加强了对国内市场部、制造部和国外贸易部的协调。但决策的委员会制度使公司高层主管人员过多地集中于日常经营,很少关心战略问题。1927年,原油生产过剩危机的压力促使新泽西进一步重组。为了控制原油产量并降低成本,新泽西实行了部门行政首长负责制。同时,把集中于总部的职能下放到运营企业,在那里建立职能部门。这种努力终于开始使新泽西向现代多部门的"分权"体制过渡。但由于公司领导人始终没有一个全面的计划,再加上1929年大萧条的冲击,新泽西的多部门结构直到第二次世界大战后才真正有效地运行。

4. 西尔斯

西尔斯原是一家设在芝加哥的邮寄零售公司,主要为分散在农村的消费者服务,按其主要业务设立了采购、分销和财务等部门,使公司采取部门化的直线职能式组织结构。为了进入日益增长的城市市场,西尔斯从1925年起采取新的扩张战略,通过建立8家零售店而进入直接零售领域。到1929年,西尔斯的全国连锁店增加到324家。为了将新的零售单位纳入原来的结构,最初的改革是企图把连锁店置于直线职能和地区分部双重领导体制之下,但因地区分部和公司职能部门之间的冲突而以失败告终。从1932年起,公司对连锁店重新集中管理并发展了会计和统计的控制方法,以后开始重建地区办事处。经过十几年的演变和实验,随着建立具备所有职能的地区分部及发展有能力管理分部和公司职能部门的总办事处,西尔斯终于在1948年完成了向多部门结构的转变。

(二)战略与组织结构的互动

美国这四家先驱企业的历史经验表明,[①]扩张战略必须跟随相应的结构变

---

① 在这本书的第七章,钱德勒通过对另外70家企业的简要考察,描述了多部门结构在美国工业中的扩散过程。本文限于篇幅,不再介绍。

化。根据钱德勒的分析，多部门结构是在企业规模扩大，积累了相当资源，并经历了早期合理化之后向新的产品和地区市场扩张时被采纳的(Chandler，1962)。创造新组织结构的真正原因并不是企业规模本身，而是在多样化扩张战略下，当企业开始在若干不同的地区市场或若干相关的产品市场上运营时，高级管理人员决策的多样性和复杂性不断增加。钱德勒把管理决策分为两种：关系到企业长期增长的战略决策与关系到使企业平稳高效运转的日常活动的战术决策(Chandler，1962)。多部门结构成功的基本原因在于，它把对整个企业命运负责的高层经理从日常的经营活动中解脱出来，从而有时间并在心理上感到有义务去做长期的计划和评估；同时，它把日常管理的责任和必要权威交于在市场上运营的事业部总经理手中(Chandler，1962)。美国大企业的决策程序在实践中表现出这样的结构特征：在日常运营的层次上(事业部以下)，管理决策由经营单位的行政首长个人负责(尽管他可能听取职能部门专家的建议)；在战略层次上(公司总部)，管理决策更多的是由集体(董事会或执行委员会)做出(Chandler，1962)。因为企业日常经营有更多的惯例可循，它的中心问题是执行，所以必须由个人负责；战略决策考虑的是长期的、更复杂和不确定的而且不必马上决定的问题。

  多部门结构的产生及扩散是因为它能更有效地协调大规模的生产和分配，①所以钱德勒总结道："战略性的增长来自更加有利可图地利用现存的或扩张中的资源。如果要有效率地经营一个被扩大了的企业，新的战略就要求一个新的或至少是重新调整过的结构。……没有结构调整的增长只能导致无效率。……没有(集中的)行政职责和结构，企业中的个别单位……作为独立的单位无疑可以有效地运行。……只要企业负责人不能创造出把若干行政职责有效结合成一个统一的整体所必要的行政职责和结构，他们就不能履行基本的经济职能"(Chandler，1962)。因此，《战略与结构》②一书的中心论点可以被概括为：一个企业面对新的机会(进入相关的产品市场和地理扩张)可能会采取一个投

---

  ① 需要注意的是，钱德勒强调的并不是分权本身，而是在产品和地理多样化的企业中，发展一个有能力对企业的广泛活动进行集中协调的管理结构(总办事处)。在钱德勒的分析中，由事业部所体现的分权体制实际上是发展这种管理结构的必要条件，因为只有这种分权，才能使公司总部从日常经营中超脱出来，专注于企业的战略性问题。钱德勒只是为了方便而借用了美国企业界惯用的概念，这也是为什么他不断给分权一词打引号的原因。实际上，他所分析的几个案例几乎都经历了一个管理集中化的阶段，然后才开始向多部门结构过渡。

  ② 钱德勒开始写本书时并没有想到把企业管理人员作为读者，但此书发表后却对管理界产生广泛影响。曾有一位经理建议他的同事去读花 2.95 美元就可以买到的《战略与结构》，以此来指导公司重组，这样就可以省掉麦肯锡咨询公司收取的 10 万美元咨询费(John，1997)。

资战略;但这个投资战略就生产工艺、产品和地理来说越是目标远大,发展一个能够协调投入流量和产出分配的管理结构就越是关键;因为只有这种相应的结构才能协调多样化和复杂化的企业生产过程,从而证明大规模投资的合理性。[①] 这个命题在钱德勒的下一部巨著《看得见的手》中被表述为速度经济是企业存在的经济原理。

二、 看得见的手:行政协调对市场协调的替代

在发表于 1977 年的《看得见的手:美国企业的管理革命》(Chandler,1977)中,钱德勒在时间和空间上扩展了他早期的主题,把美国大企业的成长和这个过程的另一方面,即领取薪水的职业经理在企业管理职能上对企业主的替代综合起来,定义为管理革命。这个管理革命的结果就是"看得见的手"(现代企业内部的行政协调)在许多方面代替了亚当·斯密的"看不见的手"(市场协调),成为现代工业经济中的主要资源分配者。[②]

这本书的中心问题是:美国现代工业企业出现和发展壮大的原因是什么?钱德勒回答这个问题的方法是回答历史问题:这种企业是在什么时间、什么地方如何出现和发展的(Chandler,1977)。根据钱德勒的阐述,现代多单位工商企业集中在资本密集型工业中,这种企业在 1840 年以前还没有任何踪迹,它的先驱者是从 19 世纪 50 年代成熟起来的铁路公司,在那里产生了最早的由职业经理所组成的管理层级(Managerial Hierarchy);工商业中的这种企业则是 19 世纪 80 年代以后经由横向合并和纵向合并发展起来的。从历史发展的角度看,钱德勒把现代工业企业出现和发展的原因归结为技术。

(一) 美国管理资本主义经济发展的三个阶段

钱德勒把美国现代工业企业的发展划分为三个阶段。

第一阶段(1790—1840)是传统经济阶段。在这半个世纪中,在欧洲殖民地基础上形成的早期美国经济主要依靠市场机制来协调物品及服务的生产和分配,没有建立新的经济制度(Economic Institutions),也没有发生工商业经营方式

[①] 钱德勒的战略与结构的动态框架,是当今盛行于美国工商管理学院战略管理学的理论来源之一。
[②] 钱德勒并没有否认市场对经济变迁的催化作用。用他自己的话说,"必须强调,新型经理式企业并没有取代市场而成为决定提供物品和服务的首要力量",但"新型企业取代了市场协调和从原材料生产经由若干生产过程到销售再到最终消费者的物品与服务流量一体化"(Chandler,1977)。

的革命(Chandler,1977)。虽然18世纪末的英国工业革命刺激了对美国大宗农产品的需求,一个在1787年宪法下被加强的中央政府加速了全国经济的形成,但钱德勒否认这些事件对企业的组织结构有任何基本的影响。美国早期企业史的主要发展是由市场扩张而促进的不断增加的专业分工(Chandler,1977)。在铁路和电报到来之前,工商业活动继续由从中世纪以来就广泛出现的单一单位的企业所主宰。交通、通信太慢也太不稳定,无法使高通过量[①](现代工商企业出现的必要前提条件)成为可能(Chandler,1977)。

第二阶段即1840—1880年。以市场协调和小企业为特征的传统经济的平衡被三项划时代的技术进步所打破——铁路、电报和无烟煤。钱德勒特别强调了铁路对现代企业管理方式的深远影响:为了安全可靠地运营,铁路公司是历史上第一批雇用受过专业训练的职业经理的企业,发展了最早的管理层级。因此,现代工商企业到内战发生时已在美国的铁路公司中出现(Chandler,1977)。因交通、通信革命带来的市场扩张以及生产技术的变化不仅增加了贸易量,而且大大提高了贸易和生产的速度。到19世纪七八十年代,单个工商企业的规模因实行大批量分配和大批量生产已迅速扩大。

第三阶段始于1880年左右。生产企业开始把大批量分配结合进自己的经营过程,现代工业企业(巨型公司的原形)由此而生。这种成长通过两种途径进行:(1)一些小的单一单位的企业直接向前结合,建立全国性和全球性销售网络以及采购组织,向后结合取得原料来源和运输设施。(2)其他企业则是通过横向合并,许多家族或个人拥有的单一单位的企业合并成一个全国性大企业,先实现生产管理的集中化,然后再向前和向后结合(Chandler,1977)。美国企业的管理革命正是在这个过程中被完成的。管理革命有两个密切相关的方面:一是协调生产和分配上高通过量的需要促使企业大量雇用职业经理,从而促进管理层级的发展。二是产权革命,即所有权和管理权的分离导致领取薪水的职业经理逐渐控制了企业的管理。

这里概括一下钱德勒关于美国企业产权革命过程的论述。美国企业的所有权和管理权是在传统的单个业主企业向多单位大企业的过渡中分离的。这个过程经历了若干形式和阶段:价格的持续下跌在1873年的经济恐慌后导致长期的不景气,为应付产量上升和价格下跌,大多数厂商不得不组成全国性的同业公

---

① "通过量"(throughput)是钱德勒在《看得见的手》中使用的一个关键用语,它的定义是物质流量在单位时间内通过生产过程的速度和量(Chandler,1977)。钱德勒认为,取得和维持物质生产与分配的高通过量,是现代工业企业的基本功能及本质特征。

会,缩减生产以维持价格;但同业公会所管理的产业卡特尔因个别厂商的投机行为而无法稳定。其失败的原因是协议不具有合法合同的约束力,无法由法庭强制执行。为了更有效地控制联合,托拉斯应运而生,其手段是成员公司把股份转交给理事会托管(如果是合伙制企业,则必须改为股份公司,以便股份能够转让)并得到等值的信托证券,而理事会有权对加入托拉斯的成员公司做出经营和投资的决策。

但托拉斯只是权宜之计,它很快就被国会于1890年通过的《谢尔曼反托拉斯法》宣布为非法,于是需要把各成员公司合并变成为法律所承认的单一实体,这个途径就是控股公司,它是把由合法合并的企业联盟转变成现代工业企业的第一个重要步骤。钱德勒指出,现代企业高层管理的实践和程序是从合并而成的工业企业中发展起来的。在新的合并企业中,一个家族或一个合伙人集团很少能够占有全部投票权的股份。前面已经指出,合并企业中的最后成功者必须实现管理集中化(即建立起管理结构)并超越横向结合战略而转向纵向结合。当这个过程开始后,一方面公司为进行改组和统一利用各种设施,不得不通过出售股票筹措资本,使股份的持有更加分散;另一方面它们所面临的管理问题也非常复杂,必须雇用大批受过专业训练的职业经理从事高层管理工作。合并企业的管理集中化和纵向结合使美国工业中第一次出现了经理式的企业。这个过程一旦被完成(即过渡到大规模管理型企业),管理权和所有权之间的分离就扩大了:广泛持有股票的分散所有者很少有机会参与管理决策,而经理当中也只有少数人拥有大量且具有投票权的股份。在这个基础上,几个创立了新的管理模式的先驱合并公司——杜邦、通用电气、新泽西标准石油和美国橡胶,对财务控制进行了一系列的创新,并建立起由各种职能机构组成的公司总部。受过专业训练的职业经理对企业的实际控制和不可或缺的作用最终导致家族世袭管理方式的废弃。因此,美国企业的产权转移是管理革命的结果,是企业组织形式变化的结果,或者说股份化是这个革命的结果而非原因。

根据钱德勒的阐述,管理革命到第一次世界大战已基本完成。但我们从《战略与结构》一书中知道,美国企业在20世纪20年代进行了又一轮的组织创新,即创造出多部门的组织结构。这次结构转变的意义在《看得见的手》中似乎被降低了,钱德勒只在第14章的"完善组织结构"一节中简述了这一事件,并没有把这个过渡当作管理革命的一个独立阶段(所以多部门企业是多单位企业的一种特殊形式)。从《看得见的手》的主题来看,钱德勒这样做的原因显然是不愿意因为讨论多部门结构而转移读者对1940年至1910年所发生的根本性变化的注意,即行政协调对市场协调的替代。①

(二)钱德勒关于企业存在原因的理论命题

钱德勒《看得见的手》的主题隐含着一个理论问题:为什么会有企业或企业的功能是什么?当然,钱德勒是从现代多单位企业的特定角度回答这个问题的,但他的命题完全可以被一般化。

钱德勒认为企业存在的理由是速度经济,或者说,只有当置于行政协调之下的组织过程比市场交易过程产生更高的物质通过量时,现代意义上的企业才会出现。他指出,基本的组织创新是对协调和控制高额通过量需要的反应。生产率的提高和单位成本的降低,更主要是来自通过量在数量和速度上的提高,而不是工厂规模的扩大。这种经济效益更多的是来自结合和协调通过工厂的物质流量的能力,而不是来自工厂内更高程度的专业分工(Chandler,1977)。生产上的速度经济还对企业产生了纵向合并的压力,因为保持生产过程的高通过量需要保持原材料供应和产品销售的稳定。而在集中化管理下的纵向合并导致了现代大企业的形成和管理革命的发生。

钱德勒的论点最可能引起争议的是他把产生组织创新的原因全部归结为技术。他的逻辑是,只有技术进步带来潜在的速度经济效益时,企业组织结构才会因实现这种效益的要求而发生变化;正是不同的生产技术使不同的工业有不同的速度经济,所以现代大企业才会集中于资本密集型工业,而不是劳动密集型工业。然而,正如他自己所说,保持高额通过量需要管理结构的协调和控制,但管

---

① 这样做弱化了一个重要的主题,即个别企业在创造管理结构上的战略性(或非必然性)。尽管19世纪90年代的合并高潮为现代多单位大企业的出现奠定了基础,但个别企业能否成功过渡到这种组织形式,取决于合并的企业能否建立起把各单位的生产经营置于统一协调之下的管理结构。正是在这个基础上,经理们才能执行现代工商企业的两项基本职能:协调并监督当前的货品生产和销售,并为未来的生产和销售分配资源。历史事实表明,许多合并企业没能走完这一步而以解体告终。以个别企业的组织创新为焦点,《战略与结构》的分析框架则更好地阐明了这个主题。第一次世界大战后出现的多部门结构(即集中化管理下的事业部分权结构)首先是少数几个企业根据自己的问题摸索出来的,其过程充满了战略性和不确定性。其他一些企业后来曾模仿这个结构,却又因效果不佳而放弃。但是到第二次世界大战后,多部门结构成为包括美国在内的西方资本主义国家的大企业的基本组织结构。造成这种"必然性"的原因是采用这种结构的先驱企业因获得了巨大优势而永远改变了市场竞争条件,要么模仿、要么退出的选择使这种企业组织结构逐渐扩散到整个西方工业界。正是因为《战略与结构》更好地描述和分析了个别企业组织创新的战略过程,所以这本书并没有被钱德勒本人的后两部巨著所淹没——在出版60多年后的今天,麻省理工学院出版社还在年年重印此书。当然,企业行为的战略性质在《规模与范围》中又得到恢复。

理控制不仅是技术性的,而且是社会性的。由于钱德勒把劳动问题排除在视野之外,显然忽略了速度经济实现过程中的社会关系和人力资源的利用问题。尽管如此,他把速度经济而不是交易费用看做企业存在的基本经济原理,使它区别于新古典经济理论框架下的企业理论,把企业内部的组织过程和管理活动看做生产率的源泉。

三、规模和范围:企业能力发展的组织基础

钱德勒的视野在1990年发表的《规模与范围》(Chandler,1990)中扩展到了世界舞台。他对以现代大企业为基础的管理资本主义在美国、英国和德国的历史发展进行了比较研究。虽然速度经济仍然被坚持认为是企业存在的理由,但钱德勒在这本书中所用的中心分析概念却变成了组织能力。① 于是,以世界资本主义工业经济的演变为背景,现代管理型企业产生和发展的意义又一次被置于新的框架中加以阐述:向管理型大企业的过渡创造了组织能力的基础,由此发展的组织能力是企业及一国经济持续竞争优势的源泉和经济扩张的动力,决定了企业和国家的兴衰。在这本书中,钱德勒比以往更加明确无误地表达了他的反新古典经济理论的主题:不是市场塑造企业组织,相反是企业组织塑造市场。

(一) 主要理论命题

根据钱德勒的论述,19世纪最后的25年中,生产技术的重大创新造成了可以利用由规模经济和范围经济所带来的空前成本优势的潜力(Chandler,1990)。② 但实际利用这种潜力的关键步骤不是发明,甚至也不是技术的商业化,而是投资(Chandler,1990)。正是企业家对大规模生产设施、销售系统和管理组织进行互相联系的三重投资(Three-pronged Investment),推动了现代大企业的崛起。钱德勒特别强调对管理组织的投资,因为它是使前两种投资产生预期

---

① 根据钱德勒的论述,组织能力是企业整体的组织能力,包括企业的物质设施和人的技能;而其中最重要的是高、中层管理人员的技能,这些技能结合起来是决定企业组织能力的关键因素(Chandler,1977)。

② 钱德勒把规模经济定义为"当生产或分销单一产品的单一经营单位因规模扩大而减少了生产或分销的单位成本时所产生的经济效益";范围经济则被定义为"使用在单一经营单位内生产或分销一种以上产品的方法所产生的经济效益"(Chandler,1990)。

经济效益的充分条件。钱德勒指出,当技术和运输方面的创新为利用规模经济效益和范围经济效益获取空前的成本优势提供巨大潜力时,这些潜在的成本优势并不一定会被充分实现。除非通过工厂的物质流量能够被不断地保持,从而保证对生产能力的有效利用,决定成本及利润的两个关键数字是额定生产能力(Rated Capacities)和实际通过量(Throughput),或者说是在一个特定时期内被实际加工的数量。在资本密集型工业中,为保持效率的最小规模所需要的通过量,不仅要求仔细地协调通过生产过程的流量,而且要求仔细地协调来自供应商的投入流量和流向中间商及最终用户的流量(Chandler,1990)。然而,"这样的协调,没有也确实不可能自动地产生。它要求管理团队或管理层级的永不中断的全神贯注。由额定生产能力所衡量的潜在规模经济效益和范围经济效益是生产设施的物理特性;由实际通过量所衡量的实际规模经济效益和范围经济效益是组织性的。这种经济效益依赖于知识、技能、经验和团队合作——依赖于为利用技术过程潜力所必须组织起来的人的能力"(Chandler,1990)。

从历史上看,在第二次工业革命的浪潮中首先进行了这种三重投资的第一批行动者,"不仅是利用了规模经济和范围经济成本优势的领袖,而且它们在发展所有职能活动的能力方面也具有先行者的优势"(Chandler,1990)。这种企业一诞生就获得强大的竞争优势,它们所处的工业迅速变成由少数第一批行动者所主宰的垄断竞争结构。当受到跟进者的挑战时,"这些先行企业更强有力地为市场份额而战,并通过职能的和战略的效率来提高利润","按相当于自己工厂生产能力的需求和竞争对手的价格来定价"(Chandler,1990)。因争夺市场份额和利润而被磨炼锋利的管理技能,是包括工人技能在内的新型现代工业企业的各种组织能力中最宝贵的。这些组织能力是高度产品特定和工艺特定的,而且通常决定了少数先行者及其挑战者乃至国民经济的发展方向和速度。依靠赋予了它们独特竞争优势的生产设施和组织能力的基础,这些企业通过利用规模经济继续推进地理上的扩张,并通过范围经济继续推进产品的多样化。这些企业基于组织的竞争优势推动了它们在海外的直接投资。这样的组织能力不仅提供企业成长的动力源泉,而且还在国际工业领袖的竞争中提供了国民经济增长的动力(Chandler,1990)。

(二)对美国、英国和德国的比较分析

坚持企业在经济发展中的中心作用,钱德勒从三个国家各选取了200家最

大的工业企业,[①] 通过考察它们从 19 世纪 70 年代到 20 世纪 60 年代的动态发展来比较他所称的"美国竞争性管理资本主义"(Competitive Managerial Capitalism)、"英国个人资本主义"(Personal Capitalism)和"德国合作的管理资本主义"(Cooperative Managerial Capitalism)。

对于美国,钱德勒的中心问题是:为什么美国比欧洲在更短的时间里出现了数量更多和规模更大的现代的、综合一体化的多单位企业?为什么到第一次世界大战,美国管理层级的出现变得更广泛,而所有权和管理权的分离变得更分明?(Chandler,1990)。钱德勒再次描述了使美国成为管理资本主义策源地的初始条件:被铁路和电报一体化的大陆规模的市场,以及铁路对工业融资和大规模管理层级发展的影响。然而,这些在《看得见的手》中被详细描述过的发展,在这里的意义却是"为在生产和分配中利用规模和范围经济建立了技术和组织的基础"(Chandler,1990)。在具备了这些带来新机会的条件后,解释竞争性管理资本主义兴起的关键变量就不能不是"企业家的反应"(Entrepreneurial Response),虽然钱德勒从没有解释清楚,除了客观条件的诱因,为什么美国企业家会比欧洲更积极地对生产设施、销售组织和管理结构进行三重投资。

美国企业家对新机会的反应首先是在分销领域:大规模批发和零售商业代替了靠收取佣金的传统商业。然而,新式交通、通信所带来的革命是在生产领域。在 19 世纪最后的几十年里,没有任何创新能比爱迪生和西门子及其他发明家的发明所引发的大规模生产和分配电力的创新更影响深远的了。随着新能源技术的出现,第一批行动者广泛地出现在美国工业之中。进行了三重投资的先驱企业迅速主宰了市场。然而,美国的现代工业企业更多的是在合并或兼并之后出现的,[②] 它们成功的充分条件也是要进行三重投资。这些先行者从 1880 年到 1940 年一直保持着领导地位(Chandler,1990)。

钱德勒首先介绍了美国石油工业,因为它是"规模的成本优势影响企业增长和决定工业结构的惊人范例"(Chandler,1990)。石油工业的第一行动者是洛克菲勒的标准石油公司,它是世界上最早进行三重投资的企业之一。洛克菲勒和他的合伙人从 19 世纪 60 年代末期就在能利用规模经济潜力的石油加工基础上建立起近乎垄断的地位。巨大的产量给予他们强大的武器使铁路提供优惠以降低运输成本。较低的生产和运输成本又给了洛克菲勒经济支配权进而组成

---

① 样本企业的选取,对美国企业按 1917 年、1930 年和 1948 年的数据;对英国按 1917 年、1930 年和 1948 年数据;对德国按 1913 年、1928 年和 1953 年数据。

② 对这个合并和兼并高潮前面已作介绍。

标准石油联盟，它以自己的股份换取对其他30多家炼油公司的控股权，组织起整个石油工业，协调销售和分配以稳定价格。在挑战者的刺激下，标准石油联盟在19世纪70年代末以超过自己总资产（300万美元）10倍的投资（3 000多万美元）铺设输油管道，然后在原联盟的基础上成立了标准石油托拉斯，[①] 其目的是用法律手段为联盟建立一个中央办事处。到19世纪80年代中期，在纽约的总部，一个庞大的管理层级开始计划、协调、监督这个全球性的工业帝国。它通过关闭、重组和新建炼油厂来重构生产过程，[②] 协调从采油到消费的流量，以使工业更加合理化并充分利用规模经济。托拉斯炼油设施的重组使每加仑煤油的平均生产成本从1880年的2.5美分降到1885年的1.5美分，价格下降的同时利润却大幅上升（Chandler, 1990）。

美国石油工业在20世纪前10年经历了从近乎垄断到寡头垄断的突然转变，起因是市场对石油产品的需求从煤油转到燃油，同时在美国国内和远东、东欧发现了新的原油产地。一批新的石油公司成长起来。它们在20世纪的第二个10年里，为在快速增长的汽油、润滑油和新燃油市场中获取份额，通过纵向一体化迅速成长。[③] 在20年代和30年代，大石油公司继续通过向前结合和向后结合在海外扩张。美国大萧条时期，一些大公司从海外撤资，把海外资产卖给了三家在海外最活跃的公司，即新泽西标准石油、美孚真空石油和德士古石油；另外两家，即加利福尼亚标准石油和海湾石油则保留了海外业务。因此这五家企业在第二次世界大战后靠石油需求的巨大增长大获其利。加上英荷壳牌及英国石油公司即所谓的"七姊妹"，形成了主宰着战后世界石油工业的寡头垄断结构。

美国石油工业的领头企业从出现到壮大的历史，提供了一个现代工业企业崛起和增长的范例。第一行动者通过法律上的联合、管理集中化和对炼油、销售与管理的持续大量投资巩固自己的地位。只是在对特定精炼产品的需求发生变化以及新的原油来源出现以后，其他美国公司才有了能挑战标准石油支配地位的第一个真正机会。成功的挑战者是那些进行了三重投资的企业，它们先通过纵向一体化增长，然后更多地通过职能效率而不是价格，争夺市场份额和利润，并与标准石油的继承者竞争。到20世纪20年代，所有的企业都由职业经理管理，他们绝大部分人只拥有所管理企业的极小比例的股份。

[①] 它的继承者埃克森公司至今仍是世界最大的石油公司（Chandler, 1990）。
[②] 在托拉斯成立后的5年内，它的集中化管理理事会就把炼油单位从55个减少到22个，并把产量集中于3家炼油厂（Chandler, 1990）。
[③] 《战略与结构》描述的新泽西标准石油的纵向一体化即是一个典型案例。

在描述了石油工业的例子后,钱德勒从先行者和挑战者两个角度全面分析了大企业在美国工业中的发展。

美国企业扩张的历程展现了有顺序的四个途径:横向一体化、纵向一体化、海外扩张和多样化经营。钱德勒指出,在这四大战略中,只有后两种依靠的是组织能力。横向和纵向结合都是为了控制市场,但它们本身并不能保证对市场的支配。使合并企业成为利用规模经济和范围经济先行者的条件是在合并的基础上实现管理集中化,并对生产、销售和管理进行集中投资以使企业的结构合理化(Chandler,1990)。先行者和少数挑战者一旦确立,就会继续为市场份额和利润竞争,并以组织能力为利器向外国市场和相关产品市场扩张。以这两种战略进行的扩张日益依靠职业管理人员的协调,他们和高层管理者在多年竞争及增长中发展起来的职能管理与一般管理的能力,强化了管理权和所有权的分离,并增强了职业管理者对企业决策的控制(Chandler,1990)。因此,管理结构的兴起是发展组织能力的关键因素,而且它似乎也是钱德勒用来解释三个国家企业不同模式形成的关键变量。在钱德勒的描述中,有两个例子从反面更好地说明了这一点。

美国钢铁工业的第一行动者是安德鲁·卡内基(Andrew Carnegie)。他像洛克菲勒和福特一样理解高强度利用生产能力的意义。他第一个建设大型纵向一体化的工厂,追求一体化战略,向后合并铁矿和炼焦业务,向前合并产品制造(钢丝、钢轨、钢管和轮箍)业务。匹兹堡的每吨钢轨价格从1880年的67.50美元跌到1898年的17.63美元,利润却同时飞涨。1900年,对那些受到威胁的钢铁产品制造商有大量证券投资的银行家J. P. 摩根(J. P. Morgan)为避免红利损失,按卡内基的出价收购了卡内基钢铁公司,并将其与联邦钢铁公司合并(以后又兼并了一些二流厂商),从而建立当时世界最大的工业企业——美国钢铁公司。新公司起初不过是个由投资银行家和律师掌管的控股公司,而原有的企业仍保持着法律和行政管理上的自主权。代表投资银行家的律师埃尔伯特·加里(Elbert Gary)成为公司行政主管后,把总部的职能看成制定价格和生产计划的联邦或卡特尔,采取了稳定价格的政策。这导致了他与从卡内基钢铁继承下来的经理们的冲突,后者要继续"以保持高通过量来开掘低成本的竞争优势"(Chandler,1990),哪怕这意味着降价。加里坚持了10年片面维持高价而不是利用规模经济的政策,使竞争者终于克服了卡内基钢铁公司的先行者优势:独立的钢铁企业成长起来,美国钢铁公司的收入并未提高,市场份额却大幅下降(Chandler,1990)。

福特汽车公司的浮沉是另一个例子。老福特本来是个典型的先行者,他的三重投资使福特公司的产量到 1921 年已占美国汽车生产的 55.7%。然而,正当斯隆重组通用汽车公司时,老福特却因摧毁管理层级的能力消耗了他的先行者优势。他在 1919 年以后买下合伙人的全部股票,便开始解雇最能干的管理人员。他的生产主任和销售主任被解雇后立刻在通用汽车接任同样的职位。从 1921 年开始,老福特试图靠他个人来操作他的帝国,结果是场灾难。到 1925 年,福特在美国轿车市场中的份额已降至 40%,1929 年又降至 31.3%,到 1940 年降到 18.9%,低于克莱斯勒的 23.7% 和通用汽车的 47.5%。1927—1937 年,福特的净损失是 1 590 万美元,而同期通用汽车的税后利润则将近 20 亿美元(Chandler, 1990)。到第二次世界大战前夕,福特是美国最大 200 家制造企业中最后还由个人管理的个别企业之一。它的市场份额和利润在前 10 年中戏剧性的丢失说明:如果没有一个相当大的、有经验的管理团队,试图在现代美国经济中进行竞争是困难的(Chandler, 1990)。而通用汽车的成功则证明了强有力的管理和经过深思熟虑的管理程序,在竞争市场份额和利润方面的价值(Chandler, 1990)。

虽然靠个人操作是美国管理型企业发展潮流中的例外,但这种风格却是英国的普遍模式。与美国相比,在英国 200 家最大企业中,"比美国高得多的比例是生产消费品而不是工业品(生产资料)的企业。更多的企业集中于建立已久的老工业,如酿造、纺织、出版印刷、造船及化学和机械工业较老的部门。在新的、技术先进的工业中企业数量很少。不仅如此,英国企业的规模比美国的小,在 1930 年和 1948 年的 200 家英国最大企业名单上,只有大约 50 家企业的资产可以比肩美国的 200 家最大企业(Chandler, 1990)。

钱德勒认为,英国大型工业企业少的原因是英国企业家没有进行对生产、销售和管理的三重投资。那么,为什么英国企业家对新的技术和市场机会的反应如此不同于美国企业家?钱德勒分析了这样一些因素。英国的国内市场规模较小、增长较慢,而出口的却是第一次工业革命的产品;由于英国在运输革命发生之前就实现了工业化和城市化,所以铁路、电报和轮船的出现对英国工业制度的冲击比对美国小得多,铁路也没有像在美国那样为管理、资本市场和政府管制提供新的模式;牛津大学和剑桥大学等高等教育机构主要培养绅士及官员,它们对新工业企业的需要反应迟缓。

然而,无论市场规模、政府政策、传统教育有什么样的影响,当钱德勒分析企业的例子时,个人及其家族控制都成为解释企业行为的重要变量。"在整个 19 世纪末叶,英国企业家继续以个人眼光而不是组织眼光来看待他们的企业,把企业作为应该培育并传给继承人的家族财产。"(Chandler, 1990)直到第二次世界大战之后,"先驱者们只招募了较小的管理团队,而创业者及其家族继续支配着企业的管理"(Chandler, 1990)。

家族企业所表现出来的行为倾向是保证稳定的现金收入。由于企业利润是企业主的个人收入,所以这些企业宁愿把利润作为红利支付出去,也不愿留在企业作为投资基金。"在这种个人管理的企业中,增长不是基本的目标。许多企业主选择享受眼前的收入而不愿对他们的企业进行大规模长期再投资"(Chandler, 1990);"有相当充分的证据来支持这个观点,即在英国,家族的大量稳定收入比企业的长期增长更有激励效应"(Chandler, 1990)。同时,"英国组织能力的发展之所以受到阻碍,不仅是因为缺乏企业之间的激烈竞争,也是因为企业创始人及其家族希望保持控制权。这种愿望阻止企业在遥远的地方或对新的未经验证的产品和工艺进行被企业主看做相对有风险的投资。如果为这种项目筹资就需要新的资本,由此而引起外部持股或长期债务增加,就会对家族持续的控制造成威胁"(Chandler, 1990)。因此,即使是效率较高的英国家族企业也不如美国管理型企业富有进取心(Chandler, 1990)。

因坚持个人管理而在三重投资上的迟缓使英国工业付出了高昂代价。在许多工业中,从新产品的最初商业化到出现决定支配者的三重投资之间不过十来年的时间(Chandler, 1990)。当英国企业家踌躇不前时,美国人和德国人进行了得以支配英国市场及国际市场的投资,使美国和德国的工业产值到第一次世界大战前夕超过了英国。

第一次世界大战带给英国新工业中的企业空前有利的赶上美、德的机会。一个主要的成功例子是石油工业。1909年,在缅甸采油的伯马赫公司成立了一个子公司——英波(斯)石油公司来开采在波斯湾发现的大油田。"一战"开始后,英国政府收购了英波公司51%的股份,以保证海军的燃油供应。这个交易不仅提供了资金,而且更重要的是使该公司变成不为个人所有和管理的企业。这个条件使当时的常务董事得以施展自己的抱负——建立一个一应俱全的公司。在他的领导下,公司扩大炼油设施投资,并组建全资的英国油船公司以进入批发和销售业务。其继任于1925年仿照美国管理模式对公司进行了管理改组,使公司到1927年成为一个集中化的、职能部门化的、由领取薪水的职业经理控制的管理型企业。1954年,公司在伊朗的基地被伊朗政府收归国有,改名为英国石油公司(British Petroleum, BP),它不仅保持了自己的行业地位,而且依靠在两次世界大战之间的岁月里发展起来的组织能力继续扩张,至今仍是世界最大的石油公司之一。另外的成功例子还包括帝国化学工业公司(ICI)和联合利华(Unilever)。

这几家成功的英国企业有一个共同点:因突破个人和家族的控制而进行了三重投资。但它们是英国企业的例外,而不是普遍模式。在纺织工业,工业组织结构基本未变。在有色金属和钢铁工业,企业的规模小和家族控制互为因果,阻碍了战后通过合并和管理集中化进行合理化的可能。轻机械工业始终被美国企业支配着,而造船工业继续衰落。只是因为依赖美国的技术和管理,英国的电气设备和汽车及零部件企业才取得有限的成功。总体上,英国工业因没有普遍发展组织能力而受到削弱。

英国工业地位的相对衰落说明:掌握领先技术并不是经济成功的充分条件。直到19世纪70年代,英国钢铁工业由于首先采用两项基本技术创新(发明于1859年的贝塞默转炉工艺和在19世纪60年代晚期完善的平炉工艺),在大批量生产钢材方面仍处于领先地位。但美国和德国钢铁企业在19世纪80年代为充分利用新技术的成本优势进行了三重投资。仅仅10年的时间,英国钢铁产品就被挤出英国本土和英帝国以外的所有主要市场,而且永远失去了这些市场(Chandler,1990)。英国在有机化学工业(染料)中的失败亦触目惊心。1856年,英国的威廉·亨利·珀金第一个发明了化学合成染料的工艺,使英国人直到1870年还掌握着无与伦比的技术领先权。同时,英国拥有丰富的基本原料(煤)。尽管具有这些优势,英国还是输给了德国,因为德国企业家投资兴建了巨型工厂,招募了管理团队,建立了遍及世界的销售组织,并教会了顾客使用新产品。第一批德国现代化工产品的生产者是巴斯夫、拜耳和赫希斯特三家大公司和四家小公司。它们首先是在茜素染料生产上兴建了大得足以获取规模经济的工厂,从而获得先行者优势。19世纪70年代末到80年代初,三个最大企业开发或生产许多品种的染料和药品及摄影胶片的设施。到1900年,三大企业各自生产几百种不同的染料。1913年,拜耳生产的染料超过两千种(对比之下,它们的英国竞争者或者生产很少的品种,或者质量低劣)。从19世纪70年代起,这些领先者先对分销系统然后对研究设施和人员进行大量投资以改进产品和工艺。它们拥有的遍及世界的分支机构和(经纪人网络的)新销售组织规模置身世界前列。这些分支机构不断向客户发出有关产品优缺点的信息和改进建议,这种信息是中间商难以提供的。新的和扩大了的实验室在半个多世纪里都是有机化工方面的世界领袖(Chandler，1990)。①

与美国相似,德国的现代工业企业兴起于运输革命完成之际。但德国工业体系很快表现出自身的特点,其中最突出的是银行的作用。由于德国国家官僚机构的控制,铁路的诞生没有对管理组织和劳动关系产生多大影响,但对工业金融却造成和在美国一样的深刻影响。19世纪40年代至50年代建筑铁路的高潮导致对资本空前大的需求,以国家规模甚至国际规模提供资本的信用银行在1850年后的德国大量出现。19世纪80年代,随着铁路网的完成,少数大的信用银行——全能银行开始向工业企业集中(Chandler，1990)。在这个过程中,比英美银行雇用职员多得多的德国银行掌握了对特定工业和公司的深入知识,并因为在工业融资中的重要作用而参与企业高层决策。德国全能银行首创我们今天所称的"风险资本",它们为集中于重化工业的大型德国企业集群,提供了实现规模和范围经济并以此获得先行者优势所需的巨大启动资本(Chandler，1990)。

德国法律不禁止卡特尔,也没有反托拉斯立法。随着对资本密集型技术的投资增加,卡特尔的数量也在增加,从1875年的4起增加到1890年的109起,再到1905年的385起。然而,由于合作合法,也就缺乏在整个工业范围的兼并以限制竞争的动机。钱德勒认为,整个工业的合并是整个工业重组和合理化的绝对必要条件,"一战前这种合理化在德国的发生远远少于美国"(Chandler，1990)。德国与美国之间的另一个重要差异是德国公司治理结构上的双会体制。1884年通过的一项法律规定股份公司要有一个负责日常经营的管理层董事会和一个负责长期政策制定的监事会。但在实践中,监事会逐渐由非全时的代表所组成,既包括大股东(包括母公司)的代表,也包括外部利益集团(如银行、有关社区)的代表。于是,监事会对公司的控制职能逐渐减弱,而由公司经理人员组成的董事会负责制定长期政策和短期经营决策,虽然企业所依赖的银行和母公司的代表继续影响政策制定,但是监事会也因包括银行家和其他公司的官员而为企业间的合作提供了便利(Chandler，1990)。

这些因素都促进了德国合作管理资本主义的发展:对企业有大量投资的银行愿意合作而不愿竞争,尤其当竞争威胁到利润时更是如此。不仅法律允许合

---

① 钱德勒反复强调,大企业对市场的支配权力主要依靠组织能力,而不是依靠给市场机制的配置有效性制造"人为"的障碍,诸如专利、广告和企业间的协定(Chandler，1990)。德国化工工业的优势正好说明这一点:"比专利大得多的进入该工业的障碍是第一批行动者对其产品特定的研究与开发活动所进行的高度投资……没有专利权的知识,'商业秘密'与广泛的产品特定知识和经验创造出比专利强大得多的进入障碍。而且,有了专利却没有产品特定的开发专利的能力,那也没什么价值——这正是杜邦和其他美国化工企业在1917年获得染料、药品和其他有机化工品的德国专利后痛苦地学到的一课。它们几乎花了10年的时间才把这些专利转化成商业化的设施和技能"(Chandler，1990)。

作,而且教育体制也为工业培养出了来自相同社会阶层、接受相同技术和商业训练的管理者。德国在一战中的战败和战后的危机使德国工业家相信,只有合作才能使德国工业复兴,从而巩固了战前发展起来的合作管理资本主义。

但是,无论在地理位置、政府政策、金融和教育体系上有什么不同,德国工业力量的崛起都是因为德国企业家能够为利用规模经济和范围经济而进行三重投资(Chandler,1990)。

对于这种行为,钱德勒更多的是进行现象描述而不是解释。然而与英国相比较,最关键的因素似乎是德国企业家愿意依靠职业管理人员队伍。德国的大型现代工业企业在比美国更高的程度上集中于生产资料工业,尤其是在重型机械、化工和金属工业中,而它们的组织能力是德国工业的核心力量。虽然德国的家族控制更强一些,但美、德两国的企业都逐步成为管理型企业,它们之间的差异小于德、英之间的差异。那么,为什么德国企业家能够比英国人更多地打破家族所有的局限?钱德勒给出了一个猜测:因为德国有悠久的官僚式管理机构的传统,管理人员班子的概念也许不像英国企业家那样生疏。在文职人员受到高度尊重的国家,领取薪水的新管理人员,即使处于最低的管理层次也被冠以私营企业高级职员的职称。而在英国,即使是最高级的领取薪水的管理人员也总是属于"公司服务人员",他们在20世纪20年代以前只有极少数进入董事会。领取薪水的德国管理人员,尤其是具有学士学位或工程博士学位的,1900年就能进入公司董事会和监事会,而且还常常处于支配地位。

第一次世界大战后的德国经济在1924年稳定下来,工业开始复苏。那些在战前没有建立起组织能力的次要工业恢复缓慢并继续被外国企业支配着,但那些在战前就发展了组织能力的工业则开始了强劲的复苏。重型机械工业企业——那些因利用了范围经济而在1914年前获得成功的独特的德国企业,又迅速成为为欧洲生产机器的领先厂商(Chandler,1990)。电气工业中的领先企业西门子和AEG从毁灭性损失中迅速恢复过来,在短短几年内又重返国际市场。钢铁工业和化学工业都进行了战前所难以做到的合并及合理化。1925年,8家化工企业(包括拜耳、巴斯夫和赫希斯特)合并组成巨大的法本化学工业股份公司。第二次世界大战后,盟国管制委员会将法本拆成三个继承了上述名称的公司,它们在后来的几十年里一直是德国最大的三家化工企业(Chandler,1990)。德国工业在德国两次世界大战战败后的复兴,突出证明了组织能力的决定性作用。

(三)管理资本主义的逻辑

钱德勒所诠释的历史证明,是工商企业通过其组织能力的发展,在美国、英国和德国的工业经济发展中发挥了中心作用。这个主题一反主流经济学的观点,后者对经济增长的研究依靠生产函数的概念,即把产出的增长源泉处理成生产要素——劳动、资本和土地的增长,或者这些要素生产率的增长。但对钱德勒来说,美国和德国超过英国的决定性因素并不仅仅是对物质资本的投资率,也不是政府、企业家个人品质或文化等因素(虽然这些因素都起作用),而是支撑了纵向一体化大企业发展的专业管理和组织体系的发展。钱德勒所阐明的正是主流经济学的盲区:组织创新是"技术"进步的组成部分,而对生产、分配和销售中的管理系统与结构的投资是总资本形成的组成部分。①

以管理结构为核心的组织体系如此重要,以至于钱德勒不认为技术本身是决定性的。英国人曾在炼钢和有机化工等领域掌握了领先的技术,但却是美国人和德国人通过三重投资所创造出来的大规模纵向一体化的企业组织获取了这些技术的经济收益。钱德勒早在《看得见的手》中就阐明了他的观点:生产率的潜力只有通过企业内部的组织过程才能被实现,而这个过程的核心是能够有效进行计划和行政协调的管理结构。他在这里继续深化了这个主题:新技术仅仅提供了生产率的潜力,实现新技术的潜在经济效益是一个组织性的问题,而技术创新所带来的可能的经济效益只有通过组织创新才能被实现。

对钱德勒来说,由三重投资所带来的组织创新的意义在于创建决定企业和国民经济绩效的组织能力。事实上,从扩张战略导致多部门结构的出现,到行政协调对市场协调的替代,再到利用规模经济和范围经济的三重投资,钱德勒一生的工作都在证明管理和组织结构对于发展组织能力的决定性作用。管理层级的作用在于高效地协调组织内部的资源配置,而缺乏这种协调只能导致涣散的行动,阻碍实现新技术带来的经济收益潜力。

以结构为基础的组织能力一旦创造出来,就成为保持领先者优势的源泉,其动力是自我持续的。从钱德勒所提供的数据来看,在第一次世界大战爆发前名列第一或第二的企业到第二次世界大战后仍然保持第一或第二位的概率,在美国是 0.57,在英国是 0.56,在德国是 0.31。组织能力的优势可以长期保持的原因在于这样几个机制:(1) 先行者因率先实现规模经济而在所处工业中巩固了自

---

① 管理和组织是被许多中国经济学家所忽略的问题,他们在企业改革上唯一的着眼点是个人激励和产权。倒是一生都为美国资本主义辩护的钱德勒对决定资本主义经济发展的关键因素认识更深刻。Lazonick(1991)这样评价钱德勒的逻辑:"企业家精神,不管是个人的还是集体的,都不足以造成经济发展。企业家的创新战略必须继以建设计划、协调创新和生产流量的组织结构。成功带来规模和范围经济的组织能力不仅依赖于物质资源,而且更根本地依赖于人力资源的发展和利用"。

己的地位;(2)先行者在所有的职能领域(生产、销售、财务等)都对跟进者具有学习优势;(3)挑战者的进入资本更昂贵,因为它们不得不面临先行者竞争性反击的不确定性。因此,如果先行者不犯错误,如果没有政府干预以及技术和市场的根本变化,跟进者很难战胜在创造组织能力方面的先行者。

钱德勒没有忽略宏观方面,他系统分析了各国社会经济结构和条件对工商企业的影响。所以对他来说,英国的个人资本主义是当时英国阶级结构和社会财富分配方式的结果,而英国狭小的国内市场限制了多单位企业的发展空间。在德国,因为缺乏有组织的资本市场以及实现工业化对更大规模经营的要求,银行发挥了比在美英更大的作用;没有反托拉斯传统的法律结构减轻了企业合并的需要,这又缩减了在工业范围内重组的机会。尽管存在着这些差异,但钱德勒并没有把它们看做决定性的,因为对他来说,决定工业成功最重要的因素始终只有一个,即管理者通过三重投资追求规模经济和范围经济的决心及能力。的确,几家采取了这种战略的英国企业取得了与美德同行、可比肩的成功。钱德勒以这个逻辑有力地表明:一国经济的发展更关键地取决于建设企业层次上的组织能力。

四、不朽的钱德勒

钱德勒从一个历史学家的背景出发,毕生致力于企业史的研究。在钱德勒之前,企业史的研究局限于对个别企业和个别企业家的经验描述上。而钱德勒与前人不同之处是在众多案例的基础上提炼出具有一般性理论意义的主题(McCraw,1988),因而他的研究对经济学、组织理论、管理学等领域都产生了广泛而深远的影响。

同任何学者一样,钱德勒的一些观点也受到质疑和批评,①但却没有人否定他的研究价值。由于钱德勒的理论命题是建立在历史研究的基础上,对其最大

---

① 从左翼立场出发,Waring(1991)批评钱德勒有功能主义倾向,即把组织和管理形式的选择看成完全是由经济效率决定的,而忽略了社会冲突的作用。Lazonick(1991)也认为钱德勒因排除劳动和车间现场问题而忽略了管理控制的社会关系内容。社会学家Fligstein(1991)认为政府管制对多部门结构在美国企业中的扩散起了重要作用。对钱德勒的纵向一体化大企业主题的最大挑战来自Piore and Sabel(1984),他们认为由灵活专业的小企业所组成的网络才能在市场变化日益剧烈的现代经济中创造更高的效率。Teece(1993)指出,钱德勒没有对不同契约形式进行系统的比较,而只考察了各种契约形式如何被追求大批量生产的纵向一体化所代替;由于钱德勒没有考察规模和范围经济与企业边界的关系问题,他的框架难以理解自1975年以来迅速扩散的战略联盟和合资经营现象。

的疑问很可能是:纵向一体化的大企业是否过时了?① 就美国本身而言,新的小企业大量进入新工业并推动其发展的确是二战后美国经济的一个重要特征。但这些新进入者之所以能够找到市场、技术来源从而在技术创新上发挥作用,则是因为联邦政府、大企业和大学提供了基础结构(Mowery and Rosenberg, 1998)。Harrison(1994)以大量的经验证据支持钱德勒的观点,他指出,80 年代以来小企业在创造工作机会和技术进步方面的作用被严重夸大了,大企业及其战略伙伴仍然主宰着经济发展过程。在最近由十几名美欧著名学者对半导体、计算机、软件、机床、化工、制药和医疗器械七个高技术工业的一项国际比较研究中发现,这些工业中领先企业的经验符合钱德勒对工业领导权源泉的分析,而先行者优势在获取工业领导权方面是重要而持久的(Mowery and Nelson, 1999)。至少在加入世界贸易组织前夕,使中国工业感到压力的不是那些灵活多变的外国小企业,而是那些能对其遍及全球的投资、生产和销售进行行政协调的巨型跨国公司。

国内曾有人把钱德勒的理论与交易费用经济学相提并论,这至少是个误解。实际上,钱德勒在后来的一篇文章中明确划清了他与交易费用理论(及其他新古典经济学框架下的企业理论)的界限。他在文中列举了经济学中的四种企业理论,即新古典企业理论、代理人理论、交易费用理论和演化经济学的企业理论。钱德勒说:"我和威廉姆森的基本区别在于,对他来说,'交易是基本分析单位',而对我来说则是企业及其特定的物质和人力资产。如果企业而非交易费用是分析单位,那么企业设施和技能的特定性质就成为决定什么由企业做、什么由市场做的最重要的因素。"(Chandler, 1992)对他来说,只有以企业及其通过学习得到的能力作为分析单位,才能理解从第二次工业革命以来的大企业成长史。因此,钱德勒明确表示了对演化经济学企业理论的同情。

钱德勒的企业史研究为动态企业理论提供了必要的经验基础和历史概括,从而成为该理论发展的一个重要思想源泉。② 钱德勒从来没有提出过有关企业

---

① 钱德勒在《规模与范围》的结尾提到,西方工业体系从 20 世纪 60 年代以后发生了一些新的变化,似乎是有待进一步研究的管理资本主义新时代。但无论如何,他本人始终坚持大企业在创造国民财富上的绝对重要性(Chandler, 1997)。

② 彭罗斯在她发表于 1959 年的《企业增长理论》中,通篇强调内部组织对企业增长的中心作用。但她的理论非常抽象,所以她说:"还没有足够的、系统的信息能对这个理论加以全面的验证"(Penrose, 1995)。当彭罗斯写下这句话不久,钱德勒的《战略与结构》发表了。用彭罗斯在《企业增长理论》再版前言中的话说:"钱德勒的书是在《企业增长理论》出版之前完成的,但该书进行历史分析的结构与我的书出奇地一致,在许多地方使用了非常相同的概念和几乎相同的术语。"(Penrose, 1995)纳尔逊则坦率承认(Nelson, 1991),他与温特合著的《经济变迁的演化理论》(Nelson and Winter, 1982)的主要缺点就是当时对钱德勒的著作研究不够,暗示演化理论对企业行为的战略性质重视不够。总之,如蒂斯所说,钱德勒的工作"从企业组织那一面,给了我们最好的一组连贯的关于工业资本主义发展特别是大企业兴起的论述"(Teece, 1993)。

和工业组织的正式理论,也没有有意识地讨论经济学理论,但他的研究成果却摇撼了主流经济学的根基。在钱德勒看来,市场调节的过程并非自动发生的,市场结构也不是经济绩效的决定因素;相反,是管理决策和影响企业组织的制度框架塑造市场的结果。但企业决策并不表现为连续的最优选择,在技术和市场条件发生根本变化的阶段,某些决策影响企业后来几十年的命运。企业的发展轨迹存在"路径依赖"。不仅如此,规模经济和范围经济的可利用程度由企业的组织能力决定。这个主题与彭罗斯关于企业增长极限由企业管理力量决定的主题相通,而与正统经济学的理论框架相悖。在经济学标准教科书中,个别企业的成本结构是给定的(表现为 U 形成本曲线),由市场结构和生产的技术条件决定,而企业唯一能做的就是"发现"自己的"最优"规模。从速度经济原理到三重投资的战略意义,钱德勒所揭示的一个主题是:成本曲线的确定离不开基础结构、组织和企业的战略,而企业的成本结构在相当大的程度上是企业组织能力的内生变量。这是一个能够让一般均衡理论大厦坍塌的命题。因此,虽然没有去直接论述,但钱德勒支持了动态企业理论的中心思想:特定的组织能力是特定企业的竞争优势来源,是解释企业之间长期经济绩效差异的关键变量,而把新技术提供的机会转化为可持续优势的组织能力取决于管理团队的战略行动。钱德勒的一些观点可以受到挑战,但他的成就却是一座任何经济学家都绕不过去的高山。

参考文献

CHANDLER A D. Strategy and structure: chapters in the history of the American industrial enterprise[M]. Cambridge: The MIT Press, 1962.

CHANDLER A D. Organizational capabilities and the economic history of the industrial enterprise[J]. Journal of Economic Perspectives, 1992, 6(3): 79-100.

CHANDLER A D. Scale and scope: the dynamics of industrial capitalism[M]. Cambridge: Harvard University Press, 1990.

CHANDLER A D. The United States: engines of economic growth in the capital-intensive and knowledge-intensive industries[M]//CHANDLER A D, AMATORI F, HIKINO T. Big business and the wealth of nations. New York: Cambridge University Press, 1997: 63-101.

CHANDLER A D. The visible hand: the managerial revolution in American business[M]. Cambridge: Harvard University Press, 1977.

FLIGSTEIN N. The transformation of corporate control[M]. Cambridge: Harvard University Press, 1991.

HARRISON B. Lean and mean: the changing landscape of corporate power in the age of flexibility[M]. New York: The Basic Books, 1994.

JOHN R R. Elaborations, revisions, dissents: Alfred D. Chandler, Jr. 's, the visible hand after twenty years[J]. Business History Review, 1997, 71(2): 151-200.

LAZONICK W. Business organization and the myth of the market economy[M]. Cambridge: Cambridge University Press, 1991.

McCraw T K. The essential Alfred Chandler: essays toward a historical theory of big business[M]. Cambridge: Harvard University Press, 1988.

MOWERY D C, NELSON R R. Sources of industrial leadership: studies of seven industries[M]. Cambridge: Cambridge University Press, 1999.

MOWERY D C, ROSENBERG N. Paths of innovation: technological change in 20th-century America[M]. Cambridge: Cambridge University Press, 1998.

NELSON R R. Why do firms differ, and how does it matter? [J]. Strategic Management Journal, 1991, 12(S2): 61-74.

NELSON R R, WINTER S G. An evolutionary theory of economic change[M]. Cambridge: Harvard University Press, 1982.

PENROSE E. The theory of the growth of the firm[M]. Cambridge: Oxford University Press, 1995.

PIORE M, SABEL C. The second industrial divide[M]. New York: The Basic Books, 1984.

TEECE D J. The dynamics of industrial capitalism: perspectives on Alfred Chandler's scale and scope[J]. Journal of Economic Literature, 1993, 31(1): 199-225.

THOMAS K M. Introduction: the intellectual odyssey of Alfred D. Chandler, JR[M]//CHANDLER A D, MCCRAW T K. The essential Alfred Chandler: essays toward a historical theory of big business. Boston: Harvard Business School Press, 1988.

WARING S P. Taylorism transformed: scientific management theory since 1945[M]. Chapel Hill: The University of North Carolina Press, 1991.

(原文发表于《世界经济》2001年第7期,第61—76页)

超越钱德勒命题

重新评价《看得见的手：美国企业的管理革命》

陈 凌[①]

一、《看得见的手：美国企业的管理革命》与钱德勒命题的提出

由传统农业社会向现代工业社会的过渡以及工业社会自身的不断发展完善，这是最近两个多世纪人类社会经济演进的一条主线。而在这一社会经济演进的过程中，大型工商企业的崛起和发展是现代社会经济领域影响最为深远的社会发明之一。如果说首先完成工业革命与英国成为19世纪最强大的国家之间具有某种联系的话，那么大量大型企业在20世纪初在美国崛起也是美国在第二次世界大战后逐渐成为世界头号强国的重要基础。1977年，美国著名企业史学家、哈佛商学院艾尔弗雷德·D.钱德勒(Alfred D.Chandler)出版的《看得见的手：美国企业的管理革命》(简称《看得见的手》)，对美国现代工商企业产生发展的历史过程及其原因做了全面描述和分析，是同一主题相关文献无可争议的权威著作(Chandler,1977)。作为一部学术著作，《看得见的手》的成功几乎是出版以后马上就获得的，该著作在当年就获得美国历史学会的纽康门(New Comen)学术奖和哥伦比亚大学班克罗夫(Bancroft)美国历史研究奖，后来还获得了美国新闻图书最高奖普利策(Pulitzer)奖。业内人士对这部著作的内容更是好评如潮，许多评论家认为钱德勒这部著作彻底改变了人们对美国企业家的看法，也使得企业史的研究超越了之前搜集罗列企业家趣闻轶事和个人英雄事件的风格，逐渐获得一种较实用的分析框架。这一分析框架不仅适用于美国现代企业的管理革命，也同样适用于其他欧美国家和亚洲国家的企业发展，同时使

[①] 陈凌，浙江大学管理学院教授，博士生导师。

得企业史研究与其他社会科学（如经济学、社会学和管理学）的交流更加丰富、流畅。另外，此书的贡献是使得经济学家更关注生产和分配的微观细节（即组织问题），而这是与新制度经济学20世纪70年代的兴起互为因果、互相促进的。许多人认为，钱德勒是诸多企业史专家中对新制度经济学思想的丰富和传播贡献最大的一位，正是基于此，1985年美国新制度经济学的代表人物之一，奥利弗·威廉姆森（Oliver Williamson）在出版其重要著作《资本主义的经济制度》（*The Economic Institutions of Capitalism*）时，将钱德勒与罗纳德·科斯、赫伯特·西蒙和肯尼斯·阿罗一起作为自己学术思想的重要源泉。在经济学和管理学领域以外，《看得见的手》影响了政治学、社会学、组织理论等相关社会科学，被公认为被引用次数最多的学术著作之一（John，1997）。

在《看得见的手》中，钱德勒通过食品工业、烟草工业、化学工业、橡胶工业、石油工业、机器制造业和肉类加工业中的大量史料，论证了现代大型联合工商企业的诞生乃是市场和技术发展的必然结果。他认为，凡是进行大量生产和大量分配相结合并在产品流程中可以协调的那些工业，必然会产生这种现代工商企业，因为管理协调的"看得见的手"比亚当·斯密所谓的市场协调的"看不见的手"更能有效地促进经济的发展和增强企业的竞争能力。在该书的第一页，钱德勒（1987：1）这样表述著作的主题："现代工商企业在协调经济活动和分配资源方面已取代了亚当·斯密的所谓市场力量的无形的手。市场依旧是对商店和服务的需求的创造者，然而现代工商企业已接管了协调流经现有生产和分配过程的产品流量的功能，以及为未来的生产和分配分派资金和人员的功能。由于获得了原先为市场所执行的功能，现代工商企业已成为美国经济中最强大的机构，经理人员则已成为最有影响力的经济决策者集团。因此，在美国，随着现代工商企业的兴起，出现了所谓经理式的资本主义。"

钱德勒把现代大型企业的成长壮大和职业经理在企业管理职能上对企业主的替代综合总结为"管理革命"这一重要命题，这一命题具体又可以分为以下几个逻辑上相互联系、层层递进的论点：（1）当管理上的协调比市场机制的协调更有效率和更有利可图，现代多单位的工商企业就会取代传统的小公司；（2）在一个企业内把许多营业单位活动内部化所带来的利益，要等到建立起管理层级制以后才能实现；（3）管理层级制一旦形成并有效地实现了它的协调功能后，层级制本身也变成了持久性、权力和持续成长的源泉；（4）当现代工商企业在规模和经营多样化方面发展到一定水平，支薪经理这一职业变得越来越技术性和职业化，企业的管理就会和它的所有权分开；（5）在做出管理决策时，职业经理人宁愿选择能促使公司长期稳定和成长的政策,而不贪图眼前的最大利润;(6)随着大企业的成长和对主要经济部门的支配,它们改变了这些部门乃至整个经济的基本结构(钱德勒,1987:6—12)。建立在翔实细致的美国企业史实基础之上,上述观点围绕"管理革命"形成一个极有说服力的理论命题,我们在本文中称之为"钱德勒命题"。正如国外经济学文献中人们将现代大型工商企业简单地称为"钱德勒式企业"(Chandlerian Firms)一样,用"钱德勒命题"来概括《看得见的手》这部恢宏巨著所包含的丰富内容是非常不够的,也是非常含糊的。但是,如果考虑到钱德勒本人确实想从他大量企业史研究材料中得到一些一般论点,而这些论点又借着美国大型企业的巨大成功在许多发展中国家几乎成为不容置疑的金科玉律时,理性分析钱德勒命题的真正含意和适用范围就显得格外重要。在《看得见的手》出版以后,有关欧美和亚洲国家企业成长的研究成果大量出现,人们从不同的角度对钱德勒命题提出了推广、批评甚至质疑。无论这些论著是否赞同钱德勒的观点,它们都受到钱德勒命题及其分析框架的影响。改革开放以来,我国各种所有制企业有着不同的发展起点、发展条件和演进轨迹,但是它们的发展方向都是成为现代企业。那么,如何正确理解现代企业概念和如何看待钱德勒命题,事实上就成为一个无法绕过去的理论问题,正是基于此,我们有必要重新评价这本巨著和它提出的"钱德勒命题"。

二、《看得见的手》学术思想的源泉

钱德勒生于1918年,他的家庭渊源很有趣,他是亨利·瓦农·普尔①(Henry Varnum Poor)的曾孙,又是美国汽车大王亨利·福特家族的远亲,这些个人联系使得他很早就与美国铁路和大型企业有着直接或间接的接触。第二次世界大战期间他在哈佛大学本科毕业以后到美国海军服役5年,作为一名海军军官,他负责处理分析美军轰炸机拍摄的大量纳粹德国和日本的鸟瞰照片,这项工作使得他习惯于俯视大地,既有宽广的视野,同时又能关注地面的大量细节,钱德勒的

---

① 普尔(1812—1905)长期担任《美国铁路杂志》(American Railroad Journal)主编,该杂志是美国最早的专业商业刊物之一。普尔的一生正值美国铁路事业从无到有并走向成熟的重要时代,同时也是铁路在对开拓西路和用钢铁之网把美国连结成为一体方面产生惊人影响的时代。1956年,钱德勒在哈佛大学出版社出版《亨利·瓦农·普尔》一书。

这种分析视角同样也体现在后来的企业史研究之中。他的二战经历使得他对于战争时期高效运作的军队、政府等各种大机构有着深切理解，也使得他后来对接触到的企业史文献非常不满。此后，他在北卡罗来纳大学获硕士学位，1952年在哈佛大学历史系获哲学博士学位。1950—1963年他在麻省理工学院教书，期间他参与主编了艾森豪威尔总统的战时文集（共5卷），同一时期钱德勒协助通用汽车公司小艾尔弗雷德·斯隆①撰写自传。1963—1971年钱德勒转到约翰·霍普金斯大学，1971年之后直到退休都在哈佛商学院担任企业史教授。考虑到钱德勒独特的个人经历，尤其是与大企业、军队和政府的密切接触，他把研究焦点放在大型工商企业就是顺理成章的事情。另外，他年轻时经历了二战前后美国人内心深处"美国世纪"情结开始形成的时期，也使得他习惯于用"美国中心主义世界观"来看待企业成长和发展，这就使得他所看到的历史场景难免有所扭曲，对于这一点我们将在后面讨论。

钱德勒在出版《看得见的手》以前还出版了《战略与结构：美国工商企业成长的若干篇章》（简称《战略与结构》）和《皮埃尔·杜邦与现代企业的形成》（*Pierre S. Du Pont and the Making of the Modern Corporation*）。在《战略与结构》中，钱德勒分析了在美国工业史上最早采取多部门结构的4个公司：杜邦化工、通用汽车、新泽西标准石油和零售业的西尔斯。这些研究可以看作为《看得见的手》的写作所准备的典型企业案例。② 之后钱德勒又推出《规模与范围：工业资本主义的动力》（简称《规模与范围》）这部巨著，对以现代工商企业为基础的管理资本主义在美国、英国和德国的历史发展进行了比较研究，将自己的理论总结在更大的时空上加以验证（Chandler，1990）。钱德勒不同时期的著作共同构成了有关欧美企业成长发展的宏大著述，其中有关现代企业产生发展研究的精华主要集中在《看得见的手》这部不朽的著作中。③

---

① 艾尔弗雷德·斯隆（Alfred Sloan，1875—1966），1923—1946年担任通用汽车的总裁、首席执行官或董事长。他的自传《我在通用汽车的岁月》（*My Years with General Motors*）自1964年出版以后成为最有影响的商业书之一。钱德勒也把通用汽车公司现代转型的案例写入后来的著作之中。

② 钱德勒早在1959年就在《哈佛企业史评论》（*Business History Review*）杂志上发表长文《美国工业大企业的开始》（*The Beginning of American Industrial Enterprises*），这篇文章现在来看基本上是《看得见的手》的雏形，文章各部分标题后来成为巨著的章节框架。虽然《看得见的手》的主要论点（钱德勒命题）已经看到不太成熟的表述，但是观点还远未达到后来的清晰与准确，也就是说，钱德勒为了《看得见的手》在学术思想和企业史材料上准备了二十多年。

③ 对钱德勒三本巨著《战略与结构》《看得见的手》和《规模与范围》的总体介绍和评价请参考本书收录的路风的长文。这篇极好的书评有钱德勒的简单生平、他与熊彼特的学术渊源，阐述了钱德勒三部巨著的主要学术思想，并讨论了这些企业史研究成果对发展中的动态企业理论所产生的巨大影响。

比个人经历更直接影响钱德勒学术思想的应该是来自当时在哈佛大学集中的一批社会科学的精英,其杰出代表包括经济学家约瑟夫·熊彼特和社会学家塔尔科特·帕森斯(Talcott Parsons)。熊彼特有关创新、企业家的作用和把资本主义看作一个动态过程的思想影响了钱德勒关注企业家及其创造的组织的分析视角。如果说熊彼特提供了一个企业家和创新在推动经济变动方面发挥中心作用的理论框架,那么钱德勒通过他的企业史研究为这个理论框架提供了许多实质性内容。从1932年到1950年去世,熊彼特一直担任哈佛大学经济系教授,1948年哈佛大学成立"企业家史研究中心",熊彼特担任高级研究员。后来钱德勒和研究经济与技术史的著名学者戴维·兰德斯(David Landes)则成为该中心的主要成员。

熊彼特在1942年出版的《资本主义、社会主义与民主》(Capitalism, Socialism and Democracy)这本当时的畅销书中认为,"资本主义本质上是一种经济变动的形式或方法,它不仅从来不是,而且也永远不可能是静止的……开动和保持资本主义发动机运动的根本推动力,来自资本主义企业创造的新消费品、新生产方式或运输方法、新市场、新产业组织的形式……一家典型农场生产设备的历史,从作物轮作,耕种与施肥的合理化开始到今天的机械化装置——由传送机和铁路连接起来是一切革命的历史。从木炭炉到我们今天炼炉的钢铁工业设备的历史,从上射水车到现代电厂的电力生产设备的历史,从邮车到飞机的运输史也全是革命的历史。国内国外新市场的开辟,从手工作坊和工场到美国钢铁公司这种企业的组织发展,说明了产业突变的同样过程——如果我可以使用这个生物学术语的话——它不断地从内部使这个经济结构革命化,不断地破坏旧结构,不断地创造新结构,这个创造性破坏的过程,就是资本主义的本质性事实。它是资本主义存在的事实和每一家资本主义公司赖以生存的事实"(熊彼特,1999,146—147)。钱德勒是一个对理论有着特殊偏好的历史学家,从他的主要著作,尤其是《看得见的手》和《规模与范围》中都论述了自己的企业史研究与当时流行的企业理论的关系就可以看出这点。而熊彼特是当时哈佛大学的明星教授,后者的思想通过自己和周围人的著述,影响同在哈佛大学企业家史研究中心的钱德勒和兰德斯等人是显而易见的。[1]

如果说钱德勒研究企业的思想和视角来自熊彼特的影响,那么他的研究方

---

[1] 钱德勒与兰德斯在其主要著作中都曾直接引用熊彼特的观点和思想。在《看得见的手》中钱德勒虽然没有直接引用熊彼特,但是他的"企业家"概念,对经济内在动力和企业组织的分析视角带有明显熊彼特的色彩。

法主要是历史学的方法,同时也可以看出帕森斯"结构—功能学派"的痕迹。他认为企业史应该是经济史的一部分,与当时企业史专家主要关注个别企业家个人个性和行为研究不同的是,他更加关注企业家所建立的机构(企业),并且通过对企业结构和功能的变化来描述企业的成长和发展;他不仅直接通过借助行动来进行研究,而且作为在接近于某个已被描述和检验过的经验概括层面上的"制度化模式"(Institutionalized Patterns)来进行研究。钱德勒认为帕森斯对他的研究方法最大的影响在于"结构—功能学派"的理论使他坚信,历史学家通过细致比较结构差异可以获得类似物理和自然科学中"可控试验"的效果,从而发现制度变迁的规律,他后来把自己的研究方法称为"比较制度史"(Comparative Institutional History)。

由于不满足于大量企业史资料的罗列堆砌,钱德勒几乎每本著作都有非常清晰的分析框架和观点,并通过大量企业史料来围绕自己的观点展开阐述。为了避免因主题过多使得表述繁复和主题被冲淡,钱德勒有意采取一种聚焦式(Narrow Focus)研究方法,每次讲清楚一个主题,在企业史的裁剪上也尽量把有利于观点的集中加以整理分析,这种研究方法本身是无可厚非的,因为企业史的资料浩如烟海,如果不加以整理归类、去芜存菁的话,是很难发现其中有意义的规律的。钱德勒的批评者则认为钱德勒的聚焦式的研究忽略了一些重要内容,而且由于这些企业史研究主要集中在美国工业企业的状况,因此钱德勒得出的一些结论的普遍适用性受到了限制。

三、聚焦式研究忽略了什么?

在 20 世纪 70 年代的社会科学领域,发现和承认大型工商企业在现代经济中的地位和作用的学者应该不乏其人,然而钱德勒是第一个对现代工商企业的兴起发展和随之而来的美国经理式资本主义的基本特征和管理方式做出系统而又细致研究的企业史学者。与自科斯开始致力于研究现代企业的性质的新制度经济学理论家不同,钱德勒对企业史和经济学的持久影响来自他近半个世纪以来的大量著述,而这些论著的核心主题就是有关欧美国家大型工商企业起源和成长的历史描述和分析。钱德勒的学术追求和毕生精力都奉献给这个相对来说较为特殊和专门的领域,他的这种"一生只做一件事"的敬业精神非常值得我们中国学人学习。钱德勒在这么一个较小的领域倾注了大量的著述,这使得他每本著作都采取聚焦式的研究方法,尽量避免前面自己或者他人著作已经讲透的事情。在《看得见的手》中,钱德勒是这样解释该书的研究范围的:"本书的重点放在19世纪40年代到20世纪20年代这段时期,当时正是美国的农业经济和乡村经济转变为工业经济和城市经济的时代。在这几十年里,美国经历了生产和分配过程中革命性的改变。我仔细考察了这段时期内实现生产和分配过程改变的一些单位——包括运输、通信和金融——被管理和协调的方式。我不打算描述这些单位或组织内劳动力所完成的工作和工人的抱负。我也不想评价现代工商企业对现有政治和社会结构的影响。我在广泛论述政治、人口和社会的发展时,仅仅涉及直接影响企业实现生产和分配过程的方式的那些发展。"(钱德勒,1987)而且值得提醒读者的是,钱德勒心目中的《看得见的手》并不是一部单独的著作,除了他本人前面已经出版的著作,该书是他与另外两位美国经济史学者有关企业成长的三部著作的一部,这就使得他基本主要关注大企业的管理革命。① 那么应该如何看待这种聚焦式研究方法呢?钱德勒是否在应用聚焦式研究方法过程中忽略了美国企业发展历史上的重要内容呢?

在许多美国历史学家看来,钱德勒撰写该著的历史视角比较短促,企业事实基本上是在前后大约80年之间的经历,这段时期正是美国工业化和城市化的关键时期,而且主要关注于大型企业的起源和成长,而当时大量不断专业化的中小企业才是企业形态的主流模式。这种聚焦式方法在许多人看来应该是历史学家研究的大忌,也与美国史专家的许多已有的定论不相符合。另外,20世纪70年代出版的著作只写到20年代的企业发展状况,这在国内动辄"创新",不断变换研究领域和分析框架的所谓学者眼里更是不可理解的事情,② 然而许多学者承认,钱德勒的短历史研究却独具匠心地真正抓住了美国企业成长的关键时期和关键环节。与他同时代的美国经济史学家一般是从18世纪末19世纪初为起点

---

① 钱德勒与另外两位美国历史学家共同撰写三本有关美国企业发展的著作,它们在内容上各有偏重但是又互相联系,除了钱德勒有关大型工商企业管理革命的一本,三本著作的主题都是不同方面。其中:阿瑟·科尔(Arthur Cole)计划写作美国企业组织的演化(后来由于该作者去世而没有完成);托马斯·科克伦(Thomas Cochran)从较宽的文化视角探讨美国企业的地位(该书于1972年最先出版);另外钱德勒在《看得见的手》原文版的前言中提及他的同事路易斯·加兰博斯(Louis Galambos)在1975年出版了讨论1880—1940大型企业在美国公众中的社会形象的专著,中译本没有翻译这一前言。国内尚未引进翻译这些著作。

② 钱德勒总是比别人慢半拍的研究风格同样体现在他于1990年出版的《规模与范围》和2001年出版的《创造电子世纪:消费电子和计算机行业史诗故事》(*Inventing the Electronic Century: The Epic Story of the Consumer Electronics and Computer Industries*),后者是有关电子与计算机行业的企业研究著作,收集的企业资料一直到20世纪末,但是钱德勒及其合作者在这本著作中主要花精力将该产业历史发展搞清楚,对当前非常时髦的有关模块生产方式性质和意义的理论探讨(Baldwin and Clark,1997;青木昌彦和安藤晴彦,2003)却避而不谈。

考察近代美国企业的成长,认为18世纪末的通信革命和1810年前后的"水运革命"已经产生了商业革命(Business Revolution),钱德勒则认为同时研究商业革命和管理革命一来会把历史时期拉得过长,另外也会冲淡他主要论述的主题。同样对市场结构、企业行为和竞争策略颇有造诣的哈佛大学经济学家F. M. 谢勒(F. M. Scherer)就承认,钱德勒在重点研究历史时期的选择上高人一筹,这要归于他对总体企业发展的独特把握并持之以恒地通过企业史研究加以实现。

钱德勒过于强调管理革命,而且对管理变革的关注完全集中于美国企业在19世纪40年代尤其是80年代以后的变化,就淡化了自英国开始的产业革命对企业发展的影响,客观上也忽略了欧洲大陆大型企业的管理知识和经验对管理革命的贡献。从全球经济史的角度来看,钱德勒只讲述管理革命从美国扩散到欧洲的历史进程而较少讲述工业革命从欧洲扩散到美国的过程,这既割裂了历史发展的许多方面,也与历史事实不相符合。有专家指出,事实上美国内战之后在铁路公司任职的许多工程师都来自欧洲和美国军队,而军队的组织结构、运行原则和管理经验却很大地影响了大型铁路公司的管理。另外,部分学者强调对大型企业创新、研发和技术进步的细致描述,并认为这是钱德勒本人所忽视的(John,1997)。20世纪末的许多历史学家反思认为,过去历史学前辈发现的许多社会经济史上的"革命",像"农业革命""商业革命"和"产业革命"等,都是大量社会经济要素相互作用的结果,它们有着漫长而复杂的逐渐酝酿、生成和积累过程,历史学家不能只是关注这一复杂演进中最明显的结果而忽视与之相伴的其他相关内容,更不能忽视使得这些结果最终能够发生的社会经济条件。我们认为这一分析同样也适用于钱德勒所描述的"管理革命"。

钱德勒主要关注大型企业的分析视角也受到了许多学者的批评。钱德勒强调管理协调这一"看得见的手"代替过去依靠市场协调("看不见的手"或者是斯密型动力)的生产—流通阶段,然而应该提醒的是,事实上当时美国经济所发生的许多变化依然是斯密型动力所描述的,市场规模扩大将增进分工程度,并进一步加大市场交易的范围,从而促进管理活动的专业化和职业化,这种专业化和职业化倾向既包括大型企业的管理人员,也包括企业所有者本人。另外这一时期中介市场和职业经理市场也开始形成和发育,钱德勒只关注了职业经理人员的增加和管理协调的作用(Langlois,2003)。从这个角度来说,认为"看得见的手"代替"看不见的手"这一命题本身既不符合美国经济史的事实,也无法说清楚大型企业与要素市场(包括资本市场和劳动力与经理市场)之间的关系。也有学者认为,钱德勒对美国大型工商企业成长与社会经济发展之间关系的论述是因果倒置,美国大型企业生成发展并不是美国经济独步天下的原因,而是美国经济成功的结果,对许多美国人来说,大型企业的成功是建立在垄断地位或者对于特殊资源的占有基础之上的,它们与美国人崇尚自由、民主和创造的精神是不相符合的。他们认为,美国独特的企业家精神、个人独立精神与由此建立的组织文化,加上较为完善的反垄断立法和运作,才是美国经济不断发展的坚实基础(Cochran,1981)。

以上批评或者不同意见很大程度上源于批评者与钱德勒之间分析视角和观点的差异,前者总是从自己的分析视角出发指出钱德勒的企业史研究忽视了重要的内容,从而也相应质疑他所提出的理论。我们认为,这些批评对于一部重要又成功的学术著作来说是不可避免、极其自然的事情。钱德勒著作的成功之处就在于能够发现历史发展过程中的实质性变化,并通过大量史料来加以分析、佐证并进行一般性概括,如果他如他的批评者所说的那样面面俱到,对历史事实不进行一定的合理剪裁加工的话,《看得见的手》的成功是否能够出现就要打问号了。当然,任何事物有一利必有一弊,这种突出革命性变革的表述方式也会忽略了事物发展中的历史延续性,在有些场合甚至会割裂历史事实的整体性。由于钱德勒《看得见的手》中只是描述分析和总结了美国大型工业企业到 20 世纪 20 年代为止大约 80 年中的管理变化情况,因此他对现代企业发展的分析框架和观点在解释最近几十年企业组织和管理的新趋势上出现了问题;另外,从全球的视角来看,钱德勒所认真描述的企业史事实更准确地说是一个"美国故事",钱德勒命题的普适性受到了挑战。

四、 钱德勒命题面临的挑战

钱德勒命题真正面临的挑战首先来自最近十几年美国学者对美国企业史的大量研究和重新评价。人们普遍认为,至少对发达国家来说,20 世纪 70 年代是人类经济社会发展的分水岭,在这些国家的产业结构中,第三产业的比重超出了第一、二产业,服务的重要性超过了产品。美国经济学家迈克尔·詹森(Michael Jensen)认为,1973 年以后美国所发生的经济转型完全可以与历史上的产业革命相提并论,他将后者称为现代产业革命(Modem Industrial Revolution),与此相对应的是富有效率的企业组织也发生了转变(Jensen,1993)。这一以信息技术发展为基础的现代产业革命所带来的企业组织形式转变,使得以福特制为代表的大规模生产方式逐渐失去昔日的主流地位,以灵活性、以客户需求为导向、充分利用新的信息技术的精益生产方式成为主流,这也使得中小企业及企业之间形成的企业网络、合作协议、战略联盟大量出现,原来的大型企业的边界逐渐模糊,从过去"看得见的手"逐渐变为"消失中的手"(Vanishing Hand)。这些变化使得中小规模企业生存发展的机会更多,也使得大中型企业的组织模式、各种企业之间的关系及企业与各种利益相关者的关系趋于多样化和复杂化(Piore and Sabel,1984;Powell,1990;Castells,1999;Langlois 2003)。

正是基于这一企业发展的新趋势,许多企业史专家开始试图对美国近200年的企业史发展历程勾勒出不同于钱德勒《看得见的手》的大致图景,从而代替或者补充钱德勒有关企业管理创新的命题。他们比较宽泛地理解经济中的协调制度(Institutions of Coordination),协调制度不仅包括现代企业内部通过管理层级的直接行政协调,也包括通过企业之间所形成的卡特尔、控股公司、企业集团、战略联盟等各种组织形式和由此产生的间接协调机制。他们认为,对信息的管理和解决信息不对称问题是作为企业及其各种契约设计的关键所在。他们强调协调制度是企业在具体条件和机会背景下的内生性适应,因此协调制度是不断变化的,企业组织发展是多线型的,同时存在着不同类型的协调制度。这样这种对于企业协调制度的演化理解就不同于钱德勒革命式的单线型解释,钱德勒命题所强调的管理层级和管理革命就不是协调制度演化的终点,而只是一种协调制度;这种协调制度的重要性正如钱德勒所描述的那样由小变大,最近十几年又开始逐渐变小。他们发现,现在越来越被大型现代工商企业所采用的长期关系型的纵向分散化(Vertically Disintegrated)组织形态,与管理革命甚至市场革命之前的企业组织形态,有更多的相似之处(Lamoreaux et al.,2002)。联系上面有关钱德勒聚焦式研究方法的讨论可以看出,聚焦于短时期管理变革的研究有助于讲清楚微观领域的局部变化,用更长时段来看待美国企业制度的演变具有把握整体及其变化的优势,这是作为一个学者选择研究策略的两难困境,而足够长时段的分析视角正是熊彼特所一贯强调的。[①]

钱德勒命题所面临的另外一个挑战来自如何理解两权分离现象,这也牵涉

[①] 熊彼特在讨论研究资本主义过程时强调两点:第一,由于是在研究一个有机过程,所以对这个过程任何特定部分所发生事情的分析——譬如说发生在个别公司或行业的事情——实际上可能弄清楚机制上的细节,但除此之外是无法确定的。因此,企业史是一个极好的研究方法。第二,由于是在研究一个过程,这个过程的每一个要素需要相当长时间才能揭示其真正特色和最终效果,因而在估计那个过程的成就中没有理由以某一瞬间的视界所及为根据;必须从一段长时间来判断它的成就,也就是说,只有长时段的企业史研究才有可能发现这一有机过程的真实情况。

到如何看待经理职业化和家族企业现象。有些学者在比较了美国和欧洲的企业组织形式以后认为,两权分离更多是一种美国现象,美国特殊的国情,包括其法律、文化和历史发展的路径依赖,都起到了很大的作用。阿道夫·伯利(Adolf Berle)和戈蒂纳·米恩斯(Gardiner Means)在 1932 年的经典著作《现代公司和私用财产》(The Modern Corporation and Private Property)中就指出,所有权和控制权的分离是大规模生产的工业技术所导致的结果,这一分离导致了控股的高度分散化。但马克·罗伊(Mark Roe)教授指出,美国公司所有权结构代表的只是几种可能的结果中的一种,而在其他国家,如德国和日本,在不同政治环境的影响下,产生了不同于美国的公司组织形式(Roe, 2000)。在最近由美国经济研究局组织的一批针对不同国家企业治理结构的历史和经验研究也说明了现实企业组织的多样性(Morck and Steier, 2005),值得提醒的是,这些企业制度的多样性并不是像许多人过去认为的那样会随着社会经济的发展而逐渐趋同。笔者认为,对于各国企业制度之间既相互学习模仿,又长期保持各国特点的现象值得进一步研究。

家族式企业或者是企业家的企业在《看得见的手》中被钱德勒看作不同于家庭企业(个人资本主义)和经理式企业(经理式资本主义)的一种企业类型,虽然著作中对于这类企业的现代命运并没有结语,但是钱德勒命题确实包含着这样的观点:把家族式企业看作经济发展过程中的一个阶段,在经历了管理革命以后家族式企业将作为一种过时的企业模式而遭到淘汰。他认为,家族式企业是企业家通过建立自己的销售或采购组织,创建了第一批庞大的工业企业,因而必须雇用许多中层经理,也只能在中阶层管理方面有所创新,钱德勒认为只有经由合并而形成的工业企业才能发展出现代高阶层管理的实践和程序。钱德勒这样描述那些家族式企业的企业家:"陷入日常经营的琐碎事务而难以自拔。他们亲自审阅各部门的报告和统计资料。他们几乎没有职员为其收集信息并提供专门的建议。他们对其雇员的升迁、任用和解职,个人一时的喜好和客观分析的成分各占一半。"应该说,家族式企业完全也可以积极引进外部职业经理人,进行各种高阶层的管理创新,其中所有者本人的管理能力提高和职业化是其中的关键,在许多美国企业成长史上集所有者与经营者一身的企业家在管理创新方面起到了关键的作用。日本学者森川英正就在他有关日本财阀企业的历史研究中强调企业所有者本人的职业化现象是日本现代企业成长过程中的重要方面(Morikawa, 1992)。

家族企业更是在全球范围内起着重要的作用。事实上人们发现即使在现代大型企业策源地的美国,家族企业也大量存在,而且许多家族企业发展到相当大的规模,非常成功。其他发达国家如德国、英国和日本等,家族企业更是起到了举足轻重的作用,如德国经济中的大量出口创汇企业是家族所有、控制和经营的家族企业(Astrachan and Shanker, 2003)。另外在众多亚洲新兴工业化国家中,家族企业和家族控制的企业集团一直在国民经济中起着决定性作用,主流学术界虽然对于这些国家或地区的企业状况的了解程度有限,但是他们一直非常关注有关这些国家家族企业、企业集团及其相应企业治理结构的发展,而且主要的研究结论从过去更多的否定逐渐走向客观、多样化和更多的肯定(Aoki, 1990; Hamilon and Biggart, 1988; 井上隆一郎,1997)。因此笔者认为,钱德勒所描述的管理革命的实质是经过专业训练的职业经理代替企业的所有者成为企业的主要经营者,这是他根据首先在美国所出现的现象归纳出的具有全球普遍意义的命题。但是从全球各国企业发展的实践来看,两权分离的企业制度只是成功企业模式的一种,而且主要是一种美国现象。

五、结束语:如何正确解读钱德勒

任何经济学理论都是人们对现实经济发展的抽象概括,许多理论命题都会随着社会经济的发展而需要不断调整。长期以来,大多数经济学家们一直是亚当·斯密"看不见的手"这一市场调节机制的信奉者,认为市场上存在大量同类企业之间的充分竞争,市场机制始终是协调经济活动和分配经济资源最有效的方式,而不完全竞争和垄断都是影响资源配置效率的制度安排,钱德勒通过对美国大型企业成长的历史分析发现,美国20世纪的成功主要归功于大型企业的成功,其微观的基础是用管理的协调这只"看得见的手"来代替亚当·斯密"看不见的手"。钱德勒主要关注大型一体化企业的起源和成长,并认为现代大型工商企业的组织形式和管理成就是市场、技术发展的产物,而这是当时许多经济学家忽视的一个领域:"1930年以前,经济学家只是勉强地承认其存在,此后他们对大型工商企业抱着高度怀疑的态度。"应该说,钱德勒的历史分析指出了传统经济学的一个薄弱之处。亚当·斯密以制针工厂为例,用专业化和劳动分工的不断深化来解释现代市场经济的内在动力(即所谓的斯密型动力),这一论断深入人心,获得了公理式的地位,但是亚当·斯密本人对这种分工深化会带来怎样的组织表述模糊。这一方面受亚当·斯密所处时代的技术状况限制,另一方面也与亚当·斯密的分析重点有关。① 因此钱德勒用企业史的研究方法,回答了一个极其重要的经济学理论问题,那就是科斯在《企业的性质》(The Nature of the Firm)中所提出的在市场经济中为什么企业会存在这样一个一直受到忽视的问题。

正如本文所一直强调的,钱德勒的企业史研究既为企业理论提供了大量素材和历史事实,又在很大程度上影响了企业理论的发展,因此我们在阅读过程中更应该注意方法。钱德勒首先作为企业史专家在搜集整理大量企业史实,同时又在此基础上概括提炼了一些较为抽象的命题。这使得他的研究,既建立在大量具体入微的企业事实基础上,从而避免了许多抽象理论容易脱离历史事实的弊病,又通过较为抽象的概括能够与相关的各种理论进行理性、平等的对话。笔者认为这恰恰是钱德勒企业史研究的可贵之处。但是值得提醒的是,钱德勒的历史学研究不是附和某些理论观点或对这些观点用企业史材料加以验证,而是将理论作为自己的分析框架和表述工具,他对各种企业理论抱着实用主义的态度,合适就借用,不合适就扔掉不管。② 钱德勒著作主要履行的是一个历史学家的职责,那就是只能研究已经发生的事实,他所总结的结果不是理论,而是一种"经验的规律性"(Empirical Regularities)。因此读者也只有把《看得见的手》当作一部企业史而不是企业理论来读,才真正能够得到钱德勒研究的真谛,真正有所获益。钱德勒的一些观点和命题也许在新的发展时期和环境下需要调整和补充,但是他对美国现代企业的形成发展的精妙描述和分析评论始终是人们不可抛弃的丰富宝藏。

参考文献

AOKI M. Towards an economics model of the Japanese firm[J]. Journal of Economic Literature, 1990, (28): 1-27.

---

① 作为一个细致的观察者,亚当·斯密不可能没有注意到更复杂的工厂制度已经在苏格兰出现,但是正如他在《国富论》中所解释的,他选择制针工厂的好处在于制针工艺相对较为简单,可以在较小的范围里直接观察整个工序,从而可以把劳动分工的道理讲得很透彻。这就是他为什么选择制针工厂而不是更加复杂的工厂来开始他的论述。

② 以前面提及的新制度经济学代表人物威廉姆森为例,他的研究从钱德勒的历史描述中得到许多灵感。他试图沿着科斯的思路从交易成本经济学的角度来弥补钱德勒分析的空白,他用交易成本观点来解释现代工商企业兴起过程中的纵向一体化现象,认为纵向一体化产生的主要目的在于降低不同生产要素之间的交易成本。他将现代公司(Modem Corporation)看作是降低交易成本所做的一系列组织创新的成果(Williamson, 1985)。虽然钱德勒称赞威廉姆森的著作是在"约瑟夫·熊彼特之后,由经济学家写就的有关现代企业制度演进最重要的著作",但是他反对人们将他的理论与交易成本经济学相提并论。笔者认为这也同样适合于其他企业理论。

ASTRACHAN J H, SHANKER M C. Family business's contribution to the U. S. economy: a closer look[J]. Family Business Review, 2003, 16(3): 211-219.

BALDWIN C, CLARK K. Managing in the age of modularity[J]. Harvard Business Review, 1997, 75(5): 84-93.

CASTELLS M. The information age: economy, society and culture[M]. Hoboken: Wiley-Blackwell, 1999.

CHANDLER A D. Scale and scope: the dynamics of industrial capitalism[M]. Cambridge: The Belknap Press of Harvard University Press, 1990.

CHANDLER A D. The visible hand: the managerial revolution in American business [M] Cambridge: Harvard University Press, 1977.

COCHRAN T C. Frontiers of change: early industrialization in America[M]. Oxford: Oxford University Press, 1981.

HAMILTON G G, BIGGART N W. Market, culture, and authority: a comparative analysis of management and organization in the far east[J]. American Journal of Sociology, 1988, 94: 52-94.

JENSEN M C. The modern industrial revolution, exit and the failure of internal control systems[J]. The Journal of Finance, 1993, 48(3): 831-880.

JOHN R R. Elaborations, revisions, dissents: Alfred D. Chandler, Jr. 's, the visible hand after twenty years[J]. Business History Review, 1997, 71(2): 151-200.

LAMOREAUX N, RAFF D, TEMIN P. Beyond markets and hierarchies: toward a new synthesis of American business history[R/OL]. (2002-06-01)[2023-04-27]. https://www.nber.org/papers/w9029.

LANDES D S. The unbound prometheus: technological change and industrial development in Western Europe from 1750 to the present[M]. Cambridge: Cambridge University Press, 2003.

LANGLOIS R N. The vanishing hand: the changing dynamics of industrial capitalism[J]. Industrial and Corporate Change, 2003, 12(2): 351-385.

MASAHIKO A. Towards an economics model of the Japanese firm[J]. Journal of Economic Literature, 1990, 28(1): 1-27.

MORCK R K, STEIER L. The global history of corporate governance: an introduction[EB/OL]. (2005-01-01)[2023-04-27]. https://www.nber.org/papers/w11062.

MORIKAWA H. Zaibatsu: the rise and fall of family enterprise groups in Japan[M]. Tokyo: University of Tokyo Press, 1992.

PIORE M, SABEL C. The second industrial divide: possibilities for prosperity[M]. New York: The Basic Books, 1984.

POWELL W W. Neither market nor hierarchy: network forms of organization[J]. Research in Organizational Behavior, 1990,(12): 295-336.

ROE M J. Political Preconditions to separating ownership from corporate control[J]. Stanford Law

Review, 2000, 53(3): 539-606.

WILLIAMSON O E. The economic institutions of capitalism: firms, markets, relational contracting[M]. London: Macmillan, 1985.

井上隆一郎.亚洲的财阀和企业[M].北京:生活·读书·新知·三联书店,1997.

路风.从结构到组织能力:钱德勒的历史性贡献[J].世界经济,2001,7:61-76.

钱德勒.看得见的手:美国企业的管理革命[M].重武,译.北京:商务印书馆,1987.

青木昌彦,安藤晴彦.模块时代:新产业结构的本质[M].上海:上海远东出版社,2003.

熊彼特.资本主义、社会主义和民主[M].北京:商务印书馆,1999.

(原文发表于《管理世界》2005年第5期,第160—165页)

以史为镜,吾道不孤

"入世式学术"生产本土管理知识的简要回顾与前瞻

武亚军　葛明磊[①]

　　本文以"入世式学术"是本土管理知识生产的建设性方法论为出发点,详细阐述了入世式学术四种范式的特点,围绕世界管理学最近80年发展史上的经典案例——包括美国通用汽车(GM)、中国华为公司以及迈克尔·塔什曼(Michael Tushman)教授的典范性学术成果,论述"入世式学术"可以对本土及世界管理知识生产与理论发展产生巨大推动作用。以此为基础,倡导新时代的中国本土管理知识生产要"以史为镜",充分学习和吸收"入世式学术"的方法论精髓,植根本土企业管理实践,在中国学术主体性哲学精神指导下走出一条中西融合、理论与实践融合的创新发展之路。

---

①　武亚军,北京大学光华管理学院副教授,博士生导师;葛明磊,中共北京市委党校领导科学教研部讲师。

新型冠状病毒感染事件将人口众多、公共卫生体系不完善、城乡差距、省域政治经济发展不平衡等现实国情再一次集中地暴露在了全国人民面前,凸显了国家、城市、区域、机构等多层次、多主体的有效治理问题,也呼吁中国社会科学界主动承担起相应的学术使命与学术责任,去深入探讨制度设计、政策执行、关键干部与人才选用、资源科学高效配置等关系国计民生的关键问题。这要求从事管理学研究的学者们真正将论文"写在祖国大地上",探究经世致用之学,产生能为国家、为人民、为企业带来真正价值的本土管理知识。

一、本土管理知识生产的必要性

安德鲁·H. 范德文(Andrew H. Van de Ven)将"本土化研究"定义为使用当地语言、当地主题和在当地有意义的概念对当地现象进行的科学研究,旨在提出或检验能够在当地社会和文化背景下解释和预测现象的理论(Van de Ven, 2018)。科学的本土化研究必须反映本地概念和情境的独特性,这也默认了需要接受当地的(主位的)视角,而不是外来的(客位的)视角(Van de Ven、井润田和李晓林,2020)。

(一)管理知识的不同类型

迈克尔·塔什曼(Michael L. Tushman)等学者根据唐纳德·斯托克斯(Donald Stokes)的研究,从切题性(Relevance)和严谨性(Rigor)两大维度区分了管理知识的三种不同类型,提出了所谓"巴斯德①象限知识"的概念(如图 1 所示)(Tushman et al.,2007)。其中,切题性偏重实践应用,严谨性关注理论并寻求基本原理的理解。基于此,有价值的管理知识可以分为三类:基础学科研究方面的管理知识位于"波尔(Bohr)象限",关注基本理论而不考虑实践应用;与波尔象限相反,"爱迪生(Edison)象限"侧重实践应用而不关注基本原理,其典型代表是咨询公司生产的管理知识;处于巴斯德象限中的是职业学院、商学院,其知识既要考虑基本原理,也要考虑实践应用,不能偏废一端。与塔什曼等西方学者关注管理知识类型不同,华人学者陈明哲注意到了管理知识的纵向层次,指出了管理知识从抽象到具体可分为四个不同层次,即文化与哲学、系统性知识、经验与案例、应用性工具;同时,他还认为,中国在文化与哲学、经验与应用层次相对有

---

① 名称来自 Louis Pasteur,19 世纪法国化学家、细菌学家。

优势,而以美国为代表的西方在系统性知识、应用性工具方面具有优势,未来管理知识的生产需要中西融合或"文化双融"(Chen,2014;陈明哲,2018)。

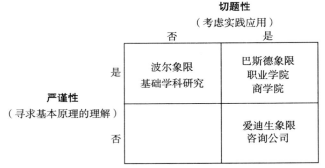

图 1　管理知识的不同象限

资料来源:Tushman et al.(2007)。

(二)本土情境的复杂性、时代要求与本土管理知识生产

与传统的全球化思想不同,印裔国际商务战略学者潘卡基·格玛沃特(Pankaj Ghemawat)提出世界实际上是"半全球化"的,即使在互联网条件下,国家之间的文化(Cultural)、行政(Administrative)、地理(Geographic)、经济(Economic)距离或差异仍然存在,它构成了所谓的"笼子"(CAGE)框架。这意味着外部环境、文化、历史等很多因素需要纳入商务与管理研究视野,在理论中加以反映(Ghemawat,2003)。

实际上,由于历史演化与社会发展阶段、地理等多种因素的复杂影响,中国与西方情境相比有着鲜明的自身特点,这主要体现在社会形态、文化价值、思维模式与哲学观念等诸多方面。社会形态方面,以农业文明为基础的封建宗法制的长期存在,使中国社会具有鲜明的"乡土"特性和"关系取向",以及与"西洋"格局所不同的"差序格局"(费孝通,2011)。这种"关系取向"和"差序格局"意味着对中国社会心理的认识必须以"场论"为基础,它认识到个体依存于社会网络之间(何友晖和彭泗清,1998)。一项针对明清时期徽商和晋商的研究也指明了中国地域宗族制度与商帮治理模式、商人共享信仰之间的内生关联(蔡洪滨等,2008)。文化方面,李大钊曾提出中西方文化有"动静"之分——东西文明有根本不同之点,即东洋文明主静,西洋文明主动;张岱年和程宜山(2015)则系统阐释了以刚健有为——"自强不息"和"厚德载物"——为纲所形成的中国文化思想体系,并指出中国传统文化重视人与自然、人与人之间的和谐与统一,而西

方近代文化更重视人与自然、人与人之间的分别与对抗。事实上，早在20世纪80年代，以张岱年等为代表的中国本土哲学家就指出了中国人思维模式上具有重视辩证思维、强调直觉思维而分析思维不发达等偏向，并倡导文化综合创新论（张岱年，1991；方克立，2008）。在更为抽象的哲学层面，也有研究者进行了中国"通变"式思维与西方二元对立式思维之对比（田辰山，2016）。台湾地区社会心理学界亦有黄光国等学者对比了中国文化中的"天人合一"和西方文艺复兴运动之后出现的"主客对立"，呼吁中国学者应在理解西方哲学基础上，建构本土社会科学的"微世界"，让"阴阳思维"和寻求心灵解说的"前现代""冥思"修养变成一种"后现代"的智慧，用"沉思"解决研究难题（黄光国，2013；黄光国等，2014）。

由此可见，走出管理学单一学科视域，哲学、历史、社会学、人类学等其他专业领域的学者对中西情境的差异已有较为深入的解读。实际上，最近数十年以来，在本土管理学领域，也有不少学者为此做出了努力。例如，成中英（2006）基于中国文化思想系统提出了所谓的"C理论"；陈春花（2008）基于企业实践归纳提炼了本土行业领先企业成功模型；李平（2010）率先倡导管理本土化研究新范式；韩巍（2011）呼吁从哲学和研究认识论范式上推进本土管理研究；蓝海林和皮圣雷（2011）研究了中国转型期市场分割制度下企业集团化和多元化战略的模式与特色；郭毅（2010）则探讨了中国共产党成功之道及由此而来的国家资源动员体制的管理影响；黄光国等借助台湾地区社会科学经验探讨儒家文化与本土管理学建构道路（黄光国等，2014）；陆亚东等提出了基于东方文化和资源背景的企业战略成长的"合理论"范式（陆亚东等，2015）。

然而，需要指出，现代管理学理论大多源于西方，是基于西方社会文化与经济生活现实而提出的，主要反映了第二次世界大战以后以英美为主的西方市场经济国家工业化与现代企业发展过程的历史经验及影响。[①] 中国改革开放以来，它们在推动中国市场经济建设和企业规范化管理方面做出了重要贡献，但在解释中国企业制度与市场环境、产权与政商关系、本土国有企业运行逻辑、集体主义价值观、中国企业的灰度管理、儒家文化对中国企业的影响等方面也存在着

---

① 从管理理论的发展历史看，进入21世纪以后以英语为载体的欧美管理理论发展已经进入"后现代时期"，其内部亦有所分化，欧洲兴起了战略的实践观等各种新兴思潮，并且也产生了一定的区域文化主体性诉求，这一趋势参见 Whittington（2004）在《欧洲管理评论》创刊号上的讨论。实际上，目前中国管理学的发展应该被视作正在进入本地学术"现代化时期"，而非全球英语世界的"后现代时期"。因而，这也意味着英美管理学术在20世纪60—90年代的发展经验对当前中国更有借鉴意义，对英美管理学术发展教训的反思也有较大参考价值。

明显局限。而生产本土管理知识恰恰是弥补上述不足的重要途径。

从本土管理知识的需求侧来看,目前中国经济整体规模已达世界第二位,世界 500 强企业数量已位列世界第一,而且随着互联网、大数据、人工智能等前沿领域的突破,一大批中国本土企业快速崛起。这不仅意味着业界对于适合本土管理实践的理论指导需求将大幅增加,也为生产本土管理知识和"讲好中国故事"提供了丰富的素材。从供给侧来看,中国现有管理学术研究中,应用或发展西方现有理论和方法的文章较多,量化实证检验范式居于主流,如何讲好中国故事已成为当下以及未来较长时期内亟待破解的难题。毋庸置疑,罔顾情境的切题性、一味追求严谨性的做法不仅限制了中国管理理论的发展,甚至对管理学知识的运用和发展也是有害的(徐淑英和贾良定,2008;陆亚东,2015;陈明哲和陈天旭,2019)。

综合来看,中国本土管理知识的生产与本土管理学研究,需立足于本土企业实践和多学科全局,避免片面式形而上学与机械唯物主义思考,审慎而行,才能在中西融合、古今融合、天地融合的方向上探索出新道路(陆亚东,2015)。

二、入世式学术作为一种管理知识生产方式

十多年来,以美国组织管理学家范德文为核心的管理学界的有识之士,在全球范围内呼吁和倡议引入"入世式学术",以便生产与实践相关的高质量管理知识(Van de Ven and Johnson, 2006; Van de Ven, 2007; Van de Ven and Jing, 2012; Van de Ven et al., 2018; Tsui, 2018)。这种管理的入世式学术,要求研究者面对复杂的现实世界问题时,要充分考虑复杂情境中实践者、多学科研究者或政策制定者等利益相关者的观点和需求,以某种充分知情或者合作方式生产一种综合的解释性理论、干预性政策框架或特定行动方案,以更好地解释或解决现实世界的问题(Van de Ven, 2007)。图 2 是入世式学术的典型过程"钻石模型"。

虽然近些年来管理学界在解决管理研究与实践脱节方面提出了不少改进措施或改革建议,也有学者对入世式学术的实践操作效果表示怀疑(McKelvey, 2006),但是从系统完整性、操作方法论、哲学与认识论基础等方面来看,入世式学术无疑是一种富有前景的兼顾严谨性和切题性的本土管理知识生产方法论及研究范式(Van de Ven, 2007)。因此,本文尝试回顾性地挖掘二战以后世界管理学思想发展早中期的重要历史和典型人物,钩沉历史,臧否人物,意图"以史

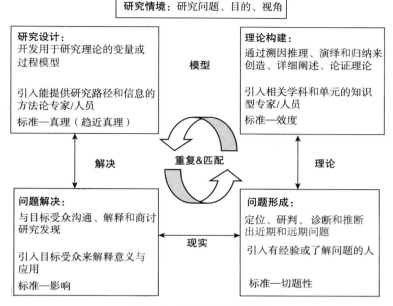

图 2 入世式学术钻石模型

资料来源：Van de ven(2007)。

为镜,可以知兴替;以人为镜,可以知得失",进而探究入世式学术在生产本土高质量管理知识方面的成功经验、现实条件与未来前景。

实际上,国际战略管理思想界的资深学者约瑟夫·马奥尼(Joseph Mahoney)在回顾20世纪中叶战略管理的先驱性著作伊迪丝·彭罗斯(Edith Penrose)的《企业成长理论》(The Theory of the Growth of the Firm)时就已经发现了入世式学术作为一种管理知识生产方式的重要价值。在2000年,他和合作者对该经典著作的回顾性分析中系统阐释了该理论的内容、生产过程和巨大影响,他们发现彭罗斯在《企业成长理论》正式出版前经历了多方面的互动型学习过程,包括:(1)对熟悉现实世界问题的经理人的访谈;(2)与学生和同事的交流;(3)对企业成长经济理论的研究;(4)企业史的研究;(5)对企业文献和年报的研究;(6)广泛的企业访问和观察(Kor and Mahoney,2000)。① 在2016年,他们更明确地指出彭罗

---

① 有趣的是,在彭罗斯专著的内容中,原计划安排一个由杜邦分立的炸药企业的详尽案例研究,后因篇幅限制而未包括在内,该案例随后发表在《哈佛企业史评论》上,参见彭罗斯(Penrose,1960)在文首的说明。实际上,这也佐证了彭罗斯在发展其企业成长理论时不仅运用了经济学主流的演绎推理方法,也综合运用了(案例研究)归纳方法和溯因推理等思维方法。关于彭罗斯企业成长理论构建方法的更详细分析,参见 Kor & Mahoney(2000)第111—113页的讨论。

斯就是入世式学术的典范(Kor et al., 2016)。在这个过程中,她做到了:(1)由实践者明确界定和告知问题及其要素,将研究建立在现实重大问题的基础上;(2)考虑和结合使用多个理论(甚至以当时非主流的理论为主导);(3)使用多种研究方法或"三角验证"(即使用多个数据源和多种方法分析数据);(4)综合使用演绎、归纳及溯因逻辑进行推理,实现理论的严谨性和切题性二者兼备,即进入"巴斯德象限"。事实上,正是由于上述的一系列特点,彭罗斯于1959年出版的《企业成长理论》达到了入世式学术的"钻石模型"的全部要求,因而兼具严谨性、切题性、基础性和创造性,并在全球范围内产生了持续半个世纪以上的影响力。

在中文管理学界,Van de Ven、井润田和李晓林(2020)发表的《从"入世治学"角度看本土化管理研究》一文,[①] 利用作者经历的两个中外典型研究项目——"明尼苏达创新研究项目"和中国情境下与"势"有关的组织变革理论发展,详细论述了开展入世式学术的基本过程:它分为"问题形成"(切题性)、"理论构建"(效度)、"研究设计"(趋近真理性)和"问题解决"(影响)四个阶段,如图2所示。研究人员可以通过让其他重要利益相关者,包括实践者、其他学科研究者及政策制定者等,参与到四阶段活动中,并且严格地遵守相关的分过程标准,从而促进管理理论和实践知识的高质量发展。实际上,在Van de Ven(2007)的专著中,也已提出了入世式学术在实践中的四种范式的划分,它基于两个维度:一是研究的目的是对基础性问题进行描述、解释或预测,还是要对应用型问题进行设计、评估或行动干预;二是研究者在研究时是作为外部观察者还是内部参与者。基于此,入世式学术的现实类型分为四种细分模式:获悉参与者信息的基础研究、与知情者的共同知识生产、政策评价科学(面向专业实践的政策/设计、科学评估研究)、行动/干预研究(面向委托人的行动干预研究)四类基本方式,如图3所示(Van de Ven, 2007)。

考虑到范德文和井润田的文章已对该方法论的四个过程及其经验进行了详细阐述,因此本文主要关注入世式学术在实践中的四种具体类型及其不同特点,并在文章以下部分对其分门别类加以阐述。[②]

[①] 实际上,井润田在2012年在国内学术界开始推介"入世式学术",最初称为"投入型学术研究模型",参见井润田和卢芳妹(2012)。在该方法论引入初期,国内也有人称之为"参与式学术研究"。

[②] 事实上,随着华为、阿里巴巴、腾讯、苏宁、小米、中国建材、海底捞、抖音等一批世界级企业的兴起与发展,关注实践的管理学者已经越来越深刻地认识到运用"入世式学术"的细分范式开展翔实而实用的本土管理学研究的重要价值与意义。

	研究问题/目的	
	描述/解释	设计/干预
外部分离	获悉参与者信息的基础研究　1	政策评价科学　3
内部关联	与知情者的共同知识生产　2	行动/干预研究　4

图3　入世式学术的不同类型

资料来源：Van de Ven（2007）。

首先，获悉参与者信息的基础研究（基础研究）。基础科学研究用于描述、解释或预测社会现象。这种形式既包括了基础社会科学的传统方式，研究者身处社会系统之外进行观察，也充分吸收相关研究成果、利益相关者和被研究者的意见与反馈。其中，其他视角的研究者、利益相关者和被研究者扮演建言者角色，研究者主导和管控所有研究活动，并依据自己的判断综合形成理论。

其次，与知情者的共同知识生产（合作研究）。与基础研究相比，合作研究这一类型更关注研究者与利益相关者的互动与配合。合作研究团队通常由内部人员和外部人员组成，双方联合行动以生产面向复杂问题或现象的基础知识。这种分工旨在充分利用不同研究团队成员的互补性技能，包括内部人员的实践经验与信息优势。合作研究主要关注同其参与者共同利益相关的基础问题，因而与下面两个象限的入世式学术的类型相比，应用导向较少。

再次，政策评价科学。这种类型的研究被称为"设计或政策科学"或"评估性研究"，它不仅是描述或解释某一社会问题，更重要的是获取基于证据的知识，以明确不同方案在解决实际问题时的效果或相对成功概率。研究人员对所要评估的设计或政策通常采取一种外部视角并保持距离，这是因为基于证据的评估需要多个案例的比较，与个案保持距离则是基于对评估结果的合法性和公平性的考虑。多方利益相关者的共同参与是必要的，但受到一定程度的限制，因为他们有机会影响与他们相关的评估性研究决策。在入世式学术模型中，这些决策包括了评估性研究的目的（问题设计）、用于评估的标准和模型（研究设计）以及如何分析、解释和应用研究发现（问题解决）。

最后，行动/干预研究。采用"临床式"干预路径去诊断和处理特定委托人的问题。行动研究在开始阶段是诊断委托人的特定问题或需求，研究者会使用基础科学或设计科学的知识,尽最大的可能去理解委托人的问题。但这些知识并不一定能完美适配于委托人的特定情境问题,需要更进一步地调整。行动研究项目通常包含多个试错的过程。行动研究者认为需要通过全面细致的干预与合理的判断来分析问题,这需要与委托方的人员一起进行较长时期的互动、专门培训和组织咨询,并最终形成一套解决方案。

入世式学术的四种类型适合处理不同的研究问题。究竟哪一类型最合适,则要基于主导研究者的研究兴趣、研究问题本身的社会影响、利益相关者的需求以及主要研究者决定采取的研究视角等情况而定。本文第三部分的示例性回顾将对此进行详细说明。

三、管理学历史上的入世式学术:示例性回顾

管理学的历史上,入世式学术有着丰富的成果。从美国的实践来看,早在20世纪40—60年代已涌现出彼得·德鲁克(Peter Drucker)《公司的概念》(Concept of the Corporation)、彭罗斯的《企业成长理论》、钱德勒的《战略与结构:美国工商企业成长的若干篇章》、斯隆的《我在通用汽车的岁月》(My Years With General Motors)、伊戈尔·安索夫(Igor Ansoff)的《公司战略》(Corporate Strategy)等多项奠基性成果。自20世纪90年代至21世纪,入世式学术的经典成果从吉姆·柯林斯(Jim Collins)的《从优秀到卓越》(Good To Great)和《基业长青》(Built To Last)、塔什曼的双元组织与持续创新、罗伯特·卡普兰(Robert Kaplan)和大卫·诺顿(David Norton)的战略地图与平衡记分卡、金伟灿(W. Kim)和勒妮·莫博涅(Renée Mauborgne)的《蓝海战略:超越产业竞争开创全新市场》(Blue Ocean Strategy: How To Create Uncontested Market Space and Make the Competition Irrelevant)、克莱顿·克里斯坦森(Clayton Christensen)的破坏性创新、凯瑟琳·艾森哈特(Kathleen Eisenhardt)的动态环境下的战略法则,到实业界流行的精益创业、从零到一、设计思维、商业模式画布、平台战略等,不一而足。实际上,基于日本企业界的实践,还产生了诸如全面质量管理、Z理论、准时制生产方式与丰田模式、知识创造型企业、公司核心竞争力、时间基础的能力竞争等入世式研究成果。上述这些研究成果不仅在实践界大放异彩,而且也对全球管理学的发展起到了重要的推动作用。

在本部分,基于管理学历史、成果典型性与影响力等综合考虑,我们选择了围绕通用汽车和华为这两家中外著名企业的相关研究,在学者方面则选择了入

世式学术的代表性人物之一、现任职于哈佛商学院的塔什曼教授作为典范,以其典型研究为例对入世式学术的四种类型及其影响进行较为详细的示例性说明。

(一)围绕通用汽车的入世式学术:20 世纪 40—60 年代

钱德勒是全球企业史的杰出学者、战略管理领域的奠基者之一,生前长期任职哈佛商学院教授。他在 1962 年的经典著作《战略与结构:美国工商企业成长的若干篇章》中提出"结构必须跟随战略"的管理命题,随后演化出战略管理学中的"战略—结构—绩效"(SSP)的研究范式。这本书的主题是美国大企业的成长以及它们的管理组织结构如何被重新塑造以适应这种成长。钱德勒选择了杜邦公司、通用汽车公司、新泽西标准石油(埃克森)公司和西尔斯公司这 4 家企业作为主要案例来研究向多部门组织结构转变的原因和过程,提出一个战略与结构互动的理论框架来说明战略如何影响组织结构这一过程。钱德勒的研究是以外部观察者的视角对通用汽车等企业进行案例现象的描述与解读,而后归纳出的战略与结构关系的理论框架,侧重于对案例的组织结构由职能制(U 型)向多部门结构(M 型)转变这一现象进行解读和学术解释,提炼出其背后的基础理论与通用性规律,因而属于第一种入世式学术,即"获悉参与者信息的基础研究"。

作为卓越的企业史专家,钱德勒在书中翔实的历史描述与经验总结深刻地影响了其后数十年经济学、战略管理和组织学三个领域的学术发展方向(Whittington,2008)。他对 M 型组织创新的描述和战略与结构匹配产生效率的观点,撼动了当时的主流经济学,为交易成本理论、多元化战略和组织权变理论提供了新的启示。例如,奥利弗·威廉姆森(Oliver Williamson)在 20 世纪 70 年代就利用交易费用观点对企业内部的等级结构和组织创新,特别是 M 型组织相对于 U 型组织的优劣进行了经济学分析,进一步推动了其后二十多年企业交易费用经济学的发展(Williamson,1981)。哈佛商学院的一群企业政策与战略管理博士生受他的影响开始利用更多的数据实证分析企业多元化类型、组织结构和企业绩效之间的关系。例如,著名的战略教授理查德·鲁梅尔特(Richard Rumelt)在 1974 年的博士论文就开创了全球范围内以经济学研究多元化战略效率及 SSP 研究范式的先河(Rumelt,1974)。此外,钱德勒对于组织资源和能力的关注也与当时刚兴起的企业资源基础观遥相呼应,书中通过企业历史提炼一般性理论的研究路径也鼓励了企业历史研究、纵向研究和案例研究等范式的兴起和发展(Whittington,2008)。

《公司的概念》是管理学大师德鲁克早期的著作,它首次将企业视为一种

"组织",并将对组织的研究确立为一个学科,进而产生"组织管理学"——对现代公司型组织的结构与功能、制度和社会人文进行有组织的系统研究。德鲁克指出,传统的社会学只知道社会和社区,但"组织"既不是"社会",也不是"社区"。《公司的概念》首次尝试解释一个大型公司组织实际上是如何运行的,它所面临的挑战、问题和所遵循的基本原理。由于前期撰写了《工业人的未来》(*The Future of Industrial Man*)一书,德鲁克受到了通用汽车公司邀请,从一个外部顾问的角度对它的管理政策和组织方式进行研究,这次研究历时18个月。然而《公司的概念》并未聚焦于通用汽车公司自身的问题,而是转向了引导企业关注如何履行社会责任——"企业所担负的责任不仅仅是股东的期望,更是它的管理阶层、一线员工以及它所在社区的发展与安宁,只有承担起如此重任的企业才会有持续的未来"。在当时,这是一本极少见的讲述企业的"局外人"从"内部"进行长期细致调研的著作。德鲁克将通用汽车公司视为一个原型,他认为通用汽车所面临的议题具有较强的普遍性和推广性,《公司的概念》中的指导和建议对于营利和非营利大型组织甚至是不同行业的现代组织都适用。显然,《公司的概念》可归入入世式学术的第三种类型——政策评价科学。

通用汽车总裁斯隆的《我在通用汽车的岁月》则属于入世式学术的第二种类型——与知情者的共同知识生产。德鲁克获得了研究经费,得以深入通用汽车内部,但《公司的概念》一书所却没有反映出通用汽车公司领导者的想法。通用汽车公司的本意是立足于商业,遵循经济逻辑,希望德鲁克能以局外人的身份探究通用汽车公司的问题,着眼于如何提高通用汽车的市场竞争力,如何更好地回报股东。但德鲁克转向了社会逻辑,更关注多元利益相关者,带着"对未来(美国理想)社会"的期待和自己的认知框架与理念对通用汽车公司的组织与管理过程进行分析,更像是借题发挥,这有悖于通用汽车请他来调研的初衷。斯隆对此十分不满,决定要拿出证据,告诉世人一个真实的通用汽车公司,于是便有了经典的自传性著作《我在通用汽车的岁月》。该书基于斯隆本人的经历、回忆和印象的同时,也参考了相关的历史档案记录和同事的讲述。书中叙事以董事会为中心扩展到生产部门,包括日常管理、执行官员、政策委员会、研发和行政组织,以及与生产部门之间的互动。斯隆聚焦于他所认为的对通用汽车演化史影响最大的因素——通用汽车分权组织的起源和发展、相应的财务控制,以及在激烈竞争的汽车市场上通用汽车以自己的方式所表现出的对"经营"这一概念的理解。从现代工业企业发展的历史经验来看,这些也确属于典型性的现代企业管理涉及的核心内容。这意味着斯隆等实践者的反应也确有其合理之处。事实上,据德鲁克自己的描述,他当时并非没有对通用汽车提出过具体的管理建议,而是在出版该书前随书稿附上的一封信中提出了相关的公司行动建议——包括重新考虑通用汽车的政策合理性,最大的雪佛兰分部从公司分离出来,独立成立一个公司,调整公司内部的劳工关系等,但这些建议未能得到公司管理层的重视,甚至引起强烈反对,这部分是由于当时他们所具备的管理知识不足,另一部分则是基于私有企业具备公共性质这一观点在当时的美国社会不能得到认同(德鲁克,1983:231—255)。一个有趣的事实是,德鲁克的《公司的概念》以及他所参与的当时通用汽车公司内部"我的工作以及我为什么热爱它"竞赛的调研报告却被日本人推崇备至,在书出版和报告写成后被很快译成日文,并以此为模板来改造企业的员工关系,从而对二战之后日本企业管理实践产生了重大影响(德鲁克,1983:239)。

显然,作为德鲁克与高管通信形式的通用汽车公司行动建议和内部研究报告的《我的工作以及我为什么热爱它(调研报告)》以及钱德勒给公司高管信函,属于基于内部调研而为通用汽车公司所提供了干预性的指导建议,属于行动/干预研究的入世式学术研究,即第四种入世式学术类型。

综上,围绕通用汽车的入世式学术研究类型如图4所示:

		研究问题/目的	
		描述/解释	设计/干预
研究视角	外部分离	获悉参与者信息的基础研究 ●钱德勒:《战略与结构:美国工商企业成长的若干研究》	政策评价科学 ●德鲁克:《公司的概念》
	内部关联	与知情者的共同知识生产 ●斯隆:《我在通用汽车的岁月》	行动/干预研究 ●通用汽车内部报告:《我的工作以及我为什么热爱它(调研报告)》 ●德鲁克给公司高管信函

图4 围绕通用汽车的入世式学术类型举例

(二)塔什曼的双元组织与创新研究:1980s—2010s

塔什曼是哈佛商学院企业管理讲座教授、领导力开发项目和DBA项目负责人。在四十多年的科研、教学、培训和咨询工作中,他取得了多方面的卓越成就,他在技术变革、组织双元能力、经理领导力和组织适应与创新等领域的研究涵盖了前述入世式学术的四种不同类型,并且相互协同,取得了世界级的影响力。本文以下略举数例,以述其要。

在"获悉参与者信息的基础研究"方面,塔什曼和大卫·纳德勒(David Nadler)在1980年发表的《组织行为诊断的模型》一文基于开放系统理论视角提出了一个用于分析组织运行与诊断组织问题的通用模型,被称为"N-T组织一致性模型"(简称N-T模型)(Nadler and Tushman, 1980)。这一模型描述了组织运行的"投入—转化过程—产出"三个部分中多种要素对组织产出的影响,试图提供一个能将组织视为包含了多个子系统的整体系统的理论框架。其中,N-T模型中将影响组织绩效的内部因素分成了"关键任务/次序、正式组织、非正式组织、个体"四类共六种匹配关系的协作系统。N-T模型是塔什曼教授进行的组织管理领域"基础研究"的开始和一个重要理论开发例子。事实上,在随后的近三十年科研中,塔什曼进行了不少这方面的经典研究。例如,在2005年发表的《管理战略冲突:一个针对创新流的高层管理模型》一文指出,组织的持续性发展需要高层管理团队有效地管理探索和利用两种矛盾活动,这种战略冲突会带来管理上的巨大挑战,而成功处理这种挑战必须在高管团队层面上有成熟的体制与机制(Smith and Tushman, 2005)。在上述研究中,塔什曼和合作者均采用了外部立场,基于多元理论视角,遵循演绎逻辑,围绕组织与管理的基础问题提出了解释性的整合理论框架。

塔什曼通过IBM案例探讨动态能力和双元性的两篇论文属于"与知情者的共同知识生产"类型。2007年,塔什曼与合作者发表《IBM的动态能力:驱动战略付诸实践》一文,其合作者J. B. 哈雷尔德(J. B. Harreld)时任IBM营销与战略高级副总裁,另外一位合作者C. 奥赖利(C. O'Reilly)则是任职斯坦福商学院的组织行为学教授(与塔什曼教授的研究重点正好互补)。他们详尽描述了IBM如何从一家濒临失败的科技公司重新崛起为信息系统解决方案提供商的成功经验(Harreld et al., 2007)。他们基于20世纪末IBM的"让大象跳舞"转型实践和创新型战略规划经验,通过动态能力视角整合了战略业务设计模型(战略洞察)与组织一致性模型(战略执行),解释了IBM将战略洞察一步步转为可落地的战略行动的过程,提出了后来被战略咨询界广泛推崇的IBM业务领先模型。实际上,此模型的执行部分就是塔什曼和纳德勒在1980年所提出的N-T组织一致性模型,而战略设计部分则整合了当时有前瞻性和实用性的战略业务设计操作模型(武亚军和郭珍,2020)。在2009年,他们三位继续合作,又发表了《组织双元性:IBM与新兴业务机会》一文(O'Reilly et al., 2009)。他们首先对组织演化理论中尚未应用到组织发展部分进行了简要回顾,进而阐述了这些研究如何丰富了组织双元性、动态能力和组织适应等方面的研究。结合IBM的实践经验,他们解释了IBM如何借助已有成熟业务和技术——所谓的"利用",同时又借助新兴业务组织(Emerging Business Organization, EBO)——所谓的"探索",以实现组织双元性与动态适应环境变革的过程。在这一过程中,既回应了演化理论关于组织多元选择的观点,亦展示了大量IBM在适应外部环境的实践中行之有效的行动方案或工作机制,包括如何识别和发起一个新的EBO,如何开展试验使EBO成长,如何将成功的EBO转为成熟单元,同时继续繁衍新的EBO,等等。

在"政策评价科学"方面,塔什曼与奥赖利合作,从外部观察者的视角总结提炼出组织变革与创新政策的若干指导框架。1997年两位合著《赢在创新:领导组织变革与更新的实践指导》一书Tushman and O'Reilly(1997),后于2018年被引入中国,中译名改为《创新跃迁:打造决胜未来的高潜能组织》。它从组织体系的四大构件,即N-T模型的四个组织要素——任务/次序、人才、正式组织和文化——入手,通过分析四大要素之间的一致性,来诊断企业问题并发现跃迁式创新的机会,为企业如何实现"右手利润、左手创新"的组织双元能力这一重要问题提供了实践指南,体现了实践经验与管理学理论的有效融合。在书中,他们结合瑞士手表、半导体、IBM、FedEx、GE等案例阐释其论点,其解决方案和建议基于管理实践导向,从实战中提炼,也得到了大量的实践检验。他们指出,书中所介绍的方法并不需要外部顾问和复杂技术,从CEO到基层的各级管理者都可广泛使用,所开发的组织模型是引导组织变革的有效工具,而其前提是管理者理解组织的独特文化和组织成员行为。实际上,书中的大部分内容都可以应用到管理实践中,即便是一线管理者也能从书中获得许多实践性指导和有益洞见,帮助他们应对和管理组织变革问题。在2008年,两位学者又更进一步结合动态能力理论的发展,发表了《作为一项动态能力的双元性:解决创新者的两难》一文,将组织双元性嵌入动态能力理论框架中,然后结合现实案例提出组织双元性应在何时纳入组织设计范畴等若干行动建议框架,这与其哈佛商学院同事、创新大师克里斯滕森强调互联网新业务在结构上需要完全独立于旧业务有明显不同(O'Reilly and Tushman, 2008)。

"行动/干预研究"方面,塔什曼等人在《相关性与切题性:作为实践与研究杠杆的管理教育》一文中有多处讨论,并且基于其领导力培训项目实践指出,传统的商学院教育没有处理好理论与商业实践这二者之间的关系(Tushman et al.,

2007)。他们根据过去的领导力培训项目经验和实地调研指出,相对于传统的管理学教育,行动学习项目在提升个体和组织绩效方面具有更显著的作用,是商学院桥接严谨性和切题性的重要途径。通过对64位参与哈佛商学院"引领变革和组织更新"(LCOR)管理教学项目经理人的访谈,他们发现行动导向式管理教学可以使业界管理者与研究者深度互动和链接。实际上,文中讨论了IBM利用该项目促进了业务设计与实施的连接的过程,前面所述的IBM-业务领先模型(BLM)就诞生在此过程中。在这一系列的企业行动学习项目中,塔什曼所在的哈佛商学院与IBM合作,IBM的相关负责人精选出一系列公司层面的问题,在为期3天半的工作坊中,在塔什曼指导下,由大家讨论行动计划及其相应的实施工作。通过这种方式,塔什曼为企业提供了一种平时难以获得的开放式学习平台,并在坦诚、务实和专业性的有效结合中取得了优秀的实践绩效。

需要指出的是,上面介绍的论文与著作只是塔什曼教授进行的入世式学术活动的一小部分成果。直到最近十年,他还非常关注智能互联时代企业如何持续变革和创新从而保持可持续发展。在这方面,他和合作者一起出版了实践指导类书籍《领导可持续变革:一种组织视角》(Henderson et al., 2015),与年轻学者一起合作发表论文探求对企业平台、众包和用户创新等有效机制的理解(Felin et al., 2017),以及对在位企业的创新适应中认知与情绪框架的灵活性来源进行更深入的学术探讨(Raffaelli et al., 2019)等。

综上,文中讨论的塔什曼研究成果的入世式学术类型如图5所示:

	研究问题/目的	
	描述/解释	设计/干预
研究视角 外部分离	**获悉参与者信息的基础研究** ●《组织行为 诊断的模型》（Nadler and Tushman, 1980） ●《管理战略冲突：一个针对创新流的高层管理模型》（Smith and Tushman, 2005）	**政策评价科学** ●《赢在创新：领导组织变革与更新的实践指导》(Tushman and O'Reilly, 1997) ●《作为一项动态能力的双元性：解决创新者的两难》（O'Reilly and Tushman, 2008）
内部关联	**与知情者的共同知识生产** ●《IBM的动态能力：驱动战略付诸实践》（Harreld et al., 2007） ●《组织双元性：IBM与新兴业务机会》（O'Reilly et al., 2009）	**行动/干预研究** ●《相关性与切题性：作为实践与研究杠杆的管理教育》（Tushman et al., 2007） ●引领变革和组织更新（LCOR）项目

图5 塔什曼研究成果的入世式学术类型举例

（三）围绕华为实践的入世式管理学术：20世纪90年代—21世纪10年代

作为一个本土新兴企业的典范，华为一直是中国入世式管理学术的重要研究对象。华为公司自1987年创业起，筚路蓝缕，披荆斩棘，成长为如今的国际通信业科技型企业航母。近二十多年来，商界和学术界针对华为的研究层出不穷，遍及企业管理创新与公司基本法（黄卫伟等，1998）、华为研发管理（张利华，2009）、均衡发展模式（吴春波，2009）、企业战略模式（武亚军，2009）、战略领导（武亚军，2013）、人力资源管理（黄卫伟，2014）、管理哲学（田涛和吴春波，2015）、管理变革（吴晓波等，2017）、双元能力与知识管理（董小英等，2018）等多个领域。这些成果的研究范式大多符合入世式学术的基本逻辑，也充分说明入世式学术非常适合开展本土企业案例研究。

首先，必须提到的是1996年任正非邀请中国人民大学六位教授全面梳理华为过去经验、现实挑战和未来行动纲领，其结果就是两年后颁布的华为公司《基本法》（共103条），它可以看作一个针对华为的行动/干预研究的成果，即第四种入世式学术。随后公开发表的合著《走出混沌》（黄卫伟等，1998）则作为对华为《基本法》的解读和理论说明（其中包含了一章任正非在《基本法》编写中的谈话记录），汇集了"共同生产"和"干预研究"两种成果。华为公司的行动及上述成果也代表了改革开放以后中国本土新兴企业率先系统尝试构建战略管理体系的一个早期成功范本。

田涛和吴春波长期担任华为公司的管理顾问，他们合著的《下一个倒下的会不会是华为》（2015）系统介绍了华为的发展历程，并对其"以客户为中心""以奋斗者为本""开放、妥协、灰度""自我批判"等企业战略思想、价值观与管理哲学进行了细致全面的解读，可视为第一种入世式学术"基础研究"。该书得到了华为高层管理者的认可，并由华为大学内部教员推荐给受训员工进行阅读。武亚军（2009）的《中国本土新兴企业的战略双重性：基于华为、联想和海尔实践的理论探索》一文同样可归为"基础研究"。文章探讨了中国转型发展时期的制度与产业的复杂动态特征及传统文化特质的战略影响，提出了本土新兴成长型企业需具备战略复杂—简练双重性的理论观点，反映了CAGE框架下与西方不同的本土情境特点。

继续担任华为顾问的黄卫伟在2014年又联合华为内部人士推出了华为内部文件汇编三部曲之一的《以奋斗者为本》，也即华为公司的人力资源管理纲要。书的上部"价值卷"首次全面整理了"全力创造价值""正确评价价值"与"合理分配价值"的内容,折射了华为价值管理的政策精髓与核心条目,可看作"与知情者的共同知识生产"的入世式学术。

除上述研究之外,还有许多重要成果,如吴春波的《华为没有秘密》(2016)、《华为没有秘密2》(2018)、吴晓波等人的《华为管理变革》(2017)以及武亚军(2013)关于任正非认知模式的研究等。这些研究主要探讨了华为的管理哲学、人力资源政策、变革管理和领导人战略思维模式等,更偏重于从外部专家视角探讨源于华为的通用解释性理论问题,可归为入世式学术中的"获悉参与者信息的基础研究"类型。董小英等《华为启示录:从追赶到领先》(2018),也是从外部专家视角入手,其内容既有组织双元性基础理论的提炼总结,也有评估干预的内容,可视作"基础研究"和"政策评价科学"两种类型并存。

华为大学主编的《熵减:我们的活力之源》整合了内外部专家的研究成果,解释了华为企业管理中的"熵减"原理(华为大学,2019)。黄卫伟等人的华为系列研究,如《以客户为中心》(2016)、《价值为纲》(2017)等,以及彭剑锋等人的"华夏基石E洞察系列"中的华为研究——包括《激荡2019:从思想的云到实践的云》(彭剑锋等,2019),多来自与华为内部人士合作和调研后所进行的整理和概括性抽象总结。武亚军和郭珍(2020)在借鉴塔什曼等人的IBM业务领先模型(IBM-BLM)基础上结合华为的战略管理实践与相关资料,总结了华为业务领先模型——HW-BLM,从战略经营与管理角度解释了华为的成功经验并提出了一个系统的理论框架(如图6所示)。与IBM-BLM模型相比,HW-BLM模型突显了三个独特元素("三特")和四个创新特质("四新"),体现了转型发展经济中的企业长期持续成长须依赖的三个关键作用机制及四个重要价值创新环节——产权与内部治理的制度奠基作用;企业宗旨的战略引领作用;考核与价值分配的人才激励作用和产权动态优化作用;华为价值观的创新;战略领导力创新;竞争战略创新;战略执行中关键任务的流程化、解码化和整合化创新。HW-BLM模型对转型发展经济中追求长期成长的高科技企业或人本型企业有广泛而重要的借鉴及应用价值。[①] 葛明磊(2015)在入职工作和实地调研基础上,整理归纳了华为大学"人力资源业务伙伴"项目(HRBP)的人才培养模式。上述

---

① 此处,HW-BLM模型中特别指出了华为价值观:以客户为中心、以奋斗者为本、长期坚持艰苦奋斗的重要性,就如IBM-BLM模型中把IBM价值观作为模型底座一样。在其他企业的借鉴和应用中,需要根据HW-BLM基本框架,塑造适应自身特性的企业价值观,并开展系统的战略经营、组织实施与变革管理。该模型的应用要求参见武亚军和郭珍(2020)的讨论。

研究皆可归入"与知情者的共同知识生产"。2018 年开始,彭剑锋、吴春波等与华为合作的《华为公司人力资源管理纲要 2.0 总纲(讨论稿)》,则主要是通过人力资源政策研究为华为新时代的人力资源管理政策改革出谋划策,并且已在华为内部试用修改,目的是进行具体的行动指导,符合"行动/干预研究"的特征。

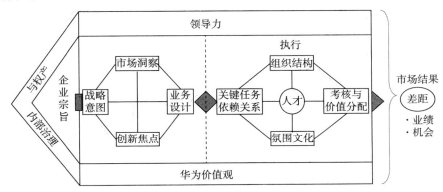

图 6　华为业务领先模型(HW-BLM)

资料来源:武亚军和郭珍(2020)。

综上,前述华为研究与入世式学术之间的关联可总结如图 7 所示:

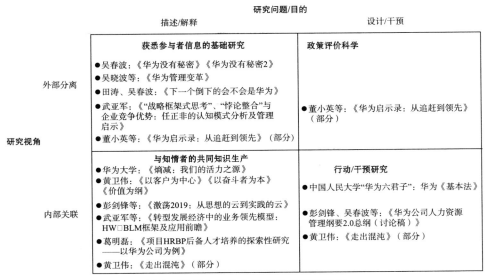

图 7　围绕华为的入世式学术类型举例

需要特别注意的是,以上所述的各项研究,分别是在特定时期的美国市场经济和中国转型发展经济情境下进行的,并且以特定语言发表——分别是英语和汉语,其研究成果中的一些本地化假定或前提往往是隐而不彰的,并且不涉及全球应用有效性问题。实际上,在国际比较研究或者以国际语言(英文)发表的本土企业的入世式研究有利于将 CAGE 框架等所强调的国家情境差异纳入学术考虑范围之内,并提出有普遍意义的新理论或新框架。例如,著名华人国际商务学者陆亚东在考察来自中国等发展中经济体的跨国企业的成长时,就发现全球化过程中新兴经济体的企业所具备的能力和竞争优势与发达经济体企业不同,这与其所面临的特定的社会、法律与规制、科技、组织和市场等环境状况有关,在充分考虑这些特点后他提出了新兴经济体跨国企业国际化发展的跳板理论(Luo and Tung, 2007)、跨国企业发展的阶段性模型和创新模仿能力的 CHAIN 框架(Luo et al., 2011a)、跨国企业成长的复合基础观(Luo and Child, 2015)等新观点。实际上,他在更早研究新兴经济体跨国企业的特征时,就发现了这些企业在适应本地复杂的文化、制度和经济元素时形成的"大双元能力",而这与发达经济跨国公司的双元能力显著不同(Luo and Rui, 2009)。基于这些系统观察与对比他与合作者敏锐而正确地提出在全球战略管理学术研究中要推进"比较战略管理学"(CSM),并提出了一个"统一的比较战略管理研究框架"(Luo et al., 2011b)。近年来,他更明确地提出全球企业要在复杂的跨文化环境中长期发展,必须在文化上吸收东西方优势实现融合创新,而有效的全球战略管理研究也需要在认识论上实现中西文化双融,特别是吸收借鉴东方的阴阳辩证系统观及哲学智慧,因为包括亚里士多德形式逻辑和黑格尔辩证法在内的西方认识论体系对于如何有效管理高度复杂性、悖论和高度不确定性显得力不从心,需要借助中国老子的阴阳辩证观及其深层哲学智慧来帮助面对今日世界悖论管理之巨大挑战(Luo and Zheng, 2016)。

四、 总结与展望

(一)入世式学术对中国本土管理知识生产具有重大价值

通过上述简要的历史回顾,可以得出以下五个结论:第一,尽管每种范式有不同的研究目的、立场和研究方式,但前述的四种类型的入世式学术都可以产生富有理论意义或实用价值的管理知识,并推动全球范围内的本土管理学科的发展。因此,我们大力倡议中国管理学发展中积极借鉴并注意平衡四种入世式学术生产方式,促进多种管理知识的繁荣和共存。第二,历史上以工业经济之典范——通用汽车为基础的入世式学术曾对美国为主要诞生地的现代公司管理和组织理论、战略管理学和交易费用经济学的发展起了重要的推动作用,而在中国管理学发展的起步阶段,我们理应以此为镜像,聚焦现代中国工业经济、信息经济或者知识经济典范企业的入世式学术研究,以此推动中国本土管理学理论的大发展。第三,近二十年来围绕中国典范企业华为的相关研究说明,管理的入世式学术曾经而且正在对中国本土管理知识的生产产生重要的推动作用与实践价值,我们有理由也有责任进一步深化这种基于重要本土典范企业实践的学术研究,并且应该也能够从中挖掘出更大的管理学理论意义——就如同美国管理学术历史上鲁梅尔特、威廉姆森等从钱德勒的综合案例研究中获得的理论启发一样。第四,美国杰出管理学者塔什曼教授四十多年的学术生涯很好地说明了入世式学术的知识助推作用,而且,他的案例说明四种入世式学术可以在一位优秀的管理研究者身上得到综合运用,并取得良好综效和世界级的卓越贡献。因此,我们期待中国本土有更多管理学者能走出单一范式的束缚,尝试多元综合的入世式管理学术。最后,值得指出的是,无论来自美国经济社会情境下通用汽车和塔什曼的示例,还是中国情境下的华为示例,开展入世式学术研究的基本原则是共通的;而从本土知识生产的历史阶段来看,中国尚处于现代管理学术的发展初期或起步期,学术发展方法论的关注点需要回溯美国 20 世纪 70、80 年代以来本地(英文世界)管理知识建构的历史经验,并结合当下中国实践和未来的需要,综合借鉴多种方法论及其精髓,进而促进高质量的契合中国本土情境的管理知识的生产。

(二) 入世式本土管理研究的新机遇与要求

正如 Van de Ven et al.(2020)指出的那样,"入世治学是进行严谨的本土化研究的一种建设性方式,通过参与和沟通不同社群利益相关者的观点,本土化研究既可以追求本地知识创新也可以追求全球知识积累"。随着中国经济高速发展,实践中涌出了大量优秀本土企业的案例,研究者也可以低成本地获取大量的多媒体资料,这些都预示了在当下开展入世式本土管理研究的巨大机遇。特别是近年来中国的互联网基础设施与数字经济、智能化、创新创业的兴起以及供给侧结构性改革、新旧动能转换等经济发展方式的转变,为研究本土管理问题提供了典型场景。一批世界级企业或正在向世界级企业迈进的优秀企业,如华为、阿里巴巴、腾讯、小米、苏宁、京东、中国建材、海底捞、方太、滴滴、抖音等,它们为中国本土管理研究的发展提供了大量有价值的实践素材和现实的需求牵引。

在上述形势面前,中国本土管理学研究者亟须走出象牙塔,打破传统思维的束缚,将研究目光重新投向本土管理实践,素材扎根,方法精良,在进行大规模多类型的入世式学术研究的基础上建构"管理的中国理论"。我们既需要不直接为实践服务的纯学术产品,更需要能对中国管理实践产生影响的实践型理论与应用型知识,需要在研究范式和方法论提升的基础上发展有世界水平的"中国学问"(武亚军,2015;2020)。

需要指出的是,高质量的入世式学术研究需要更高水准的"冶炼术",并需要付出前所未有的艰辛努力。首先,入世式本土管理研究对研究者的理论素养和实践感知有较高的要求,它要求中国管理学术共同体中众多学者具有植根本土发展中国学术的理论自觉与文化自信。其次,对实践素材与案例事实的"三角验证"也要求研究者真正摆脱急功近利的研究动机,与研究对象开展长期有效的深度交流与对话。最后,高质量入世式研究需要方法论和认识论的学习与融合,它既依赖于本土学者能否创造性地吸收包括"入世式学术"在内的方法论和研究范式的精髓,还依赖于学者在分析问题时真正做到"由表及里,由此及彼,去粗取精,去伪存真",并且需要追求极致的学术精神的回归,"人心惟危,道心惟微,惟精惟一,允执厥中"(陈明哲,2018)。

(三) 走向新时代的本土管理学术发展倡议

在 21 世纪互联网革命所引发的智能互联新时代,倡导中国本土化管理研究不仅因为目前高质量本土研究匮乏的现状,更重要的原因在于所谓的"世界是平的"可能只是表象,印裔战略学者格玛沃特(2010)所提出的"半全球化"或"笼子中的全球化"(CAGE 差异框架)才真实反映了全球化的真实。这里我们在 CAGE 前面要加上 L,特指语言(Language)的差异——如英语、汉语或德语等的不同影响。考虑 L-CAGE 框架,这意味着中国所指的学术概念的含义与它们的英语对应词原本的含义可能相去甚远。比如"辩证法"相较于"Dialectics",更有相反相成的含义(田辰山,2016)。实际上,在中国管理的研究成果中,我们看到学者们对汉语及其背后蕴藏的历史与中国传统哲学等探究较少,这愈发引起我们的思考,半全球化和技术革命的新时代亟须彰显理论自觉和文化自信的中国学术,发展"有世界水平的中国学问",打造有扎实根基的中国管理知识大厦(武亚军,2020)。必须指出,要实现这一宏大的历史性目标并不容易,它需要中国管理学术共同体共同承担大量的艰苦努力,特别是学者群体要大力开展具有新时代哲学精神指导的学术研究(方克立,2008;武亚军,2020)。

首先,我们需要树立实践思维与主体意识。中国的管理及管理研究的主体是中国人,加强哲学主体性原则,在融合西方管理研究范式思维和中国辩证思维基础上进行融合创新(武亚军,2020)。一方面,它要求我们深入探讨西方管理研究范式包括入世式学术背后的认识论和本体论假设,吸收其方法论与研究哲学精华(黄光国,2013;武亚军,2015);另一方面,它也要求我们发扬中国辩证思维精神,坚持马克思主义的实践本体世界观和"具体问题具体分析"的优良传统(张奎良,2005;方克立,2008)。我们需要遵循历史唯物主义和辩证思维逻辑的基本原则,既关心现实状况,也要回溯历史过程,具体地历史地看问题(方克,1985),同时坚持分析与综合的统一(冯契,2015)。实际上,西方的二元对立思维与中国的通变互系思维之间的结构差别,往往成为两种文明背景中的人们在认知和判断上相互误解的关键(田辰山,2016)。因而,我们更需要坚持辩证的综合创造观,在辨识东西方文化优劣短长的基础上,弘扬民族主体精神,走中西融合之路,以创造的精神从事综合并在综合的基础上有所创造(张岱年和程宜山,2015),这样才能真正在管理理论发展上实现"以我为主,博采众长,融合提炼,自成一家"。

其次,要拓展中国管理学术共同体的责任感与机构差异化定位意识。中国管理学术共同体由学术机构(大学商学院和管理学院)、学术期刊、学会及教育管理部门和大量教育背景不同的学者群体等构成。要全面推进新时代中国本土管理知识体系的发展,需要各个学术机构、学术期刊的领导者勇敢承担历史责任,根据自身的资源与使命,大力开展学术创业或创新实践,如成立新学术期刊或促使期刊转型、举办名家专栏、组织学术专题特刊和凸显办刊特色等一系列新举措,在互联网与信息技术革命的新时代中国的商学院和管理学院等学术机构也需要根据新时代商学发展的趋势提出新使命、调整学术定位或提出创新型解决方案。① 事实上,美国的管理学学术期刊在 20 世纪 70、80 年代以后就处在不断演进和发展之中,目前仅就美国管理学会范围内就设立多种不同导向和定位的学术期刊,如以发展管理理论为定位的 AMR(*Academy of Management Review*),以发表经验研究为主的 AMJ(*Academy of Management Journal*),以管理实践者为主要对象的 AMP(*Academy of Management Perspective*),以管理教育与学习方法为定位的 AMLE(*Academy of Management Learning & Education*)等。此外,美国管理

---

① 事实上,中国一些著名管理学院已经在这方面展开了一系列可贵的尝试,如上海交通大学安泰管理学院设立了行业研究院,浙江大学管理学院设立了全球浙商研究院以及构建"商学+"开放平台模式等。

学界还有若干面向管理者及经理人的实践导向类知名刊物,如《哈佛商业评论》（HBR）、《加州管理评论》（CMR）和《斯隆管理评论》（SMR）等。上述简单比较的一个明显的政策启示,就是中国教育管理与媒体出版部门需要减少或放松对学术刊号的管制,让学术思想在刊物差异化定位和充分竞争中繁荣发展。

再次,要提升本土管理学者的学术定位意识与"入世治学"方法论技能。尽管前述通用汽车、华为案例和彭罗斯、塔什曼为入世式学术提供了优秀范例,[①]但在目前中国学术环境下其实施过程中仍有诸多困难和限制性因素,亟待管理学者提高学术定位意识与"入世治学"的方法论技能。一方面,大量的不同教育背景的中国管理学者可以根据自身的学术训练和学术志向在"理论—实践"之间确立合理策略定位（武亚军,2015）；另一方面,有志于发展本土管理理论的学者需要提升多种"入世式学术"技能。以"与知情者的共同知识生产"为例,研究者或是以"局外人"从"内部"进行长期细致调研,或是与知情者建立长期密切的合作与信任关系并获得相应的研究协作。管理学者可以参考以下方式与实践者建立联系,拓展入世式学术研究的机会:(1)为企业、政府、事业单位等提供咨询服务;(2)兼任企业外部董事或担任专业咨询公司的顾问;(3)依托高校案例中心,借助 MBA、高管培训班等在职学员,合作开发研究型和教学型案例;(4)与政府机构、学术组织、行业联盟等平台合作,由平台牵头对关联组织进行调研等。当然,管理学者没有必要亲自运作企业或组织,而是应明晰自身所肩负的学术责任,深入了解管理实践,获得翔实系统的多种资料,在为企业和各类组织提供有价值服务的同时,借鉴多类型的"入世式学术"方法路径,实现理论与实践的良性互动。

最后,值得指出的是,入世式学术是西方管理学者基于西方现实情境和研究环境所提出的方法论和认识论,我们需要辨识入世治学模式本身适用的现实前提与哲学假设（武亚军,2020）。在中国本土文化与研究情境下,学者们对该模型进行修改、调整和测试是非常重要的,一旦融入中国本土研究情境中,研究的各方利益相关者也需要熟悉入世治学模型并使之合法化（Van de Ven et al.,2020）。毕竟,从根本上来说,经济学和管理学,既是社会启蒙的科学,也是社会设计的科学（厉以宁,2018）。

[①] 实际上,前述彭罗斯的企业成长理论就是图 3 所示的"入世式学术"的第一种类型的范例,她能在充分听取企业实践者意见的基础上,通过深度案例研究、实地观察、与奥地利经济学派之博士导师兼同事的讨论,结合已有市场非均衡理论及多种实践素材进行综合创新,成为企业资源基础观和国际企业成长理论的拓荒者和先驱学者。

参考文献

CHEN M. Becoming ambicultural: a personnel quest and aspiration for organizations[J]. Academy of Management Review, 2014, 39(2): 119-137.

FELIN T, LAKHANI K R, TUSHMAN M L. Firms, crowds, and innovation[J]. Strategic Organization, 2017, 15(2): 119-140.

GHEMAWAT P. Semiglobalization and international business strategy[J]. Journal of International Business Studies, 2003, 34(2): 138-52.

HARRELD J B, O' REILLY C A, TUSHMAN M L. Dynamic capabilities at IBM: driving strategy into action[J]. California Management Review, 2007, 49(4): 21-43.

HENDERSON R, GULATI R, TUSHMAN M L. Leading sustainable change: an organizational perspective[M]. Oxford: Oxford University Press, 2015.

KOR Y Y, MAHONEY J T, Siemsen E, et al. Penrose's the theory of the growth of the firm: an exemplar of engaged scholarship[J]. Production & Operations Management, 2016, 25(10): 1727-1744.

KOR Y Y, MOHANEY J T. Penrose's resource-based approach: the process and product of research creativity[J]. Journal of Management Studies, 2000, 34(4): 109-139.

LUO Y, CHILD J. A composition-based view of firm growth[J]. Management and Organization Review, 2015, 11(3): 379-411.

LUO Y, RUI H. An ambidexterity perspective toward multinational enterprises from emerging economies[J]. The Academy of Management Perspectives, 2009, 23(4): 49-70.

LUO Y, SUN J, WANG S L. Emerging economy copycats: capability, environment, and strategy[J]. The Academy of Management Perspectives, 2011a, 25(2): 37-56.

LUO Y, SUN J, WANG S L. Comparative strategic management: an emergent field in international management [J].Journal of International Management, 2011b, 17(3): 190-200.

LUO Y, TUNG R L. International expansion of emerging market enterprises: a springboard perspective[J]. Journal of International Business Studies, 2007, 38(4): 481-498.

LUO Y, ZHENG Q. Competing in complex cross-cultural world philosophical insights from Yin-Yang[J]. Cross Cultural & Strategic Management, 2016, 23(2): 386-392.

MCKELVEY B. Van de Ven, Johnson's "engaged scholarship": nice try, but…[J]. Academy of Management Review, 2006, 31(4): 822-829.

NADLER D A, TUSHMAN M L. A model for diagnosing organizational behavior[J]. Organizational Dynamics, 1980, 9(2): 35-51.

O' Reilly C A, Harreld J B, Tushman M L. Organizational ambidexterity: IBM and emerging business opportunities[J]. California Management Review, 2009, 51(4): 75-99.

O' REILLY C A, TUSHMAN M L. Ambidexterity as a dynamic capability: resolving the innovators dilemma[J]. Research in Organizational Behavior, 2008, 28, 185-206.

PENROSE E T. The growth of the firm a case study: the Hercules powder company[J]. Business History Review, 1960, 37(1): 1-23.

RAFFAELLI R, GLYNN M A, TUSHMAN M L. Frame flexibility: the role of cognitive and emotional framing in innovation adoption by incumbent firms[J]. Strategic Management Journal, 2019, 40(7): 1013-1039.

ROBEY D, TAYLOR W, GRABOWSKI L. Pragmatic rigor: principles and criteria for conducting and evaluating executive scholarship[J]. Engaged Management Review, 2018, 2(3): 51-64.

RUMELT R. Strategy, structure, and economic performance[M]. Cambridge: Harvard University Press, 1974.

SMITH W K, TUSHMAN M L. Managing strategic contradictions: a top management model for managing innovation streams[J]. Organization Science, 2005, 16(5): 522-536.

TSUI A S. Commentary on opportunities and challenges of engaged indigenous scholarship[J]. Management & Organization Review, 2018, 14(3): 463-466.

TUSHMAN M L, O'REILLY C A, FENOLLOSA A, et al. Relevance and rigor: executive education as a lever in shaping practice and research[J]. Academy of Management Learning& Education, 2007, 6(3): 345-362.

TUSHMAN M L, O'REILLY C A. Winning through innovation: a practical guide to leading organizational change and renewal[M]. Boston: Harvard Business School Press, 1997.

VAN DE VEN A H. Engaged scholarship: a guide for organizational and social research[M]. Oxford: Oxford University Press, 2007.

VAN DE VEN A H, JING R. Indigenous management research in China from an engaged scholarship perspective[J]. Management and Organization Review, 2012, 8(1), 123-137.

VAN DE VEN A H, JOHNSON P E. Knowledge for theory and practice[J]. Academy of Management Review, 2006, 31(4): 802-821.

VAN DE VEN A H, MEYER A D, JING R. Opportunities and challenges of engaged indigenous scholarship[J]. Management and Organization Review, 2018, 14(3): 449-462.

VAN DE VEN A H,井润田,李晓林.从"入世治学"角度看本土化管理研究[J].管理学季刊,2020,5(1):1-13.

WHITTINGTON R. Alfred Chandler, Founder of strategy: lost tradition and renewed inspiration[J]. Business History Review, 2008, 82(02): 267-277.

WHITTINGTON R. Strategy after modernism: recovering practice[J]. European Management Review, 2004, 1(1): 62-68.

WILLIAMSON O E. The modern corporation: origins, evolution, attributes[J]. Journal of Economic Literature, 1981, 19(4): 1537-1568.

安索夫.新公司战略[M].曹德骏,范映红,袁松阳,译.成都:西南财经大学出版社,2009.

蔡洪滨,周黎安,吴意云.宗族制度、商人信仰与商帮治理:关于明清时期徽商与晋商的比较研究[J].管理世界,2008,8:87-99.

陈春花.中国本土行业领先企业成功模型[J].管理学报,2008,3:330-335.

陈明哲,陈天旭.理论与实践的"合一":一个全方位管理学者的创业历程[J].外国经济与管理,2019,41(3):3-20.

陈明哲.华夏智慧的知与行:"明哲"方法与心法[J].外国经济与管理,2018,40(1):141-148.

陈明哲,谭畅,牛琬婕.动态竞争的教研"合一":文化双融整合[J].外国经济与管理,2018,40(12):3-23.

成中英.C理论:中国管理哲学[M].北京:中国人民大学出版社,2006.

德鲁克.公司的概念[M].慕凤丽,译.北京:机械工业出版社,2006.

董小英,晏梦灵,胡艳妮.华为启示录:从追赶到领先[M].北京:北京大学出版社,2018.

方克立.综合创新之路的探索与前瞻[J].哲学动态,2008,3:5-11.

方克.中国辩证法思想史(先秦)[M].北京:人民出版社,1985.

费孝通.乡土中国[M].南京:江苏文艺出版社,2011.

冯契.逻辑思维的辩证法[M].上海:华东师范大学出版社,2015.

格玛沃特.决胜于半全球化时代[M].北京:商务印书馆,2010.

葛明磊.项目HRBP后备人才培养的探索性研究:以华为公司为例[J].中国人力资源开发,2015,18:11-19.

郭毅.论本土研究中的他者和他者化:以对中国共产党成功之道的探讨为例[J].管理学报,2010,7(11):1675-1684.

韩巍.管理研究认识论的探索:基于"管理学在中国"专题论文的梳理及反思[J].管理学报,2011,8(12):1772-1781.

何友晖,彭泗清.方法论的关系论及其中西文化中的应用[J].社会学研究,1998,5:36-45.

华为大学.熵减:华为活力之源[M].北京:中信出版社,2019.

黄光国,罗家德,吕力.中国本土管理研究的几个关键问题:对黄光国、罗家德的访谈[J].管理学报,2014,11(10):1436-1444.

黄光国."主/客对立"与"天人合一":管理学研究中的后现代智慧[J].管理学报,2013,7:937-948.

黄卫伟,彭剑锋,包政,等.走出混沌[M].北京:人民邮电出版社,1998.

黄卫伟.价值为纲:华为公司财经管理纲要[M].北京:中信出版社,2017.

黄卫伟.以奋斗者为本:华为公司人力资源管理纲要[M].北京:中信出版社,2014.

黄卫伟.以客户为中心:华为公司业务管理纲要[M].北京:中信出版社,2016.

井润田,卢芳妹.中国管理理论的本土研究:内涵、挑战与策略[J].管理学报,2012,9(11):1569-1576.

蓝海林,皮圣雷.经济全球化与市场分割性双重条件下中国企业战略选择研究[J].管理学报,2011,8(8):1107-1114.

李平.中国管理本土研究:理念定义及范式设计[J].管理学报,2010,7(5):633-641.

厉以宁.文化经济学[M].北京:商务印书馆,2018.

陆亚东,孙金云,武亚军."合"理论:基于东方文化背景的战略理论新范式[J].外国经济与管理,2015,37(6):1-25.

陆亚东.中国管理学理论研究的窘境与未来[J].外国经济与管理,2015,37(3):3-15.

彭剑锋,陈春花,周其仁,等.激荡2019:从思想的云到实践的雨[M].上海:复旦大学出版社,2019.

彭罗斯.企业成长理论[M].赵晓,译.上海:上海人民出版社,2007.

钱德勒.战略与结构[M].孟昕,译.昆明:云南人民出版社,2002.

斯隆.我在通用汽车的岁月[M].刘昕,译.北京:华夏出版社,2005.

塔什曼,奥赖利.创新跃迁:打造决胜未来的高潜能组织[M].苏健,译.成都:四川人民出版社,2018.

田辰山.中国辩证法:从《易经》到马克思主义[M].萧延中,译.北京:中国人民大学出版社,2016.

田涛,吴春波.下一个倒下的会不会是华为[M].北京:中信出版社,2015.

吴春波.华为:均衡发展模式的成功[N/OL].中国经营报,2009-10-12[2020-03-06].http://www.cb.com.cn/1634427/20091012/54607.html.

吴春波.华为没有秘密[M].北京:中信出版社,2016.

吴春波.华为没有秘密2[M].北京:中信出版社,2018.

吴晓波,穆尔曼,黄灿,等.华为管理变革[M].北京:中信出版社,2017.

武亚军,郭珍.转型发展经济中的业务领先模型:HW-BLM框架及应用前瞻[J].经济科学,2020,(2):116-129.

武亚军.基于理论发展的管理研究范式选择与中国管理学者定位[J].管理学报,2015,12(5):625-637.

武亚军."入世式学术"生产中国本土管理知识:重剑无锋,大巧不工[J].管理学季刊,2020,5(1):27-35.

武亚军."战略框架式思考""悖论整合"与企业竞争优势:任正非的认知模式分析及管理启示[J]管理世界,2013,4:150-167.

武亚军.中国本土新兴企业的战略双重性:基于华为、联想和海尔实践的理论探索[J].管理世界,2009,12:120-136.

武亚军.走向繁荣的战略选择:博雅塔下的思考与求索[M].北京:北京大学出版社,2020.

徐淑英,贾良定.管理与组织的情境化研究[M]//陈晓萍,徐淑英,樊景立,等.组织与管理研究的实证方法(第二版).北京:北京大学出版社,2008:297-319.

张岱年,程宜山.中国文化精神[M].北京:北京大学出版社,2015.

张岱年.中国传统哲学思维方式概说[M]//张岱年,成中英,等.中国思维偏向.北京:中国社会科学出版社,1991:7-17.

张奎良.从矛盾辩证法到和谐辩证法:辩证法的历史变迁[J].现代哲学,2005,(2):14-24.

张利华.华为研发[M].北京:机械工业出版社,2009.

(原文刊载在《外国经济与管理》2020年第8期,发表时题为"以史为镜,吾道不孤——"入世式学术"生产本土管理知识的回顾与前瞻",编入此书时增补了少量文献)

管理学范式

中国企业史研究的新视野①

林立强

长期以来，中国企业史研究隶属于经济史研究范畴，其传统研究范式为史学范式与经济学范式，并无实质意义上的管理学范式。基于企业史与管理学的关系十分密切，中国企业史研究应在原有企业史两个传统研究范式基础上，引入管理学范式这一新视野。据此，本文在梳理西方企业史管理学范式的形成与演变过程基础之上，从WHAT、WHY与HOW三个层次进行讨论：WHAT层面探究管理学范式的概念与具体框架问题；WHY层面探究中国企业史学界为什么要引入管理学范式问题；HOW层次探究中国企业史学界应如何运用管理学范式问题，并对如何建设以马克思主义理论为指导思想、多学科研究范式并存、兼具中国特色与国际化视野的新时代中国企业史学提出若干思考。

---

① 本文中所出现的"管理学"皆为"企业管理学"的简称，故此处管理学范式实为企业管理学范式，下同。

一、引言

中国企业史研究一直是属于经济史研究的范畴,因此,某种程度上企业史研究范式等同于经济史学研究范式,即史学范式与经济学范式并存。学术创新的关键在于方法的创新,由于企业史研究的对象是企业,企业性质的复杂性决定了研究它的方法必然是多学科,而与企业史研究相关学科除了历史学、经济学等以外,最密切的当属企业管理学。但长期以来,国内企业史学者与管理学科缺乏深度互动,研究成果中难觅管理学范式的踪影。

中国学界很早注意到1927年在哈佛商学院诞生一门新的企业史学科,但起初学者们均未发现该学科与企业管理的联系。陈振汉是国内最早介绍美国企业史的经济史学家,1982年在《经济史学概论讲义初稿》中,他对在哈佛商学院任职的经济史学家、哈佛企业史学派的代表人物格拉斯(Gras)等进行了初步介绍(陈振汉,2005)。此后很长一段时期,国内对企业史学家的研究集中在美国著名企业史家钱德勒一人身上,并未将其与管理学范式联系起来。进入21世纪以来,部分学者开始注意到管理学对企业史研究的意义,如高超群注意到从20世纪八九十年代开始中国企业史研究开始关注企业制度与公司治理机制,认为在研究方法上或许需要我们更多地借鉴管理学等学科的方法和成果(高超群,2015);林立强近年来发表系列文章,以中西比较的视野,通过梳理西方企业史学的发展演变,认为未来中国的企业史研究应借鉴管理学的研究方法与理论,逐步形成具有全球视野与中国特色的企业史研究管理学范式。[①] 相比之下,国外企业史研究则对管理学范式十分重视,论述企业史与管理学关系最具代表性的如《企业史与管理研究》(Kipping and Üsdiken,2008)。2010年发表的《回顾与展望:企业史与管理研究》一文讨论了企业史与管理学科的相互关系问题(O'Sullivan and Graham,2010)。2017年,《企业史方法论之讨论》一文对企业史研究方法论包括管理学范式进行了系统的论述(Jones and Friedman,2017)。目前,西方管理学范式的影响力正在逐渐扩大,不但管理学界开始呼吁"历史学转向",而且在管理学院任职的历史学者逐渐增加,大有超越其他范式之势。

基于上述认知,我们认为中国企业史学界亟须对管理学范式进行进一步了解与研究,以加快企业史研究的范式创新步伐,打破原有的过于强调传统范式的

---

① 参见本书导论部分林立强近期研究成果,此不赘述。

局面。本文拟围绕"管理学范式"这一新视野,通过分析管理学范式的形成与变迁,将其分为WHAT、WHY与HOW三个层次进行系统的梳理:WHAT层面探究管理学范式的概念与具体框架问题,WHY层面探究中国企业史学界为什么要开始提倡管理学范式问题,HOW层次探究中国企业史学界应如何运用管理学范式问题。最后结合管理学范式这一新视野,对如何构建具有全球广度、中国深度的国内企业史研究的话语体系提出若干思考。

二、管理学范式的形成与变迁

为探求与把握上述三个层面的核心问题,特别是第一个WHAT层面的问题,我们首先有必要梳理一下哈佛商学院企业史管理学范式的形成与演变过程。鉴于管理学范式是企业史学科发展的产物,因此,可以从背景关联的角度来分析。企业史学科产生与发展的背景关联可分为外部关联与内部关联两个层次。外部关联指企业史学科与社会背景、时代思潮以及相关学科发展之间的互动,内部关联则指企业史学科内各种范式之间的互动。

首先,管理学范式的形成与企业史学科的外部关联因素密不可分,是多重外部环境共同作用的结果。第一,社会背景。19世纪末的美国刚刚完成农业社会向工业社会的转变,垄断与竞争加剧了人们与大企业之间的矛盾与冲突,被社会公众视为英雄或偶像的成功企业家的形象开始崩塌。此时的企业史已然成为攻击大企业的强力武器,出现了一些揭露丑闻式的企业史著作。随着"进步主义史学"的出现,一部分历史学家认为必须抛弃政治或意识形态倾向,反对将历史研究作为宣传工具,认为学术研究应尽可能全面与客观,并呼吁由专业的企业史学者来书写企业的历史。第二,时代思潮。随着19世纪末实用主义在美国社会大行其道,美国高等教育的办学理念随之转变,开始重视实用专业,注重专业性人才的培养。1908年,哈佛商学院正式成立,师承德国经济学历史主义学派代表人物古斯塔夫·施穆勒(Gustav Schmoller)的经济史学家埃德温·盖伊(Edwin Gay)担任第一任院长,开启了历史主义学派对商学院的渗透模式。第三,相关学科的发展。19世纪末20世纪初,在理查德·埃利(Richard Ely)与威廉·阿什利(William Ashley)的共同努力下,美国的经济史学开始成形并建立了自己的历史主义风格,形成了与新古典经济学分庭抗礼的局面。1919年,哈佛商学院第二任院长华莱士·多纳姆(Wallace Donham)希望在商学院推行当时在哈佛法学院实施成功的"案例教学"。于是,他把商学院推行案例教学的重任寄托在历史学方法上,间接促成了企业史学科的诞生。此外,以弗雷德里克·泰勒(Frederick Taylor)的名著《科学管理原理》(*The Principles of Scientific Management*)以及亨利·法约尔(Henri Fayol)的名著《工业管理和一般管理》(*Industrial and General Administration*)为标志的现代管理学在美国形成,它的问世在一定程度上加速了历史学与管理学的合作。

然后,管理学范式的形成与企业史学科内部关联因素密不可分。以下从美国全国范围内企业史研究与哈佛商学院内部企业史研究这两个层面出发,考察1927年之后管理学范式的形成过程。在宏观层面,美国全国范围的企业史学家群体的共同特征是具有历史学背景,但因工作于不同学科院系,导致研究范式不同,主要分为三种类型:①以担任哈佛商学院斯特劳斯企业史教席教授职位的钱德勒等为代表的管理学范式。②以哈佛大学经济系熊彼特、科尔所设立的企业家史研究中心为代表的经济史学范式。③以在美国各著名高校历史系任职的大卫·兰得斯(David Landes)、托马斯·科克伦(Thomas Cochran)等为代表的史学范式。该范式与哈佛企业史管理学范式之间有着频繁的互动,并一度被国内经济史学界认为是美国企业史研究的主流。

在微观层面,哈佛商学院于1925年正式成立了哈佛企业史学会,随后商学院设立了斯特劳斯企业史教席教授职位并确保了资金。在盖伊的举荐下,格拉斯于1927年就任斯特劳斯企业史教席教授,科尔于1929年就任贝克图书馆行政馆长。此后,哈佛企业史学派内部的两种主流范式——格拉斯领衔的"准"管理学范式①与科尔领衔的经济史学范式之间既相互竞争又相互融合。在这两种学派的强力推动下,或者说是两种学派所采用方法论的互相牵制和纠正下,共同推动了美国早期企业史研究的发展,进而奠定了20世纪60年代后美国企业史研究的基础。究其背后更深层次的原因,正是这两个学派背后的支撑学科经济学与管理学的张力作用,决定着管理学范式的形成与演变。这一点可以从经济学打开企业"黑箱"前后出现的两种范式的此消彼长情况来验证:打开"黑箱"之前,新古典经济理论把企业视为一个外生给定的、追求利润最大化的生产函数$Y=f(X)$,而管理学理论则坚持公司的异质性,格拉斯学派认为这种异质性是以进化的方式产生的。科斯打开"黑箱"之后微观经济学企业理论飞速发展,进而在企业研究方面不断蚕食管理学的领地,于是管理学范式与经济学范式开始出

---

① "准"管理学范式是处于管理学范式萌芽阶段的一种形式。历史学背景的格拉斯虽竭力将企业史研究符合哈佛商学院案例教学的需要,把研究的重点放在企业内部管理,但使用的研究方法仍属于传统史学范畴。

现既融合又独立发展的态势。

由上述分析可知,管理学范式的形成与企业史学科在内外多种关联因素作用下的影响有直接关系,其发展轨迹共经历了以下四个阶段:

第一,初创阶段(1927—1948)。1927年,格拉斯就任哈佛商学院斯特劳斯企业史教席教授标志着学术型的企业史学科正式确立,同时为企业史学科贴上鲜明的管理学标签。格拉斯明确指出企业史是对企业管理发展的研究,决定了其未来的走向是与管理学越来越密切的合作。格拉斯的研究团队成员有亨丽埃塔·拉森(Henrietta Larson)、拉尔夫·海迪(Ralph Hidy)等。本阶段由于受到经济学德国历史主义学派以及兰克史学的影响,带有极强的历史学烙印,如注重企业档案资料的收集,认为依靠原始档案才能真正做到"如实直书";继承历史学家对唯一的、特殊的、个体的事件感兴趣的偏爱,注重对公司个案的研究;宣称企业史与经济史是不同的两个学科,急剧向管理学转向。这是管理学范式的萌芽期,是传统经济史学家在商学院试图将历史学与管理学科融合的初期阶段。

第二,多学科研究法共存阶段(1948—1962)。格拉斯的转向引起了经济史学家的不满,科尔遂于1948年成立了哈佛大学企业家史研究中心。在该中心存活的十年间,不但聚集了当时已经成名的如亚历山大·格申克龙(Alexander Gerschenkron)、兰德斯、雷德利希、科克伦等经济学家、历史学家、社会学家,而且吸引了一些年轻学者如钱德勒、诺斯等。与此同时,格拉斯的管理学范式也产生了不少研究成果。该阶段的最大特点是再次把经济史与企业史联系起来;跨学科交叉研究已然成为本阶段学术研究的重点;走折中主义路线,不排斥企业管理学的方法,把管理学、经济学、社会学和历史学等学科都融合在一起。

第三,钱德勒大企业模式阶段(1962—2002)。20世纪50年代美国开始的管理学科学化转向,主流管理学引入新实证主义研究方法,导致以上两个学派陷入低迷。此时深受熊彼特、科尔、雷德利希与社会学家帕森斯影响的钱德勒,结合社会学、经济学、管理学等方法,以企业组织变革为核心内容,开启了大企业研究模式。这种研究模式影响了美国、日本、欧洲等许多国家的企业史学家,一时之间风靡全球。至此,钱德勒开启了企业史对管理学的影响力,甚至比他在历史学的影响力更大,并被尊称为管理学大师。1989年,麦克劳接替钱德勒担任斯特劳斯企业史教席教授。由于他是钱德勒模式的坚定支持者,故钱德勒、麦克劳二人任职阶段,亦是企业史对管理学影响力最大的阶段。

第四,关注当代企业管理阶段(2002年至今)。2002年,琼斯就任哈佛商学院斯特劳斯企业史教席教授,企业史研究开始进入"后钱德勒"时代。此时,钱德勒的大企业史研究范式的影响力开始消退甚至受到质疑,一些新的方法论如定量研究方法、反事实假设、资本主义史、文化研究、性别研究等陆续出现,尤其是微观经济学企业理论的蓬勃发展,挤压了管理学范式的一些研究空间,企业史研究受到一些学者的质疑。但由于哈佛商学院在管理学界的影响力,以及该院企业史研究在全球企业史研究中的引领作用,其以企业管理为导向的传统得以延续。本阶段的突出特点是关注当代企业史研究,关注企业管理的核心问题与情境。如哈佛学派认为"企业史在增进我们对当代管理和企业管理关键问题的理解方面发挥着核心作用"(Churchwell,2004)。

综上,企业史管理学范式已走过近百年的曲折发展历程,其最具代表性的钱德勒模式一度赢得了经济学界、管理学界乃至经济史学界的认同。目前,关于企业史与管理学关系的学术讨论还在继续,如库恩所言的"公认"的"成就"以及"一批坚定的拥护者"已在各国学界出现。

三、什么是管理学范式

下面我们来进一步探讨"什么是管理学范式"的问题。特别需要指出的是,由于对"是什么"此类元问题的研究从不同的侧重点出发可能会出现不同的答案,而本文仅侧重于方法论层面的探讨,乃一方之言。为了解该问题的全貌,还需学界未来在本体论、认识论等层面对之进行全方位、多角度的深入研究。

由于目前国内的企业史研究多为近代企业史研究,故近代史研究范式对其具有一定的参照作用。如左玉河提出,在借用范式概念时不能完全墨守库恩的定义,必须照顾到社会科学的特点。他认为范式主要体现为一种研究视角,如果借用"范式"概念容易产生歧义的话,不妨改用取向、视角、模式等概念(左玉河,2014)。借鉴这种说法,企业史管理学范式或也可称为"管理学取向""管理学视角""管理学解释体系""管理学诠释构架"等,代表着一种从"管理学"的视角观察、解释中国企业史的模式。由此而来,凡是使用管理学理论作为分析框架来研究企业史,都应视为企业史研究的管理学范式。

上述管理学范式的笼统解析看似并无多大的问题,常被视作理所当然,但对于我们深入理解管理学范式而言,却显得过于宽泛与松散。它既缺乏在方法论层面对管理学范式进行深入的分析与引导,也没有提出任何管理学范式的范例供仿效,这就在很大程度上削弱了国内企业史学界对这一新视野的了解与使用。因此,要回答"什么是管理学范式"这个问题,仅凭一句"凡是使用管理学理论作为分析框架来研究企业史,都应视为企业史研究的管理学范式"是远远不够的,而应该深入范式内部,对该范式的具体细节进行进一步的解读与分析。库恩在《科学革命的结构》(*The Structure of Scientific Revolutions*)的后记中阐述了范式的四种成分(Components)分别为《符号概括》(Symbolic Generalizations)、《共同承诺》(Shared Commitments)、《共有价值》(Shared values)与《共有范例》(Shared exemplars)(库恩,2012)。本文根据企业史学科的特点,把管理学范式内部构成分为如下四个方面进行分析。

第一,概念框架。笔者认为,在管理学范式中,其概念框架可以围绕着企业内部的经营管理活动来构建,侧重研究企业内部经营管理如计划(决策)、组织、领导、控制、创新等过程的历史演变,亦包括对企业决策者即企业家的研究以及可能影响企业内部经营活动的外部因素的研究。做这样的界定是基于如下考虑:其一,企业史三种主要范式的研究对象虽然都是企业,但不同范式中研究的"企业"的内涵是不一样的,如史学范式侧重研究"历史中的企业"(Business in History),而经济学范式与管理学范式侧重研究"企业的历史"(History of Business)。[①] 后者还可以进一步区分,这是由于经济学与管理学在学科上的差异导致研究的侧重点不同。黄群慧等认为,经济学和管理学对企业组织研究领域存在明显分工,二者的研究对象不同,即使是经济学中企业理论的产生和迅速发展也未改变这种"分工契约"(黄群慧和刘爱群,2001)。其二,这是由管理学科的特点决定的。周三多指出,管理是为了实现组织的共同目标,在特定的时空中,对组织成员在目标活动中的行为进行协调的过程。决策、组织、领导、控制、创新这五种职能是一切管理活动最基本的职能(周三多等,2018)。企业管理学是以企业的各种经营管理活动以及在管理工作中普遍适用的原理和方法作为研究对象。其三,将企业史研究的对象聚焦于企业的内部管理(Administration)[②]是哈佛企业史管理学范式的一贯传统。早在1934年,格拉斯就首次提出企业史结合了规章制度史和行政管理史(Administrative History),正如目前为止它关注的是企业的规章制度和控制。1947年,拉森指出:"企业史也许可以被定义为对过去企业的行政管理(Administration)和经营(Opera-

---

[①] 以晋商研究为例,"历史上的晋商"主要是通过史料钩沉把历史上晋商发展的状况搞清楚,基本上属于史学范畴。"晋商的历史"则主要运用经济学和管理学理论对晋商企业制度的史料进行逻辑分析,探究晋商活动各种经济因素的内在联系,揭示晋商经济活动的运行方式及其机制(刘鹏生等,2005)。此外,管理学范式的积极倡导者格拉斯亦称后者为商人和公司的企业史,即"the business history of business men and firms"(Gras,1934)。

[②] 这里涉及 administration 的中文翻译、界定以及该词与 management 的辨析问题,可参见相关的权威百科全书与英文词典。

tion)的研究。"(Larson,1947)1962年,钱德勒在一举奠定企业史对管理学影响力的名著《战略与结构:美国工商企业成长的若干篇》中明确指出:"行政管理作为(企业史)比较历史的实验对象看起来是最有前途的。企业管理对今天的企业家和学者有着特别的意义。"(Chandler,1962)

第二,方法论。管理学范式采用的方法与传统史学范式相比既有很大的差异又有相同之处,这与管理学科兼具科学性与人文性的属性密切相关。差异之处主要包括强调构建理论过程中概述方法、比较方法、借鉴管理学科研究现代企业的方法等,相同的地方为经验叙事方法,类似管理学经验主义学派采用的方法。以下是管理学范式最具代表性的几种:其一,概括。历史学者擅长特殊与偶然事件的描述,一般不会提炼出普遍性的结论。对此,钱德勒认为,传统企业史学家面临的新挑战之一,就是要发展"概括和概念"(Generalizations and Concepts),"虽然这些概念来自特定时间和地点发生的事件和行动,但却适用于其他时间和地点"。只有在积累了大量的案例研究之后,才能做出不拘泥于特定时间和地点的概括和概念,这是管理学范式区别于传统企业史范式最大的特征(Chandler,1984)。其二,比较。只有通过比较,才有可能推导出不与特定时间、地点相联系的概括和概念,这也是钱德勒十分推崇的方法。他在考察美国大企业的演变时,就提出了比较的三个层次:"①美国最大的工业企业组织结构之间的比较;②这种类型的工商企业在不同行业之间的不同发展阶段的比较;③这种机构在不同国家经济发展中成长的比较。"(Chandler,1984)其三,企业实践经验总结。主要体现在企业与企业家的个案研究,尤其在由企业家亲自参与撰写的传记上。之所以把有优秀企业家总结企业管理经验的传记亦称为管理学范式,是由于此类传记与诸多宣传公关类自传以及由财经作家所撰写的传记完全不同,它对编撰者或编撰团队有着极为苛刻的要求,如是著名大公司的企业家,在业内具有极高的知名度与认可度,具备丰富管理经验,等等。此外,编撰团队中是否有企业史学家的参与是传记作品成功的质量保证。其四,借鉴管理学科研究现代企业的方法。现代企业史研究迟迟未能取得进展的一个重要原因在于企业档案获取的难度,现代企业一般很少会愿意将其内部资料公之于众。为了打开现代企业史的研究通道,就必须广开渠道,解决企业档案资料的来源问题,而管理学科收集信息的方法值得借鉴,如实验方法、调查研究、案例研究、实地访谈,以及在具体分析中定性与定量研究方法交替使用等。

第三,学术共同体。学术共同体形成的前提是研究者自觉认同和共同持有的一套信念、原则和标准,在共同体内大家可以用相同的概念、相似的理论方法便利地进行沟通与交流。目前,这样的学术共同体在世界企业史学界已经形成:其一,已经有了一批以管理学范式进行研究的学者。他们多是在商学院工作的历史学者或具有历史学思维的管理学者(如欧洲企业史学家大多数在商学院工作)(Jones and Zeitlin, 2008),还包含少量在经济学院与历史学院工作的具有管理学思维的学者,并经常参加美国企业史学会、日本经营史学会、欧洲企业史学会以及世界企业史大会等国际学术交流活动。笔者赴美参加 2016 年美国企业史学会年会期间,也曾参加了由主办方举办的名为"在管理学院任职的企业史学家午餐会"(Business Historians at Business Schools Lunch)的交流活动。其二,在美国、日本、欧洲等地的企业史研究组织中,均有一定数量的成员在管理学院任教。美国企业史学会 2003 年度的 411 名成员中,30%在历史系,22%在商学院,18%在经济系,7%在商业、技术或经济史的部门或项目,23%在其他部门、项目或相关职业(如法律部门、政府机构和档案馆)(Hausman, 2003)。笔者还调查了 1971 年到 2021 年担任美国企业史学会历届主席的 50 位学者,发现历史系共 24 位,占总人数的 48%;管理学院共 16 位,占总人数的 32%;经济学院共 8 位,占总人数的 16%;其余单位为 2 人,占总人数的 4%。其三,随着近年来管理学界开始关注历史学方法,世界管理学界的顶刊通过设立专刊等形式,陆续刊登了运用历史学方法研究管理类话题的相关文章,如 2012 年的 *The Journal of Management Studies*,2014 年的 *Organization*,2016 年的 *Academy of Management Review*,2018 年的 *Organization Studies*,2020 年的 *Strategic Management Journal* 等,这些在管理学刊物上发表的企业史管理学范式文章都遵循了管理学论文的规范与格式。

第四,范例。库恩认为比起范式内涵的其他成分,应当更注重范例的讨论(库恩,2012)。① 对那些有意加入这个学术共同体的"新手"而言,他们更关心哪些是管理学范式群体共同遵守的学术规范,以及这些学术规范何人所作。库恩指出,范式应该"包罗了最早提出这些公认事例的经典著作,最后又囊括了某一特定科学共同体成员所共有的一整套承诺"。② 基于以上认识,本文提出以下三

---

① 部分词语笔者根据芝加哥大学出版社 1996 年的英文版本进行了重译。
② 库恩指出,"我所谓的'范例',首先指的是学生们在他们的科学教育一开始就遇到的具体问题的解决方法(problem-solutions)。……此外,这些共有范例至少还得加上某些在期刊文献中常见的技术性问题的解决方法,这些文献为科学工作者在毕业后的研究生涯中所必读,并通过实验示范他们的研究应怎么做。比起学科基质中的其他种成分,各组范例之间的不同更能提供给共同体以科学的精细结构"。库恩(1987)

部经典著作作为范例,分别对应上述第二点的四种"方法论",如钱德勒《战略与结构:美国工商企业成长的若干篇章》(1962 年)范例对应"概括与比较",斯隆《我在通用汽车的岁月》(1964 年)范例对应"企业实践经验总结",琼斯《盈利与可持续发展:一部关于全球绿色企业家的历史》(2017 年)范例对应"借鉴管理学科研究现代企业的方法"。① 特别需要说明的是,每一个范例不仅仅只有这一个特征。如以钱德勒的著作为例,该书除了"概括与比较"以外,它在"企业实践经验总结"与"借鉴管理学科研究现代企业的方法"方面的成就也同样可圈可点。这三个范例均在不同程度上体现了管理学范式要么"顶天"(理论高度)或"立地"(实践导向)、要么"顶天"与"立地"兼顾:美国工商企业成长的若干篇章的特点。当然,代表性的范例绝非只有所提到的三个,以钱德勒为例,他的《战略与结构》与后来完成的《看得见的手:美国企业的管理革命》(1977 年)、《规模与范围:工业资本主义的原动力》(1990 年),被学界誉为钱德勒三部曲。此外,目前,世界企业史研究的三大学术期刊为《哈佛企业史评论》(*Business History Review*)、《企业与社会》(*Enterprise & Society*)、《企业史》(*Business History*),其中《哈佛企业史评论》与《企业史》历年发表的企业史论文多为管理学范式,为我们提供了企业史研究管理学范式的学术论文写作范例,初学者可按图索骥。相比之下,国内管理学范式的论文还极其少见,如经济史权威刊物《中国经济史研究》等只刊登传统范式的企业史文章。

四、为什么要引进管理学范式

目前,中国企业史研究学术共同体中学者主要通过史料的挖掘获取历史的真相,擅长叙事性的描述,运用理论概括的不多。20 世纪 90 年代以后,在海外制度经济学的传播与国内企业制度改革的双重背景下,一部分学者开始用制度变迁、交易费用、产权等新制度经济学理论研究中国企业史,出现了一批经济学范式的成果。但从总体看,绝大多数学者均为传统史学或经济史学背景,造成这种情况的其中一个重要原因,与我国管理学科比较年轻有很大的关系。因为直到 1998 年专业目录调整之后,管理学才成为与经济学并列的独立学科门类,之前管理学教育的各个专业授予经济学或工学学位(陈佳贵,2009)。

目前,以历史学与经济学方法为重的学统存在一定的局限性。如历史学方

---

① 该书经琼斯授权,由笔者与闽江学院黄蕾副教授翻译为中文,即将由商务印书馆正式出版。

法仰赖史料的描述与建构,缺乏理论的支撑。经济学方法则倾向于忽略研究对象的个性,利用各类理论框架论证某些假设与观点,采取抽象、演绎的方式寻求研究对象的共性。即便是打开企业"黑箱"的制度经济学,以及宣称深度嵌入企业管理内部的企业理论,总体来说还是研究企业具有普遍意义的共性内容。因此在企业史研究中,不论是历史学还是经济学方法,都缺乏一种对"真实企业"的现实关怀,从而导致企业史研究囿于"象牙塔"的传统经济史研究中,很难与企业实践发生有机联系。与上述两种范式相比较,作为一种从"管理学"的视角观察、解释中国企业史的模式,存在如下特点:其一,该范式注重研究成果的可用性,强调从企业管理实践中发现问题、解决问题。从历史的视角研究总结企业管理的一般规律和特殊现象,是共性和个性的综合,既有与经济学研究类似的多数组织共有的规律研究,也有与历史学个体研究取向类似的案例研究。其二,该范式本质上就是以企业管理实践运用为导向的特定的思考模式,强调理论贡献是它的一个重要特征。这是因为管理学界特别重视理论的实践指导意义。在众多管理学者的推动下,当前管理学研究的一个重要特征就是"理论崇拜",研究要求"顶天立地"(兼有理论高度和实用性)(郭重庆,2012)。其三,该范式体现史学研究特点,以历史学视野的纵向研究为基本方法,基本研究史料为企业档案,辅以口述档案,强调"随时间演变"(Change Over Time)对企业史研究的重要性。因此,目前在国内企业史学界倡导管理学范式的研究,具有一定的学术意义与现实意义,主要体现在:

第一,有利于克服目前国内企业史研究的危机。这些危机主要表现在:长期以来漠视方法论的问题未解决,研究范式单一,一些企业史学家还习惯用传统的依赖企业档案的方式研究。这意味着在其他学科中习惯了其他科学化方法的学者,无法判定企业史研究的学术质量;研究课题过于发散导致无法聚焦,有学者指出钱德勒范式得到认可的最重要原因是那一个阶段企业史学界聚焦大企业问题形成的合力;企业史研究与企业管理实践严重脱节,企业家群体漠视企业史研究,更准确地说漠视学术性的企业史研究等。因此,管理学范式作为从"管理学"视角审视、解释企业史的模式,是一种围绕当代企业管理为核心的实践导向很强的方法论,亦是应对危机的一种手段。

第二,对国内以往企业史研究进行反思,促进范式创新。目前国内研究企业史的相当一部分学者认为对企业档案的爬罗剔抉,用描述性的手法还原企业日常经营行为的微观研究方法就是使用管理学的方法,如吴承明在总结近代企业史成果中提及"20世纪90年代,本学科的研究向企业管理学和经营学方面发展",李玉称近代企业史研究中开始普遍着力于企业的经营史分析(吴承明,2006;李玉,2004)。这种所谓的管理学、经营学方法实际上只是对企业日常经营管理活动进行"叙事"性描述的史学方法,并未使用管理学特有的分析框架,更谈不上深入分析、概括以致构建新理论,故不是真正意义上的管理学范式。因此,厘清何为"真正的"管理学范式,正本清源,是企业史研究范式创新的需要。

第三,与企业实践更紧密地结合,把企业史的影响力扩大到管理学界与企业界。目前国内企业史学界存在这样的情形,一方面企业史研究囿于"象牙塔"之中,企业史学者不了解企业的真实情况,缺乏管理学理论的引导以及与管理学者、企业家的交流渠道,导致目前国内的企业史研究成为"黑板企业史",而不是"真实世界的企业史"。① 另一方面在管理学院任职的绝大部分学者,对企业史研究不关注甚至还不了解存在企业史学科,常常把历史学方法等同于纵向研究。随着管理学者对历史学方法的关注度逐渐增大,以及经济史学者在商学院任职人数的逐渐增多,有必要加强两个群体之间的沟通与合作,强调企业史管理学范式的实用性,开拓一个"以企业实践为导向"的企业史研究新领域。

第四,实现与国际企业史学界主流范式的接轨。在西方,企业史主要有历史学、经济学、管理学等范式,而管理学范式在这几种类型范式研究中影响力已经居于前列,如担任哈佛商学院历届斯特劳斯企业史教席教授职位的格拉斯、海迪、钱德勒、麦克劳、琼斯等群体,就是当今世界企业史研究的主流。因此,对大有超越传统范式之势的管理学范式进行深入研究,有助于把握世界企业史研究前沿,对预测国内企业史研究的未来趋势也具有参考与借鉴作用。

综上,我们认为,引入管理学范式可以促进中国企业史研究的发展。历史学、经济学和管理学不同的研究范式是由不同的研究目的诉求决定的。为管理学科构建新理论以及为企业管理实践服务是企业史管理学范式的根本诉求,追求共性和个性的结合、理论和实践的统一是其最重要的特征。如企业史管理学范式面向管理实践应用,其研究成果可以指导企业管理者的管理工作,这样就可以重新激起管理实践者对企业史研究成果的兴趣,改变当前企业史研究被边缘化的窘境。因此,企业史管理学范式可作为其他两种范式的重要补充,共同构成中国企业史学的话语体系。

---

① "真实世界的企业史"的提法借鉴了周其仁在《真实世界的经济学》一书的思考。他认为研究企业理论,就要获得进入"真实企业"的机会,做"接地气"的企业调查,拿更多可观察的事实来检验"似乎有解释力的理论"(周其仁,2006)。此外,高超群也提出了要对"经济史中的企业史"与"企业的企业史"进行区分的观点(高超群,2020)。

五、如何运用管理学范式

未来适合进行企业史管理学范式研究的学者分为两种类型,第一类我们称之为"具有管理学思维的历史学家",是指那些受过历史教育和训练,但在研究中倾向于使用管理学范式的人。他们一部分在历史系与经济系,另一部分在商学院,目前后者的人数有逐渐增加的趋势,是未来该范式研究的主力。[①] 第二类我们称之为"具有史学思维的管理学家",是指那些教育背景是管理学,但在研究中倾向于使用历史学方法的人。在实际使用过程中,经常会出现难以区分的情况,一方面是具有历史学与管理学双重学术背景学者数量在增加,另一方面是随着二个学科间互相渗透、互相交流的加强,开始形成"你中有我,我中有你"的现象。

"具有管理学思维的历史学家"从事企业史管理学范式研究可能的形式有两种:第一,利用历史学科的特点,寻求在管理学一些适合质性管理方法的研究领域的合作研究。黄群慧指出,中国正在加快构建中国特色的企业管理学。近年来,中国管理学界一方面出现了大量对中国企业管理案例的研究;另一方面,理论工作者开始重视对中国情境进行具体分析,提出中国管理理论创新研究的方向和领域(黄群慧,2018)。文中论及的"情境"与"个案"是管理学领域需要质性管理的两个重要内容,相对于管理学者在研究对象时间跨度的"短时段",企业史学者研究企业的跨度一般都很长,具有"中时段""长时段"的特点,且对企业所处的政治、经济、法律、文化等背景有比较深入的了解。可以说,目前管理学界提倡的中国情境下的中国特色管理学话语体系研究,尤其在情境化研究与案例研究方面,给了双方合作对话的空间。第二,加强当代企业史的研究,改变目前中国学界"企业史研究基本等同于近代企业史研究"的现象。竭力主张企业史与经济史分离的格拉斯早在 1938 年就指出,经济史与企业史的区别之一,在于"经济史研究的是过去既成的事实,而企业史则研究即将完成或管理的过程"(Gras,1938)。钱德勒把他从社会学以及管理学者中所获得的信息比从新经济史学家中获得的多的原因归结于后者的数据太陈旧:"到目前为止,计量经济学家们倾向于关注 1860 年以前的那段时期……我所敦促的是,新经济历史学家要

[①] 如美国企业史学会(Business History Conference)下设分部,专门用于协助推进"在商学院任教的企业史学家"(business historians teaching at business schools)的研究工作。参见:美国企业史学会:https://thebhc.org/index.php/,访问时间:2023-04-28。

把他们的才能和注意力放在更近的时期,在这个时期,数据更丰富,基本问题更复杂。"(Chandler,1988)当代企业史研究如果关注当代企业管理存在的问题,围绕企业管理的关键问题确定选题,就要特别注意时效性。如倡导改革开放以来中国企业史的研究,时间区间为近四十年。再如美国关注"研究创新和增长领域"的企业史学者,其所研究的内容时间跨度多聚焦于"近期(近二十年内)"(弗里德曼,2017)。

现在讨论"具有史学思维的管理学家"的企业史管理学范式研究。管理学研究领域除了情境、案例研究等适合历史学研究的领域之外,其他诸多研究范围均为长期受科学化浸淫、历史学家难以涉及的领域。近年来,其中的一些领域,如组织领域的学者开始讨论历史学方法,为历史学方法介入管理学领域开辟了另外一个通道。以下两个领域是管理学界适合使用历史学研究方法产出企业史成果集中的领域,也是企业史学家未来需要高度重视的研究内容。第一,国际商务(International Business)。国际商务领域是所有的管理学研究范围中与企业史关系最密切的一个,也是企业史对之贡献最多、最为人知的一个领域,企业史学家亦是研究跨国公司的早期推动者。对国际商务而言,已经不用讨论"历史是否重要"的观点,而是要讨论如何让该话题重要的问题了(Jones and Khanna,2006)。第二,企业家精神(Entrepreneurship)。企业史学家是企业家精神研究的先驱(Jones,Van Leeuwen and Broadberry,2012)。企业史学家的研究一方面提供了令人信服的证据,证明环境(企业家行为所处的经济、社会、组织或机构环境)对评估企业家精神的重要性;另一方面,企业史通过其对国家、地区和行业的不同层面的研究,对企业家精神的研究作出了重要贡献。自20世纪80年代以来,企业家精神开始成为全球学界的宠儿,成为管理学者和社会科学家越来越感兴趣的话题,并一直持续至今。从目前情况看,在该领域应该重拾企业史研究,以作为其他社会科学理论的重要补充。

国外企业史学界近年来所聚焦的创新(Innovation)、全球化(Globalization)、企业与环境(Business and Environment)、政府的角色(Role of Government)、企业民主(Business and Democracy)等研究方向也有不少与管理学界可以重叠的内容。此外,战略管理领域一些学者也对现在该领域研究中历史感的缺失表示不满,并反复强调历史对学科研究的重要性(Perchard,MacKenzie and Decker et al.,2017)。对国内企业史学界而言,管理学范式情景化、面向"真实企业"以及实用性的特点,要求我们在引进西方管理学范式体系的过程中不能脱离中国的社会历史文化背景,如关注中华传统文化对企业特质的影响、中国共产党与企业治理的关系、新兴领域与数字经济中企业的创新性、国有企业的历史传承、改革开放后私营企业的发展等中国经验问题,做具有中国特色的企业史研究。管理学范式倡导"以企业实践为导向"的概括与比较研究方法,将改变以往我们一直用中国经验去验证西方理论正确性方面的现象,在把中国经验变成中国理论过程中发挥重要作用。

此外,在运用时如何处理好学术研究与现实服务的关系是摆在每个企业史学家面前的重要课题。宋史专家虞云国认为史学功能可分为学术功能和社会功能两个层面。史家在学术功能基础上通过创造性的再劳动,完成学术功能向社会功能的转移,便是应用史学的职责任务(虞云国,2015)。因此,管理学范式需要探索为企业与企业家、为大众所能够接受的形式。例如在中国,由财经作家撰写的企业史已经俨然成为"企业史"的代名词,甚至达到只知财经作家的企业史,而不知有学术型的企业史的程度。加大企业史在非学术人群的推广已经成为各国企业史学界的共识,① 未来企业史研究的公共史学化应是中国企业史研究实用性的重要体现。

六、余论

近年来,随着企业史研究在中国经济史学界逐渐升温,企业史范式话题的讨论开始提上议事日程(林立强和刘成虎,2021)。企业管理学范式是中国企业史研究的一个新视角,如何正确理解这个"新"字的含义,对构建具有"全球视野"(国际化视野)与"中国经验"(中国特色,深入企业实践)的新时代中国企业史研究的话语体系意义深远。

第一,这个"新"只是相对于企业史在我国发展的阶段而言。在国外,注重管理学方法早已不是什么新话题。如前所述,美国企业史研究从1927年诞生起就带有强烈的管理学特征。日本经营史研究亦如此,如日本管理学界代表性学者伊丹敬之就曾在《经济史学50年》刊文,对经营学与经营史合作的前景表示乐观(伊丹敬之,2015)。有学者统计收集了日本经营史学会的学会期刊《经营

---

① 如琼斯2017年在福建师范大学所作的"Why Business History Matters"报告中指出:"从拉森到钱德勒再到莱尔德,将企业史带入非学术性读者中的渴望从未停止过,我认为实现这一目标是当前的首要任务"。

史学》上自1966年创刊以来到2015年的所有论文,发现主要使用管理学概念和理论的论文最多,占总数的58%(林彦樱和井泽龙,2019)。而近25年来,原先趋向于经济史的英国企业史研究亦有向管理学靠拢的趋势(黑澤隆文,2014)。中国企业史学界与管理学界如要快速与世界学术最前沿接轨,对国际企业史学界管理学范式的了解应提上议事日程。此外,要认识到目前相当一部分管理学理论是在西方商业管理实践基础上发展而来的,与中国管理文化还有很大差距,我们在运用时要充分考虑到中国独特的社会历史文化背景。

第二,这个"新"意味着一开始就要极力避免重蹈管理学界长期以来存在的理论与实践脱节的覆辙,即如何正确处理好严谨性(Rigor)和实用性(Relevance)之间的关系,强调企业史研究在企业实践中的影响力。管理学原本是一门实践性非常强的学科,后来受科学化的影响而日益"学术化"。美国管理学界已经发现这个问题的严重性,《管理学会杂志》(AMJ)和《管理科学季刊》(ASQ)分别在2001年、2002年和2007年曾以专辑的形式对此进行了深入的讨论。中国管理学在引入西方尤其是美国管理学理论时,一并引入了这一"管理学尴尬"。2004年,国家自然科学基金委员会管理科学部郑重提出中国的管理科学工作者必须面向中国的管理实践开展理论研究的问题,①此后十余年,该观点持续成为管理学界争论的焦点并日益成为中国管理学者的共识。为此,企业史管理学范式可细分为两种导向:"学术导向"的研究以工具化、科学性、规范性为重点,针对学术界,专注解决理论问题,属"基础性研究";"实践导向"的研究针对实务界(企业家),专注解决企业发展过程出现的实践问题,属"应用性研究"。研究者既可以根据自己的学术背景与研究兴趣二选一,②也可以深入探讨实现二者兼顾的最佳解决方案。限于篇幅,上述问题有待笔者围绕"何为'好的'中国企业史管理学范式"为题专文阐述。

第三,这个"新"不能取代企业史已有的其他研究范式。目前,世界各国商学院、经济系、历史系、社会学系等部门都活跃着一批企业史学家。这种多种范式并存的现象,拓展了企业史研究的广度和深度,已成为各国企业史研究的常态。此外,随着多学科跨界方法的推广,学科间的界限也愈加模糊,如经济学与

---

① 直面中国管理实践,催生重大理论成果:国家自然科学基金委员会管理科学部第二届第一次专家咨询委员会扩大会议纪要[J].管理学报,2005,(02):127-128。

② 管理学大师詹姆斯·马奇(James March)认为,想法的美感比它本身是否有用更重要。而另外一位管理学大师亨利·明茨伯格(Henry Mintzberg)则持不同观点,他认为管理科学应该更加重视解决现实世界的需要。参见:谭劲松.关于中国管理学科发展的讨论[J].管理世界,2007,(01):81-91。

管理学呈现紧密融合的趋势,甚至出现"经济学家管理学化"与"管理学家经济学化"的现象。本文讨论的企业史管理学范式只是具有中国特色的企业史研究话语体系的一部分,并不意味着企业史的其他范式或者学术型的企业史研究没有存在的必要。恰恰相反,以马克思主义理论为指导思想,历史学、经济学、管理学、社会学、人类学等多种研究范式并存,相互借鉴,取长补短,共同促进学科的发展,乃是中国企业史研究的必经之路。

值得一提的是,由于管理学范式需"使用管理学理论作为分析框架来研究企业史",这对目前国内企业史学界绝大多数历史学与经济学背景的学者来说无疑具有相当的难度。因此,中国企业史研究要实现"全球视野"与"中国经验"融合与交汇的最终目标,与管理学界的合作至关重要。现在,国内企业史仍隶属于理论经济学类的经济史以及历史类的专门史,如管理学科另将企业史纳入麾下与管理史、管理思想史并列,无疑将为企业史管理学范式提供一个更广阔的发展空间。此外,是否可以仿效历史社会学、历史政治学创建一种以"历史管理学"命名的新的研究方法与视角?① 参照这个思路,无论是管理学本位的"历史管理学",还是历史学本位的"历史管理学",或许都能够为中国企业史研究范式创新注入新的生机与活力。当然,"历史管理学"的提法有待进一步论证,但其在理论与实践层面显然具有一定的可行性,是未来管理学与中国企业史研究深入互动与交融的重要研究视角,可促进管理学本土化研究向深层次发展。

参考文献

KIPPING M, ÜSDIKEN B. Business History and Management Studie[M]//JONES G, ZEITLIN J. The Oxford handbook of business history. Oxford: Oxford University Press, 2008: 96-119.

O'SULLIVAN, GRAHAM M. Moving forward by looking backward: business history and management studies[J]. Journal of Management Studies, 2010, 47(5): 775-790.

JONES G, FRIEDMAN W. Debating methodology in business history[J]. Business History Review, 2017, 91(3): 443-455.

CHURCHWELL C. Business history around the world[EB/OL]. (2004-05-03)[2023-04-28]. https://hbswk.hbs.edu/item/business-history-around-the-world.

---

① 笔者参考了历史社会学(Historical Sociology)、历史政治学(Historical Politics)等的译法,把"历史管理学"这个新词对应的英文译作 Historical Management。

LARSON H M. Business history: retrospect and prospect[J]. Bulletin of the Business Historical Society, 1947, 21(6): 173-199.

CHANDLER A D. Strategy and structure: chapters in the history of the American industrial enterprise[M]. Cambridge: The MIT Press, 1962.

CHANDLER A D. Comparative business history[M]//COLEMAN D C, MATHIAS P. Enterprise and history: essays in honour of Charles Wilson. Cambridge: Cambridge University Press, 1984: 3-11.

HAUSMAN W J. Business history in the United States at the end of the twentieth century[M]//AMATORI F, JONES G. Business history around the world. New York: Cambridge University Press, 2003: 84.

GRAS N S B. Why study business history? [J]. The Canadian Journal of Economics and Political Science, 1934, 4(3): 320-340.

CHANDLER A D. Comment on the new economic history[M]//MCCRAW T K. The essential Alfred Chandler: essays toward a historical theory of big business. Boston: Harvard Business School Press, 1988: 298.

JONES G, KHANNA T. Bringing history into international business[J]. Journal of International Business Studies, 2006, (37): 453-468.

JONES G, VAN LEEUWEN M H D, BROADBERRY S. The future of economic, business, and social history[J]. Scandinavian Economic History Review, 2012, 60(3): 226.

PERCHARD A, MACKENZIE N G, DECKER S, et al. Clio in the business school: historical approaches in strategy, international business and entrepreneurship[J]. Business History, 2017, 59(6): 904-927.

陈振汉.步履集:陈振汉文集[M].北京:北京大学出版社,2005.

高超群.中国近代企业史的研究范式及其转型[J].清华大学学报(哲学社会科学版),2015,30(6):143-155.

高超群.企业史与中国经济史研究[EB/OL].(2020-09-26)[2023-04-28].htps://www163.com/dy/article/H7GJ53V305534DPL.html.

左玉河.中国近代史研究的范式之争与超越之路[J].史学月刊,2014,(6):55-71.

库恩.科学革命的结构(第四版)[M].北京:北京大学出版社,2012.

库恩.必要的张力:科学的传统和变革论文集[M].福州:福建人民出版社,1987.

黄群慧,刘爱群.经济学和管理学:研究对象与方法及其相互借鉴[J].经济管理,2001,(2):62-68.

周三多,陈传明,刘子馨,等.管理学:原理与方法(第七版)[M].上海:复旦大学出版社,2018.

陈佳贵.新中国管理学60年[M].北京:中国财政经济出版社,2009.

郭重庆.直面中国管理实践,跻身管理科学前沿:为中国管理科学的健康发展而虑[J].管理科学学报,2012,15(12):1-9.

吴承明.序[M]//刘兰兮.中国现代化过程中的企业发展.福州:福建人民出版社,2006:1.

李玉.中国近代企业史研究概述[J].史学月刊,2004,(4):110-117.

黄群慧.改革开放四十年中国企业管理学的发展:情境、历程、经验与使命[J].管理世界,2018,34(10):86-94.

弗里德曼.当代美国企业史研究的三大主题[J].郑舍翔,译.东南学术,2017,(3):14-24.

虞云国."应用史学"应有其边界:当《资治通鉴》纳入"应用史学"的视域[N].中华读书报,2015-11-04(10).

林立强,刘成虎.企业史研究的趋势与展望:"中国企业史研究的未来"专题学术对话会综述[J].中国经济史研究,2021,(1):183-185.

伊丹敬之.経営史と経営学[M]//経営史学会編.経営史学の50年.東京:日本経済評論社,2015:42-51.

林彦樱,井泽龙.日本"产业经营史"研究的源流[J].福州大学学报(哲学社会科学版),2019,33(5):55-63.

黒澤隆文.世界の経営史関連学会の創設・発展史と国際化[J].経営史学.2014,49(1):23-50.

刘建生,刘鹏生,燕红忠,等.明清晋商制度变迁研究[M].太原:山西人民出版社,2005.

西方企业史研究"管理学范式"的一部力作

以琼斯的《盈利与可持续发展:一部关于全球绿色企业家精神的历史》为例

林立强　吴风妹①

哈佛商学院杰弗里·琼斯(Geoffrey Jones)教授所著、牛津大学出版社出版的《盈利与可持续发展:一部关于全球绿色企业家精神的历史》(Profits and Sustainability: A History of Green Entrepreneurship)(Jones, 2017),是一部很好诠释企业史"管理学范式"的代表作。经琼斯同意并授权,福建师范大学林立强教授与企业史2014级博士研究生吴风妹、闽江学院黄蕾副教授已共同将其翻译为中文并交予商务印书馆出版。该书"绿色企业家精神"的主题与党的十八大以来我国政府所倡导的生态文明建设的理念高度一致,为我们提供了全球"绿色"企业方面的历史演化过程以及借鉴。

---

① 林立强,福建师范大学社会历史学院教授、博士生导师;吴风妹,福建师范大学社会历史学院博士研究生。

一

自 1927 年企业史学科诞生以来,哈佛商学院一直是世界企业史研究的重镇,亦是倡导企业史"管理学范式"的发源地。琼斯现任哈佛商学院第五任斯特劳斯企业史教席教授,是由著名企业史学家钱德勒、米拉·威尔金斯(Mira Wilkins)引荐到该院任教的。作为当今世界企业史研究的领军人物,琼斯曾在英国剑桥大学获得历史学的学士、硕士及博士学位,并先后担任过欧洲企业史协会与美国企业史学会主席,著作等身,其研究领域为企业家精神、全球化、国际商务、企业与环境等问题。他的著作国内引进过两部,分别是《再造联合利华》(Renewing Unilever: Transformation and Tradition)与《美丽战争:化妆品巨头全球争霸史》(Beauty Imagined: A History of the Global Beauty Industry)(琼斯,2008;2011)。

钱德勒所开创的大企业研究模式长期以来被世界企业史学界奉为圭臬,但琼斯等"后钱德勒时代"的企业史学家认为,该模式"过于局限于那些需要依靠密集型资本投资、大众化营销推广以及大规模生产的行业",不适合"充斥着数量众多的中小型和创业型企业。在这些行业中,真起决定性作用的是创新能力,而不是层级化的管理以及日常的行政管理"(琼斯,2011)。该书就是琼斯这一思想的体现:关注企业家个体而非大型企业,这些企业家多数是不同寻常的。这些企业大多规模较小,无利可图,而且存活期较短。他想通过此书告诉读者:那些被同时代的人们视为怪异甚至疯狂的企业家个体,是如何改变人们乃至整个世界的(Jones,2017)。

琼斯对该书期望颇高,认为这是一部与众不同的企业史著作。其回顾了自 19 世纪中叶以来绿色企业家精神从无到有的四个发展阶段,从企业史的视角出发探讨了绿色企业家的动机,以及他们如何建立并发展自己的企业。该书所涉足的研究领域包括可再生能源、有机食品、美容、生态旅游、建筑乃至金融业等不同行业,研究范围涵盖世界六大洲的主要国家。据吴风妹统计的数据,本书内容共涉及 35 个国家与地区,偏重于欧美等发达的资本主义国家。其中在书中出现次数最多的是美国(145 次),欧洲国家出现最多的分别是德国(25 次)、英国(20 次)、法国(17 次)、瑞士(16 次)、丹麦(13 次)和瑞典(10 次),欧美以外中国(20

次)与日本(16次)出现的次数最多。① 2017年3月,琼斯曾应我之邀访问福州、上海等地讲演与调研大型互联网企业,此次访问给他留下了深刻的印象。该书正式出版时他临时增加了中国绿色企业的内容,如"中国垃圾治理""中国风能和太阳能开启第三次可再生能源热潮"等。

全书除前言与第十章以外共分为两大部分。第一部分为"心系绿色",分为四章主要讲述19世纪中叶到1980年前的绿色企业家群体。第一章追溯早期绿色企业的雏形与绿色企业家的起源,认为19世纪和20世纪初期,早期绿色企业家诞生于食品健康与能源行业。第二章讲述20世纪30年代到50年代的绿色企业家,主要分布在有机食品、化妆品、建筑业,它们为未来绿色企业的发展奠定了一定的基础。相比之下,前期发展风头正劲的风能和太阳能行业则趋于式微。第三章与第四章聚焦20世纪60年代至70年代,其中第三章讲述环保主义运动的复兴为绿色企业发展提供了新的机遇,有机食品、天然美妆、建筑业等都取得不同程度的发展。第四章讲述受传统利润驱动比较明显的垃圾治理业与旅游业的绿色企业家群体。

第二部分为"绿色企业",涉及的时间点为1980年以后,是该书的重点部分,共五章,讲述的是影响绿色企业家行为的外部环境因素。第五章讲述可持续发展理念逐渐被全社会所接受,一系列新的环境法规被颁布执行,与之相关的管理机构相继出现,与自然环境相关的国际条约相继出台。第六章讲述各类绿色环保认证机构的成立和环保标准的制定对绿色企业家的影响。第七章讲述绿色金融业对绿色企业家群体的影响。第八章讲述政府部门与其制定的公共政策对绿色企业家的影响。第九章讲述各国大企业在可持续发展战略中所起的作用。

作者认为,不同于传统企业家单纯逐利的本质,绿色企业家在坚持可持续发展的同时,需要保持企业的营利性并不断地进行创新,这些企业家曾经所做出的努力已被当今国际社会及消费者所认可。该书的结尾,作者以历史学家视角对企业家群体进行了高度的肯定,并使用了"疯狂"二字来形容他们的开拓冒险精神与创新精神:"由于绿色企业家们愿意'疯狂',愿意跳出传统的思维定势,他们为可持续发展开辟了新的思路。昨日的'疯狂'将最终成为未来可持续世界的历史根源。"(Jones, 2017)

---

① 各大洲国家出现次数占比分别为:北美洲42.9%;欧洲36.3%;亚洲14.8%;南美洲2.5%;非洲1.9%;大洋洲1.6%。

二

与史学和经济学范式相比较,企业史研究"管理学范式"是一种以企业管理实践运用为导向的特定的思考模式,强调从企业管理实践中发现问题、解决问题(林立强和陈守明,2020)。如前所述,琼斯无疑属于"具有管理学思维的历史学家",受所任职商学院工作氛围的影响,该书内容较好地体现管理学范式的基本特点。

第一,该书直面企业关键管理问题。书名"盈利与可持续发展"给读者一种强烈的管理学代入感,绿色主题已是当代企业所面临的不可回避的关键问题,我们称之为"绿色管理"(Green Management),涉及企业内部管理的两条主线均围绕绿色管理问题展开。该书的主线为"战略管理"(Strategic Management),论述企业与企业家是如何对待"绿色与可持续发展"这个战略问题的。围绕这个问题,作者从战略管理的流程出发,抽丝剥茧地分析了一个企业选择绿色战略的全过程,把企业家带入犹如身临其境的沙盘推演。整个分析过程中实际上涵盖了战略管理的全部内容和概念,如该书的主角绿色企业家,某种程度上就是战略领导(Strategic Leadership)的代名词。作者反复提到,"不应分散人们对本书中绿色企业家历史贡献的注意力,他们最重要的历史贡献是:断言自然环境正面临着重大问题,并为问题的解决发挥着积极作用"(Jones,2017)。他们在选择企业战略方面拥有绝对的发言权,是决定公司选择利润,还是可持续发展战略,又或者二者兼顾的决策者。我对琼斯从战略管理视角出发的写法并不觉得意外,因为哈佛学派的代表人物钱德勒被公认是战略管理学派之一的"设计学派"的代表人物,莫非琼斯想传承之?

相比之下,本应成为该书第二条主线的"企业社会责任"(Corporate Social Responsibility,简称 CSR)却遭到作者的摈弃。近年来,企业的社会责任是国内企业界大热门,该主线貌似与本书主题十分契合,但实际上作者有自己独特的见解。

琼斯认为,当全社会都认为关注绿色环保、可持续发展就是企业的社会责任之一时,在某些情况下可能只是企业的一种选择或包装而已。作者尖锐地指出,一部分企业确实"意识到自工业革命以来,环境破坏的程度不断加深"而主动回应,但另一部分企业却是"为了获得竞争优势,提高效率,控制供应链以及增强品牌的合规性"而不得已为之,这些"大企业并非真正想要投身环保事业"(Jones,2017)。他的结论是,一些企业将可持续发展作为企业的社会责任只是披上美丽的"外衣"而已,"绿色企业的成功与否,主要取决于追求利益能否与可持续发展相结合"(Jones,2017)。

纵览全书,该书从提出问题出发,到解决问题结束,所有论述均围绕三个连续性问题展开:其一,纯粹的绿色企业家与追求生态投资的传统企业家他们各自的动机是什么?其二,这些企业家如何执行他们的战略?其三,企业从事"绿色"事业是否值得,以及书中所展示的历史证据是否表明利润和可持续性存在兼容的可能性或者已经实现兼容?书的最后一章的结论部分,分别以"动机""创造市场"与"产出"一一对应地回答这三个问题,神似企业绿色管理操作手册,把管理学范式的功用性与实用性体现得淋漓尽致。

第二,该书研究的重点时间段与现代管理学关注的时间维度高度吻合,即注重现代绿色企业家史的研究。在中国历史学者中,抱有"现代史不算史"想法的不在少数。西方企业史与中国企业史相比最大的不同,就是西方专注于研究当代企业史研究,围绕企业管理的关键问题确定选题,特别注意时效性。如美国关注"研究创新和增长领域"的企业史学者,其所研究的内容时间跨度多聚焦于近二十年内。该书的重点部分聚焦于1980年以来全球绿色企业的发展,其研究内容具有强烈的企业管理倾向与现实关怀,实用性很强,视野开阔,与在历史系和经济系工作的传统企业史学家有很大的不同。

第三,该书采用管理学畅销书式的"讲故事"式的通俗写法。管理学界有一个传统,即擅长把深奥的管理学理论用企业管理人员看得懂的话进行传播。如历年的管理学畅销书(如《基业长青》《追求卓越》《从优秀到卓越》《Z理论》等)都是采用这种写作手法,而采用这种专业与通俗相结合方法的作者被称为"Storyteller"(说书人)。琼斯对此欣然接受:"从拉森到钱德勒再到莱尔德,将企业史带入非学术性读者中的渴望从未停止过,我认为实现这一目标是当前的首要任务。"(Jones,2017)该书可视为他对企业史"公共史学"方法的认可。

琼斯在一次访谈中指出:"企业史在增进我们对当代管理和企业管理关键问题的理解方面发挥着核心作用。"(Churchwell,2004)该书为了论述绿色企业家的动机、战略以及战略选择的成功与失败,追溯到历史根源的写法,恰恰是只关注当代的管理学者们"不屑"去做的事情,这正是企业史研究的独特价值所在,也是企业史学者与一般管理学者研究最大的不同。虽然该书未能如钱德勒一般,提出"结构跟随战略"之类的著名理论,达到利用历史学证据产生新的管理学理论的企业史研究最高境界,但为熊彼特的企业家理论提供新的历史证据也称得上是该书的一大贡献。

西方企业史研究"管理学范式"的一部力作

三

管理学范式的企业史著作不等于没有历史学色彩,只是浓淡而已。从该书看,传统史学的基本特征还是较为明显的。其一,以历史学视野的纵向研究为基本方法,强调"随时间演变"(Change Over Time)。全书第一部分1980年以前以"编年体"编排组织史料,以年代为经,以史事为纬,比较容易反映出同一时期绿色企业家之间的联系与随着年代演化的过程。第二部分1980年以后采用类似于"纪事本末体"的编纂法,将有关外部影响绿色企业家的因素按五个专题集中在一起,与纵向以年代为主线"编年体"的主线相呼应。其二,坚持描述性的写法,这在第二次世界大战后美国"社会科学新史学派"上属于较少见的现象。由于该学派带有鲁滨逊新史学的特征,研究方法采用跨学科社会科学研究方法居多,量化研究已然成为主流,琼斯的定性写作手法较之反而显得与众不同。

全球史的视野一直是哈佛企业史学派的特点。哈佛商学院在世界企业界的知名度以及国际化的校友资源,帮助琼斯获得了世界各地的企业资料,能够遍访商业领袖,为从全球史的角度对绿色企业家群体进行整体研究提供了很好的便利条件。全球史视野一直是琼斯引以为傲的研究方向。记得有一次,我受《东南学术》执行总编辑杨健民先生之托,向琼斯约一篇关于美国企业史的稿件,他突然提高音量对我重复了好几遍:"我不做国别史,我现在做的是全球企业史!"果不其然,后来他提交的稿件就是《全球企业史研究综论》(琼斯和黄蕾,2017),可见他对全球史研究的偏爱。

与全球史相比,该书与环境史的关系就显得有些微妙。从广义上,该书亦可属于环境史的研究范畴,因为研究的是企业与环境之间的历史关系。但环境史的视野与企业史的视野是不一样的。环境史关注企业对环境的影响,特别是其负面影响,而没有考虑自然环境对企业发展的影响,它把企业看成一个黑匣子,不深入到企业内部。而企业史则恰恰相反,它要做的事就是揭开黑匣子,"深入调查企业制度、组织结构、市场力量、公共政策、个性因素、文化力量以及所有其他影响资本流动、管理决策、工人和消费者活动的内外部动力和制约因素"(Rose,2005),从企业内部以及企业家的视角研究企业对自然环境这一外部因素是如何应对的。因此,加强企业史视域的企业与环境相互关系研究,不但可以拓宽企业史研究的视野,更大大丰富了环境史研究的内容并填补其研究的空白。

然而,我通读全书后感触最深的还是该书的历史学色彩比起传统历史学者的著作淡了不少,例如历史学者写作最喜引用的一手材料在该书中使用的并不多。重视原始企业档案的收集与使用原本是哈佛企业史学派的传统,也是传统历史学者的基本功,为何会发生这么大的改变呢?琼斯本人应该也意识到了这个问题,他在自序中解释道:

> 这本书涉及的很多研究内容都是原创的,诸如进行的众多采访等,但它并不是一部基于对企业档案深入研究后撰写的企业史。因为在大多数情况下,我们没有相应的档案用来支撑研究分析,反而要通过一些诸如采访之类的非传统方式获取材料。

我分析个中原因有二:其一,与企业史研究的对象有关。由于企业多是营利机构,大量的企业档案并不向学者开放,即使开放也回避了对公司而言重要、敏感的内容,所以学者大都只能通过实地调研等案例式的写法来获取资料,况且绿色企业规模小,比一般企业存留的档案要少得多。其二,由于长期浸淫于商学院氛围,琼斯的写作方式也逐渐发生了变化,慢慢脱离传统史学的写法,而变得更像管理学者的写法,即传统历史学科收集史料的方法被大量的口述史所代替,并青睐二手资料。这种结果似乎在他接受哈佛商学院企业史学教职的2002年就已经注定了。

目前,中国企业史研究中管理学范式并不多见,大都以史学范式与经济学范式为主。琼斯这部作品为我们提供了一个管理学范式的鲜活研究范例,将一则全球绿色企业家历史的故事娓娓道来。由于企业史与管理学的关系最为密切,随着历史学者在管理学院任教的人数在逐年增多,以及跨学科方法在企业史研究中的广泛运用,可以预计未来实用性很强的管理学范式将日渐增多,以作为其他两种范式的重要补充,共同构成具有中国特色的、多种研究范式并存的企业史研究话语体系。而对研究者个人而言,企业史究竟采用何种研究范式,始终是一个仁者见仁、智者见智的问题,关键在于不同学术背景企业史学者的个人取舍。未来企业史学者将不得不面对同样一个尴尬的处境:采用管理学范式,你可能在管理学界得到关注,而在历史学界默默无闻。反之,采用传统的范式,你可能在史学界(包括经济史学界)受到瞩目,却在管理学界乃至企业界无人问津。企业史大师钱德勒在历史学界远没有在管理学界、经济学界声名远扬就是一个例子。

参考文献

CHURCHWELL C. Business History around the World[EB/OL].(2004-05-03)[2023-04-28]. https://hbswk.hbs.edu/item/business-history-around-the-world.

JONES G. Profits and sustainability: a history of green entrepreneurship[M]. Oxford: Oxford University Press, 2017.

JONES G. Why business history matters[R]. Fuzhou: Fujian Normal University, 2017.

ROSE C M. The business-environment connection[J]. Environmental History, 2005, 10(1): 77-79.

林立强,陈守明.中西比较视域下的中国企业史管理学范式研究[J].东南学术,2020,(1):186-187.

琼斯.再造联合利华[M].王莉,宋洁,译.上海:上海远东出版社,2008.

琼斯.美丽战争:化妆品巨头全球争霸史[M].王茁,顾洁,译.北京:清华大学出版社,2011.

琼斯,黄蕾.全球企业史研究综论[J].东南学术,2017,(3):2-13.

(原文发表于《学术评论》2020年第3期)

中国故事与中国模式的第二种讲法

以路风《光变：一个企业及其工业史》为例

宋 磊[①]

一、 中国故事的现有讲法：意义与问题

中国的崛起无疑是 20 世纪后期以来世界范围内最为重要的政治经济事件之一。因此，对于中国各界来说，如何解释这种崛起的内在逻辑，即如何讲好中国故事自然是一个严肃的挑战。近年来出现的关于中国政治、经济和文化特征的大量研究就是对于这一挑战的回应，构成了中国故事的现有讲法。

由于揭示了超越作为主流思考模式的西方中心主义和僵化的意识形态表达方式的可能性，这类研究值得重视。但是，在迅速地成为显学之后，这类研究正处于停滞的状态，中国故事的现有讲法显然没有获得全面的认同。那么，为什么中国故事的讲述者们在拥有大量鲜活素材的情况下没有真正地讲好中国故事？

笔者认为，出现上述现象的原因在于中国故事的内在结构以及讲述者们讲述中国经济故事的方式。首先，按照通行的说法，关于中国故事的研究是由政治、经济和文化模式的研究组成。尽管关于政治和文化模式的研究不乏争议，但是即使持批评意见的评论家也难以否认这些研究具有较高的学术水准。然而，与这些研究相比较，关于中国经济模式的研究仍然处于初级阶段。由于持续的经济发展是中国故事受到关注的根本原因，所以，关于中国经济模式的研究的滞后在相当程度上限制了中国故事的整体讲述水平。然后，在论及中国经济的时候，中国故事的讲述者们主要通过列举政府的介入和国企的存在等中国经济之中的现象，并试图在这些现象和经济成长之间建立因果关系的方式来完成论述。

[①] 作者简介：宋磊，北京大学政府管理学院教授，博士生导师。

需要注意的是,尽管这些特征确实存在,但是这样的讲述方式缺乏说服力:一方面,由于任何市场经济中都存在宏观调控和政府介入,国企也不是中国经济的专利,所以这种讲述方式并没有真正触及中国经济的本质特征;另一方面,如果罗列事实成为主要的讲述方法,那么我们只能认为现阶段关于中国经济模式的研究尚未完成从经济意识形态向社会科学理论的转变。

特别值得指出的是,尽管中国故事,特别是中国经济故事的讲述者们的主观意图在于宣扬他们所理解的国家利益,但是缺乏社会科学基础的中国经济故事的流行可能反而损害国家利益。在此仅举一例。近年来,西方学术界关于国家资本主义的研究开始增加。在这里,所谓国家资本主义是与自由资本主义相对应的范畴,中国、俄罗斯等经济体被有些人视为典型的国家资本主义,是自由资本主义在当代所面临的主要威胁。在西方国家尚未全面承认中国的市场经济地位的背景下,国家资本主义论的政策含义不言自明。但是,或许让中国经济故事的现有讲述者们感到被动的是,上述西方学者指责中国经济实际上是国家资本主义的时候,他们所运用的主要论据正是被中国经济故事的讲述者们视为中国经济的本质特征的政府介入和国企的存在。很显然,回击这种类型的国家资本主义论符合一般意义上的国家利益。但是,由于中国经济故事的现有讲述者们从来没有在社会科学理论的意义上说清楚中国实践中的政府介入和国企的存在并不违背市场经济的基本原则,所以,他们很难对于国家资本主义论做出有效的回击。

二、 中国故事的第二种讲法:要点与难点

在上述背景下,如何更好地讲述中国故事,特别是中国经济故事就成为亟待解决的问题。那么,中国经济故事第二种讲法的要点是什么?笔者认为,理解这种要点的思路有二:第一种思路是从中国经济故事的现有讲法之中存在的主要问题出发,在解决这些问题的过程中确认第二种讲法的要点;第二种思路则是借鉴其他大国崛起时期讲述本国经济故事的方法。

中国经济故事的现有讲法存在两个相互关联的问题。第一,这种讲法涉及了政府介入、国企的存在等中国经济的重要现象,但是没有将其抽象到典型现象(Stylized Facts)的程度;第二,这些研究完全没有涉及企业层面的生产活动,缺乏管理学意义上的微观基础。如果不能解决上述两个问题,关于中国经济故事的讲述只能是没有丹麦王子的哈姆雷特。基于这样的认识,在逻辑上,中国经济故事的第二种讲法的要点应该是将生产活动或经典作家所说的生产组织方式置

于分析的中心,在关于政经互动的分析之中确认中国经济成长的政治根源以及这种政治根源的经济合理性。

如果将分析的视野扩展到中国之外的后进大国在经济崛起期如何讲述本国的经济故事这一领域,我们将会发现,德国和日本的经验值得关注。在战后的经济发展之中,德日均发展出了不同于美国的经济制度和组织形态。因此,和今天的中国一样,战后的德日各界也面临着如何讲述本国经济故事的问题。值得注意的是,德日两国的经济制度和组织形态都具有高度的原创性,两国经济故事讲述方法的起承转合各有不同,而这种讲法上的差异也在相当程度上决定了两国经济故事的讲述效果。

尽管基民盟(基督教民主联盟的简称)和社会民主党两大政党的政策倾向存在差异,但是社会市场经济基本是战后德国经济故事的主调。一般而言,所谓社会市场经济指以政治、经济领域的自由以及社会领域的安全、公正为基础的市场经济,主要特点是国家对于竞争的适度规制,以及国家主导的社会保障制度、劳资协商制度以及技能培训制度等。需要注意的是,社会市场经济的理念来自弗莱堡学派的秩序自由主义(Ordoliberalism)。这种自由主义既排斥纳粹式的统治经济,也反对彻底的自由放任,寄望于国家对于经济、社会秩序的维持,社会市场经济的具体制度基本上是在这种自由主义的影响下出现的。在这样的背景下,关于德国经济故事的讲述具有自上而下的特点:在讲述这个故事的时候,往往从关于理念的讲解开始,然后是关于这种理念如何塑造了经济、社会秩序的介绍,即使在讲述劳资协商制度和技能培训制度等德国经济的关键特征的时候,讲述的重点也不是这些特征的经济学或管理学依据。在这种讲述方法之下,德国经济故事没有真正普及。实际上,在20世纪90年代之后,社会市场经济这一战后德国经济故事的主轴被所谓莱茵资本主义或调整型资本主义(Coordinated Capitalism)所取代。由于德国经济往往被视为构成莱茵资本主义或调整型资本主义的一种经济类型,于是德国经济的特殊性或理论上的重要性也就被相对化了。

不同于德国经济故事的讲述方法,日本经济故事的讲述方法经历过转变。在20世纪50年代初期,关于日本经济故事的分析聚焦于企业层面的生产组织活动。但是,20世纪70年代初期,在没有完成关于企业层面的生产组织活动的理论化分析之前,一批官员和学者急于向外界讲述日本经济故事。有趣的是,在这一时期,日本经济故事的讲述方法和中国经济故事的现有讲法类似,政府的作用被置于最为重要的地位。但是,在美国各界看来,这样的讲述方式显然意味着日本政府违背了市场经济的基本原则,于是,抨击日本政府的过度介入就成为当时美国各界在日美经济交涉中的主要着力点。在意识到将直接将政府的作用置于日本经济故事的核心不但无法反映日本经济的本质特征,而且违背国家利益之后,日本学术界调整了故事的讲述方法,将企业的生产活动,特别是与企业的生产活动相关的组织形态重新作为分析的焦点,并在关于政府如何影响企业组织形态演进的意义上对政府的作用进行评价。在完成讲述方式的上述转变之后,日本学术界不但形成了为国际学术界所充分肯定的比较制度分析(Comparative Institutional Analysis)学派,对于日本型市场经济的经济合理性也进行了符合社会科学理论的阐释,而且有效地规避了诸如"日本股份公司论"之类的指责。在今天,尽管日本经济的竞争力下降,但是日本企业的部分组织形态及其经济学和管理学依据已经成为相关领域教科书的标准内容。

如果说德国经济故事的讲述方式主要是理念先行、自上而下的话,那么日本经济故事的讲述方式在整体上则是事实先行、自下而上的。从传播效果和对于社会科学的贡献两方面来说,后一种讲述方式显然更有效率。

至此,我们发现,微观层面的生产组织方式显然应该是中国经济故事的第二种讲法的出发点。由于中国经济故事的现有讲述者们主要是政治经济学家,而生产组织方式是政治经济学的核心范畴,从政经互动的角度来理解政治体系对于经济体系的影响也是政治经济学在这一领域的主流研究方法,所以为什么这些讲述者没有开发出中国经济故事的第二种讲法着实是一个令人困惑的问题。

笔者认为,这些讲述者们既不可能没有注意到中国经济故事的现有讲法的问题,也不可能没有意识到中国经济故事的第二种讲法的要点。那么,究竟是什么原因阻碍了这些讲述者讲好中国经济故事?实际上,这一问题涉及了中国经济故事的第二种讲法的难点,这里所说的难点有三。

第一个难点是要对企业的生产活动进行理论上的把握,就需要研究者必须熟悉企业理论,并且对企业有深入的观察。尽管生产组织方式是政治经济学的重要范畴,但是中国的政治经济学界关于生产方式和生产组织方式之间的关系存在着长期而复杂的争论,而这种争论的影响之一是中国的政治经济学家在这个问题上将主要精力投入抽象的理论争论之中,无暇关注企业理论的发展,没有真正重视企业层面的生产活动究竟是怎样组织起来的。正是因为这个原因,政治经济学界的一位元老曾直白地指出,中国的政治经济学界关于生产组织方式的研究几近空白。在这样的背景下,由于缺乏研究积累,即使政治经济学家们意识到企业层面的生产活动的重要性,也难以在这一层面展开分析。第二个难点是要在政企互动的过程中理解政府的作用,就意味着研究者必须熟悉国家理论。众所周知,尽管国家理论在经典作家的写作计划中占有重要的位置,但是经典作家没有充分的时间构筑这一理论。因此,在中国的政治经济学家难以有效地从经典作家那里获得理论支撑且普遍不熟悉现代国家理论的背景下,他们关于政府介入的分析只能是描述性的。第三个难点是中国经济故事既包括1978年至今的改革开放时期,也包括1978年之前的计划经济时期,要将两个似乎具有不同主导逻辑的历史时期有效地连接起来,需要研究者具备透视具体现象的历史直觉。遗憾的是,中国经济故事的主流讲述者们并没有展现这种历史直觉。

三、中国故事的第二种讲法:一个范例

上文提及的难点可以解释为什么中国经济故事的第二种讲法没有大规模出现,但是这并不意味着不存在局部突破。在笔者的阅读范围内,路风在20世纪80年代末至21世纪初期的一组研究潜在地展示了第二种讲法的可能性,而他的著作《光变:一个企业及其工业史》则意味着第二种讲法正式登场。

2009年,正当具有宏大视角的中国经济故事的第一种讲法广泛流行的时候,路风转入企业史研究。在接下来的六年半中,写作这本长达61万字的大书成为他的主要工作。

今天的京东方已经是全球半导体显示工业的主流企业,而2009年的京东方则处于争议之中:中国第一条高世代液晶生产线刚刚上马,前途未卜。在这样的背景下,路风为什么投入一个当时并不热门的企业的企业史研究?理解这一问题的关键在于本书的三重结构之间的递进关系。

该书的第一重结构是京东方的发展历程。京东方的前身是1956年开工建设的北京电子管厂(原774厂)。在近三十年的时间里,北京电子管厂一直是中国电子工业的第一重镇。改革开放初期,该厂的部分资产并入北京—松下彩色显像管公司,主体部分则转变为北京东方电子集团。2001年,随着在A股上市,企业名称变更为京东方科技集团股份有限公司。尽管重点在于京东方时期,但是路风对于北京电子管厂时期、北京东方电子集团时期也给予了充分的关注。我们将看到,这种安排是富于深意的。

该书的第二重结构是计划经济时代的电子工业史和21世纪以来的中国半导体显示工业史。在艰难时期出现的北京电子管厂不但在自行建立供应链的过程中为中国电子工业创造了大量通用配件,而且成为这一工业的人才和技术输

出基地。类似地,京东方在液晶领域的扩张不但改变了半导体显示工业的市场结构,而且带动了本土上游工业的发展。正是在上述意义上,京东方及其前身的企业史在相当程度上和21世纪以来的中国半导体显示工业史和计划经济时代的电子工业史重合。本书的副标题被确定为"一个企业及其工业史"的原因即在于此。

该书的第三重结构是新中国工业史。京东方及其前身的企业史之所以具有新中国工业史的意义,是因为它的历史几乎和新中国的历史一样长,反映了新中国工业史的所有重大主题。

将上述三重结构连接起来的是中国工业精神,即"自力更生,艰苦奋斗"。正是在这种精神的支撑之下,北京电子管厂推动了中国电子工业的发展、京东方在2008年之后完成了中国工业史上最大资金规模的扩张,并开创了中国的半导体显示工业;同样是在这种精神的支撑之下,中国工业才在经历曲折之后持续发展。

作为企业史专著,该书具有可读性。但是,这绝不意味着该书没有学术含量。实际上,该书建立在作者关于国企改革问题的长期研究之上。

关于路风在国企改革领域的学术贡献,需要专文另述。在这里,可以通过和学界主流的比较来总结他的研究特点。关于国企改革,尽管存在激烈的争论,但是正反双方的研究让人意外地具有一个共同点,那就是双方都采取简单的制度决定论。否定国企的研究将私有化作为改革的不二法门,似乎私有化之后困扰国企的所有问题都将烟消云散;肯定国企的研究则坚定地相信国企的制度优越性,似乎对于这种优越性的口头确认就可以让国企引领中国经济的发展。这样两种过于简单的制度决定论实际上源自同一种思维方式。如果将国企的竞争力理解为"水流",那么两类研究都将关注的焦点集中到"闸门"上。这些研究实际上认为,只要打开闸门,竞争力就将滚滚而来,两者的区别仅在于国企的批评者将私有化视为闸门,而在国企的拥护者那里,闸门则是高度抽象的优越性。这样的思维方式在神化所有制的同时,屏蔽了所有制之外的其他因素的影响。但是,正如路风指出的那样,企业的竞争力是所有制、管理者的抱负与水平、战略选择、组织形态、现场管理和外部条件共同作用的结果,所有制并不是唯一的决定变量。

路风的国企改革理论的实质是从广义的生产过程来把握企业竞争力的形成机制,并从企业竞争力的形成机制入手讨论国企的改革方向。这一视角使得他的研究与不关注生产过程的新古典经济学家和政治经济学家的研究区别开来。

从生产过程这一极其本质的视角出发,熟稔企业理论和现代国家理论、自20世纪90年代初期即开始进行国企调研的路风自如地构筑了具有原创性的国企改革理论。

尽管路风的国企改革理论在学术界受到广泛关注,但是这一理论似乎没有被充分地转化为政策实践。然而,往往被忽视的是,这一理论在2005年前后围绕自主创新所展开的论战中成了自主创新派的理论基础。在解决为什么中国企业必须进行自主创新等重大问题的过程中,企业的战略选择和组织形态等结构性要素和企业自主地进行创新的能力之间的关系被清晰地展示出来。

对于路风的国企改革理论而言,该书具有两层意义:首先,长时段的企业史研究为检验作者的国企改革理论提供了具体的素材。其次,如果说作者在该书出版之前提出的国企改革理论主要强调结构性因素的话,那么该书则为这种理论增添了关键的理念变量,即上文提及的中国工业精神。在该书中,作者详细地记述了中国工业精神如何激发并塑造了京东方的战略选择和组织形态等结构性因素,以及这样的结构性因素所提升的企业绩效如何强化了中国工业精神。在这样的过程中,路风的国企改革理论发展为由结构性因素和理念变量共同组成的新体系,在这样的理论体系的支撑之下,中国经济故事的第二种讲法开始出现。

结语

著名发展经济学家艾利斯·阿姆斯登(Alice Amsden)曾经这样描述后进国家的工业化进程:

"真正的全景开始于企业如何形成,产业如何扩张,即生产活动……"

当分析的焦点是交易或价格决定,那么工业化是一个走向完美市场的过程;当分析的焦点是生产能力的投资,那么后进国家的工业化是一个企业构筑特殊能力、获得以技术为基础的垄断地位的过程,在这样的过程中,政府的作用在于和企业一起社会化地构筑技术能力。

在京东方的企业史之中,我们看到了阿姆斯登描述的后进国家工业史的全景。从这个意义上来说,中国经济故事的第二种讲法取得了初步的成功。但是,这并不意味着中国经济故事的第二种讲法已经完全确立。

首先,在一些国企长期亏损的背景下,我们有必要确认具有国企传统的京东方在半导体显示工业取得的成功是否是孤例。如果这种成功不是孤例,那么具有国企传统的企业在不同产业取得的成就是否并不相同？如果这些成就并不相同，那么如何在理论上解释这种产业间的差异？换言之，不同产业的技术特征的差异是否应该在国企改革理论中占有更为重要的位置？

其次，如果说在日韩等东亚经济体的发展过程中生产能力和技术能力之间形成了"边干边学"（Learning by Doing）效应的话，那么在中国的经济发展中，生产能力和技术能力之间的相关性则大大弱化。换言之，在整体上，中国企业的技术能力的提高明显慢于生产规模的扩张。那么，如何有效地解释中国经济的这种弱点？

再次，在讨论中国工业发展的过程中，路风为如何评价政府在中国经济发展中的作用——中国经济故事的主流讲述者们没有解决的关键问题——提供了新的思路。关于"地方政府的产业创造功能"以及政府在半导体显示工业中如何推动"产业逻辑"压倒"财务逻辑"的讨论即体现了这种思路。但是，这种讨论是间接而简洁的。因此，如何从企业的生产过程出发来理解中国政府的作用这一关键问题尚未得到全面的解决。

最后，通过中国工业精神将两个不同历史时期的经济发展连接起来是一个具有创意的思路。但是，中国本土企业既包括国企，也包括民营企业。中国工业精神可以解释民营企业的崛起吗？如果不能，那么民营企业崛起的精神或文化背景是什么？在关于这一问题的讨论之中，部分学者将民营企业的崛起归因于儒家文化的倾向。但是，到目前为止，笔者尚未发现清晰地论述儒家文化和民营企业发展之间关系的实证研究。

从日本经济故事的出现到比较制度分析学派的形成，日本学术界耗费了大约30年的时间。在这样的过程中，青木昌彦等关键学者的突破性贡献不容忽视。但是，需要注意的是，这样的突破建立在劳资关系、劳动过程、现场管理、企业治理机制、企业战略、企业史、管理哲学、企业间关系、银企关系、政企关系、比较政治经济学等多个基础性领域的大量原创性研究的基础之上。从这个意义上来说，解决上文提及的问题，讲好中国故事，特别是中国经济故事的前提，就是以生产组织方式为中心，做好相关基础性领域的研究。

（原文发表于《文化纵横》2016年第3期）

致　谢

首先，感谢参加"企业史遇见管理学"系列讲座的诸位学者。他们不但在百忙中认真准备讲座的发言，而且讲座之后对讲话内容的文字稿也进行细致地订正，使得我们顺利地将讲座相关内容收录于本书的"上篇"之中。需要说明的是，在讲座中还有一些学者的发言由于与"企业史与管理学"的主题无关而无法收录在本书中，我们特表遗憾并心存感激。

其次，感谢提供论文用于本书合集出版的诸位学者。他们的论文收录于本书的"下篇"之中，其中部分学者还对原文进行了重新订正。此外，美国企业史学会原会长、哈佛商学院琼斯教授与日本经营史学会原会长橘川武郎教授听闻本书出版消息后，均授权本书发表他们的论文以表达对中国企业史研究的关心与支持，特致谢意。

最后，感谢北京大学光华管理学院将本书列入"光华思想力书系"，感谢北京大学出版社把"企业史与管理学之关系"这一主题列入出版计划并支持出版，其中徐冰、余秋亦二位编辑出力甚多，为此书的顺利出版付出了辛勤的劳动。此外，本书在编辑过程中，陆续收到管理学、历史学、经济学等学科背景的一些老师提出的建设性修改意见，尤其是南开大学商学院任兵教授提出中肯意见的同时，还对本书导论部分逐字逐句进行了订正，令人感动。

值得一提的是，福建师范大学社会历史学院企业史研究团队参与了本书编辑订正的全过程，这本书的问世，有赖于整个研究团队的奉献精神。他（她）们是：博士研究生黄蕾、赖江坤、吴风妹、曹宁等，硕士研究生张君祥、罗王欢、曾琴、潘映汶、李兆涵、王小培、王祚刚、雷松峰等。他（她）们或参与撰文，或校对文稿，或联系中外作者，或将讲座录音转化成文字材料，等等，为本书的顺利出版出力甚多，在此深表感谢。

林立强　武亚军　郭　毅
2023 年 11 月 28 日